云上的日子

周云龙 著

人 民 出 版 社

2015 年度福建省教育厅 A 类项目"近代早期欧洲的亚洲知识状况研究"阶段性成果

福建师范大学"中华文学传承发展研究中心"阶段性成果

福建师范大学"文体学研究"创新团队建设资助成果

福建师范大学文学院"中外文学关系研究"创新团队资助成果

福建师范大学文学院"文本与批评"创新团队资助成果

序

　　中文系的本科生,全部从旗山迁回仓山老校区了。当初迁往新校区,舍不得老校区;现在对新校区却又有些留恋了。福州素有"左旗右鼓"之称,鼓,即鼓山;旗,就是旗山,旗山在乌龙江南岸。如果不是太赶时间,上课前早个二十来分钟到达新校区,恰好碰上空山雨后,青山如洗,白云绕舞,"逶迤飞动,如旗之风靡",此即旗山也! 一时神情大为清爽。就人文言之,溪源江水紧贴校园而过,沿溪上溯,有溪源宫。乌龙江岸,有旧侯官市,"庙踞鼋鼍石,神依土木丛";"日泻帆光澹,江澄塔影寒",遗迹犹然可寻。明朝林春泽,居旗山北屿,历成、弘、正、嘉、隆、万六朝,正德进士,活了一百又四岁,有集曰《人瑞集》,子嗣后人,多有文名且长寿;瓜瓞连绵,五六百年来,水西林一直聚族而居。

　　老校区,又称仓山校区。仓山,即藤山,古名瓜藤山,后贩盐者割为私仓,遂称仓山,其名沿用至今。藤山,在闽江南岸,西起上渡,东至中洲,连绵五里,以其地多种瓜,瓜有藤,故名。藤山北岭,旧有天宁寺,南宋李纲谪居于寺之松风堂。明代藤山人周仕阶,嘉靖举人,仰慕李纲为人,自号天宁居士,其诗集名《周天宁先生诗选》。其子之夔,崇祯进士,重修松风堂,入清不仕,有《弃草集》。藤山北望,一水之隔,有晚清林纾的苍霞精舍。藤山南麓,旧时岁杪,郡人载酒来游,人称梅坞。"藤山梅万树,冬尽一齐开";"十里花为市,千家玉作林",此明代文人咏藤山梅之诗也。福州开埠之后,梅坞徒存其名,代之而起的是教堂错绣,领事馆比肩而立,"千门万户,抗云蔽日,塔如、厨如、青白缭错而下"。民初,国民政府前主席林森先生曾就读于英华学校,风风雨雨,如今林公馆修缮一新,青砖瓦舍,掩映于高楼之中,也是藤山的一道风景。

予生也晚,不及亲历 20 世纪 50 年代的院校调整,自然也没有见到福建师范学院在藤山山麓挂牌的盛况。青砖学生宿舍,地板嘎吱作响的筒子楼,通往音乐系的小木屋,遗世独立似的教工之家,短道游泳池,已经无处寻觅。毕业几十年的校友回到母校,总是千方百计想在校园中寻找过去的那些记忆,你可以指着两座八层楼高的研究生宿舍对他说,这个地方就是您住过的青砖楼,还是叫十四、十五号楼,记忆与现实,两者之间还有着些许的联系;但是,当您兴冲冲去寻找短道泳池,路径找不到了,即使有识途的老马领着您去指认,面对建筑群,您只能茫茫然不知说啥是好。

建筑传统可能有中断,这对一所学校似乎关系不是特别大。况且,老校区的标志性建筑,如老华南建筑群还在,老音乐系建筑群也还在。比起建筑,一所大学、一个院系,文化学术传统的承传要重要得多。福建师范大学文学院,近期集中推出三套丛书,其中两套分别以两位学科奠基人,也是建国以来的第一、第二任系主任黄寿祺先生、俞元桂先生的斋名——六庵、桂堂命名,用意了然;另一套取名"藤山",似也有看重文化积淀、学术承传之意。

黄寿祺先生、俞元桂先生的道德文章,其他两套书的序言都有精辟介绍,兹不赘。说起老中文系的旧事,我曾经在《听彭一万讲五十年前事》略有述及,彭先生知道的比我多,体会也比我深刻。我这里要补充的是一件旧事,一件近事。

十五年前,我编光泽高澍然《抑快轩文集》,偶然接触到黄曾樾教授(1898—1966)的生平著述。20 世纪 20 年代,黄先生在福州文儒坊拜石遗老人为师,治诗古文,石遗老人每有讲授,黄先生退而录之,结为《谈艺录》一书出版,30 年代中华书局已经印了 3 版。石遗老人论闽古文家,首推朱仕琇,高澍然次之。朱氏有《梅崖居士文集》传世,而高氏古文尚无刻本。黄先生不忘师训,十多年间,不断搜集高澍然古文 160 多篇。黄先生在法国里昂大学获得哲学博士学位回国,1943 年,福建省政府迁至永安,黄先生供职驿政,也到了永安。日机空袭山城,"每遇警报,挟册而行",就是说,每当空袭,黄先生随身带的就是他搜集到的高氏之文。黄先生又想,万一躲不过空袭,人亡稿毁,挟册而行,并非上策。先生遂于 1944 年将高氏古文编成《抑快轩文集》上下两卷,自费在永安印行,公诸于世。

一件近事,前年,福建文史馆馆长卢美松先生同时馈赠两部文集。一部是包树棠先生的《汀州艺文志》(方志出版社 2010 年版),另一部是郑宝谦先生的《福建省旧方志综录》(福建人民出版社 2010 年版)。两位先生都曾任教于福建师范大学或它的前身福建师范学院中文系。两书都有卢馆长作的《序》。

包树棠(1900—1981),福建上杭人。著《汀州艺文志》,六十万字,为研究汀州文化、艺文不可或缺的著作。包先生早年毕业于厦门大学国文系代办之集美国学专门学校,建国之后为福建师范大学中文系教授,直至退休。《汀州艺文志》动手于 1925 年,完成于 1930 年,为其少作,除了《自序》一文发表在 1930 年《厦大周刊》上,全书生前未曾刊布。

郑宝谦(1938—2014),福建福州人。郑先生先就读于厦门大学化学系,后转入外文系,先后任教于福建农学院、华侨大学,1973 年之后到福建师范大学任教。大家知道郑先生曾任教于历史系,然而,据《福建省旧方志综录》作者介绍,先生还曾在中文系任过教,看到这一介绍,让人汗颜,我们对中文系的历史了解实在太少。《福建省旧方志综录》皇皇一百四十万字,其学术价值,金云铭、黄寿祺、熊德基诸前辈言之详矣。《福建省旧方志综录》出版不到四年,郑先生今夏在孤独中溘然长逝,不觉为之唏嘘。

这两件旧事、近事,都和中文系的学术传统有关。黄曾樾先生获得国外博士学位之后,仍然不忘师训,一直念叨着他的老师,继续搜集研究高澍然的古文,难能可贵。老师所说的话,不一定都对,学生固然可以另辟蹊径,但是老师有益的教诲,学生可能会受用一辈子,我自己便很有体会。包树棠教授,毕业于"国专",在强调学历学位的今天,"国专",算什么层次?其实,身份不一定都那么重要,《汀州艺文志》1930 年完成,2010 年出版,书稿完成时包先生还是一位年轻学人。时光已经走过了八十年,出版距离先生谢世也已经三十年!一部浮浮躁躁而产生的所谓著作,有如此强大的生命力吗?郑先生的生活是孤独的,学术也是孤独的。《福建省旧方志综录》的作者介绍,没有职称,似有为智者"藏拙"之嫌,其实公开介绍郑先生是副教授,又有何妨?一位副教授,用二三十年的时间,写出可以传诸于后人的著作,我们这些有幸忝列教授行列的教师,难道不应该更加努力,在学术上更高地要求自己,免得后人指指戳戳吗?

收入本套丛书的作者有:黄黎星、余岱宗、陈卫、吕若涵、郭洪雷、郗文倩、刘海燕、雷文学、周云龙等,年龄都在四十边到五十之间,都具有博士学位、高职称。本丛书的作者都是我的朋友,当我一一写出他们的名字时,他们的音容笑貌跃然于我的眼前。比起刚毕业不久的博士，他们的学术已经成熟，有比较丰富的积累；比起六十边上或更老的"老教师"，他们则更有活力和创造力，思维敏捷，出手快。他们是文学院各学科的中坚，承上启下；文学院的将来，首先靠的也是他们。文学院一下推出三套丛书，可能是出于作者归类的方便。何况，我上文说过，教授的论著，不一定就一定比副教授高明；同样，不是博导的教师，也可能写出比博导好的论著。收入这套丛书的著作，我虽然未能全部读完，但可以肯定，大家都非常优秀，在各自研究的领域已经做出成绩。随手举一个例子，郗文倩著作中"鱼龙曼戏"一章，即便我能写得出来，恐怕也不会如此精彩。文倩研究的领域我比较熟悉，故举以为例；其他几位的著作，也许更为突出也未可知。我强调遵从师训、学术承传，但也相信，中青年学人，一定会做得比前人、比老师更好，这样，学术才会进步。

本丛书的作者，都已经不是只出过第一本书的"新人"了，收入这套丛书的著作可能是他们的第二本、第三甚至第四本了，长足的进步，说明文学院很有希望。2012 年，中国内地出版的新书达 40 万种之多，2013 年 44 万种，在出版如此繁荣的状况下，一本新书要超凡出众并不是一件很容易的事。包树棠先生的《汀州艺文志》、郑宝谦先生的《福建省旧方志综录》都足以传世。本丛书的作者（当然还有我自己）都得严肃面对这样一个问题，我们什么时候可以写出一部传世之作？包先生的《汀州艺文志》是在完成八十年之后才得以出版的。比起包先生，我们幸运得多，出本书似乎不是太难，但是，八十年之后，人们是否还能记得我们今天出版的这部书？假如有人读我们这部书，会有什么反映和评价？我想，如果这套丛书有若干种足以传世，还能得到读者的肯定和较好的评价，那么我的序也就可以附之而不朽了，甚幸！

汉代，藤山草莱未辟，直到晚唐，此地方有民居。如今闾阎扑地，歌吹沸天，已为福州一大奥区。文学院将本丛书名为《藤山述林》，如前所述，取名很有文化意蕴。文学院本科生都从旗山迁回来了，假如本科生不回迁，却把研究生也迁过去，丛书该叫什么名字？如果让我说，那就叫"旗山述林"吧！谁又能保证，文学院不会再有迁往旗山的那一天？其实，旗山也很不错，那里空气好，山青水绿。

陈庆元

公元 2014 年 8 月 24 日于藤山华庐

自　序

一

人很少有机会到"云端看厮杀",那份抽离与冷静,大部分时间都是出自"熙熙攘攘"的假设。人是符号的动物,所有的意义都可能只是一种自我指涉式的暗示。常人即使脱离符号化,也只能是暂时的、偶尔的或"非常"的"创痛"瞬间,否则,就会进入齐泽克(借用好莱坞影片对白)所谓的"大荒漠",而外在于"人"。这个"大荒漠"估计连太阳都照射不到,因为"太阳底下没有新鲜事"。正所谓"世间所有相遇,都不过是久别重逢",表面上彼此迥异的人们总是会在思想领域的某个边界上联手,大家无时无刻不在共享着"天边一朵云"。

索绪尔说,符号具有任意性,但他很快又为这句话加了一个注解——这丝毫不意味着说话者可以自由地选择能指。虽然每个人都偶尔有过在"云端"体验"真实"的机会,但这个机会未必适合思考、写作、交流——思考、写作、交流的前提就是被/自我符号化。世故的波洛涅斯曾如此透彻地评价哈姆莱特的精神状态:"我说他疯了,因为假如要说明什么才是真疯,那只有发疯,此外还有什么可说的呢? 可是那也不用说了。"(见莎士比亚《哈姆莱特》,朱生豪译,人民文学出版社 1977 年版)三百多年后,波洛涅斯的"继承人"德里达也曾如此质疑过福柯书写疯癫的可能性。说到底,"云上的日子"都是在

"云下"过的,它其实是一种假想的言说姿态和哲学前提。"云上的日子"虽然是假想的,却是必要的;同时,对这种假想前提进行反思更是必要的。

二

在那部略显艰深却又充满启迪的著作 *The Myth of Continents: A Critique of Metageography*(1997)里,作者敏锐地指出:在看似最为理所当然的地理"常识"背后,往往潜藏着一套隐而不彰的空间秩序,进而形塑人类的空间想象,构建出一种无意识的思维框架;这些常识可称之为"元地理学",其知识运作不仅发挥着宏观层面的国际政治领域中的意识形态权力,而且在微观层面调动了人类对自身事务的任何一种全球性关照;这套习以为常的无意识空间结构和地理学框架操控着历史学、社会学、人类学、经济学、政治学,甚或是博物学等学科的研究。该著的作者在这个基础上有力地解构了指涉地理空间的种种分类体系和元话语,比如国族、大陆、东/西方等"元地理学"概念。这一论述提醒我们,在人文学科诸领域的研究中,司空见惯的分析单位,诸如国族、洲际、方位间的区隔并非天然自足。欧洲中心主义以及巩固它的变体之一"反欧洲中心主义",依然以种种诡异的方式深植于人文研究诸领域。在这个意义上,"跨文化(性)"可能是一个相对有所教益的理论工具/批评策略,虽然它自身也因无从拥有超越符号秩序的据点而问题多多。那么,什么是"跨文化",这是个略显荒诞而无法回答的难题。"跨文化"(过于)庞大的外延使其内涵少到几乎为零,除了笨拙的描述之外,没有概念可以"一言洞穿"其"本质"。最清晰的概念常常是最隐蔽的欺瞒。

根据有限的阅读视野和资料查找,"跨文化"最初似乎指代两个不同政治区域间的文化交汇,后来这一观念被用于文学间的互动转换。后殖民研究兴起后,"跨文化"具有了"文化政治"的意味,涉及文化交汇、权力运作和能动表征等核心议题。本书的讨论即从上述议题组织分析框架,试图扰乱既往研究中的自我指涉倾向,即文化(文学)的边界身份与人为的区域划分相一致的"元地理"学预设。该预设致使当下的人文研究充斥着一种极为鲜明却又不被察觉的主体镜像特质。这种情形在比较研究领域似乎尤其明目张胆,常以不证自明的姿态招摇过市,但又总是享有着不受审查、质询的优厚待遇。

　　当然,本书的尝试,必定是极度有限的——在这种尝试和既往研究中的自我指涉倾向的上面,一样漂浮着天边的那朵云。认识到限度和前提并非沉默与虚无的源始,恰恰相反,这是言说和意义的开端。否则,就会陷入波洛涅斯所质问、暗讽的"此外还有什么可说的呢? 可是那也不用说了"。

三

　　该书由系列论文构成,涉及的具体议题似乎不甚统一,包括文类秩序与文化权力、性别操演与空间区隔、帝国意识与他者表征、国族话语与学科规训、历史风暴与个体创伤、文艺体制与叙事场域、媒介技术与思想范式等,不一而足。其中解析的文本类型也稍嫌庞杂,文学 / 媒介文本与文化 / 社会文本彼此纠葛交错。但是,"跨文化"则是贯穿始终的核心论题。这本小书里面,"跨文化"既是问题意识,也是方法视野,还是研究对象。

　　本书收入的论文中,《开放的心灵》在观念方法上可能略嫌突兀,也许期许了自我的另一个开端。这其实是一次不怎么成功的尝试。尝试的动机也许和当下的知识关切暗示出来的氛围有关。无疑,它的尝试和写作又是一次话语矩阵的成功驯化。费希特所谓的"学者的使命"可能正是"学者的遭遇"。《开放的心灵》仍然写于"云上的日子",不过,就自己而言,"开放的心灵"是对以往写作的一次检讨和反驳。"不如重新来过!"一部影片中,某角色如此向恋人反复地信誓旦旦。然而,正如周蕾所言,"重新来过"无非是在既有的基础上重构起点,被它悖谬地强化了的,正是那个急于舍弃的过去,它可能只是过去的一个"危险的替补"。如此说来,"开放的心灵"还是一种"云上写作"、自娱自乐的自嘲。然而,"远行人必有故事可讲",只有一直在路上,才有接近"纯粹语言"的可能。

四

　　该书能够得以结集,并收入福建师范大学文学院编的"藤山述林"丛书出版,是我莫大的荣幸,这全仰仗文学院院长郑家建教授的邀约、提议与督促。该书内容在写作时间上有一定跨度。如今看来,这些产生于思绪纷乱之际的文字,无一不是让自己噬脐莫及的少作。而且,各部分之间难免存在重复、龃龉之处,收入本书时,自己尽可能地做了一些改动。严格地说,这些小文章还称不上"研究",充其量只能说是阅读后的练习。于我而言,已经发表过的论文 / 少作,作为文本,早就流入了无限的意义生产流通线。谁说论文写作中就没有"意图谬误"(intentional fallacy)?除了应付考核与教学工作需要而重新捡起,所谓"作者"早已遁形消声。此次结集出版,等于作者身份的再度瞬间重现。于写作者本人而言,这实在是大可不必。不过,也有一个好处,它同时也可以成为检讨自己以往工作的契机。因此,这里要对郑家建教授的鼓励与奖掖致以最诚挚的谢意。

我还要特别感谢汪文顶教授、葛桂录教授长期以来给我的教导和关爱。感谢我供职的福建师范大学文学院及其教授委员会和学术委员会,以及《圆桌》全体同仁一直以来对我的支持与厚爱。

因担任《圆桌》的主编工作,有幸认识了人民出版社的詹素娟女士,她的严谨敬业与温良谦恭令我印象深刻。《云上的日子》这本小书,能够由詹老师负责编辑,荣莫大焉。

书的出版,不是终点,而是"起点"。自己的书,既是一个影子,亦是一面镜子。它传达的,既是一次自欺,更是一份自期。

周云龙

2015 年暮春花雨纷飞中,福州

目 录
CONTENTS

Ⅳ 普适性的建构

Ⅴ 开放的心灵

I "纯真年代"？

西方的"中国崛起论":话语传统与表述脉络

一、基本问题与知识立场

中国改革开放三十多年来所取得的经济成就令人瞩目,在西方世界引发了版本各异的"中国崛起"的故事与想象。特别是从 2004 年 5 月,美国《时代》周刊高级编辑乔舒亚·库珀·雷默(Joshua Cooper Ramo)的《北京共识》("The Beijing Consensus")发表以来,无论是赞同还是反对,"中国崛起"或"中国模式"都成为了关注中国现实的人们津津乐道的话题。 中国对于 2008 年全球经济危机的成功应对以及 2008 年北京奥运会和 2010 年上海世博会的成功举办,似乎又进一步在世界范围内强化着一个"崛起"的中国形象。尽管聚讼纷纭,但不可否认的是,"中国崛起"已经成为近十多年来最为引人瞩目的事件之一,并且逐渐成为思考中国当下问题时无法回避的基本参照框架。换句话说,"中国崛起论"重构了中国文化软实力的国际语境。不了解西方"中国崛起论"的深层含义,就无法真正理解当下中国文化软实力所面临的诸多困境。

在"崛起"的中国形象被不断塑造并强化的同时,西方世界关于中国

"崩溃"的预言也几乎在同一时间以同样的热度不断蔓延。① 也许，"中国崩溃论"正是"中国崛起"的说法在世界范围内尚具有争议性的一个表征。但从另一个角度看，"崛起"也必定辩证地暗含着其对立面"崩溃"，没有"崩溃"的前提或背景，就无从讨论"崛起"。换句话说，"中国崩溃论"是"中国崛起论"的一个重要组成部分。如果在西方国家经典的"进攻性现实主义"② 逻辑中思考其"中国崛起论"，与之并行不悖的另一话题将是"中国威胁论"。"中国威胁论"总是与"中国崛起论"携手而至，在更多时候二者常常是以同源互补、一体两面的姿态出现。因此，西方所谓的"中国崛起论"，事实上内在地包含了"崩溃"与"威胁"的论调。

一般情况下，探讨"中国崛起论"有两种尺度：一种是经验的，一种是批判的。二者在研究对象、知识立场和基本观念上都有着根本的区别。经验尺度的探讨对象是经济发展意义上的"中国崛起"本身，批判尺度的探讨对象是西方"中国崛起论"的整体知识系统。经济发展意义上的"中国崛起"首先必须是一个可能对世界历史的未来走向产生重大影响的、"确定无疑"的新近事件。"中国崛起"作为一个"真实"的描述性短语，之所以能够被广泛接受并采纳使用，主要源自急于找到摆脱经济危机的出路的西方国家和本土的"发展主义"（developmentalism）者以及民族主义者的协力合作，其中的努力主要包括对中国近几十年来在全球化进程中经济、政治、军事及科技等方面的实力增长的实证数据的罗列、对比与分析，进而回答"中国崛起"体现在哪里，中国为何能够"崛起"以及"中国崛起"的世界性影响何在。因此，它更多是经验层面的，它可能认为"中国崛起论"与"中国崩溃论"是一组水火不容的矛盾。而对于西方"中国崛起论"的探讨，则是一种文化社会层面的关照。从这个角度看，经验层面的数据可能只是一个宏观的、相对的甚至是空洞的指标，它极不稳定，而且并非对所有人都有实际意义。其中的"中国"是缺席的，而该表述的主体则是在场的。所谓的"中国崛起

---

① ［英］马丁·雅克：《当中国统治世界：中国的崛起和西方世界的衰落》，张莉等译，中信出版社2010年版，第329页。

② "进攻性现实主义"引自约翰·米尔斯海默。这一概念的详细论述见［美］约翰·米尔斯海默：《大国政治的悲剧》，王义桅等译，上海人民出版社2008年版，第3—11页。

论",就不再仅仅是一种实证数据的描述与分析,而是一个权力话语的运作场域,是一个意识形态论争的中心。与其说"中国崛起"是一种关于中国现实情况的客观描述,不如说它是一面关于表述主体的文化镜像和他者想象,其中映现着西方言说者自身的问题。不同于经验主义的研究立场,本文对西方的"中国崛起论"的探讨采取的是一种文化批判的知识立场。

本文将立足于这一文化批判的知识立场,在长时段的历史纵深中,从历史根源和古老的话语传统上解析西方"中国崛起论"的意义结构及其在不同的历史脉络中的衍生方式,思考"中国崛起"是如何被用于描述中国的某些特定历史阶段的,以及这一表述脉络背后的历史性所蕴含的意识形态意义如何。

当下是活着的历史。在一种文化批判的立场上探讨上述问题,首先要思考的就是,西方的"中国崛起论"是如何生成的?它的历史起点在哪里?经验尺度上的"中国崛起论"可能仅有 20 年,而批判尺度上的"中国崛起论"则可能长达 200 年。西方的"中国崛起论"乍看上去似乎有着一幅年轻的面孔,实则不然。当下西方的"中国崛起论"中回荡着两百多年前被囚禁于圣赫勒拿岛的拿破仑皇帝那句著名的世纪咒语——"中国一旦醒来,世界将为之震动"。而作为其另一面的"中国崩溃论",则至少可以追溯到 18 世纪末期,马嘎尔尼出使中国时对"中华帝国"的形象描述——一艘衰败疯狂、朝不保夕的战舰。[①] 然而,无论是"崛起"还是"崩溃",其话语源头就暗含着"威胁"的意味:前者因其觉醒而"震动"世界,后者因其衰败将充满危险。我们需要在一个更长的历史时段纵深中、一种更广的世界观念体系中,从历史根源和古老的话语传统上解析西方"中国崛起论"的意义结构,以及该传统如何在不同的历史脉络中得以延续、衍生,并在此基础上思考其介入中国文化软实力的国际语境的方式。

二、西方"中国崛起论"的历史节点与时间架构

历史的动力与构成离不开契机性的事件。在一个长时段中考察并分析

---

① 　J.L. Cranmer Byne（ed.），*An Embassy to China: Lord Macartney's Journal 1793-1794*，London: Longmans, Green and Co. Ltd., 1962, p.212.

当下西方的"中国崛起论"的话语传统,需要从时间架构的维度敲定其中的若干关键历史节点。

马嘎尔尼使团返回英国后,19世纪就"悄然而至",严格地说应该是在距今两百多年的19世纪早期,中国在令人迷醉的淡蓝色烟雾中进入了现代世界体系。这淡蓝色的烟雾来自鸦片的大量吸食①,而鸦片的输入者则主要是英国人。鸦片使人羸弱,羸弱被人轻慢——此时的中国在西方人眼里是一个道德堕落、政治腐败、社会停滞的行将崩溃的"鸦片帝国"。值得注意的是,这个行将"崩溃"的中国形象已经有了将近一个世纪的酝酿:

> 停滞的中国形象出现的语境是启蒙主义以欧洲的进步为核心的世界史观。在这一语境中,他们确定中国文明停滞的形象,探讨停滞的原因,既可以证明西方文化的价值与优胜,又可以警戒西方文化不断进取,并为西方扩张与征服提供意识形态根据。停滞的文明的中国形象,出现于启蒙运动后期的法国与英国,到19世纪初在德国古典哲学中获得最完备的解释,从而作为标准话语定型。它既表现为一种具有教条与规训意义的知识,又表现为具有现实效力的权力。在理论上说明中国的停滞,进可以为殖民扩张提供正义的理由,退可以让西方文明认同自身,引以为戒。永远停滞的民族,自身是没有意义的。它只能成为其他民族的一面镜子。永远停滞的民族,自身也不能拯救自身,只有靠其他民族的冲击。进步是人类历史的法则,停滞是取得共识的"中国事实"。一旦这些问题都确定了,西方人入侵中国就可能成为正义之举在观念中惟一的障碍,只剩下人道主义在历史中设置的道德同情。②

于是,首先是"拯救者"英国人满载鸦片的贸易商船在行将"崩溃"的中国海岸上频频出没,接着就是满载英印士兵的武装战船对"鸦片帝国"的

---

①　根据《中国百年风雨飘摇,将古老的帝国推入现代世界体系,由此开始毛动荡不安的红色统治》一文提供的数据:"到1836年,鸦片以每年两千吨的速度倾入中国。……19世纪50年代,每年涌进中国的鸦片已达4000吨。"See *Life*, September 23, 29, October 6, 1966. 本文采用的是汪晓云的中译文,载周宁著/编注:《历史的沉船》,学苑出版社2004年版,第400—424页。

②　周宁著/编注:《中国形象:西方的学说与传说·1 契丹传奇》,学苑出版社2004年版,第36页。

广州城公然入侵——鸦片贸易是鸦片战争的有力支撑。在英国人到来之前，早在16世纪末期和17世纪初期，伊比利亚人和荷兰人就试图借助商业和军事进入中国，但历史告诉我们，这一切最终还是由英国人在前者努力的基础上完成了。值得注意的是，"西方扩张500年历史，以1750年为界，可以分为两个阶段。对西方而言，前250年最大的问题是东西方贸易的不平衡与政治军事力量的相对平衡"①。此时的中国形象依然是美好、强大、富足的。但是，"从1760年或1770年前后起，鸦片贸易开始影响欧洲在亚洲扩张的经济、政治、文化各个方面扭转了局面"②。在西方人看来，有着典型的黑暗"东方性"的中国由此逐渐步入了行将"崩溃"的境地。

美国传教士丁韪良（W. A. P. Martin）一语成谶，"崩溃"的中国在西方人的连续摧毁中"觉醒"了，中国开始"对整个文明世界"进行反抗。③经由马嘎尔尼使团访华、第一次鸦片战争、太平天国运动、第二次鸦片战争、中法战争、中日战争等一系列意味着中国"崩溃"的事件作为前提和背景，练神拳、烧洋楼、杀洋人、反洋教的义和团运动及其失败成为西方人眼中的中国"觉醒"与"威胁"的一个重要标志；它同时也是西方"中国崛起论"的表述谱系的第一个节点的关键标志。其对应的历史时段长达30年：在这个历史区间内，西方的中国"觉醒"、"威胁"论述寄居在义和团事件及其引发的"黄祸"传说和恐惧、辛亥革命在西方引发的期望和失望、"五四"和"五卅"运动在中国本土的社会动员效应等事件中。

其中，20世纪初的义和团运动从羸弱不堪、行将"崩溃"的"鸦片帝国"腹地不可思议地突然爆发，它在精神层面对西方人构成的打击似乎远远超过了现实层面。丁韪良讲得再清楚不过："北京之围，无疑是历史上最著名的围困之一。其他围困持续时间更长，大部分情况下被围困的人数很多，经受的苦难常常更严重，但这次围困却具有其独特性，是一个大国对整个文

---

① 周宁著／编注：《鸦片帝国》，学苑出版社2004年版，第58页。

② 同上书，第61页。

③ ［美］丁韪良：《北京之困》，郑玉琪译，载周宁著／编注《鸦片帝国》，学苑出版社2004年版，第579—597页。

明世界的反抗。"① 义和团事件在西方社会引发了恐怖的中国本土的"黄祸"（Yellow Peril）传说,并与西方社会对"黄祸"②的渲染互为印证。虽然是虚惊一场,义和团运动最终遭遇"惨败而名誉扫地",但这一事件似乎让拿破仑的预言成为现实:中国"觉醒"了！ 1911 年的辛亥革命曾经一度让西方人对中国充满信心,但后来的袁世凯称帝、军阀混战很快就证明了中国"困难依旧",再次迅速堕入"崩溃"的深渊。1919 年的"五四"运动在中国民众中掀起接二连三的反殖民高潮,而 1925 年的五卅运动则被西方人认为是义和团运动的延续……西方人在这 30 年里对中国的认知,开启了中国"崩溃"/"崛起"/"威胁"的论述源头,这一话语原型及其意识形态功能和表述方式为下一个重要历史时段提供了基础。

需要特别指出的是,发生于 1914 年到 1918 年间的第一次世界大战为西方的中国形象增添了"崩溃"/"觉醒"/"威胁"论调之外的复杂因素。一战的残酷和泛滥于资本主义工业社会的物质主义,导致西方最具有批判意识的知识精英对于资产阶级的核心价值发起了激烈的批判,并以"反现代主义的现代性"对抗社会现代性。这种"反现代主义的现代性""试图脱离现代社会,因为它抨击这个社会或者至少与之保持距离,它要去寻找另一个世界"③,于是包括中国在内的"东方"就再次以新的形象和意义出现在西方人的想象中。这股重新发现/发明中国的社会思潮的源头在古希腊,其原型则穿越了不同的历史时空和文本:从古希腊到文艺复兴,再到启蒙运动,一直延伸到了 20 世纪 40 年代末期。在浪漫化中国的思潮中,中国的形象是质朴、贫穷、苦难、光明、温和的。这一思潮在西方想象中国的历史脉络中的意义在于,为西方"中国崛起论"的表述谱系的第二个关键节点铺衬一个色调鲜明的对照背景。于是,第二个"中国崛起/威胁"时段的到来,就让西方人更加觉得措手不及,无法接受。

在西方人在长达 20 年美化中国的历程中,关于"黄祸"的记忆似乎被

---

① ［美］丁韪良:《北京之困》,郑玉琪译,载周宁著/编注《鸦片帝国》,学苑出版社 2004 年版,第 579 页。

② 在西方人的想象中有两种"黄祸":一种在中国本土,对应义和团事件;一种在西方,对应 19 世纪中期移民美国的华人。

③ ［法］伊夫·瓦岱:《文学与现代性》,田庆生译,北京大学出版社 2001 年版,第 83 页。

田园牧歌的想象彻底覆盖了。直到 1949 年中华人民共和国成立,西方(尤其是美国)人才从美梦中惊醒,他们发现:在西方帝国辛苦经营了大半个世纪的殖民地没有了,半个世纪前的"黄祸"在中国本土以"红祸"的面目再次复活,同时,那个古老、庞大、极权的"中央帝国"也再次"觉醒"了。以中华人民共和国成立、朝鲜战争、"文化大革命"等事件为标志,这个历史区间构成了西方"中国崛起论"的话语谱系的第二个关键节点。其对应的历史时段同样长达 30 年。就这个时段的中国形象内涵与表述方式而言,在第一个历史时段中已经定型:"黄祸"虽然变成"红祸",但经济"崩溃"、黑暗专制、野心勃勃等"东方性"带来的恐怖"威胁"依然如故。比第一个历史时段复杂的是,在 20 世纪 60 年代的西方部分知识精英中,出现了乌托邦化红色中国的论述。这次美化中国的内涵与 30、40 年代的同情弱者式的自恋想象不同,在这些乌托邦化中国的诸多论述中,西方精英不遗余力地从物质成就和社会道德层面,极力塑造一个逐渐苏醒、崛起、强大的"美好新世界"。这是另一种意义上的中国"觉醒",其中"威胁"的意义似乎不见了,中国成为西方人眼中的红色乌托邦,它呼应着两个世纪前的"孔教乌托邦"。①

整个 80 年代,中国在西方眼中阴晴不定,"是个摇摆过渡的时代,一方面它笼罩在'文化大革命'的阴影中,另一方面又显现出某种在西方人看来的'资本主义的曙光'"②。中国形象最终"摇摆过渡"到了另一个历史节点,它开启的时间点是 1991 年冷战结束。在这个时段内,"中国威胁论"是主导声音,其中的含义包括对于中国经济成就的肯定("中国崛起")以及经济发展背景下的政治道德的担忧和恐惧。"后冷战"语境赋予这个历史时段的西方中国形象特别的意识形态内涵:中国作为唯一一个现存的社会主义大国,它在"对整个文明世界"进行反抗。历史似乎重演了,丁韪良在 20 世纪初的判断在 20 世纪末以不同的面目再次出现。最后一个历史时段持续延伸到了当下,西方长达一百五十多年的中国论述在近二十年来再度变奏为内涵丰富的"中国崛起论"。 面对中国的经济成就和国力,西方一方面谦卑地探讨"中国模式",另一方面指责中国的经济发展对于生态、环境的破坏,并且

---

① 周宁著 / 编注:《孔教乌托邦》,学苑出版社 2004 年版,第 216—237 页。

② 周宁著 / 编注:《龙的幻象(上)》,学苑出版社 2004 年版,第 287 页。

预言中国将"统治世界"或者走向"崩溃"。

这三个关键的历史节点是本文解析西方"中国崛起论"的基本时间架构。在每一个历史时段都有标志性的历史事件构成了西方想象中国的契机。

三、西方"中国崛起论"的意义结构

大约在两百多年前,中国在进入现代世界体系的同时,也进入了观念的世界体系,西方的"中国崛起论"就是该观念体系的产物。因此,本文在一个长时段中观察、解析西方的"中国崛起论"的话语传统,还必须同时拥有一个空间维度,即在一种横向的意义结构中探讨西方的中国形象的意识形态内涵。

再回到费正清等人 1966 年在美国《生活》周刊上连载的长文《中国百年风雨飘摇,将古老的帝国推入现代世界体系,由此开始毛动荡不安的红色统治》。该文是这样开篇的:

> 几个世纪以来,北京的长城一直是中国古代文化亘古不变的象征,它骄傲自信地蜿蜒盘旋在赤裸裸的大地上。然而,就在那城墙之内,共产党狂热的年轻红卫兵们上周在攻击、破坏一切可以称之为"外国的"或"封建的"东西——使馆、教堂、义和拳起义中死者的坟墓、中国自身的艺术瑰宝。……

这段开篇的文字旨在引出即将讨论的问题与方法,即中国当下的大破坏何以发生及其发生的百年观察视角,其中最吸引作者的似乎是 60 年代中国本土的"西方主义"政治和自我与"传统"决裂的姿态。稍后,该文似乎是在为开篇的文字进行注解,它再次指出:

> 毛主席的革命一直存在着一种奇异的矛盾:他越是寻求使中国新生的东西,中国似乎就越往旧中国的老路上倒退。三分之二个世纪前,疯狂的 1900 年仲夏,被朝廷支持在中国北方要消灭所有外国人的义和拳团伙大部分是青年农民——今天,毛泽东支持的"红卫兵",正步当年义

和团的后尘,在攻击所有外国东西方面表现了同样的热情。但义和拳只是想扫除西方对中国的影响,而红卫兵却表达了双重目标:既要扫除西方对中国的影响,又要扫除中国自身的"旧思想、旧风俗、旧习惯"。

显然,西方知识精英在"文化大革命"的破坏中看到了义和团运动的幽灵再现,同时也看到了中国已经深陷自身历史的漩涡,成为一个"为自身历史束缚的民族"。《中国百年风雨飘摇,将古老的帝国推入现代世界体系,由此开始毛动荡不安的红色统治》对于当年中国的这两层认知,一方面对应着西方"中国崛起论"生成、演变的两个不同历史时段,另方面则描述出了中国停滞的历史:百年的"风雨飘摇"就是一场儿戏,随着中国的第二次"觉醒",一切都又尘埃落定,像"北京的长城"那样"骄傲自信"、封闭排外、"亘古不变"。该文作者对于连连遭受西方打击的中国未来,充满了绝望。

《中国百年风雨飘摇,将古老的帝国推入现代世界体系,由此开始毛动荡不安的红色统治》一文旨在百年历史中解释中国"文化大革命"的合理性,但它描述的历史时段则终结于"1948年年底"。事实上,该文几乎没有提供任何新颖的论述。"停滞的帝国"[1] 这一中国形象及其表述策略早在18世纪就经由笛福、孟德斯鸠等人的努力而基本成型了。"对于西方现代文化而言,重要的不是经营一个'停滞的帝国'的中国形象,而是西方现代性自我确认需要一个'停滞的帝国',作为进步大叙事的'他者'。"[2] 西方"停滞的帝国"论述的出现,从时间维度看,为稍后的西方"中国崩溃论"的出现做了知识上的准备;从空间维度看,是西方现代性自我确证的世界版图,意在停滞的"他者"身上印证自我的优越(或进步)。

　　脉络决定意义。讨论西方"中国崛起论"的意义结构,离不开其表述脉络。比如,伏尔泰曾在《风俗论》中这样评价中国:"这个国家已有4000多年光辉灿烂的历史,其法律、风尚、语言乃至服饰都一直没有明显的变化。"[3] 这是一个模棱两可又无比深刻的论断:历史悠久与停滞落后是一体两面,关

　　① ［法］阿兰·佩雷菲特:《停滞的帝国——两个世界的撞击》,王国卿等译,读书·生活·新知三联书店1993年版。
　　② 周宁:《天朝遥远:西方的中国形象研究》下卷,北京大学出版社2006年版,第417页。
　　③ ［法］伏尔泰:《风俗论》上册,梁守锵译,商务印书馆2000年版,第239页。

键在于言说者的立场与视野。上文已经指出，衰退、停滞的"鸦片帝国"是中国第一次"觉醒"，即中国"对整个文明世界的反抗"的背景与前提。这个行将"崩溃"的古老东方帝国形象产生的前提是欧洲以进步为核心观念的启蒙主义思潮，停滞的中国形象为进步的西方国家"打破"中国的"停滞"准备了观念体系和意识形态基础。

停滞作为一个时间（历史）状态的描述性词语，其最终的意义指涉坐实在空间层面。构建一个停滞的中国形象，就可以确证一个进步的西方形象。时间上的停滞，意味着空间文化程序上的低级、幼稚和野蛮。在一种二元对立的世界想象图式中，西方借助一个停滞的中国形象，实现了时间的空间化：中国是反价值的象征，它需要文明、进步、现代的西方的拯救才能走向开化，于是殖民扩张就有了正义的借口。具体到西方的"中国崛起论"的三个生成、演化的历史时段，其中的西方中国形象建构在不同的历史脉络中，均拥有各自在空间维度上的不同意义结构。

在衰败崩溃的中国知识背景上，"觉醒"的中国第一次开始朝野联合，"对抗世界"，这给自信乐观的"拯救者"带来的精神"威胁"可想而知：义和团事件不仅印证了西方人既有的"黄祸"想象和恐慌，也在软弱、停滞的中国形象中增加了黑暗、恐怖、地狱般的威胁性因素，还为此后的"中国崛起论"准备了话语模式。这一黑暗、恐怖、地狱般的威胁性的中国形象与想象需要放置在此前衰败、软弱、崩溃的中国形象与想象中才能解释，因为后者是前者的结果。

观念的世界体系与现实的世界体系相互成就。大约半个多世纪前，行将崩溃、停滞衰退的"鸦片帝国"形象的建构，有力地支持了英国人的帝国版图想象和殖民扩张行为。英国人在鸦片贸易的依托下发起鸦片战争，中国被儿戏般地征服。但是，衰败、软弱、崩溃的中国形象在西方的殖民扩张完成后，其曾经履行的意识形态职能的语境就发生了变化。套用丁韪良的叙述，中国被征服以后，中国就不再是"中国"了，它是世界或西方的一部分。那么，此时西方的殖民体系需要建构的中国形象就不能是衰败、软弱、崩溃的，而是一个需要防范的、对其殖民体系和东西方权力格局构成威胁的危险、恐怖、残暴的颠覆者形象。早在19世纪中叶流行于西方的"黄祸"传说为20

世纪初的新的中国形象准备了基础,因此,义和团运动在西方的中国形象史上具有转折性的意义——它把西方流行的"黄祸"传说和恐惧转变成了"现实";另一方面,西方殖民扩张的另一重意义在于"拯救"中国,如果说"觉醒"的中国是殖民行为的结果,那么此时西方对于进入现代世界体系的中国可能对其"施救者"构成威胁的焦虑就不难理解。义和团事件在西方人中间的象征意义和恐怖效应正源于此——它是一个被"唤醒"的古老帝国对于西方文明的狂暴复仇。因此,稍后的辛亥革命、五四运动和五卅运动中的反殖民因素与民族主义情绪都让西方人感到不寒而栗,在这些事件中,"北京之困"的恐怖记忆一再地被唤起。黑暗、恐怖、地狱般的威胁性中国形象的生成语境和意识形态基础就是西方人对自己的全球殖民体系和帝国版图稳固性的隐忧。这个新的中国形象是一面镜子,其中映照着世界殖民体系基本完成的西方人内心的恐惧与焦虑。

义和团运动给西方人造成巨大精神打击并带来中国"觉醒"的威胁性想象还有深刻的历史文化和宗教背景:

> 义和团是阿提拉手下的匈奴人与拔都率领的蒙古骑兵的后代,同一类野蛮人,同一种野蛮行动。他们以海沙般的人数围攻基督徒的蒙爱之城,东方魔鬼部落的降临,就是末日。义和团不仅印证了他们的黄祸预感,也印证了他们内心深处的千禧末日的预感。义和团形象在某种程度上,是他们关于世界末日的原型的表现。①

当下的隐忧、历史的记忆与文化的原型共同激发了第一个历史时段的中国"觉醒"/"威胁"论述,而这个"觉醒"/"威胁"的中国论述也在空间维度上履行了巩固西方殖民主义意识形态的文化职能。

第一次世界大战之后,西方知识精英复活了1750年之前的"中国潮",以审美现代性批判启蒙现代性及其进步的世界史观,在"西方没落"②的想象中重新发现中国,一个浪漫美好的、历史悠久的文化古国形象再次被确立

① 周宁:《天朝遥远:西方的中国形象研究》下卷,北京大学出版社2006年版,第358页。
② [德]奥·斯宾格勒:《西方的没落》,陈晓林译,黑龙江教育出版社1988年版。

起来。与此同时，美国取代英国，成为全球霸权的主体，"1929—1931 年，19 世纪的世界秩序最终崩溃，……新秩序以美国为中心，并由它来组织。到二战结束之时，新秩序的轮廓已经出现"①。在这一新的世界秩序里面，新的中国世界观念秩序也随之确立。

因为两次世界大战的消耗，欧洲国家无暇自顾，"整个 20 世纪前半叶，似乎只有美国文化，对中国抱着某种浓厚的兴趣，而且美国的中国形象，也影响到欧洲，就像《大地》的电影与小说同样风靡欧洲一样"②。美国在"西方没落"的想象背景上构筑的中国形象的色调颇为驳杂：其中既荡漾着百年"中国潮"的余波，亦包含着行将崩溃的"鸦片帝国"的衰弱，还回荡着"北京之困"的尖叫。因此，在第一次觉醒到第二次觉醒之间，西方（主要是美国）的中国形象也是矛盾复杂的，"经常是爱恨交加，恩威并施。一方面是黄祸恐慌，使他们惧怕、仇视、打击中国；另一方面又是'恩抚主义'（Paternalism），使他们关心、爱护、援助中国，把中国看成一个不成熟、多少有些弱智低能，也多少有些善良人性的半文明或半野蛮国家。在中国身上，美国感到自己的责任，也从这种自以为是的责任中，感觉到自己的重要与尊严。"③

如果说中国"觉醒"的第一个历史时段，西方残暴、恐怖、黑暗的中国想象是一种自虐的话，那么，在中国"觉醒"的第一个历史时段和第二个历史时段之间，西方柔弱、浪漫、光明的中国想象则是一种自恋。美国取代英国成为"全球治理"的主体后，其美好的中国形象"是美国文化为自身的'中央帝国'意识构筑的'他者'。中国是一个与美国同样大的'前中央帝国'，不管是征服对立还是恩抚友谊，中国都是最理想的他者。'她'可以最大限度地证明美国的强大与爱、自尊与自信等美国价值。"④ 作为文化镜像的中国是不在场的，它是美国（西方）自身文化心理的折射。因此，一旦主体的言

---

① 　[美]乔万尼·阿瑞吉等：《现代世界体系的混沌与治理》，王宇洁译，读书·生活·新知三联书店 2006 年版，第 89—91 页。

② 　周宁著/编注：《中国形象：西方的学说与传说·8 龙的幻象（上）》，学苑出版社 2004 年版，第 135、136 页。

③ 　同上书，第 138 页。

④ 　同上书，第 130 页。

说语境发生变化,中国形象的内涵就会轻易地滑向另一个极端。很快,西方人就再次体味到了中国"觉醒"的恐怖。

　　像伏尔泰在《风俗论》中对中国的评价一样,从延安回到西方的斯诺在他的《西行漫记》①一书的最后,也表述了一种模棱两可但又颇为深刻的观点:"中国社会革命运动可能遭受挫折,……这种胜利一旦实现,将是极其有力的,它所释放出来的分散代谢的能量将是无法抗拒的,必然会把目前奴役东方世界的帝国主义的最后野蛮暴政投入历史的深渊。"②这句话在对中国共产党的革命运动的正面褒扬中暗隐着另一重可怕的预言。1949年,中华人民共和国成立,斯诺的预言成为西方社会眼中的现实,而且在情感色彩上完全相反:中国又一次"觉醒"了!义和团时代的"黄祸"记忆在冷战背景下转变成了"红祸"恐慌。朝鲜战争和"文化大革命"使西方的中国形象再次跌落到黑暗残暴、极权专制的深渊,"今天的中国是其自身历史的奴隶","停滞的帝国"再次在西方人眼里复活了。"五十年代的主要特点之一无疑是其道德主义,……这种道德主义表现在将具体的政治问题转换成抽象的道德问题。五十年代的道德主义者把注意力指向全人类的处境,几乎无法把高傲的目光向下转而观察社会中的个人命运。"③冷战的意识形态和"道德主义"的视野使中国成为邪恶的威胁。无论是在话语模式、形象原型还是文化职能上,第二个历史时段的中国"觉醒"论述与第一次均无二致。在作为"红祸"的中国形象中,映现着美国(西方世界)对于社会主义中国的仇视及其可能成为世界威胁性力量的恐惧。

　　在中国"觉醒"的第二个历史时段中间,穿插了欧洲知识精英表述的另一种意义上的中国"觉醒":"红祸"的中国瞬间转变为物质成就和道德政治皆为西方楷模的"美好新世界"和红色乌托邦。这个时段西方知识精英对于中国的美化除了与1750年之前的"中国潮"和20年代的审美现代性有着思想上的亲缘性之外,其中还映现着50年代后期的国际以及西方主流

---

　　①　"西行漫记"是该著的中译名,英文原题是 Red Star Over China,中译为"红星照耀中国"。

　　②　[美]埃德加·斯诺:《西行漫记》,董乐山译,读书·生活·新知三联书店1979年版,第406页。

　　③　[美]Morris Dickstein:《伊甸园之门——六十年代美国文化》,方晓光译,上海外语教育出版社1985年版,第52页。

社会政治、文化语境的转变：

> 五十年代后期，文化领域中冷战舆论的衰落与冷战本身的逐步结束是同时发生的。美国麦卡锡主义的高峰与朝鲜战争和苏联斯大林主义最后的精神失常阶段恰好重合。但是斯大林于 1953 年死去，战争于 1954 年结束，同年十二月，麦卡锡受到其参议院同僚们的谴责。艾森豪威尔这位将军出身的总统一再衰①示他希望作为一名和平人士而载入史册。他在一系列最高会议中的第一次会议上与斯大林的接班人的会晤，这些会议标志着为实现军事和政治缓和而小心翼翼地迈出的最初几步。②

20 世纪 60 年代，东亚国家在经济上的急速发展，似乎意味着全球经济中心将再次转移；同时第三世界纷纷崛起，反殖民主义的浪潮不断涌现。西方社会在政治经济和社会文化方面均逐渐出现了迟滞、动荡的态势，一种激进的后现代主义文化思潮开始涌现。"'六〇年代'是美国人权、新左运动的同义词。"③重新返回"伊甸园"的冲动，需要寻找"乌托邦"，红色社会主义中国形象的逐渐增值正好与西方的"集体精神崩溃症"④同步出现，或者说红色"乌托邦"中正映现着西方的"集体精神崩溃症"。

"后现代主义是现代主义的一部分"，它并非现代主义的"穷途末路"，而是其"新生状态"，而且这一状态将一再出现。⑤西方知识精英重新从物质成就和道德政治上定义中国的"觉醒"，事实上这种美化与此前的贬斥没有根本的区别，二者背后的意义结构和哲学前提是完全一致的：乌托邦化的红色中国形象和"停滞的帝国"形象一样，依托的都是启蒙主义的进步史

---

① 原文如此，疑为"表"的误植。——引者注。
② ［美］Morris Dickstein：《伊甸园之门——六十年代美国文化》，方晓光译，上海外语教育出版社 1985 年版，第 55—56 页。
③ ［法］安其楼·夸特罗其、汤姆·奈仁：《法国 1968：终结的开始》，赵刚译，读书·生活·新知三联书店 2001 年版，第 2 页。
④ 这是诺曼·梅勒在其著作《白种黑人》中使用的词语，见［美］Morris Dickstein：《伊甸园之门——六十年代美国文化》，方晓光译，上海外语教育出版社 1985 年版，第 53 页。
⑤ 包亚明主编：《后现代性与公正游戏——利奥塔访谈、书信录》，谈瀛洲译，上海人民出版社 1997 年版，第 138—140 页。

观,只有在西方的发展、进步尺度下,中国才能够成为解决西方社会文化痼疾的他者。因此,在西方托邦化了的红色中国形象中,我们真正看到的仍然是西方文明的核心价值。

整个 80 年代,中国形象在西方人的眼中乍明乍暗,摇摆不定。1991 年,冷战结束,但其思维方式在后冷战的时空中依然得到了延续。"历史的终结"为"文明冲突论"的出现创造了基本条件。亨廷顿的"文明冲突论"仍然在二元对立的思维框架中测绘冷战后的全球文明图景,它重续了帝国主义的话语谱系。用亨廷顿自己的话说就是:"我们只有在了解我们不是谁、并常常只有在了解我们反对谁时,才了解我们是谁。"① 亨廷顿认为:"当西方试图伸张它的价值并保护它的利益时, ……其他儒教社会和伊斯兰社会则试图扩大自己的经济和军事力量以抵制和'用均势来平衡'西方。"② 中国经济发展意义上的"崛起"在"文明冲突论"中演变为今天的"中国威胁论"。

美国前国务卿基辛格认为,亨廷顿为我们理解 21 世纪的全球政治提供了一个极具挑战性的分析框架。在"文明冲突"的框架下,西方出现了一系列把中国塑造为"威胁世界的邪恶帝国"的论述。③ 2009 年 6 月,伦敦政治经济学院 IDEAS 中心高级客座研究员马丁·雅克(Martin Jacques)的《当中国统治世界:中央帝国的崛起与西方世界的没落》④ 在伦敦出版。短短 3 个月后,该著又迅速在纽约推出其美国版本。值得注意的是,美国版本的副标题变成了"西方世界的没落与全球新秩序的开启"(*the end of the western world and the birth of a new global order*)。⑤ 国际左翼核心刊物《新左派评论》(*New Left Review*)的主编佩里·安德森(Perry Anderson)就该书的内容批评道,它实际上对应着 19 世纪以前西方世界对于远东地区的"敬畏与

① ［美］塞缪尔·亨廷顿:《文明的冲突与世界秩序的重建》,周琪等译,新华出版社 2011 年版,第 5 页。

② 同上书,第 7 页。

③ 比如《即将到来的美中冲突》、《东方与西方》、《当中国统治世界》等。

④ Martin Jacques, *When China Rules the World: The Rise of the Middle Kingdom and the End of the Western World*, London:Allen Lane, 2009. 该书的中译本为［英］马丁·雅克:《当中国统治世界:中国的崛起和西方世界的衰落》,张莉等译,中信出版社 2010 年版。

⑤ Martin Jacques, *When China Rules the World: The End of the Western World and the Birth of a New Global Order*, New York:Penguin Press, 2009.

羡慕"或者是不无荒诞意味的"中国热"（Sinomania），因此，该书可以定性为一本"大众读物"（popular work）。①安德森仅看到了该书对"中国崛起"大力美化的一面，而忽视了其中的危险因素和话语陷阱。《当中国统治世界》依据中国经济发展的规模和速度推测中国"将日渐强大，半个世纪后崛起为世界领袖"，而且其价值观念也将"确立全球霸权"。②这些"中国崛起"的美辞，势必在西方唤起有关"黄祸"的恐怖记忆，并引发"中国威胁"世界的可怕想象。在马丁·雅克激情澎湃的叙述中，我们看到的是两个世纪以来西方人想象中国的传统和模式。

马丁·雅克的《当中国统治世界》的美国版本发行两年后，年轻才俊的好莱坞导演史蒂文·索德伯格（Steven Soderbergh）在"9·11"事件十周年纪念的周末前夜，即2011年9月9日携带其预算高达6000万美元的影片《传染病》（Contagion）③在美国观众面前亮相。和马丁·雅克一样，索德伯格对影片的命名非常讲究；与马丁·雅克不同，索德伯格的作品"名副其实"。Contagion这样的片名显然是一语双关，它既可以指代因接触传染的疾病，也可以隐喻具有感染功能的情绪，还能够暗示四处蔓延的金融危机。影片中一名到香港出差公干的职业女性回到美国后，在两天内便被一种奇怪的病症夺去了生命，而她接触过的人们也迅速染病。于是，疾病与恐惧一起在全球蔓延。然后，美国的疫苗研究专家前往首例病症感染的澳门和香港寻找病原体，开始了世界末日来临前的大拯救过程。

在影片《传染病》俗不可耐的老套故事背后，真正主角正是"恐惧"。索德伯格和他的编剧坦陈："事实上，我们并不希望它是传统的灾难类型，也不愿制作一部直观展示恐怖疾病的影片。《传染病》应该表达背后更真实的恐惧。"④但是就影片"主角"的面具 MEV-1 病毒而言，编剧说创作灵感来

---

① Perry Anderson，"Sinomania"，*London Review of Books*，Vol.32，No.2，January 28，2010.

② ［英］马丁·雅克：《当中国统治世界：中国的崛起和西方世界的衰落》，张莉等译，中信出版社2010年版，第287、325页。

③ 《传染病》，史蒂文·索德伯格导演，斯科特·Z.本恩斯（Scott Z. Burns）编剧，马特·达蒙（Matt Damon）、凯特·温丝莱特（Kate Winslet）主演，美国Double Feature Films、Participant Media、Regency Enterprises、Warner Bros. Pictures Co.、Imagenation Abu Dhabi FZ，2011年制作。

④ 《特别报道：〈传染病〉》，《看电影》2011年第18期。

自 SARS 的新闻,也许这就可以在最浅显的层面上解释影片何以把染病的源头设置在澳门的一家赌场,甚至影片中还出现了"汕头汽车站"这样中国元素的特写镜头的原因。这种处理方式令人想起关于成功地控制了 14 世纪欧洲人口暴涨,并有力地重组了欧洲社会结构的黑死病的起源说。① 也许,关于黑死病的恐惧一直都沉潜在西方人的记忆里,一旦有新的"疫情"发生,被搅动的记忆沉渣便会迅速再度泛起。为了营造惊悚的效果和恐惧的情绪,影片尽量把"机位"降低到日常生活的层面,比如一名男性在公交车上咳嗽,一名旅行者把信用卡递到服务人员的手中,人们在商务会议上彼此握手……这些细节似乎暗示了"全球化"的两面性:疾病与恐惧的全球化,以及美国拯救力量的全球化。显然,从影片来看,全球化作为一个动态的进程,其负面的源头在中国,而正面的源头则在美国,美国在影片中的角色似乎是"全球治理"的主体。

在上述意义上,我们完全可以把影片《传染病》视为一个关于"疾病的隐喻"(illness as metaphor)②。这个隐喻是双重的:"传染病"远指疾病和恐惧的源头与西方的中国"刻板印象"(stereotype),"遥远而古老的中国可能是一块肮脏、神秘、恐怖的异域";"传染病"近涉美国的经济难题及其全球性的传染效应,与之相对的则是中国"正在崛起"的恐怖想象。美国华纳公司把《传染病》安排在 9 月 9 日上映,无疑是想把影片的恐惧与公众的恐惧对接,以保证高票房的回报。如今,医疗技术的发达已经使记忆中的瘟疫相

---

① 关于 14 世纪在欧洲蔓延的黑死病的起源,似乎还没有定论,但一般都认为它源自东方,再具体地说就是中国的蒙元帝国。比如, Donald F. Lach, *Asia in the Making of Europe Vol. I--The Century of Discovery*, Book One, Chicago and London: The University of Chicago Press, 1971, p.47.[美]洛伊斯·N.玛格纳:《医学史》第 2 版,刘学礼主译,上海人民出版社 2009 年版,第 139 页;[美]威廉·H.麦克尼尔:《瘟疫与人》,于新忠、毕会成译,中国环境科学出版社 2010 年版,第 98 页;[美]丹尼斯·谢尔曼、乔伊斯·索尔兹伯里:《全球视野下的西方文明史:从古代城邦到现代都市》第 2 版中册,陈恒、洪庆明、钱克锦等译,上海三联书店 2011 年版,第 431 页;[美]贾雷德·戴蒙德:《枪炮、病菌与钢铁:人类社会的命运》,谢延光译,上海译文出版社 2012 年版,第 352 页。

值得注意的是,法国年鉴学派历史学家费尔南·布罗代尔指出:"黑死病并非如过去所说的那样在十三世纪传入中欧,它最迟于十一世纪已经出现。"[法]费尔南·布罗代尔:《15 至 18 世纪的物质文明、经济和资本主义》第 1 卷《日常生活的结构:可能和不可能》,顾良、施康强译,生活·读书·新知三联书店 2002 年版,第 93 页。

② 这一表述来自 Susan Sontag。See Susan Sontag, *Illness as Metaphor*, New York: Farrar, Straus and Giroux, 1988.

当程度地得到了有效控制,可是内心对他者的"恐惧"的瘟疫该如何控制?麦克白如何才能不再听到夜半的敲门声? 这就不是任何先进的医疗技术所能解决的问题了。

马丁·雅克在严肃的学理探讨中"敬慕"中国,而索德伯格在想象的光影世界里"恐惧"中国。索德伯格的影片同样履行了雅克"当中国统治世界"的"惊悚"功能。投射着大众想象的好莱坞影片与严肃学者殚精竭虑的学术著作一道,并行不悖地编织出了恐惧与敬慕、威胁与崛起的中国想象图景。在新的历史脉络中,"崛起的中国"、"崩溃的中国"和"威胁的中国"仍然以最古老的方式纠缠在一起,其中映现的是西方自身对他者的敬慕、欲望和恐惧,而现实的中国在这一表述脉络中则始终是缺席的。

原载《国外社会科学》2012 年第 6 期,发表时有删节

构建的消逝，或当代华语电影的"纯真年代"

一、窥视主义与"真实的激情"

作为题材，"南京大屠杀"乃至中日战争的历史记忆既考验着文艺创作，也考验着相关批评实践。2011 年 12 月，北京新画面影业公司投资、张艺谋执导、定位"冲击奥斯卡"的《金陵十三钗》公映，引起强烈反响。相对于普通观众的深深着迷①，专业评论则使影片显现出其极具争议的一面。

为争取女性权利不遗余力的吕频认为，《金陵十三钗》"最可怕的地方"是"它以贞操为界限，离间了妇女的同命与共情"。影片"其实是又一次试图从民族羞耻中自救的努力，通过以无尽悲愤的口吻将这种羞耻放大演绎作为洗礼，以及通过证明国家、民族和男人已经尽到了拯救'好女人'的责任；也是又一次压迫——通过把受害者刻画成一群'自愿'的坏女人。总之，女人又象征性地治疗了一番无法愈合的民族自尊心，而且，通过通俗大片的操作，还提供了一次让观众围观暴力、消费性受害者惊惧哀惋之美的机会。"②

---

① 比如，中国知名歌手韩红在 2011 年 11 月 29 日晚观看影片时更新其微博，在网上爆粗口骂日本人，并发誓不再使用日货，后来她删除了微博。多家媒体报道了此事。据该新闻的跟帖，我发现多数网友支持韩红。

② 吕频：《〈金陵十三钗〉，消费处女加消费妓女》，"网易""女人频道"，2011 年 12 月 23 日。

与吕频的侧重点不同,戴锦华从性别与种族的接合逻辑出发,进一步指出影片"没有视觉中心/主体与视觉叙事驱动的视觉结构",因而具有和《南京!南京!》,甚至是当代中国电影近似的文化症候,即"中国主体的呼唤与建构,印证的却是中国主体的不在或缺席。"①

在部分认同上述观察的同时,笔者认为,这些犀利的评论在跨文化挪用、引申英国女性主义电影理论家劳拉·穆尔维《视觉快感与叙事性电影》②提供的分析框架时,也分享了其固有的理论困境。因此,这些评论尴尬地处于其所不虞的、与影片的价值诉求形成共谋关系的位置上。

在《视觉快感与叙事性电影》中,穆尔维宣称,"有人说,对快感或美进行分析,就是毁掉它。这正是本文的意图。"③ 如果说穆尔维的问题脉络中,"快感或美"具有一种隐蔽的(性别指意上的)欺骗性或虚假性,那么,这句话就迅速令人联想到现代主义的艺术理念(Make it new!),或布莱希特戏剧中的理论抱负④。布莱希特的史诗剧理论同时从戏剧美学和社会学两个层面对资产阶级的梦幻戏剧及其复杂的意识形态展开系统深入的批判。布莱希特的戏剧理论锋芒所向,是他命名为"亚里士多德式戏剧"的功能论说,即《诗学》里面的"怜悯"与"恐惧",以及隶属该传统的资产阶级梦幻剧场的"共鸣"效果。在《对亚里士多德诗学的评论》中,布莱希特旗帜鲜明地指出:"我们不仅在亚里士多德那里发现共鸣是观众接受艺术作品的方式,今天这种共鸣表现为对发达资本主义的个人的共鸣。另外我们估计某种形式的共鸣就是古希腊人所说的净化的基础,在我们今天完全不同的情况下也发生这种'净化'。观众那种完全自由的,批判性的和仅仅考虑世俗的解决困难

---

① 戴锦华、滕威:《2011 年度电影访谈》,载戴锦华主编《光影之忆:电影工作坊 2011》,北京大学出版社 2012 年版,第 16—17 页。孙柏的《上帝之瞳与"死活人"的黎明:〈金陵十三钗〉中的西方主义与性别叙事》(《摆渡的场景:从文学到电影》,中国电影出版社 2012 年版,第 183—202 页)与张慧瑜的《〈金陵十三钗〉:谁的金陵?》(载戴锦华主编:《光影之忆》,北京大学出版社 2012 年版,第 86—95 页)也提供了近似的观察角度。

② 劳拉·穆尔维:《视觉快感和叙事性电影》,周传基译,载李恒基、杨远婴主编《外国电影理论文选》下册,生活·读书·新知三联书店 2006 年版,第 643—644 页。

③ 同上书,第 640 页。

④ 劳拉·穆尔维的观点与布莱希特戏剧观念之间的深层联系,周蕾有过深入、详尽的论述。See Rey Chow, *Entanglements, or Transmedial Thinking about Capture,* Durham and London: Duke University Press, 2012, pp.22–24.

的办法的态度不是'净化'的基础。"① 如果说布莱希特揭开"亚里士多德式"戏剧中虚伪的资产阶级意识形态面纱，在穆尔维这里，则是分析经典好莱坞影片的叙事对于女性奇观不露声色的整合逻辑，及其中暗隐的性别认同机制。

问题的关键在于实现该美学效果的方法，即"片段化"、"物化"②，或用本雅明的话说，就是"蒙太奇"、"中断（戏剧）情节"③，让"自然"暴露其生产性、历史性。根据穆尔维的分析，要把经典好莱坞影片改造成布莱希特式的，只需去掉传递女性形象的中介，即取消银幕上的男性凝视，便可"妨碍故事线索的发展"，使"动作的流程冻结"，"就会冻结观众的看，把观众定住了，并妨碍他和眼前的形象之间获得一些距离"。④ 这一思路和本雅明提及电影"震惊效果"时的论断——"在观看这些形象时，观看者的联想过程被这些形象不停的、突然的变化打断了"⑤——如出一辙。因此，持上述立场的穆尔维同属"布莱希特的追随者"⑥ 行列。艺术史告诉我们，"冻结观众"的效果正是诸多现代主义艺术实践所孜孜以求的。而《金陵十三钗》与其说提供了可供穆尔维的批评框架解析的对象，不如说暴露了穆尔维的理论在跨文化"旅行"中的自反性。

可能因为篇幅关系，吕频的短文有些语焉不详之处。如果说影片"让观众围观暴力、消费性受害者惊惧哀恸之美"，这句评论指涉的应是豆蔻和香兰返回翠喜楼时被日本兵奸杀的片段⑦。但这个片段（至少对中国观众而言）

---

① ［德］贝·布莱希特：《对亚里士多德诗学的评论》，《布莱希特论戏剧》，丁扬忠等译，中国戏剧出版社 1990 年版，第 92 页。

② ［美］弗雷德里克·詹姆逊：《布莱希特与方法》，陈永国译，中国社会科学出版社 1998 年版，第 123、149 页。

③ Walter Benjamin, "The Author as Producer", translated by John Heckman, in *New Left Review*, Issue 62, 1970.

④ 劳拉·穆尔维：《视觉快感和叙事性电影》，周传基译，载李恒基、杨远婴主编《外国电影理论文选》下册，生活·读书·新知三联书店 2006 年版，第 644、653 页。

⑤ 本雅明：《机械复制时代的艺术作品》，张旭东译，载［德］汉娜·阿伦特编《启迪：本雅明文选》，生活·读书·新知三联书店 2008 年版，第 260 页。

⑥ ［美］弗雷德里克·詹姆逊：《布莱希特与方法》，陈永国译，中国社会科学出版社 1998 年版，第 55 页。

⑦ 戴锦华也认为，"反观《金陵十三钗》，野蛮强暴的影片事实发生在两名妓女身上，……"戴锦华、滕威：《2011 年度电影访谈》，载戴锦华主编《光影之忆：电影工作坊 2011》，北京大学出版社 2012 年版，第 21 页。

无论如何也无法与"消费"挂钩。如果该片段包含着看（"围观"）与被看的结构，那么它也是无中介、无距离的，观众的视线不可能与日本兵完全发生认同。即使存在些许认同，但 B. 安德森所谓的"同胞之爱"（fraternity）① 唤起的强烈民族主义情绪也会不请自来，坚定地阻挠这一认同机制的形成。这里的民族主义情绪恰似本雅明在评论布莱希特"史诗剧"时想象的那个闯入资产阶级日常生活场景的陌生人②，它中断了影片的进程，使时间在观众那里暂时冻结。一直在场的民族主义情绪有可能取消奇观与观众间的距离，使奇观本身成为阿尔托"残酷戏剧"般的场景，使观众感到震惊、不安、恐惧，甚至耻辱。③ 因此，这个片段的观影效果与其说是观众对商业大片提供的美与快感的"消费"，倒不如说是对观众的布莱希特式的惊醒或现代主义式的惊吓与折磨。

相对而言，戴锦华等学者在挪用穆尔维的分析框架时显得更为适切、圆熟。不同于吕频，戴锦华等人关注的焦点在于（可转喻为基督／约翰／西方的）书娟对玉墨等妓女的色情凝视，及该视觉修辞暗示的国族文化主体"中空"。的确如此，影片自始至终都在清晰地强调这一组看与被看的关系。且由于故事发生的地点是天主教堂，以及书娟等人的基督教会学生身份，书娟的凝视最终被"转接给'圣约翰'"④。该解读思路在学理层面几乎无可指摘，其令人不安之处在于：如果说《金陵十三钗》意味着，在认识论层面"我们看不到我们所说的"⑤"中国崛起"，上述批评对于这种不可见性的分析，事

———————

①　Benedict Anderson, *Imagined Communities: Reflections on the Origin and Spread of Nationalism*, London and New York: Verso, 1991, p.7.

②　Walter Benjamin, "The Author as Producer", translated by John Heckman, in *New Left Review*, Issue 62, 1970.

③　笔者曾就该片段的观影体验在身边的人群中做过简单的调查，普遍认为观看时感到很痛苦。笔者查看网络上相关讨论，与前述意见基本一致。

④　孙柏:《上帝之瞳与"死活人"的黎明:〈金陵十三钗〉中的西方主义与性别叙事》,《摆渡的场景:从文学到电影》,中国电影出版社 2012 年版,第 191 页。戴锦华（戴锦华、滕威:《2011 年度电影访谈》,载戴锦华主编《光影之忆:电影工作坊 2011》,北京大学出版社 2012 年版,第 17—18 页）和张慧瑜（张慧瑜:《〈金陵十三钗〉:谁的金陵？》,载戴锦华主编《光影之忆:电影工作坊 2011》,北京大学出版社 2012 年版,第 94—95 页）,贺桂梅（贺桂梅:《女性文学与性别政治的变迁》,北京大学出版社 2014 年版,第 314、317 页）也有类似的表述。

⑤　该表述借用自德勒兹。See Gilles Deleuze, *Foucault*, translated and edited by Seán Hand, Minneapolis: Minnesota University Press, 1988, p.67.

实上已使其本身成为关于"中国崛起"的"知识"的一部分，不可避免地协调着"权力"。尽管该研究对"中国崛起"及中国新主流意识形态的"中空"中国主体建构持怀疑、批判的态度，但其论述仍假设存在一个"血肉"中国主体。① 换句话说，"血肉"中国主体正是其批判的参照点，也是该批判思路的根本旨归。正如有论者指出的，"不管《南京！南京！》还是《金陵十三钗》，都选择借助他者／强势的目光来讲述中国故事，这是否意味着形成一种文化自觉、文化自信的叙事形态依然任重而道远呢？"② 很不幸，穆尔维在揭示快感认同机制时的担忧——"重新构成一种新的快感"——在性别与国族的接合逻辑中发生了。如果说《金陵十三钗》"复制了中国新主流意识形态中的'仇日崇美'的情感结构"③ 是需要警惕、批判的，那么，这种评论本身所暗示的"西方主义"④ 的"情感结构"至少同样值得怀疑。或者说，上述批评实践正是世界范围内甚嚣尘上的"中国崛起（威胁）论"的一声回响。不妨反躬自问：如果存在一种可见的"血肉"中国主体，它是否可以外在于（全球主义）意识形态的询唤而存在？如果不能，这个可疑的"主体"将以谁为自我的他者？ 在建构他者过程中，又包含了什么样的权力运作？ 遗憾的是，在上述评论中看不到此类思考。至此，我们可以说，穆尔维激进的理论框架在跨文化挪用中，诡异和它意欲批判的话语一道，达成了"一种保守的意识形态表述"⑤，义无反顾且无比精准地投入了新主流意识形态的怀抱，从而走向了自我初衷的反面。

可以从"理论旅行"过程中意义与脉络的互生或错位关系解释上述批评实践后果的成因。攻击、摧毁西方父权社会无意识乃穆尔维的激进锋芒所

① 戴锦华、滕威：《2011年度电影访谈》，载戴锦华主编《光影之忆：电影工作坊2011》，北京大学出版社2012年版，第18页。

② 张慧瑜：《〈金陵十三钗〉：谁的金陵？》，载戴锦华主编《光影之忆：电影工作坊2011》，北京大学出版社2012年版，第95页。

③ 戴锦华、滕威：《2011年度电影访谈》，载戴锦华主编《光影之忆：电影工作坊2011》，北京大学出版社2012年版，第23页。

④ 这里的"西方主义"指代东方国家对西方具有敌意的想象。See Ian Buruma & Avishai Margalit, *Occidentalism: the West in the Eyes of Its Enemies*, New York: Penguin Press HC, 2004.

⑤ 张慧瑜：《〈金陵十三钗〉：谁的金陵？》，载戴锦华主编《光影之忆：电影工作坊2011》，北京大学出版社2012年版，第93页。

向,在西方 20 世纪 60、70 年代的问题脉络中,其意义在于实现了电影理论
"从非性别的形式主义符号学分析到对性别认同介入其中的发现的巨大观
念飞跃"①。但它一旦"旅行"到其他情境,如果对其理论前提缺乏足够的
谨慎,就难免使其批判"成为一个意识形态陷阱","走向自我封闭"。② 我
们首先注意到,穆尔维在批评父权文化的视觉结构时,仍在同一个二元框架
中思考问题,即"看的快感分裂为主动的 / 男性和被动的 / 女性"③,这充分
显示了该框架内涵的敌意。同时,多多少少与其采用的精神分析模式相关,
穆尔维几乎视电影观众为被催眠的一群。其次,穆尔维的写作意图与理论
愿景,即暴露快感机制的形成,"解放观众的看,使它成为辩证的、超离感情
的",充分显示了其布莱希特式的抱负。这一抱负假设存在着一个真实的世
界,但它暂时被资产阶级肤浅而虚假的幻觉戏剧给遮蔽了。④ 在真实与幻觉
的对立中,那个未曾过滤的(mediatized)本真性世界,成为对包括穆尔维在
内的"布莱希特的追随者"或现代主义者们永久的诱惑与捕获。穆尔维所
渴求"没有通过中介"的"直接",如果借用阿兰·巴迪欧的表述,其实就是
"对真实的激情",也"总是对新事物的激情"⑤。

与"Make it new!"的诗学理念相对应,现代主义艺术实践的典型特征就
是诉求"一种纯粹化的愿景","它致力复活一个特定的从前——遭腐蚀之
前,本真失去之前"。⑥ 为达到"陌生化"效果,现代主义美学实践对"初次"
(或"新事物")的迷恋使本真性成为无法克服的诱惑。但本真性本身就是
神话,作为现代主义美学的目标,它暗示了一种新的"窥淫"。所以,根据现
代主义美学的实践逻辑,其本真性从来都不过是亚里士多德式的摹仿,是被

---

① Maggie Humm, *Feminism and Film*, Bloomington, Indianapolis: Indiana University Press, 1997, p.17.

② Edward W. Said, *The world, the Text, and the Critic*, Cambridge, MA: Harvard University Press, 1983, p.241, p.247.

③ 劳拉·穆尔维:《视觉快感和叙事性电影》,周传基译,载李恒基、杨远婴主编《外国电影理论文选》下册,生活·读书·新知三联书店 2006 年版,第 643 页。

④ [德]贝·布莱希特:《布莱希特论戏剧》,丁扬忠等译,中国戏剧出版社 1990 年版,第 17、89、120 页。

⑤ [法]阿兰·巴迪欧:《世纪》,蓝江译,南京大学出版社 2011 年版,第 65 页。

⑥ Rey Chow, *Entanglements, or Transmedial Thinking about Capture,* Durham and London: Duke University Press, 2012, p.27.

过滤后的，是第二性的。

当穆尔维的分析框架离开欧洲，被移植到《金陵十三钗》的视觉修辞解读时，其预设、敌意与困境也一并被移植。尤其是当该框架被引申到近代以来的中西方（后）殖民遭遇的脉络中时，其预设与敌意一旦与"中国崛起"、"文化自觉"等国家主义论述联手，不仅将使其批判意识濒于消弭，其固有的困境也将更显尖锐。"文化自觉"的总问题脉络是被裹挟进全球化进程的中国对西方主导的世界秩序的一种反弹，而"中国崛起（威胁）论"则是当代西方国家对至少延续了两世纪的中国想象的再次激活与改头换面。[①]"看与被看"导向被掏空的民族文化主体时，其中的对立与敌意将转变为危险的"西方主义"与对本真的"血肉"中国主体诉求。借用穆尔维的表述，这不啻"一种新的快感"。于是我们在这一分析框架中看到，《金陵十三钗》不过呈述了承担"看"的书娟为西方基督（约翰）"父亲"所托管，玉墨等妓女则沦为"被看"的欲望客体。如果说透过穆尔维的理论"滤镜"，看到的是一个性别化的被西方掏空的中国主体，那么，这一未经检讨的欧洲理论框架实则悄然利用自身的问题脉络成功改写了非西方文化批评实践的议程。事实上，戴锦华等学者对影片严肃而深刻的解读，已经潜在地承认了西方／男性对"看"／思想的宰制能力。被这一批判激情彻底遮蔽的则是中国的"看"的能动性，它对应着穆尔维（或布莱希特）对观众的被动催眠假设。再往前一步，可能就是所谓"失语"恐慌，控诉所谓"西方文化霸权"，进而吁求未被西方"污染"的本真中国主体。讽刺的是，这一景观正是戴锦华等学者的批评对象影片《金陵十三钗》所要极力呈现的。这等于把后殖民国家的问题和后启蒙时代的西方理论置换为当代中国的问题与方法，它暗合了把西方的"中国崛起论"转换为中国本土"崛起的中国论"的逻辑，张艺谋在2008年北京奥运会开幕式上用高科技向全世界观众展示的那场关于中国文明的超豪华表演就是一个绝好的案例。在该过程中，中国自身的立场与角色则是错乱的。毋宁说，此类批评实践本身就是当代中国文化症候的一种凸显。

---

① 周云龙：《西方的"中国崛起论"：话语传统与表述脉络》，《国外社会科学》2012年第6期。

二、《金陵十三钗》的表演主义

笔者在这里想采用一种可与上述"窥视主义"构成对话关系的"表演主义"来"看"《金陵十三钗》。这一观看角度将不再把被看者视为被动、沉默的群体，而是将其被观看的境况视为一种潜在的看的伪装。我们知道，表演的本质在于：意识到某种目光的在场并给予该目光以回馈。换句话说，被看者已经意识到了自己的被看，于是将计就计，进行自我展示和表演，有效地把自身从被看的客体转换为看的主体，既有的看与被看的视觉结构将遭遇挪用和反击。

《金陵十三钗》里面，当玉墨等这群来自"钓鱼巷"的妓女得知同胞老顾已是违背了交易协议的"漏网之鱼"时，就强行闯入教堂。行至前院，约翰坐在窗户上轻佻地对她们吹口哨。窗框既突出了约翰是画面的焦点，也暗示了他将陷入视觉的牢笼。玉墨等人发现约翰"不正经"的"看"的同时，也发现了约翰可利用的价值——"管他正经不正经，能挡住小日本不就行了。"从这一刻起，玉墨等人就开始了她们的自我展示，对约翰的"看"迅疾作出了毫不掩饰的挑逗性回馈；也就是在这一刻，约翰已被玉墨等人设定为一尾新"鱼"。又一场交易即将开始。

稍后，书娟透过裂缝窥看进入教堂地窖的玉墨等人，她惊奇地发现玉墨竟在漫不经心地翻看一个小册子。此时玉墨似乎觉察到有人窥看，书娟在玉墨回看的目光中仓皇而逃。玉墨的阅读与语言能力后来被证明是她们和约翰之间进行交易的重要前提。玉墨等人从地窖里面出来后，玉墨用英文和约翰调情，一妓女就奚落满脸疑惑的教会学生："不要以为就你们会说洋文。"其他妓女看到约翰似乎已经上了玉墨的"鱼钩"，就鼓励玉墨："到底是秦淮河的头牌。玉墨，用劲笑。让大鼻子上火！"后半句台词（将给预设的西方观众看？）的英文翻译——Mo, use all of your skills. Seduce him——更直白地表达了玉墨的动机，即诱惑约翰，达成交易。接下来，玉墨决定把这场交易的内容讲明，她主动登门拜访约翰。在走廊里，她再次发觉了书娟的窥看，把一种几近夸张的性感姿态先展示给书娟，再展示给约翰。走廊构成的纵深视觉效果最大化地突出了身着旗袍的玉墨腰部特写。玉墨很清楚欲望的延迟原则，约翰未能作出具体帮助她们的行动之前，玉墨仅仅留给约翰一个性感的自我展示。在一定程度上，玉墨等人调度着约翰和书娟凝视的目光，并为后者设定了窥视自我的位置。

这一交易在日本兵冲入教堂对女学生施暴，约翰英雄般地挺身而出后，进入实质性阶段并开始向另一个层面转变。首先是书娟称呼约翰为"神父"，然后是陈乔治迫使约翰自认为"神父"，并把已故神父的遗像翻过来对着约翰，强迫他继承"慈悲"的责任。最后，玉墨前来继续谈判此前的协议。这个过程中，我们看到约翰对于"神父" / 慈悲角色的承担。玉墨选择这个时机前来交易，也正是看透了约翰的内心。虽无十分把握，但玉墨已经意识到约翰不忍就此离开教堂。所以约翰"讨价还价"之际，玉墨自信地说We'll see（等着瞧），然后再次把夸张的性感姿态展示给约翰的眼睛。此时，看者在看被看者，被看者也在看看者。

日本军官长谷川的优雅与狡猾使玉墨和约翰间的交易向另一方向扭转——约翰帮助玉墨等人易装成女学生。约翰在质问了上帝"人人生来平等"的教义后，接受了玉墨的建议。这场交易中，最初的性承诺被转换为人道主义援助，甚至是交易者间的爱情。玉墨最终成功地通过易装表演，再一次走向自我展示。

因此，影片中的教堂不应该被视为一块"飞地"[1]，它至少是一个中国、西方、日本军方互为犄角、斡旋协商的"接触域"（contact zone）。此中，"虽然被征服者不能自如地控制统治者文化所施予他们的东西，但他们确实可以在不同程度上决定他们需要什么，他们如何应用，他们赋予这些东西以什么样的意义"[2]。玉墨等人的自我展示在视觉层面不是臣服，而是策略性的对抗。考虑到影片"冲击奥斯卡"的定位，在影片内部时空中，它回击了西方人 / 日本兵的色情凝视，在全球流通市场和跨文化接受层面，影片则挪用并批判

---

① 戴锦华、滕威：《2011 年度电影访谈》，载戴锦华主编《光影之忆：电影工作坊 2011》，北京大学出版社 2012 年版，第 19 页。

② Mary Louis Pratt, *Imperial Eyes: Travel Writing and Transculturation*, Second edition, London and New York：Routledge, 2008, p.7.

了西方观众 / 男性对中国 / 女性的色情凝视。福柯所谓的 "可见性就是一个捕捉器"① 在此似乎可以以德勒兹的方式去理解，即 "没有什么东西是真正被禁闭的"②，包括某个视觉结构中的可见物。表演主义视野中，"可见性" 对窥看者而言至少同样 "是一个捕捉器"。尽管影片（向全球观众）展示了苦难的中国 / 欲望化的中国女性身体，具有 "自我东方化"③ 的嫌疑，但考虑到全球不均衡的 "感知分配系统"④（比如包括中国电影在内的非西方文化在全球资本流通中的边缘处境），中国的可见性不能仅仅被解读为 "被看"，它也是一种主动谋求被关注、被承认的策略。因此，《金陵十三钗》的自我表演主义，如豆蔻和香兰血污的恐怖身体和玉墨等人的性感伪饰、回视、易装具有布莱希特式的间离效果，它们和民族主义一道构成了对（视觉）暴力的挪用、对抗和控诉，毫无美感或快感可言。在这个意义上，就《金陵十三钗》本身而言，与其说是好莱坞式的⑤，不如说它和前述对它的批评一样，是现代主义式的。

几乎无可避免，《金陵十三钗》对西方 / 男性的色情凝视的批判，最终也清晰地导向了对本真性、也是 "对新事物的激情"。这一激情孕育在影片那浓得化不开的乡愁之中。在南京的愁云惨雾下，影片中几乎所有人都患了思乡病：长谷川大佐弹奏的一曲日本童谣《故乡》引起教堂内外的日本兵合唱，西方人努力避免 "死在中国"，而豆蔻则想象着嫁给小老乡浦生，返乡种田。这种乡愁的浓度在玉墨等人的易装阶段达到了顶峰。其中一名妓女对着镜子说："我妈要是活着，看到我这个样子，不知道有多高兴呢！" 另一名说："连我妈见这样子都认不得我了。" 这群易装后的妓女欣喜的是她们的 "女学生" 扮相。这里的 "女学生" 既暗示了知识的区隔力量，更强调了

---

① ［法］米歇尔·福柯：《规训与惩罚：监狱的诞生》，刘北成、杨远婴译，生活·读书·新知三联书店 2007 年版，第 225 页。

② Gilles Deleuze, *Foucault*, translated and edited by Seán Hand, Minneapolis：Minnesota University Press，1988，p.43.

③ 关于 "自我东方化" 的相关论述，可参见［美］阿里夫·德里克：《后革命氛围》，王宁等译，中国社会科学出版社 1999 年版，第 289—297 页。

④ 这一表述借用自朗西埃。See Jacques Rancière, *The Politics of Aesthetics*, translated by Gabriel Rockhill，London and New York：Continuum，2004，p.12.

⑤ 持该观点的学者很多，无需特别举例。

一种纯洁的身体及其象征意义——玉墨等人象征性地回归了本真的、纯洁的"处女"自我。影片的叙事导向与前述现代主义美学实践在谋求"陌生化"效果时对"初次"（或"新事物"）的迷恋如出一辙。正如玉墨曾向约翰讲起的那样，她过去和书娟一样，也是教会的女学生，在班上英语成绩最好。因此，学生与妓女两个格格不入的群体在这片乡愁中合二为一（而不仅仅是吕频所谓的"离间"），妓女在扮相上回溯到自己的本真阶段，正是为了书娟等"本真"的女孩子保有一个本真的前景。书娟这个学生群体既是玉墨等人的往昔，也是即将赴死的她们的未来。

帕索里尼认为，在放映机制上，电影制造真实的幻觉的秘密就在于它"建立在对时间的连续性地废弃基础上"，而"电影中的时间则是完成时的"。① 也就是说，电影的放映，首先是对一种已完成的时间的回溯，随着放映的进行，逐步对时间废弃，而这个过程又是持续向前的。从这个角度看，玉墨等人回归往昔再前去赴死的命运经过影像化，有效地传达了一种朝向未来的乡愁，它在时间上以当下为分界点／起点，既指向过去，也指向未来。书娟等女学生就是玉墨等妓女的前世和来生，因此这份乡愁中铭写了对未经污染的本真性自我的渴念。如果在全球后殖民脉络中思考影片的色情凝视与展示，这份乡愁则可以解读为对一种本真的、未经殖民行为蹂躏的民族文化的诉求。这一本真性的民族文化／"血肉中国主体"，既是前殖民时期那个风雅粲然的乡土空间（如玉墨等人演唱的《秦淮景》里的世界），又是一个有绝对主体支撑的乌托邦。这正如鲁迅小说《故乡》、《社戏》中那个无力回天的现代知识分子叙事者不无自恋地寄予记忆与现实中的"底层"孩童的"希望"②，由此可以看到影片及前述相关批评与"五四"现代性话语间的一脉相承。

《金陵十三钗》中真正区隔了这两个学生和妓女群体的与其说是"贞操"（吕频语），毋宁说是"知识"，因为"贞操"无法解释玉墨何以能够成为妓女群体中的"头牌"或"精神领袖"。比如玉墨以女王的姿态出场代表

① P. P. Pasolini, *Heretical Empiricism*, translated by Ben Lawton and Louise K. Barnett, Washington, DC: New Academia Publishing, 2005, p.250、243.
② 详见拙文:《东方文艺复兴思潮中的梅兰芳访美演出》,《戏剧艺术》2013 年第 3 期。

妓女群体用英文与约翰谈判交易,以及最后以"商女不知亡国恨"的"千古骂名"说服了姐妹们易装赴死的场景,再次让我们看到"知识"的力量(权力)。当书娟等人第一次看到玉墨等人时,其第一感觉是"放荡",没有想象中的"优雅",这(而不是贞操)成为排斥后者的根源。玉墨的知识/受教育背景及语言能力,使其既同时属于这两个群体,又不属于任何一个群体,她成为一处"阈限区域"。因此,正是"知识",既构成了区隔两个女性群体的壁垒,也成为最终弥合二者的拱廊。尽管"书娟们"拥有的这份知识已无力自我拯救,正如日本兵侵入教堂时用于堵门的"书籍"一摞一摞地从架上坠落时的绝望场景所暗示的,但它构建了看上去"自明的感知系统",这个系统对"感知的分配依据人类活动的时空进行,其状况揭示了谁可以分享哪个共同体"①。正是依赖"感知政体","玉墨们"的(不)可见性透过影像操作得以分配。学生/知识分子把妓女/底层作为本土的他者,并赋予后者以迈向民族文化本真性的起点性质,加以摒弃、放逐。

正如帕索里尼所指出的,借助放映机制电影媒介可以构建出真实的幻觉。对《金陵十三钗》而言,它对民族文化本真性的渴求正是"对新事物的激情",即对"处女"的拜物。"处女"在这里是被媒介化并理想化了的民族文化的一个性别意象,在时间上既是过去又是未来,它必须把不纯洁的"妓女"建构为自身的本土他者,后者在时间上则是需要废弃的当下。在持续的运动过程中,当下即是历史。这个追寻本真性的过程及本真性本身同样是虚幻的,因为它通过西方之手对当下易装、摹仿、表演源始,才得以废弃(也是依赖)当下,进而错置了一份面向未来的乡愁。影片最后,书娟透过色彩斑斓的玻璃窗看到玉墨等妓女幽幽向教堂/镜头走来的那个幻境,意味着追寻民族文化本真性的工程已经彻底摆脱了历史幽灵的困扰,稳固地开始了其新的征程——玉墨等人再也没有机会(向书娟的窥看)自我展示了。这个场景很绚丽,但(所以)也很朦胧——历史将被(刻意)遗忘并重构。正如影片不经意间泄露的,这一切不过是叙事者/(知识分子)书娟想象的幻境,因为整部影片作为书娟的回忆,本身就已经明示了历史幽灵的一直在场。

---

① Jacques Ranci è re, *The Politics of Aesthetics*, translated by Gabriel Rockhill, London and New York:Continuum,2004,p.12.

和 1987 年《红高粱》最后那个镜头一样，书娟眼中的幻境也是"民族大神话"①。不同之处在于：前者是对革命话语"寻根"式的反思商榷，后者则是"中国崛起"的想象式自我表征。对民族文化本真性的渴求，使《金陵十三钗》表征的"感知系统"有效地把玉墨等妓女的可见性定位于一种必须摒弃的不虞阶段，而这一过程又需通过记忆来完成。事实上，这正是现代主义的悖论所在："现代性的欲望形式就是淘汰早期的一切，它渴望最终实现一种所谓的纯粹当下，这个当下就成为再出发的新起点。现代性观念的全部力量就来自这个新起点与刻意遗忘的联手合作。"但是，"这一超历史的运动过程的自我欣喜从一开始就被一种深植于历史因果率的悲观认识所抵消"②。现代主义的"新起点"无法独立于历史 /"早期的一切"而自足。

三、奥德修斯的无望归程：《色，戒》、《梅兰芳》与 《一代宗师》

上文对《金陵十三钗》的解析可作为继续讨论当代华语电影乃至当代中国文化状况的基本尺度和框架。参照《金陵十三钗》，本文将以《色，戒》（李安导演，2007 年）、《梅兰芳》（陈凯歌导演，2008 年）和《一代宗师》（王家卫导演，2013 年）为例，在互涉关系中探讨当代华语电影的本真性知识状况。

李安遭遇张爱玲无疑是一个噱头十足的文化事件，有趣的是，严肃的文化批评工作面对该事件时竟显得有些无能为力。这一点主要体现在学界大多对影片《色，戒》的讨论走不出李安"填足张爱玲"③的"托辞"。其实，李安完全误读了张爱玲，借用美国华裔作家苏友贞的话说，影片《色，戒》"彻底粉碎了张原著对爱情建构出的反讽"④。

---

① 阿城语。查建英：《八十年代访谈录》，生活·读书·新知三联书店 2010 年版，第 32 页。
② Paul De Man, "Literature History and Literature Modernity", in *Daedalus*, Vol.99, No.2, Spring, 1970. 引文参考了李自修译的《解构之图》（中国社会科学出版社 1998 年版，第 165—189 页）。
③ 陈志云对李安的访谈。香港无线生活台节目《志云饭局》，2007 年第 20 集。
④ 苏友贞：《也谈〈色，戒〉里的性爱场面》，《当王子爱上女巫》，南京大学出版社 2008 年版，第 153 页。

　　当然，从观念的角度也可以说李安是对张爱玲"视而不见"，其误读是借题发挥。特别是那段成为话题的性爱场面，暴露出李安根本就没有读懂或不愿理会张爱玲对男性的嘲讽。李安从电影工作者的角度，把小说《色，戒》解读为一个表演（伪饰）与求真的故事。李安认为，《色，戒》中"女演员王佳芝去扮演一个麦太太，然后从色诱情欲这个戏里面，她要透过一个审问者易先生……从一个最不信任人的这样一个角色，去求取真相。从床上的戏里面去测试一个演员，一个终极的真诚的表演要色诱一个毫不信任任何人的易先生"，这同时也是测试戏外的他本人和演员。[①] 从这个意义上，可以说《色，戒》是一部"元电影"，它试图在戏中戏的结构中思考表演与真实的边界问题。李安对原著的理解方式暗示了他对影像（表演）的不信任，因此，他才会从"终极的真诚的表演"中"求取真相"。在影片内外的互涉关系中，易先生对王佳芝身体的拷问，与李安对演员表演（影像）的测试是一回事。但是，李安对影像／表演真实性的测试只是手段，其根本目的在于通过影像留存一段历史记忆。

　　如果说《色，戒》的原著小说是从殖民历史中探讨性心理学[②]，那么影片则是从两性关系隐喻国族历史。作为电影从业者，李安自觉承担了一种文化上的使命——"给世界看另外一个中国"，它来自父辈"传承给他的关于中国的记忆"。[③] 面对时间川流中的"人事全非"（李安语），用虚拟的影像复原一个（文化）记忆中的"中国"，本身就是很大的矛盾，也是李安不得不解决的最大挑战。李安"对世界的了解"，"觉得意义都像在剥洋葱，一层一层往下剥"[④]，这可以视为李安解决问题的基本思路。就影片而言，这一思路和《金陵十三钗》一样，是表演主义的——剥开衣服／伪饰，展示演员的肉体／真实，实现"巨大的惊惶效果"[⑤]。李安说："其实拍电影时，我们都是在假装另外一个人，来触摸心中的自我。"而李安"对这个女主角是非常认同的"，

---

①　陈志云对李安的访谈。香港无线生活台节目《志云饭局》，2007 年第 20 集。

②　同上。

③　马戎戎：《李安的色与戒》，《三联生活周刊》2007 年第 36 期。

④　《看电影》杂志对李安的访谈《色戒是一种人生》，《看电影》2007 年第 18 期。

⑤　《王惠玲：编剧就像"世说新语"》，载郑培凯主编《〈色·戒〉的世界》，广西师范大学出版社 2007 年版，第 31 页。

他要做的就是通过王佳芝的角色表达"对祖国的一个永远的哀思"。① 王佳芝在港大戏剧舞台上流连顾盼之际，以邝裕民为首的爱国学生团体对其发出了"询唤"（interpellation）②："王佳芝，你上来！"自此王佳芝的主体性始终都在这种国族主义的询唤中生成，她在为易先生唱《天涯歌女》时，暗示了她对往昔的怀恋和无法排遣的乡愁——"人生呀，谁不惜呀惜青春"、"家山呀北望"……最终，王佳芝在易先生"求取真相"的性虐中，脱离了国族主义的询唤，回归了本真的自我，离开麦太太的角色，放走了色诱对象。王佳芝辗转恍惚地走出珠宝店坐上人力车时，车夫回头问"回家？"，她方寸错乱地"哎"了一声。这个场景暗示了李安在姿态上对虚拟的影像世界或（"人事全非"的现实）的想象性克服和对本真"文化中国"的回归。接着，王佳芝在"回家"的人力车上脑海中闪回了最初接受国族大业"询唤"她时的场景，意味着她接下来的人生将从加入这项事业前的"纯真年代"重新开始，也是在重构另一个为"文化中国"/全球化意识形态询唤的主体。为了实现对这个本真的"文化中国"新起点的"回归"，李安也表现出了对"新事物的激情"："新人的好处就是，她一定很认真，然后她的努力有一种纯真感，这对观众是很新鲜的。你不觉得汤唯在演谁，汤唯就是王佳芝。"③

　　然而，无论影片如何努力，它对纯真、新鲜的追求总是已经（always-already）被历史因果率所消解，因为"只有事先存在的东西——实物，习俗，某种类型的单位——才能被陌生化。这就像只有本来有名称的事物才会失去它为人所熟知的名称并突然在我们面前变得陌生得叫人大吃一惊"④。影片《色，戒》着力建构的具有本真性意味的历史新起点或"纯真年代"的想象虽然具有改写历史的冲劲，但该想象却是通过色情化的展示手段实现的。这个根本性的悖论使李安/王佳芝奥德修斯式的归程变得无望——影片最

---

① 马戎戎：《李安的色与戒》，《三联生活周刊》2007 年第 36 期。
② 台湾大学张小虹亦提出该情节中暗隐的"召唤机制"，但和本文论析的侧重点不一样。笔者在阅读贺桂梅《女性文学与性别政治》（北京大学出版社 2014 年版，第 283 页）中的《亲密的敌人》部分时方才得知张小虹的观点。
③ 《看电影》杂志对李安的访谈：《色戒是一种人生》，《看电影》2007 年第 18 期。
④ ［美］弗雷德里克·詹姆逊：《语言的牢笼　马克思主义与形式》，钱佼汝等译，百花洲文艺出版社 1995 年版，第 58 页。

后部分展示了王佳芝饰演的麦太太曾睡过的床铺:一处即将继续自我展示的表演(空)舞台?

　　2008 年,梨园行的"一代宗师"梅兰芳在陈凯歌的执导下登上了影片《色,戒》留下的舞台,继续展示了作为"永恒之魅"①的民族文化本真性。影片在处理历史人物梅兰芳时,赋予其民族精神的象征意义。影片开始就凸显了一个极具象征意味的意象"纸枷锁",它意味着个人或民族成长过程中必须面对的隐性规范,能够戴着"纸枷锁"翩翩起舞的主体必须具备自尊、坚韧的品格。根据影片的提示,梅兰芳一踏入梨园行,就戴上了大伯留给他的"纸枷锁",另外还有十三燕临终的嘱托——"好好地将伶人的地位提拔一下"。因这些先在的使命,可以说影片呈现的梅兰芳的人生其实是一个伶人历经磨难的成长过程。

　　少年梅兰芳登台成功演唱完《玉堂春》选段退场时,右脚跟被舞台上一枚钉子刺穿,留下了斑斑血迹,戏班的宋爷看到台下观众呼声如潮,对着梅跷起大拇指说:"畹华,你红啦。"这段情节充满了性暗示,钉子恰似一个阳具让梅兰芳"见红",永久地告别了纯净的孩童世界,跌入脏污的演艺行。但梅兰芳始终背负着"纸枷锁",他明白"红"的代价是什么,因此,他"一辈子没坐过膝盖头","始终保持完整的尊严和风度"。② 在经历了诸多压力和难关后,梅兰芳戴着"纸枷锁"迎来了最大的考验,即中日战争。为了"纸枷锁"的完好,梅兰芳承受着巨大压力离开他最心爱的舞台。八年后,梅兰芳才重返舞台,继续"扮戏"——他的"纸枷锁"始终完好无损。关于影片《梅兰芳》的意义的历史维度,陈凯歌有过明确地说明:"一般来说,作古的人物会在两个时段被提出来:一是国家兴盛的时候,另外就是国家遇到难处的时候。我觉得 2008 年是中国同时遇到这两个情况的年份。……遇到这么大的状况的时候,中国人精神上的后备资源是什么? 我觉得梅兰芳是其中的一个代表,即使在患难中他身上也有一种力量,一定程度上代表了这个国家。"③ 陈

---

　　①　"永恒之魅"系笔者译自《梅兰芳》的英文片名 Forever Enthralled。

　　②　陈凯歌:《梅飞色舞》,凤凰出版社 2009 年版,第 45、129 页。

　　③　《南方人物周刊》对陈凯歌的访谈:《患难中,他身上也有一种力量——陈凯歌谈梅兰芳》,《南方人物周刊》2008 年第 35 期。

凯歌在另一场合也有过近似的表述："中国能在过去 150 年间所经受的苦难中坚持下来，是因为中国人品格中的坚韧，而这个坚韧在梅兰芳先生身上得到了验证。"①《梅兰芳》在这个意义上可以说与《霸王别姬》（1993 年）一样，讲述的是"政权朝移夕转，可是中国不变"②。换句话说，《梅兰芳》通过同名主人公展示了一种永恒、本真的民族精神，即"中国人之所以为中国人的心灵史"③。梅兰芳走"红"后，却仍然保持着他（民族）纯洁、本真的灵魂。中日战争期间，梅兰芳的暂时"离开"是为了留存这份本真不受污染，为了再次"回来"，他成功抵制了撕破"纸枷锁"的诱惑。影片结束在战后梅兰芳"回来"并"初次"粉墨登场之际，然而，影片仅呈现了一个空舞台。无疑，这个空舞台和"回家"后的王佳芝的床铺一样，是纯洁的、新鲜的，其唯一的主角就是这个舞台本身，只有"她"才能"扮回"本真的民族文化。

借用霍布斯鲍姆（Eric Hobsbawm）的观念，可以说中国人拥有一个"迟来的 21 世纪"，起点在 2008 年，正如陈凯歌所言，对中国来说它是个极重要的年份。这一年和梅兰芳几乎同时显影于华语银幕的另一位"宗师"是李小龙的恩师叶问（《叶问》，叶伟信导演），但这只是同题材"抢滩"，真正构成影响的是五年后上映的王家卫导演的《一代宗师》。影片创作起念于 1996 年，当时王家卫在阿根廷火车站拍摄《春光乍泄》，看到报摊杂志封面上的李小龙，为其魅力所震惊，他就开始思索是什么样的人培养出了李小龙。④ 王家卫这段自白道出了影片《一代宗师》其实是一个"追根溯源"的故事。作为蜚声国际的明星，李小龙早已成为一个（崛起的）中国文化符号，再现其师承系谱某种意义上也是从全球视野去考掘／发明一段被遗忘的民族历史。用王家卫的话说，就是"把那个时代重现出来"，"还原历史的真貌"。⑤

《一代宗师》公映后最遭人诟病的地方是其叙事，有一些莫名其妙的片

① 《新院线:〈梅兰芳〉》,《电影频道》2008 年 12 月号总第 12 期。
② 林文淇:《戏、历史、人生:〈霸王别姬〉与〈戏梦人生〉中的国族认同》,台北《中外文学》1994 年第 1 期。
③ 陈凯歌《梅飞色舞》(凤凰出版社 2009 年版)一书附赠的电影海报上的文字。
④ 《一代宗师》的拍摄纪录片《宗师之路》。
⑤ 同上。

段,如"一线天"的故事。其实,这种诟病彰显的是观众为亚里士多德式的"情节整一"型塑出来的审美惰性。熟悉王家卫影片的人都知道非"情节整一"正是其"话语风格",那些看似零碎的片段在整部影片的语义集合体中完全是可以理解的。真正称得上叙事断裂的地方恰恰存在于符合"情节整一"的主线,即主线叶问的故事中。影片在讲述叶问等人"南来"时相当突兀,只是在声像背景上用字幕"一九五〇年　香港·大南街"来交代这个历史时空的大转折,至于叶问为何、如何"离家""南来"无从得知。用非视觉的方式(主要是字幕旁白)填充沉默影像的匮乏是王家卫的一贯做法,正如他在《宗师之路》中对叶问生前那段影像资料的"传灯"诠释,其实是毫无依据的。"……内在化与抽象性是书写符号的特征,而这正是影像符号所无法达成的,二者的指意方式完全不同。"[1] 和李安一样,抽象性(深度)的字幕/文字在《一代宗师》中的频频出现,暗隐着影片编导对展示性(肤浅)的影像的不信任。但这种做法具有自我指涉的意味,其中蕴含着编导的无意识,也为影片构建了一个属于后设历史叙事的话语场域,即华裔流散(diaspora)。这正是《宗师之路》(也是王家卫其他重要影片如《阿飞正传》、《花样年华》、《春光乍泄》等)的复杂意义脉络所在,它用字幕回避对大时代的展示,反而更清晰地展示了自我的立场——对国族大历史的拒斥和对"非家"(unhomeliness)[2]的政治认同。正如叶问在回应宫宝森"国有南北吗"的反问时,所给的那个颇具俄狄浦斯意味的回馈:"其实天下之大又,又何止南北? 在你眼中这块饼是一个武林,对我来讲是一个世界。"与叶问的姿态相呼应的是,"一线天"在港对追杀自己的帮派"同门"/"家"的坚定拒绝与血腥杀戮。

　　对叶问等流散群体的历史再现,使影片在空间(space)的规划性与地方(place)的真实性辩证中重新测绘了香港的心理领土和历史图谱。宫若梅在1953年去世后灵柩回归北方故园,与接下来叶问的"回头无岸"形成

---

① 　Rey Chow, *Primitive Passions: Visuality, Sexuality, Ethnography, and Contemporary Chinese Cinema,* New York: Columbia University Press, 1995, p.7.

② 　"非家"(unhomeliness)借用自霍米·巴巴。See Homi K. Bhabha, *The Location of Culture*, London and New York: Routledge, 2004, p.14.

了参照。去世后的宫若梅"回归"之际，正是叶问在港拍摄身份证件照片之时。宫若梅最后对叶问所言"我心里有过你"，暗示了她在影片中是作为叶问另一个自我（"身后身"）出现的。只有让"宫若梅"／"塞壬"（女性）死去，叶问才能"没有身后身"，才能找到一个再出发的新起点，真切地重返凝固时间的照片边框。在这个意义上，影片的"非家"身份政治表述从来就没有真正外在于"回家"的结构，它在拒斥空间的家时又构建了一个地方的家（本真性）。叶问的人生不过是一个奥德修斯式的离家—归家的过程——"郎心自有一双脚，隔山隔海会归来"。影片的"世界主义"表象只是拒斥空间大叙述、重构地方历史的一个策略，它从来都没能在影片中真正落实。影片对香港五六十年代的斑驳唐楼和古旧街道以及武林仪轨等细节展示和"咏春嫡系旅港师徒合影"、"白玫瑰理发厅"等附带时空文字说明的"刺点"（punctum）的照片传达出的"忧戚"悼亡意味①，均成为承载全球—地方历史记忆的载体。借用龙应台评《色，戒》的表述，《一代宗师》其实也是在"抢救历史"。但这段历史其实是"我们对于'过去'的观念以及观念化的（典型）看法"的再现，是没有原本的摹本②，是编导"欲望着的欲望"③或建构出来的消逝。

四、结语：乡关何处?

布莱希特的史诗剧孜孜于通过"陌生化"实现"间离效果"，"把事件或人物那些不言自明的，为人熟知和一目了然的东西剥去，使人对之产生惊讶和好奇心"。④ 这一思路暗示了在既有的旧基础上，对同一事物进行去伪存真式的认识论更新的可能。其"关键在于将虚构的力量虚构化，即将伪饰

---

① "刺点"（punctum）、"忧戚"均借用自罗兰·巴特对照片的相关论述。参见［法］罗兰·巴特：《明室：摄影纵横谈》，赵克非译，文化艺术出版社 2002 年版，第 20—21、67 页。

② ［美］詹明信：《后现代主义，或晚期资本主义的文化逻辑》，载詹明信著、张旭东编《晚期资本主义的文化逻辑：詹明信批评理论文选》，陈清侨等译，生活·读书·新知三联书店 1997 年版，第 468、455 页。

③ Fredric Jameson , *The Seeds of Time*, New York：Columbia University Press，1994，p.90.

④ ［德］贝·布莱希特：《论实验戏剧》，《布莱希特论戏剧》，丁扬忠等译，中国戏剧出版社 1990 年版，第 62 页。

的效果当做真实"①。在"猎鹰再也听不见主人的呼唤"②的新世纪,布莱希特的戏剧思想因为对真实与伪饰之间关系的思索,成为该世纪的"伟大之处"③。面对深度全球化、数字媒介化(mediatized)时代的"人事全非",当代华语电影及其相关批评同样分享了这一"伟大的传统",不约而同地努力追寻一个本真的、未被污染的、非拟像的"血肉中国"主体,作为民族文化再出发的原初起点。在"中国崛起"的叙事脉络中思考上述努力,这些被构建的本真民族文化的新起点,其实是当下的文化生产与"中国崛起"、"文化自觉"等国家主义论述间"想象"④关系的一种表征。然而,这个过程暗含着一个自反的权力运作过程,即通过"感知政体"界定某个共同体的准入尺度,进而将某物排斥、放逐出该共同体,达到刻意遗忘(隐喻意义上的)历史,找到一个"纯粹当下"的目的;但只有已经存在的事物才能够被陌生化为本真性的新起点⑤,那么这里的本真性就只能是一个幻象,因为它从来都无法独立于被刻意遗忘的历史而生成。这个过程正如詹姆逊所言:

> "现在"一旦成为"过去",便需要"历史"来加以重新构造。而"客观精神"却无法凝视、观察以至于重组这过去的支离破碎的历史;它所能大约感应到的,只是柏拉图洞穴里的虚幻映像——要把握那支离破碎的过去,它必须依靠囚禁此身的墙壁,透过墙上反映的虚幻世界(那另存在于我们脑海中的映像世界),才能稽查出历史过去的蛛丝马迹。职是之故,此间若有任何写实成分依然留存下来的话,这"写实主义"的效果也必然是来自我们那种被囚禁于密室的经验,来自我们在狱中力求掌握世界的惊人感受,来自我们慢慢从梦中苏醒、惊觉、进而透视眼前崭新历史境况的悟性。我们只能通过我们自己对历史所感应到的"大

---

① [法]阿兰·巴迪欧:《世纪》,蓝江译,南京大学出版社2011年版,第57页。

② [爱尔兰]叶芝:《基督重临》,袁可嘉译,载王家新编选《叶芝文集》卷一《朝圣者的灵魂》,东方出版社1996年版,第150页。

③ [法]阿兰·巴迪欧:《世纪》,蓝江译,南京大学出版社2011年版,第55页。

④ "想象"来自路易·阿尔都塞讨论"意识形态"概念时的表述。[法]路易·阿尔都塞:《意识形态和意识形态国家机器》(续),李迅译,《当代电影》1987年第4期。

⑤ [美]弗雷德里克·詹姆逊:《语言的牢笼 马克思主义与形式》,钱佼汝等译,百花洲文艺出版社1995年版,第58页。

众"形象和"摹拟体"而掌握历史,而那历史本身却始终是遥不可及的。[①]

如果家只是一种"遥不可及"的"虚幻映像",那么,回归本真性的奥德修斯之旅势必变得无望。

针对该悖论,为了说服观众,也许更是为了说服自己本真性的存在及其纯粹,这四部影片在结束时不约而同地为我们设置了"替我们'相信这类电影'"的"'天真'的观众的凝视"[②]。它们分别是象征着本真的民族文化的女学生书娟透过教堂玻璃彩窗的看,"返璞归真"后的王佳芝临刑前的回看,为京剧疯魔到了童稚地步的邱如白(另一个程蝶衣?)对空舞台的看,以及叶问身边那个小徒弟(李小龙?)天真无邪的看。但是,这些天真的凝视本身就属于本真性知识状况的一部分,它们其实是无法外在于被凝视的事物而自足的。结果,我们看到,《金陵十三钗》中,玉墨等人摔出的一地碎镜,原本能以德勒兹式的影像"流"的方式,在不均衡的全球"感知分配系统"中吁求影像民主、打破影像垄断的,最终却被用作刻意遗忘历史的道具;而《色,戒》与《梅兰芳》最终留下一个"新"的空舞台,本真的文化中国犹似幻影;叶问/宫若梅的流散经验原本可以从"纹理化空间"中找到通向"平滑空间"[③]的逃逸路线,但归家的诱惑让他/她永远与其失之交臂。

初提交并宣读于"反叛的年代:西方左翼电影运动与中国"国际学术研讨会(北京大学中文系,2014 年 7 月 8 日)。感谢戴锦华教授会议上的点评以及孙柏教授富于启发性的回应

---

① [美]詹明信:《后现代主义,或晚期资本主义的文化逻辑》,载詹明信著、张旭东编《晚期资本主义的文化逻辑:詹明信批评理论文选》,陈清侨等译,生活·读书·新知三联书店 1997 年版,第 468—469 页。

② Rey Chow, *Ethics after Idealism: Theory-Culture-Ethnicity-Reading*, Bloomington and Indianapolis: Indiana University Press, 1998, p.148.周蕾所引文献中译见 [斯洛文尼亚]斯拉沃热·齐泽克:《斜目而视:透过通俗文化看拉康》,季广茂译,浙江大学出版社 2011 年版,第 194 页。

③ "纹理化空间"、"平滑空间"来自德勒兹和加塔利。参见 [法]德勒兹、加塔利:《资本主义与精神分裂:千高原》第 2 卷,姜宇辉译,上海书店出版社 2010 年版,第 14 部分 "1440 年:平滑与纹理化"。

再铭写本真性，或全球图像生产场域中的资本与权力

一、从"图像即标靶"到"图像及其标靶"

为了掩护威拉德（Willard）上尉一行顺利进入湄公河，吉尔格（Kilgore）上校奉命空袭一个越共村庄。机群迫近村庄时，吉尔格上校要求飞机上的士兵大声播放瓦格纳的著名歌剧《女武神》。这是科波拉（Francis Ford Coppola）执导的《现代启示录》（*Apocalypse Now*）①里面最令人过目难忘的段落之一。面对威拉德一行（以及影片设定的观众群体）的满脸困惑，吉尔格上校得意洋洋地解释说，这是心理战术，如此可以震慑地上的越共分子，该做法已经得到自己下属的认可。联系希特勒对于瓦格纳的尊崇，我们不难理解影片的讽刺意味——诚如威拉德／影片稍后所认为的，吉尔格的疯狂与他此行的暗杀对象库尔兹（Kurtz）并无两样。然而，也许科波拉本人也没有意识到，他在影片中塑造的那个形象相当负面的吉尔格上校事实上有着疯子般的审慎与智慧：无论他作战的方式如何疯狂和非理性，但最起码作

---

① 《现代启示录》，弗朗西斯·福特·科波拉导演，约瑟夫·康拉德（Joseph Conrad）、约翰·米利厄斯（John Milius）、弗朗西斯·福特·科波拉、迈克尔·赫尔（Michael Herr）编剧，马丁·希恩（Martin Sheen）、马龙·白兰度（Marlon Brando）主演，美国 Zoetrope Studios，1977 年出品。

为一个负责空袭任务的上校，吉尔格在战略上是高明且称职的。吉尔格对于战争的本质有着非常深刻、精确的认知。因为"军队的威力不是一种粗蛮的力量，而是一种精神性的力量"①。其实，《现代启示录》的这个段落涉及的问题是最古老的，也是最时髦的。最早可以追溯到《孙子兵法》的"兵不厌诈"，最新我们可以联想到高度现代化的军事（演习）活动。难道我们能够清晰地区分出一个爆着粗口、头戴耳机、日夜沉迷于电玩的少年，在电脑前玩现代歼敌游戏时的行为，与坐在极度高端的军事指挥部里面的将士们对无人战机和导弹的操纵，在本质上有什么区别吗？

　　因此，法国当代哲学家保罗·维利里奥指出，"世上没有不带表演（représentation）的战争，没有一种高精武器不披挂着心理层面的神秘性，武器不仅是毁灭的工具，也是感知（perception）的工具……"②在《现代启示录》里面，瓦格纳的歌剧与飞机、炸弹、机枪、美国士兵已经融为一体，共同构成了屠杀的机器。影片在对一个士兵开音乐的动作进行特写后，接下来的几个连续性特写镜头，诸如一只手按在即将投掷的炸弹上随着音乐打节拍，另一个士兵在把子弹推上枪膛等，最鲜明不过地暗示了这一点。使用（或消费）音乐天才的经典作品时必须打开的卡带按钮，与投掷炸弹、射击子弹的操作按钮和扳机有差异吗？关于该问题，周蕾（Rey Chow）有段看似极端却颇为精到的论述：

　　　　我们日常使用的电灯开关，电视，电脑，手机，以及其他各种设备无不构成了科学进步的矛盾情形，其中那些自命不凡的事物——也就是海德格尔所说的"庞然大物"——最终都消失在寻常的、唾手可得的和无形的状态中。我们进行这些日常操作时是如此地容易，竟使我们忘记了使这些设备正常运转成为可能的理论和实验。我们无需思考这些日常操作和原子弹屠杀行为带来的浩劫之间的密切关联。面对这种关联性

---

　　①　这是奥尔特加·加塞特（Ortega y Gasset）为智利一家右派报纸《新秩序》（*Orden Nuevo*）写的题词，引自［法］保罗·维利里奥：《战争与电影：知觉的后勤学》，孟晖译，南京大学出版社2011年版，第3页。

　　②　［法］保罗·维利里奥：《战争与电影：知觉的后勤学》，孟晖译，南京大学出版社2011年版，第3页。

也即面对日常生活中的恐惧的本质。因此,对于海德格尔来说,原子弹的爆炸不过是"一直以来都在发生的放射的最后一次表现"——现代科学诞生之日即开启了其灭绝的过程。①

即使吉尔格上校播放的音乐不是一种用于屠杀的战略行为,我们在周蕾的论述脉络里面,仍然可以看到其中潜藏的"日常性"暴力——在科技及其自身发展的悖论层面,音乐的录制、播放技术在战争屠杀与日常消遣方面的根本性质并无实质上的差异。爱德华·W. 萨义德"有一次跟参加过越南战争的轰炸机飞行员谈天,飞行员把他的任务用专业术语描述为'目标获取'",刘康对此评论道:"术语所掩饰的是炸弹落地'目标获取'后血淋淋的生命丧失。"② 所以,诸如音乐之类的,最优雅、最学术的精神性产品可能轻而易举地成为最龌龊、最恐怖的行为的帮凶,而我们如今沉醉其中且无法自拔的"图像"也是其中最为有效的品种之一。"装载在飞机上的照相摄影机的窥视孔,作为一种间接瞄准的仪器,形成了对大火力武器瞄准镜的补充,因此,它兆示了在捕捉目标方面意味深长的巨变,亦即军事行动的程度不断增强的去现实化。在这种去现实化中,影像行将战胜实物,时间行将战胜空间,而其环境则是工业化的战争,其中,对于事件的再现压倒了对于事实的呈现。……在一种真正意义上的军事感知的后勤学当中,影像的补给变得等同于弹药一类军需品的补给……"③

影像技术的介入,致使现代战争走向虚拟,在捕捉目标的过程中,时间的重要性将大大超过空间。那么,完全可以说图像即标靶,"看见即摧毁"④。正是在这样的论述思路中,周蕾发展了海德格尔的著名论题"世界图像的时代"(The Age of the World Picture),建构出"世界标靶的时代"(The Age of the World Target)的论述,对美国的"区域研究"(Area Studies)实践中的知

---

① Rey Chow, "The Age of the World Target: Atomic Bombs, Alterity, Area Studies", in *The Rey Chow Reader*, edited by Paul Bowman, New York: Columbia University Press, 2010, pp.6-7.

② 刘康:《文化·传媒·全球化》,南京大学出版社 2006 年版,第 176 页。

③ [法]保罗·维利里奥:《战争与电影:知觉的后勤学》,孟晖译,南京大学出版社 2011 年版,第 2 页。

④ Rey Chow, "The Age of the World Target: Atomic Bombs, Alterity, Area Studies", in *The Rey Chow Reader*, edited by Paul Bowman, New York: Columbia University Press, 2010, p.4.

识生产模式，即战争与知识生产相互支持，并把"他者"（other）建构为自我的"标靶"的做法提出深刻的批判。①

　　如果说在工业化战争的环境中，影像技术使其"看见"的图像成为意欲摧毁的军事标靶，那么，在工业化的文化生产环境中，影像技术则为其生产的图像构想并培养意欲推销的消费"标靶"。当然，这里的"消费"不纯粹是商业意义上的，其中还包含着对于图像的意识形态意义的接受／抵制与内化。于是，一切似乎都颠倒过来了！在保罗·维利里奥和周蕾的论述中，精神性的图像整合了现代化的战争，使其走向虚拟，而文化工业意义上的图像生产则是由象征性的、符号性的"文化战争"② 整合了精神性的图像，使其具备了制度化和社会化的含义；前者的图像生产主体力图"看见"图像，图像才能够成为标靶，图像在这里的功能类似于弹药，后者的图像生产主体力图使图像"被看见"，图像才能击中"标靶"，图像在这里就是弹药③；前者属于时间的问题，需要克服的关键障碍在于科技方面，而后者则属于空间的问题，需要克服的关键障碍不仅仅是人力、科技、资金等因素，更在于如何能够利用超乎寻常的文化策略说服持有某种价值观念的受众群体，即克服异质文化间的差异和认同方面。比如，我们经常会在一些投资额巨大的影片海报上看到"全球同步上映"的宣传，在这里，影片要"同步"打击其"标靶"，首先需要解决的是空间难题（即"全球"），然后时间问题（即"同步"）也就迎刃而解了。作为国家文化战略的图像文化生产行为尤其如此。因为作为国家文化战略的图像文化生产（比如国家形象及主流价值观念的传播）设定的标靶往往会涉及跨文化的（cross-cultural）议题，这类图像的标靶也常常被树立

---

① Rey Chow，"The Age of the World Target：Atomic Bombs，Alterity，Area Studies"，in *The Rey Chow Reader*，edited by Paul Bowman，New York：Columbia University Press，2010，p.12.

② 如今，"文化战争"的激烈程度并不亚于真实的战争，它甚至可以重塑地缘政治格局。"文化战争"的表述，本文参考了［法］弗雷德里克·马特尔：《主流：谁将打赢全球文化战争》，刘成富等译，商务印书馆 2012 年版。

③ 比如，2002 年 11 月 21 日，在何香凝美术馆举行的王广义、张晓刚、方力钧的作品展，以及相应的国际学术研讨会的题目就叫做"图像就是力量"。其中，吕澎在谈及"力量"的含义时，指出了三位艺术家的作品在国际产生影响并在国内的取得合法位置的全球化背景和权力结构问题。何香凝美术馆编：《目击图像的力量——何香凝美术馆在 2002 年》，广西师范大学出版社 2003 年版，第 186 页。

在想象出来的"全球",它将不得不在跨文化的脉络里面展开运作。本文即将讨论的"图像及其标靶"即属此类。

"图像"是如此深刻地介入了人类的生存空间,以至于"图像"在当下无处不在。[①] 本文的基本论题是作为国家文化战略的图像艺术的生产行为,因此,本文即将论及的图像生产主要限于艺术场域(field)的部分文化实践。毫无疑问,艺术场域的图像生产首先是一种"思想"(thinking)行为,那么它就是有"对象"(object)的,所以它完全可以"穿越它与其对象间的距离,这种情形常常类似于一个弓箭手那样瞄准其目标时的状态"[②]。在本文的论述思路中需要加以强调的是,"思想"行为的"对象"同时包括了图像的意义及其标靶,因为图像意义的生成既需要"思想"的思想行为,也需要其图像的标靶的参与和共享。比如一部有待于在全球发行的影片,不仅需要制作者的"思想"参与,也需要全球观众的接受阐释,此时,影片本身以及全球观众就共同构成了某一"思想"行为的"对象"或标靶。"思想的军事化"(militarization of thinking)[③] 过程中涉及的"标靶/瞄准"(targets/targeting)必定是在一种比喻、引申的意义层面上被使用的,正是在这个意义上,本文即将探讨的艺术场域中的跨文化图像生产及其标靶问题,也许可望对保罗·维利里奥和周蕾的论述思路构成一种有益的补充——他们二人更强调"标靶/瞄准"的原初含义。

如果艺术场域中的图像生产将其标靶树立在"全球",那么,对于国家文化战略而言,它就需要像弓箭手射击其设定的目标那样,谋求最有效地穿越它与"他者"文化间的距离的方法。而这一步骤的成效,又和图像生产主体是否能够有效地穿越自身的"思想"行为与作为"思想"的标靶的图像之间的距离密切相关。因为,图像终将通过跨文化传播,进而打击其标靶的意识必定早已植入了图像生产主体的"思想",构成其图像生产过程中无法回

---

① 关于当代文化的"视觉"转向的详细论述,可参见周宪:《文化表征与文化研究》,北京大学出版社 2007 年版,第 111—112 页。

② Samuel Weber, *Targets of Opportunity*: *On the Militarization of Thinking*, New York: Fordham University Press, 2005, p. viii.

③ "思想的军事化"(Militarization of Thinking)来自 Samuel Weber, see Samuel Weber, *Targets of Opportunity*: *On the Militarization of Thinking*, New York: Fordham University Press, 2005.

避的一个重要指标和"思想"视野,转而形塑了图像生产主体的"思想"行为。换句话说,图像意欲有效瞄准并打击其标靶,就首先要"屈尊"接受标靶(targets)为图像生产主体的瞄准(targeting)行为而设定的位置,因而它已然为标靶所修订。因此,图像与其标靶此时会有所交叉和重叠,或者说是混杂,但图像绝对不会等同于其标靶——而后者正是保罗·维利里奥和周蕾"看见即摧毁"的命题。即使考虑到危言耸听的"文化帝国主义"[1],文化战争中也不存在对于标靶的绝对"摧毁",它的结果将更为复杂。图像在"被(标靶)看见"的同时,来自标靶的"后坐力"往往与打击的效力成正比。

探讨图像生产及其标靶间的关联将触及跨文化研究的一个关键问题,即跨文化的视觉再现(visual representation),这中间包含的诸多难题同时也构成了一个国家在塑造自我形象时不得不去面对的重要挑战。在这种对符号(艺术图像)与物质(设定的营销标靶)间的关系进行重新理论化的努力中,精神与物质、(图像的)生产与消费之间的二元对立将有松动的可能。当然,本文即将展开的对艺术图像的政治经济学解读,不可能为图像生产如何有效打击标靶开出一系列"实用"的方法,更不可能绘制出某种切实可行的国家文化战略蓝图;相反,本文将在批判、反思的跨文化研究立场上,为我们目前的文化战略分析提供一种角度和架构。

二、全球商品、艺术资本与文化权力

作为国家文化战略的图像文化生产行为还不同于保罗·维利里奥所说的那种负责对平民人群宣传的传统的"军队电影部"[2],文化战略意义上的图像生产要达到它的"标靶",不能依靠赤裸裸的说教宣传,而是要靠"春风化雨"式的意义伪装。它不仅需击中标靶,而且击中的瞬间必须有快感和认同感诞生,才能说产生了真正的"打击"效果。作为当下艺术生产成果的

---

① 关于"文化帝国主义"理论对问题的简单化倾向的批评,可参见 [英] 约翰·汤林森:《文化全球化与文化帝国主义》,周越美译,载陆扬、王毅选编《大众文化研究》,上海三联书店 2001 年版,第 1—23 页。

② [法] 保罗·维利里奥:《战争与电影:知觉的后勤学》,孟晖译,南京大学出版社 2011 年版,第 3 页。

图像要有效地打击其标靶殊为不易,除了克服可能的人力、技术、资金等方面的障碍,它们还必须遵循皮埃尔·布尔迪厄(Pierre Bourdieu)① 所说的“文化生产场域”(field of cultural production)的逻辑——颠覆经济原则,才能最大化地解决最困难的异质文化间的差异和认同问题。

　　布尔迪厄把文化生产场域分为两种类型:相对自治的限制生产场域(field of restricted production)和他治的大规模生产场域(field of large-scale production)。② 关于相对自治的限制生产场域,布尔迪厄指出:“至少在文化生产场域最好地体现了其自主性的那个部分,设定的唯一受众是其他生产者(比如象征主义诗歌创作就是如此),诚如在我们常见的‘虽败犹胜’游戏中的情形那样,经济行为的前提是对所有常规的经济基本原则的系统性颠覆,这些原则包括:交易(它拒斥利润的追逐,不允诺任何投资与收益间的平衡),权力(它谴责名誉和暂时的伟大),甚至还有制度化的文化权威(对于任何学术训练或神圣仪式的缺乏都可能被视为一种优势)。”③ 这一场域的逻辑排除了包括经济、权力等功利性的理性算计,以“纯艺术”的面目出现。但是,我们根据布尔迪厄对场域概念的相关论述 ④,场域内的权力斗争必须是一种以遵循游戏规则为前提的、争夺合法性、标榜正当性的斗争,不能依靠赤裸裸的暴力和不符合场域规则的强制性手段,如此场域将不复存在。任何人都无法在沙漠里面独自称王,鲁滨逊也只有在遇见星期五的时候,才能够成为霸主。因此,即使是他治的大规模生产场域,虽然以经济利益为争夺的目标,但它只要还属于文化艺术场域,那么其对权力的争夺,依然要遵循上述的相对自治的限制生产场域的逻辑,即“颠覆经济”世界的逻辑。二者在根本上并没有实质性的差异——标榜纯艺术的文化实践行为与以经济为目标

---

　　① 　在本文所引文献中,又译作皮埃尔·布迪厄、彼埃尔·布厄迪尔(“布厄迪尔”疑为“布尔迪厄”的误植),下文不再说明。

　　② 　Pierre Bourdieu, *The Field of Cultural Production*: *Essays on Art and Literature*, edited and introduced by Randal Johnson, New York: Columbia University Press, 1993, p.39.

　　③ 　同上。

　　④ 　场域,在布尔迪厄的理论体系中是一个贯穿始终的核心分析概念之一,本文在这里仅综合概括出布尔迪厄的某些观点,不再一一标注出处。还有其他概念,诸如资本、惯习等,本文亦作此处理。事实上,关于这些核心概念及其关系的具体论述,几乎可以在布尔迪厄的任何一本著作中看到。当然,布尔迪厄的这些概念的意义生成在其著述中也是一个不断发展的过程。

的文化生产行为，前者谋求名声，后者谋求经济利益，但二者最终可以随着时间的流逝而达成互相置换。须知如今很多商业大片的导演在未成名的时候都是艺术电影的始作俑者。这正是布尔迪厄所谓的科学场域的"悖论"："科学场既制造出了你死我活、一争天下的冲动之举，同时也使约束这些冲动之举的机制得以建立起来。……'场域'越缺乏独立性，其竞争就越不完善，活动者也就越容易在科学斗争中自主地引入非科学的力量。相反，'场域'越独立，其竞争就越近似纯粹和完善，审核性的工作就越能排除社会力量的干扰，变得更科学化（权威之争、职业裁决等）。社会约束用逻辑约束来装点门面，反之亦然：想要自我夸耀，先得夸耀理性；想要取得胜利，就得先使争论、论证和辩驳占据上风。"① 布尔迪厄很不委婉地揭示了艺术（文化）场域内的基本战略，即委婉的艺术。用他在另一处的通俗化表述，就是"只有在假装不去做那些它们正在做的事情时才能起作用"②。欲达成某一目标，必须先忍受疏离该目标的痛苦和匮乏，采用一种"南辕北辙"式的欲擒故纵法。当然，这一"悖论"也正是科学／文化／艺术场域之所以成为科学／文化／艺术场域的关键。

在工业化的文化生产环境中，"大洋国"的"友爱部"和思想警察③的治理模式将没有立锥之地。"消费者"完全有权利根据喜好选择他们的文化"消费品"及其思想含义，他们就是"上帝"。思想的传达必须以公正、理性、自然、积极的方式进行，强制性灌输或赤裸裸的说教，只会适得其反。前段时间触怒伊斯兰世界的美国影片《穆斯林的无知》（*Innocence of Muslims*）就

---

① ［法］皮埃尔·布尔迪厄：《科学的社会用途：写给科学场的临床社会学》，刘成富、张艳译，南京大学出版社2005年版，第36页。

② ［法］彼埃尔·布厄迪尔：《信仰的生产：为符号商品经济而作》，曾军译，载陆扬、王毅选编《大众文化研究》，上海三联书店2001年版，第95页。

③ "大洋国"、"友爱部"和思想警察均来自乔治·奥威尔（George Orwell）的小说《一九八四》（参见［英］乔治·奥威尔：《一九八四》，董乐山译，上海译文出版社2011年版），"友爱部"和思想警察是"大洋国"的执法机构和执法者，负责操控人们的思想，使其达到高度的一致性，其执法方式除了无所不在的监控外，还有暴力和屠杀。

需要注意的是，我这里强调的是某种"治理模式"，虽然计算机网络等新媒体造就了许多自由表达的机会，但它们对人类的监控力度也有增无减，比如今天盛行的"人肉搜索"，以及私人空间与公共空间界限的模糊等现象，似乎意味着"大洋国"治理模式的改头换面，而"大洋国"本身并没有远去。

是有关这方面的一个鲜活的例子。作为艺术成果的图像一旦成为有待"消费"的文化产品，必须故作高雅地维持其作为艺术品的"纯洁性"，即使这种特性是被建构出来的。因为，"首先，就经济的文化维度而言，符号化过程与物质产品的使用，体现的不仅是实用价值，而且还扮演着'沟通者'的角色；其次，在文化产品的经济方面，文化产品与商品的供给、需求、资本积累、竞争及垄断等市场原则一起，运作于生活方式领域之中"①。作为艺术的图像在"消费者"的价值预期中，它就是纯粹的"艺术"，这也是它自身的优势、价值所在。因为艺术品的"高雅"、"品味"与"教养"不容玷污，而且艺术品不具备除了"艺术品"之外的其他优势，它无力参与其他标榜以"实用"为目的的社会实践，艺术图像一旦僭越了这个预期，将自我贬值，不受待见。以非功利的面孔实现其功利的目的，是艺术图像有效打击其标靶的基本策略。

艺术场域的图像生产首先要服从一个国家的审查制度和传媒政策等，才能够实现其流通与传播，因此它必定遵循了作为"元场域"（meta-field）的国家的政治秩序。但是，对于标靶设定在全球的图像而言，它作为一种"全球商品"（global commodity），必须在全球产销体系中努力提升自己的竞争力和地位。因此，图像及其价值表征就同时需要被有效地纳入国际（文化）政治秩序。如果把全球商品链视为一个巨型商场，那么，进入该产销体系的图像所拥有的文化权力的强弱就是判断其吸引力和市场潜力的一个重要尺度。于是，一个国家图像所在的艺术场域就被纳入了一个新的全球图像场域，它试图有效地打击标靶的行为与策略均被整合进了这个新的场域里面的行动者（agents）之间的关系动力学之中。也就是说，对作为"全球商品"的图像生产在国际文化秩序中的文化权力和文化位置的分析将是（在一个新的全球图像场域中）对图像的文化竞争力的关系的分析②，这种力的关系就是文化权力的表征。衡量进入全球产销体系的图像所拥有的文化权力，引入布尔迪厄的资本理论很有必要。布尔迪厄认为，场域中的行动者掌控的资本总

---

① ［英］迈克·费瑟斯通：《消费文化与后现代主义》，刘精明译，译林出版社2002年版，第123页。

② 布迪厄指出："根据场域概念进行思考就是从关系的角度进行思考。"参见［法］皮埃尔·布迪厄、［美］华康德：《实践与反思：反思社会学导引》，李猛、李康译，中央编译出版社1998年版，第133页。

和决定着其中的力的关系图式①，这一理论提供的视野将使得我们对原本复杂纷繁的论题的解析简明而有效。本文在引入布尔迪厄的资本等理论的同时，也将在一种跨文化的立场上对其理论提出质疑，并在本文的论题范围内对其进行补充和修正。

　　布尔迪厄认为②，资本有四种类型，即经济资本、文化资本、社会资本和象征资本。经济资本可以直接转换成金钱，以财产权的形式被制度化。文化资本包括三种形态：（一）身体化了的形式，这是一种相当不易察觉的资本，类似于一个人的文化修养、综合素质；（二）客观化了的形式，类似于文化商品，其中铭刻着理论、知识的痕迹；（三）体制化了的形式，比如教育部门颁发的资格证书。社会资本是个体拥有的持久性社会关系网络的资本的集合，这些资本集合能够为其中的个体提供支持。象征资本是一种隐匿的、由声誉和威信形成的资本，它能够使权力具有正当性的表象。关于这四种类型的资本间的关系，除了布尔迪厄所论证的，彼此可以在一定条件下相互转换外，还可以看出社会资本与其他三种资本具有交叉重叠的部分，而符号资本与其他三种资本不属于同一层级，但必须以其他资本类型为基础。

　　文化资本是布尔迪厄资本理论中重点，其中鲜明地体现着他的方法论——关系主义，因为文化既然可以作为（权力的）资本，就意味着"文化资本"的概念超越了心智与社会结构间的虚假二元对立。借用这一概念，我们可以把经济、政治场域的分析方法运用到文化、艺术场域。

　　全球文化场域的图像的跨文化生产、传播和消费、反馈过程，同样是一种对于图像生产者的资本的争夺、调动、使用过程。这个过程不仅反映着全球文化场域的关系图式，还将体现着图像生产者的策略，这一策略就是"惯习"（habitus）。分析场域中的行动策略和资本角力关系，意味着全球文化场域的图像的跨文化生产行为具有其非理性、前认知、游戏性和幻觉化的特征。

---

　　①　［法］皮埃尔·布迪厄、［美］华康德：《实践与反思：反思社会学导引》，李猛、李康译，中央编译出版社1998年版，第139页。
　　②　布尔迪厄专论"资本"的一篇文章是《文化资本与社会资本》，本文概述其资本理论时重点参考该文，并融汇了他的其他著作中的相关论述。参见［法］布尔迪厄：《文化资本与社会资本》，包亚明译，包亚明编《文化资本与社会炼金术：布尔迪厄访谈录》，上海人民出版社1997年版，第189—211页。

"实践有一种逻辑,一种不是逻辑的逻辑,这样才不至于过多地要求实践给出它所不能给出的逻辑,从而避免强行向实践索取某种不连贯性,或把一种牵强的连贯性加给它。"① 在图像生产的实践分析中,我们无法为生产主体的行为提供一种富于规律、条分缕析的模式,因为惯习是"一种社会化了的主观性"②,是一种身体化的性情状态,充满着含混。事实上,全球文化场域的图像的跨文化生产实践依赖的是一种"实践感",如果说这种跨文化实践背后有"理性"的支援,那么这种"理性"也只能是实践理性,而不是机械刻板的"经济理性"③。因此,我们在分析全球文化场域的图像的跨文化生产实践时,必须把生产主体在场域中的文化位置的构成历史动因考虑在内,而绝不能仅仅注目于实践者的现在和未来的利益追逐和"理性"计算,对于前者的探讨,可以为我们提供一扇观察场域内的游戏规则是如何内化为行动者的"幻象"(illusio)并潜在驱动其行动策略的方式的窗口。

一般情况下,"物以稀为贵"。布尔迪厄认为:"我们必须清楚地认识到稀缺性(scarcity)和争夺稀缺事物以及行动者获取的实践知识的情况,这些实践知识可以使行动者为自身的利益而制造出——这一过程的依据是行动者分配资源的经验,而这些经验则来自于行动者在资源分配中所占据的位置——区隔和层级,这些区隔和层级看上去和社会上的资产负债表格一样客观。"④ 但是,通过争夺和占有"稀缺性"来制造社会的区隔和层级的做法,并非总是奏效,有时候反而会将表面看起来是资本的东西转变为实质意义上的"负资产"。特别是在原本就不平衡的全球文化场域中,把文化差异作为(或建构为)具有"稀缺性"的资本,并以此参与场域的斗争游戏时尤其如此。

布尔迪厄的文化资本理论最初是一种假设,它用于揭示不同阶层出身的孩子在学业成就、学术市场上获取的份额的差异的原因,并非是因为天赋、

---

① [法]皮埃尔·布尔迪厄:《实践感》,蒋梓骅译,译林出版社 2006 年版,第 133 页。
② [法]皮埃尔·布尔迪厄、[美]华康德:《实践与反思:反思社会学导引》,李猛、李康译,中央编译出版社 1998 年版,第 170 页。
③ 对于那种把人们原本丰富多彩的经济行为简化为所谓的"经济理性"支配的过程和结果的论述,进行有力地质疑、解构和批判的研究例证,可参看许宝强:《资本主义不是什么》,上海人民出版社 2007 年版。特别是该书的第三章和第七章。
④ Pierre Bourdieu, *Distinction*: *A Social Critique of the Judgement of Taste*, translated by Richard Nice, Cambridge, Massachusetts:Harvard University Press, 1984, p.483.

资质的差异，而是来自社会分配的不平等。但是，把该理论用于不同文化间的权力关系的跨文化研究时，就正好暴露了它的局限性和自反性。如果追溯全球文化场域中存在的权力级差以及由此带来的文化逆差，可以让人轻易地想起世界强国殖民扩张的历史。几乎在这些强国履行殖民扩张的同时，西方国家就已经发展出了一整套的关于"东方""停滞"、"专制"、"野蛮"的知识和图像，并把自身相应地建构为"进步"、"自由"、"文明"①，为西方的殖民行为提供知识上的正当性依据。除此之外，西方还有"另一种东方主义"②，它是一种肯定的、乌托邦式的，"东方"在这种论述中是美好的、浪漫的，可以为西方的现代性困境提供某种自我救赎的精神能量。当然，美好的"东方"论述并没有改变"东方"作为他者的知识状况。这两种论述的基本特征就是强调自身与"他者"之间的文化"差异"，夸大文化的决定性意义，这也是构建西方殖民主义、帝国主义和全球意识形态的万能公式。如果运用布尔迪厄的资本理论揭示这种本质主义式的"文化差异"论调，是非常有益的，因为它可以让我们清楚地看到该论调对于西方殖民历史的刻意遮蔽，把历史问题归因于种族、文化等方面的差异的话语机制。但是，我们再把问题往下深入，就需要对布尔迪厄的理论加以反思和修正。

　　上文已经指出，行动者／图像生产主体在全球文化场域中的行动策略，也就是惯习，或者说是一种综合调用资本的能力，其实是一种身体化的性情状态，是场域游戏规则的内化的结果。行动者采取的行动策略的性质既取决于其在场域内的历史、当下的位置，也能够依据自身的调用资本的情况而不断调整，也就是说，场域内的行动者既是服从场域规则的被动者，也是可能改变场域结构的主动者。全球文化场域的结构构建离不开西方殖民的历史和"东方主义"意识形态论述的构建，进入该场域的非西方行动者将不可避

---

　　① 周宁先生对此有深入、细致的论述，可参看其《中国形象：西方的学说与传说》1—8卷（学苑出版社2004年版）、《天朝遥远：西方的中国形象研究》上、下卷（北京大学出版社2006年版）以及《跨文化研究：以中国形象为方法》（商务印书馆2011年版）等著作。

　　② 周宁：《另一种东方主义：超越后殖民主义文化批判》，《厦门大学学报》（哲学社会科学版）2004年第6期。

免地要参与西方的"东方主义"论述,这事实上是一种"自我东方化"①的实践。其实质是强调"差异",标榜"稀缺",迎合标靶,以此在全球文化场域中"兑换"利益,试图改变场域的不利于自身的不均衡结构。这样的行动策略(或惯习)正是西方的"东方主义"论述在非西方行动者那里实现其身体化的表征,以"文化差异"为资本的实践,最终得到的不是资本,而是负资本,它其实进一步稳固了场域的既有结构和文化等级。这样的"稀缺"资本本身就是"区隔"(distinction)逻辑的后果和产物。没有"稀缺性",也同样能够制造出"区隔和层级";拥有"稀缺性",也未必能够改变对自己不利的"区隔和层级"。有时候经济上的成功可能正是以文化上的落败为代价的。问题的关键在于,这种"稀缺性"可能是一个构建出来的美学趣味,它的背后隐藏着本质主义或文化相对主义陷阱。

尤其令人感到不安的是,部分学术研究在谈及弱势国家的文化战略时也试图发展出一套有关本土文化"本真性"(authenticity)的论述,以此作为某种文化实践的导向。麦克吉尔大学(McGill University)的梅特·希约特在《丹麦电影与国际认可策略》一文中的讨论很有代表性。希约特在文中批评了某些来自弱势文化的影片制作为获得国际受众而直接追随国际口味的做法:

> 只有当我们以自己的特色展现自己时,我们才可望得到别人的认同。企图径直接近符合国际口味的现存标准,至少在三个方面来看是失策的。首先,这样做会破坏对自我表现的真实性所作出的承诺,使获取国际认同的愿望南辕北辙;其次,如果我们根植于弱势文化,我们把握标准和达到标准的可能性便不会大;最后,要具有主流文化的影片制作技术,要使其摹仿能力让人拍手叫好,确为一件罕事。②

对于图像有效打击其标靶的策略而言,这种判断是有道理的。因为按照布尔

---

① 关于"自我东方化"的论述,参见[美]阿里夫·德里克:《后革命氛围》,王宁等译,中国社会科学出版社1999年版,第278—279页。
② 梅特·希约特:《丹麦电影与国际认可策略》,牟百冶译,载[美]大卫·鲍德韦尔、诺埃尔·卡罗尔主编《后理论:重建电影研究》,中国社会科学出版社2000年版,第710页。

迪厄的观点，美学趣味可以在社会上制造阶级区分。① 弱势文化追随既定的"国际口味"只能使自身更加边缘，因为追随既定的"国际口味"的策略本身就是以否定边缘、肯定中心为前提的。但是，梅特·希约特的论述中有一些模棱两可的地方，比如，"自己的特色"、"真实性"等。希约特正是以这些暧昧的指称概念为基础 / "阿基米德支点"，进一步提出了植根于弱势文化的电影制作的"杠杆策略"：它"旨在指出某些导演自觉地将电影引向不同的，从某种程度上来说，无法协调的观众群体时所采取的方式。……更确切地说，这是一个如何把电影的一些因素造成的距离用另一些因素去消除和弥补的问题"。希约特进一步指出，"国际化因素成了一个杠杆，它能够让各式各样的文化特性出现在国际受众之前，并得到国际受众的认可"②。

这种被称作"杠杆策略"的惯习，看似对全球文化场域中的行动者而言很具有可行性，但论者没有意识到的是，这根"杠杆"的"阿基米德支点"正是强势文化规定的"国际口味"所建构、赋予的，它相当虚幻。希约特描述的电影制作的"杠杆策略"必须要以区分不同的文化因素为前提，比如"国际化因素"、"自己的特色"，而这种区分依赖的正是资本的"稀缺性"原则。当涉及不同文化间的关系时，这种"稀缺性"原则就被表征为文化间的"差异"，这也正是"东方主义"的意识形态基础。对于这样的行动策略或惯习，非西方的论述主体应该亟待反思的是：文化差异作为一种"稀缺性"资本，它是从哪里来的？它在全球文化场域的文化战争中，它能够被我们真正当做资本使用吗？什么是我们"自己的特色"？这种"自己的特色"谁有权力去表述？把文化差异作为生产图像的策略时，图像固然可以打击标靶，但是否有效？图像内涵的价值观是否真正得到了认可？

---

① See Pierre Bourdieu, *Distinction: A Social Critique of the Judgement of Taste*, translated by Richard Nice, Cambridge, Massachusetts: Harvard University Press, 1984.
② 梅特·希约特：《丹麦电影与国际认可策略》，牟百冶译，载［美］大卫·鲍德韦尔、诺埃尔·卡罗尔主编《后理论：重建电影研究》，中国社会科学出版社 2000 年版，第 713—714、716 页。

三、为标靶规定的图像：《江南 style》MV 的实践逻辑

有一首被誉为"神曲"、风靡"全球"的韩国歌曲《江南 style》，其 MV 在短暂的时间里就在 YouTube 拥有来自全球的 79 天突破三亿的奇高点击率，创下了新的吉尼斯纪录，并一举夺得英国 UK 单曲榜榜首，这在东亚是史无前例的；而其主唱朴载相（又称"鸟叔"Psy）也跻身一家知名男性网站评选的"世界最有影响力 49 名男性"的第 39 名，其经济收益也相当可观。① 这个现象似乎可以视为韩国文化软实力在"全球"意外成功的案例之一。最近有很多人在网上讨论《江南 style》的音乐"特色"，基本上都脱离不出"国际性"与"本土性"的准确拿捏之类的陈词滥调。② 姑且不论这些讨论的学理性如何，毫无疑问这些关于音乐"特色"的讨论都首先是一种"后见之明"——笔者想追问的是：如果《江南 style》没有（在欧美）爆红，这些"特色"还可能存在或成为话题吗？当然，也有人认为这首歌曲的音乐很一般，并没有什么特别的过人之处。事实上，《江南 style》的"传奇"经验除了其音乐上可能的"特色"之外，其 MV 的超高点击率里面还包含了一个"图像及其标靶"的故事。这一解读角度同样不能忽略。

《江南 style》的 MV 主要讲述了一个韩国现代青年男性，渴望并模仿过上韩国首富居住区"江南"的生活，但最终证明一切都是虚幻的梦想。《江南 style》的 MV 的叙事风格具有一种"自我指涉性"（self-referentiality）。其中的男主角在高唱"哥就是江南范儿"③ 的同时，影像不断泄露这种"江南 style"的想象性和虚幻性。比如，男主角在沙滩上晒太阳的场景被镜头推远后，我们会发现他所处的地方是儿童游乐场，男主角骑马的动作之后，紧接着就是游乐场的旋转木马……这种图像陈述的荒谬本质使整部 MV 获得了一种喜剧性的嘲讽意味。整部短片就是在一种连环的"撒谎—揭穿"、"建构—拆解"、"重建—颠覆"的动态图像序列中实现其意义的，在这个过程

---

① 　上述信息来自 http://baike.baidu.com/view/8988958.htm。

② 　关于《江南 style》的音乐的讨论，可参见 http://baike.baidu.com/view/8988958.htm。

③ 　这句歌词的中文翻译，来自 http://baike.baidu.com/view/8988958.htm。

中，固执的"哥就是江南范儿"的声音与影像化合生产了一种乖讹的效果，视觉不断背叛并最终战胜了听觉——图像告诉我们：与其说"哥就是江南范儿"，还不如说"哥不是（或想成为）江南范儿"。该音乐短片由朴载相本人主演，其中具有严重的"包法利主义"倾向的男主角扮相肥胖白皙，憨态可掬地扭着滑稽笨拙的"骑马舞"，口中念念有词。男主角的这种扮相与这部音乐短片的严肃题旨相当合衬，其图像陈述方式的整体构思也颇为巧妙。

　　一般的亚洲受众也许很容易解读出这首 MV 里面的恶搞幽默和温婉讽刺意味，以及对于"幸福"含义的重新界定。① 但是，《江南 style》的"亚洲解读"在欧美受众群体中很难得到共鸣，欧美受众也不太能够真正理解这首韩国歌曲及其 MV 的文化背景和思想意义何在。但它何以能够在欧美"意外"爆红，引发模仿的狂潮，并占领主流的大众文化市场？其中，英国《卫报》一位专栏作家的思考值得注意。这位作家认为，"西方的大众传媒并不认真对待亚洲男性的形象，……她看着这些模仿视频，总有一种怪怪的感觉：'这个在互联网上刮起旋风的韩国流行视频，并没有扭转一点东亚男性的刻板形象。' 也许这就是《江南 style》显得特别欢乐的源泉？"② 朴载相自己也认为："我知道自己不是帅哥，但我像韩式拌饭，口味大众化。"③ 作为传达影像的题旨的手段，MV 展示的图像有效地承担了其应有的职能。但是，《江南 style》MV 提供的图像进入全球图像场域之后，男主角的滑稽形象所暗示的意义倾向就可能滑向危险的一端。

　　如果把《江南 style》MV 提供的图像放置到其所属的文本集合的动态关系中去考察（这是有效阐释图像意义的途径之一），我们还可以看到，在这位男主角之前，还有一个长长的亚裔男性形象序列④。其中，较为典型的

---

①　参见 http://www.qq.com.wahpy.com/yule/2012-10-10/2232.html。

②　马彧：《什么让〈江南 style〉成了"国际神曲"？》，引自 http://ent.ifeng.com.9cunion.com/shehui/2012-10-11/977.html。

③　引自荀超：《〈江南 style〉持续走红 毕姥爷都跳"骑马舞"》，http://ent.xinmin.cn/2012/10/03/16578329.html。

④　See Richard A. Oehling, "The Yellow Menace: Asian Images in American Film", in *The Kaleidoscopic Lens: How Hollywood Views Ethnic Groups*, edited by Randall M. Miller, Englewood: Jerome S. Ozer, Publisher, 1980, pp.182-206. also see James S. Moy, *Marginal Sights--Staging the Chinese in America*, Iowa City: University of Iowa Press, 1993.

当属阿信（Ah Sin）、程环（Cheng Huan）、陈查理（Charlie Chan）和宋丽玲（Song Liling）。阿信是马克·吐温和布莱·哈特（Bret Harte）合作的戏剧《阿信》（*Ah Sin*）①里面的一个角色。在《阿信》中，剧作采用一种"博物馆美学"的方式对这个华裔洗衣工人的"异域特征"进行了列举与展示，借此凸显"中国人"与"美国人"的巨大差异。出现在戏剧舞台上的"阿信"是这样的：身穿一个宽大的、不合身的袍子，头戴一个圆锥形的帽子，头发按照剧本描述的样子，梳成"一条长在头顶的尾巴"。这种展示在观众眼前的形象既迎合了观众的期待，也突出了中国人的"异域特征"——滑稽、无知、神秘、柔弱。这种关于"中国人"的形象描述与展示，把文化之间的差异凸显在观众面前。在整出戏设置的对立组的差异中，阿信沦为"他者的景观"（the spectacle of the other），观众实现了自我认同和对"中国人"在文化和种族上的优越感。②

1919 年，在美国电影大师大卫·格里菲斯（D. W. Griffith）的《落花》（*Broken Blossoms*）里面出现了一个叫做"程环"的中国人形象。虽然程环"已经不像原著小说中的程环那么邪恶阴险，也不像西方大众想象中的'中国佬'那么丑陋。但在基本形象上依旧没有摆脱西方的'中国佬'的想象原型，只是将浪漫主义的有关中国的异国情调想象特征，复合到'中国佬'的负面特征上，使程环的性格具有某种'含混'甚至'诡语'式的张力，美与病态、诱惑与纯洁、懦弱与执着融为一体。"③ 程环的形象既沿袭了"阿信"式的刻板印象，也与一战前后在西方迅速蔓延的激进的文化思潮有关。一战的巨大破坏和泛滥于资本主义工业社会的物质主义，使东西方同时意识到了西方凌驾于世界的现代性经验的合法性危机。在这种"西方没落"和内省的思潮下，西方最具有批判意识的知识精英对于资产阶级的核心价值发起了激烈的批判，并以"反现代主义的现代性"对抗社会现代性。这种"反现

---

①　1877 年 5 月 7 日，《阿信》首演于华盛顿，7 月 31 日在纽约的戴利第五大街剧院（Daly's Fifth Avenue Theatre）再次公演。这是一出典型的通俗剧，迎合这个时期的美国观众的口味的倾向十分明显。

②　关于"阿信"形象的详细论述，可参见拙文：《差异与表述：美国戏剧中的中国形象》，澳门《中西文化研究》2009 年第 2 期。

③　周宁：《想象与权力：戏剧意识形态研究》，厦门大学出版社 2003 年版，第 193 页。

代主义的现代性""试图脱离现代社会，因为它抨击这个社会或者至少与之保持距离，它要去寻找另一个世界"。① 西方某些知识分子开始转向"东方"寻求疗治"西方"痼疾的良方，对西方的社会现代性经验则表现出强烈的质疑和否定激情。于是，包括中国在内的"东方"就再次以新的形象和意义出现在西方人的想象中。这股重新发现／发明中国的社会思潮的源头在古希腊，其原型则穿越了不同的历史时空和文本：从古希腊到文艺复兴，再到启蒙运动，一直延伸到了 20 世纪 40 年代末期。② 但是影片《落花》又在程环的形象中加入了一种堕落的含义，从而表达出其深刻的一面——"它解构了现代主义思潮中的中国想象"③。

"陈查理"上续"后斯宾格勒"时代浪漫化"东方"的思潮，下启二战期间强烈的"亲中"（pro-Chinese）情结。和"阿信"、"程环"一样，纵横好莱坞银幕四十年的陈查理同样融合了"中国劳工和处于中产阶层的华裔美国人原型两种形象"④，其中智慧、神秘与阴柔是陈查理的主要特征。

华裔作家黄哲伦（David Henry Hwang）创作于 1988 年的《蝴蝶君》（*M. Butterfly*）⑤ 中的宋丽玲的形象就很具有代表性。《蝴蝶君》是对意大利作曲家普契尼（G. Puccini）的歌剧《蝴蝶夫人》（*Madame Butterfly*）⑥ 的模拟

---

① ［法］伊夫·瓦岱：《文学与现代性》，田庆生译，北京大学出版社 2001 年版，第 83 页。

② 关于该问题的详细论述，可进一步参见周宁著／编注：《中国形象：西方的学说与传说·6 孔教乌托邦》，学苑出版社 2004 年版。

③ 周宁：《想象与权力：戏剧意识形态研究》，厦门大学出版社 2003 年版，第 198—199 页。

④ Richard A. Oehling, "The Yellow Menace: Asian Images in American Film", in *The Kaleidoscopic Lens*: *How Hollywood Views Ethnic Groups*, edited by Randall M. Miller, Englewood: Jerome S. Ozer, Publisher, 1980, p.197.

⑤ 《蝴蝶君》（参见［美］黄哲伦：《蝴蝶君》，张生译，上海译文出版社 2010 年版）于 1988 年在纽约百老汇上演，并在同年获得美国主流喜剧大奖托尼（Toni）奖。1993 年，加拿大导演大卫·柯南伯格（David Cronenberg）将其拍成同名影片，编剧仍然是黄哲伦，其中，宋丽玲由华裔美国演员尊龙（John Lone）饰演。

⑥ 《蝴蝶夫人》（参见普契尼：《蝴蝶夫人》，丁毅译著，《西洋著名歌剧剧作集》下，国际文化出版公司 1995 年版，第 1687—1770 页）首演于 1904 年，至今仍为西方观众着迷，成为世界十大歌剧之一。其基本内容是，美国海军军官平克尔顿在日本和一位艺伎巧巧桑（又名"蝴蝶夫人"）结婚。巧巧桑怀孕时，平克尔顿离开日本并承诺知更鸟下次筑巢时归来。巧巧桑等了三年，平克尔顿却带着他的白人妻子回来了，并要妻子向巧巧桑要回他和巧巧桑生的孩子，巧巧桑绝望自杀。《蝴蝶夫人》表现出西方自恋和傲慢的种族主义态度，它建构了东方对于西方在文化、种族、性别上的弱者形象，"蝴蝶夫人"成为西方人（白人男性）想象东方（女性）时的刻板印象。

与解构。①《蝴蝶君》有力地说明了"东方主义"的建构性本质,但我们对《蝴蝶君》中的"西方主义"倾向也不能视而不见。这出戏事实上再度制造了新的"东/西"二元对立,在另一个层面上又强化了东方/中国人/宋丽玲诡异、狡诈、阴柔的定型形象。从死去的"蝴蝶夫人"蜕变成性别暧昧的"政治间谍",《蝴蝶君》在进行"视觉造反"的同时,又为观众的眼睛提供了他们渴望中的"中国形象"。具有着混杂的文化身份的华裔戏剧家(如黄哲伦)的戏剧创作实践,"处于盎格鲁—美国观众想看到舞台上被一再证明的刻板印象的欲望、作家本人对'真实'表述的渴望,以及其对商业市场的期望之间,从而体现出一种令人尴尬的紧张状态。虽然他们颠覆主流文化中的刻板印象的初衷很好,但是,为了取得成功,他们不得不提供一种'本真性的'再铭写(reinscription),这不过是对其意欲颠覆的内容的重新描绘而已。因为对消费市场需求的妥协,他们的颠覆行为不仅显得软弱无力,其创作反而是在为一种被证实了的刻板印象的新秩序的形成增砖添瓦。"②

在《江南style》MV的男主角和阿信、程环、陈查理以及宋丽玲提供的图像之间,我们可以轻易地看出某种暗隐的相似性。欧美受众在解读朴载相在其MV中的滑稽扮相时,第一反应可能不是其中暗含的讽刺意义,而是作为他者的MV图像/男主角与自我的差异——这是一个作为"异己"的现代亚洲男性的故事/形象。朴载相的外文名字为Psy,似乎很容易让人联想起psycho的含义——精神病、疯子、神智不正常。因此,当朴载相/Psy以滑稽的扮相进入全球图像场域以后,这个扮相/图像就成为"非理性"的能指,它将被贬斥到形而下的肉身、欲望、物质的王国,从而成为形而上的西方"理性"进行自我确认时的他者和异类。无论如何,《江南style》MV中这个小丑般的男性形象都与所谓的"男性气质"(masculinity)挂不上钩。诚如

---

① 《蝴蝶君》的主要内容是:法国外交官加利马(Rene Gallimard)爱上了富于东方气息的中国京剧"女"演员宋丽玲。加利马的任务是为法国政府搜集中国情报,而宋丽玲则是中国男扮女装的间谍。两人"深爱"二十年。当他们再次见面是在法庭上,加利马被指控泄露情报,而指控他的正是他深爱的宋丽玲。此时,他才发觉宋丽玲是一个男子,加利马在明白一切后,绝望地自尽了。关于"宋丽玲"形象的详细论述,可参见拙文:《差异与表述:美国戏剧中的中国形象》,澳门《中西文化研究》2009年第2期。

② James S. Moy, *Marginal Sights--Staging the Chinese in America*, Iowa City: University of Iowa Press, 1993, pp.20–22.

《卫报》的专栏作家所意识到的，西方人关于东方男性刻板印象的幽灵正好可以在《江南 style》MV 的男主角的扮相中借尸还魂。

　　更重要的是，我们需要在创作主体不同的图像之间看出其最诡异的一面，即来自韩国的《江南 style》MV 中那个手舞足蹈的男主角身上竟负载了某种被"东方主义"意识形态稳固下来的刻板印象和种族偏见。于是，非西方和西方的图像发生了不可思议的重叠。这个过程的动力正来自非西方国家在全球推销自身的文化软实力时对于"成功"的极力谋求，那么，借助西方的非西方图像提升自身的文化竞争力就自然而然地成为非西方国家广泛采取的"行动策略"或惯习。虽然在朴载相看来，他在《江南 style》MV 中的扮相属于"韩式拌饭"一类，但《江南 style》MV 成为"全球商品"时，这种"韩式拌饭"就在文化权力关系的动力学中被转变成为自我"本真性"的再铭写。"韩式拌饭"作为成功推销自我的经验，也可以称之为全球图像消费市场上的稀缺资源／艺术资本／被标榜的"差异"之一，但是，根据上文的分析，我们可以看到它与（后）殖民话语之间千丝万缕的内在关联。当然，这个图像生产的过程未必就像上文 James S. Moy 所说的那样简单——在"颠覆"主流和"市场"诉求的双重动机下，进行的一种理性的算计。这个过程中暗含着包括文化心理因素在内的西方殖民历史的长期形塑，它是一种模糊的实践理性，是不均衡的全球文化等级结构在图像生产主体那里身体化的后果，用布尔迪厄的话说，就是"社会化了的主观性"。因此，朴载相把自己在《江南 style》MV 中的扮相概括为"韩式拌饭"，是真诚的，也是含混的，更是危险的。

四、中国现代性自我想象的困境

　　图像的清晰度与欺骗性成正比，但其模糊度却与包容性成正比。

　　清晰与模糊这两种看似矛盾的性质，常常能够以奇异的方式同时寄居在几乎每一个意欲有效打击其标靶的图像上。所谓"清晰"，意味着为了使图像能够有效地打击标靶，图像生产主体在构建、展示差异时的不遗余力，以致不惜把图像变成奇观；所谓"模糊"，意味着图像生产主体制造、凸显的差异因为过于"清晰",在奇观本身及其外反而留下了诸多可以想象、否思或商榷的暧昧地带。这个暧昧地带其实正是"清晰"的后果,最能够体现图像生产主体的跨文化视觉再现的行动策略。在这个地带,对于某个图像的"清晰度"的重新想象、否思或商榷的结果往往是意图重绘另一个被标榜为"更加清晰"的图像,或者说是"本真性"的再铭写。正如《江南 style》MV 中的男主角扮相/图像,一方面以"韩国拌饭"的"口味"向全球呈述"自我",有意无意中凸显了一个滑稽可笑的亚洲男性形象的奇观;另一方面,这一过于"清晰"的形象/图像又遮蔽、切断了它及其自身之外的诸多可能性与关系,让受众对其在欧美受欢迎的程度感到诧异,"韩国拌饭"究竟是什么"口味"? 一般情况下,稍微具有批判意识的亚洲观众看到这个形象/图像时,可能会进一步追问:亚洲男性形象是否果真如此? 这个滑稽可笑的亚洲男性形象究竟来自何种问题脉络? 这一类的质疑当然有其深刻的意义,但是,它始终是对某个图像的"清晰度"的回应。因此,对于图像的意义生成而言,"模糊"即"清晰","包容"即"欺骗"。在这种图像的清晰与模糊的辩证中,我们将看到:西方为非西方绘制的清晰图像所包含的模糊性空间,或者说是留给非西方世界质疑、对抗、争夺的包容性空间,其实是一个思想陷阱。

事实上,前述《江南 style》MV 的实践逻辑仅仅是再铭写"本真性"的一个方面。它说明了图像在打击标靶时,图像的文化位置已然为标靶所规定,图像的生产主体凭借一种模糊的实践感,误把种族或文化上的差异当作艺术资本、试图改变自身在全球图像场域中的文化位置的情形。《江南 style》MV 中的男主角扮相/图像在全球图像市场有意无意地迎合并强化了欧美主流文化对于亚洲男性的刻板印象,因此,它虽然成功地克服了图像与标靶之间的物理空间,但同时又悄然增大了图像与标靶之间的心理空间。与其说这个来自韩国的"图像及其标靶"的故事意味着韩国文化软实力的成功,不如说它正说明了韩国文化竞争力的丧失。《江南 style》MV 男主角扮相/图像在打击其标靶时采取的行动策略和实践逻辑的背后隐藏着一种在非西方世界普遍存在的文化症候。这种情形暗示了非西方国家的艺术实践在全球市场寻求艺术资本、谋求文化权力时的思想误区,但是,把这个层次的意义放置到中国的现代性自我想象的总问题脉络中时,又会凸显出其更为复杂的面向。

　　2011 年，中国／"全球"图像市场上出现了一个颇具症候性的中国男性形象——"陈乔治"，这个图像来自北京新画面影业公司投资六亿元人民币，联手好莱坞的特效团队和一线男星制作的影片《金陵十三钗》①。影片中陈乔治的身份是一个年少的教堂雇工，他其实是已故的神父收养的中国乞儿，能够讲一口流利的英语。在影片最后，他为了保护女学生，自愿男扮女装，加入冒充女学生的队伍，前往日本军部那里赴死。值得注意的是，陈乔治的"易装"行为借助了白人入殓师约翰之手才得以完成的——看来，好莱坞的"蝙蝠侠"②拯救世界的梦想真的实现了。在中国人作为生产主体的图像中，中国男性在一个白人入殓师的手中被"女性化"、尸首化／停滞化，关于中国男性柔弱、智慧的刻板印象的能量在"陈乔治"这个形象／图像中再次得以释放。生产"陈乔治"的图像的实践逻辑与《江南 style》MV 毫无二致，非西方和西方的图像同样发生了奇异的重叠。从"陈乔治"的形象／图像，我们可以再次清晰地看到，非西方的图像生产行为是如何有意无意地与西方为"东方"框定的视觉结构发生联系的。这个过程中，真正发生作用的就是一种模糊的"实践感"，它与西方对非西方世界殖民的历史发生着深刻地联系扭结。"陈乔治"的形象／图像中暗含的实践逻辑，说明了非西方世界的图像在意图打击标靶时面临的一个悖论，即意欲打击"全球"标靶，必须服从西方（或"全球"）标靶为其设定的位置。影片《金陵十三钗》的制作团队绝对称得上是高端，几乎汇集了目前中国电影制作所能吸引到的最好的资源／艺术资本，但它的图像生产策略最终证实的是西方强大的文化竞争力。

　　然而，影片《金陵十三钗》所暗隐的更大的思想陷进还不在于此，它事实上联结着中国现代性自我想象的认同困境，这也是中国现代百年思想的根本问题之一。影片在国内公映之后，引起的最大争议来自张艺谋的"处女情结"。吕频的《〈金陵十三钗〉，消费处女加消费妓女》对该问题有过犀利的探讨。该文指出，影片通过"让放荡者在忏悔中死去而灵魂获救"，"以贞操

---

　　①　《金陵十三钗》，张艺谋导演，刘恒、严歌苓编剧，克里斯蒂安·贝尔（Christian Bale）、倪妮主演，北京新画面影业公司 2011 年出品。

　　②　克里斯蒂安·贝尔的代表作品之一就是 2008 年美国华纳兄弟公司出品的影片《蝙蝠侠：黑暗骑士》（Batman：The Dark Knight）。

为界限,离间了妇女的同命与共情",影片"其实是又一次试图从民族羞耻中自救的努力,通过以无尽悲愤的口吻将这种羞耻放大演绎作为洗礼,以及通过证明国家、民族和男人已经尽到了拯救'好女人'的责任;也是又一次压迫——通过把受害者刻画成一群'自愿'的坏女人。总之,女人又象征性地治疗了一番无法愈合的民族自尊心,而且,通过通俗大片的操作,还提供了一次让观众围观暴力、消费性受害者惊惧哀惋之美的机会。"① 性别作为一种思考问题的视角,它的确能够为我们提供别样的批评视野和洞见,吕频的批评可谓犀利深刻。但是,如果我们仅仅停留于此,又会制造出批评的盲区,在性别的意义层次上止步不前,从而轻易地放过了该图像最危险的意义面向。本文试图在一种跨文化的视野里,结合性别批评重新解析影片《金陵十三钗》的"处女情结"。

如果把影片《金陵十三钗》的"处女情结"放置在"中国崛起"的叙事脉络里面,影片中拯救"处女"的行为完全可以视为寻求原初的/未被西方"污染"的/"本真"的"中国"的隐喻,而"处女"在这里不过是用于指称被图像化了的"中国"的一个性别意象。"中国崛起"的叙事不仅给予图像生产主体洗刷民族耻辱的文化信心,也为之提供了再铭写"本真""中国性"的心理动机和理论支持。然而,在这样一种起源性的叙事冲动/图像策略里面,同时还蕴含着民族主义式的历史悲情想象。

在历史的长镜头中审视影片《金陵十三钗》再铭写"本真""中国性"的图像生产策略,我们至少可以看到两条线索。自后启蒙运动时代,西方世界分别从物质财富、制度文明和思想信仰逐步丑化中国,构筑出停滞、专制、野蛮的中国图像。这些负面的图像经过启蒙思想家、政治家的叙述,到黑格尔的历史哲学中被充分"哲理化"并获得完备的解释,从而作为标准话语得到定型。后启蒙时代西方大叙事中出现的负面中国图像是帝国主义、殖民主义时代西方现代性自我认同的"他者"。这些负面的中国图像作为西方现代性主导价值——进步、自由与文明的被否定的"他者",既为西方现代性自我

---

① 吕频:《〈金陵十三钗〉,消费处女加消费妓女》。http://lady.163.com/_1/1223/06/7LUJI2QF002626I3.html.

认同提供想象的基础，又能为西方殖民扩张提供有效的意识形态。① 随着 19
世纪末期中西方交流的深入，这种负面的中国图像开始在中国本土知识分子
中产生效应，并深刻地介入并构造了他们的"感觉结构"②。面对西方围绕中
国构建的巨大符号体系，中国现代知识分子陷入一种莫大的图像恐慌之中。
于是，如何为被"污名化"的中国"正名"就成为他们无法回避的问题。常
见的选择是采取一种"西方主义"式的迂回文化策略，要想重绘中国的"美
好"图景，必须先借助西方的负面中国图像，对抗具有压抑性的强大传统文
化符码系统③。在这样一种图像生产策略中，"中国"被本土现代知识分子
呈述为一幅古老、腐朽、野蛮、黑暗的景观，为启蒙叙事开辟话语场地。在这
一"中国"图像生产过程中，我们可以看到西方的"东方主义"论述的形塑
力量，因此这幅"中国"图像可以视为对于想象性的"本真性"的再铭写。

　　中国现代知识分子在重新铭写／展示负面的"中国性"时，离不开一
种"情迷原初"（primitive passions）④，这种迷恋往往诱导中国现代知识主体
将其想象力投向女性、弱者或被压迫的阶层，并将之纳入话语渠道，借用到其
民族主义的写作诉求中，并把这一"原初性"（primitivity）的构建用于社会
动员。影片《金陵十三钗》中的妓女和女学生作为隐喻，作为指涉战争灾难
中被欺辱的"中国"和原初的"中国"的核心意象，其实是"对于原初性的
迷恋"在"中国崛起"的叙事脉络中的自然延伸和改头换面。诚如吕频所
批评的那样，影片《金陵十三钗》展示的暴力场景"提供了一次让观众围观
暴力、消费性受害者惊惧哀惋之美的机会"。我们如果把田汉在 1946 年到
1947 年间写的戏剧《丽人行》中的暴力书写，与影片《金陵十三钗》的暴
力展示作以简单的比较，就会发现，张艺谋所采用的"通俗大片"的运作策

---

　　① 　周宁：《天朝遥远：西方的中国形象研究》上卷，北京大学出版社 2006 年版，第 313—352
页。周宁先生在其著作中使用的是"形象"，本文在引用时改为"图像"，一方面是为了行文的一致，
另方面，在本文的论述中，"形象"是"图像"的一种。

　　② 　"感觉结构"借用自雷蒙·威廉斯，参见［英］雷蒙·威廉斯：《马克思主义与文学》，王尔
勃、周莉译，河南大学出版社 2008 年版，第 136—144 页。

　　③ 　Xiaomei Chen, *Occidentalism: A Theory of Counter-Discourse in Post-Mao China*（second
edition, revised and expanded）, New York: Rowman & Littlefield Publishers, Inc., 2002, pp.121–137.

　　④ 　See Rey Chow, *Primitive Passions: Visuality, Sexuality, Ethnography, and Contemporary
Chinese Cinema*, New York: Columbia University Press, 1995.

略,早在半个世纪前最为严肃的艺术创作中就已经出现了。田汉在其剧作中对女性的身体的暴虐性展示力度丝毫不逊于影片《金陵十三钗》,这种雷同性同时还意味着中国不同历史情势下的知识群体"情迷原初"方式间的蝉联不断。

《丽人行》里面,刘金妹是一个身处社会底层的纱厂女工,她可能是中国现代文学中最悲惨的文学形象之一。叙事者以看似无辜的方式,把所有可能的时代性灾难,排山倒海般地强压在这个贫苦无依的女孩柔弱的臂膀上:刘金妹首先被日本兵强奸,自杀未遂,接着被丈夫嫌弃,不断地遭遇流氓骚扰,丈夫的眼睛被流氓用石灰弄瞎,夫妻双双失业,用借高利贷的钱摆的小摊子也被没收,为了活着她只好卖身,又被丈夫赶出家门,只好投江自杀……叙事的暴力在"刘金妹"身上肆意施展。剧作者田汉可能也感觉到叙事上的不平衡,他不得不为剧作接受者解释:为何刘金妹陷入人生惨剧时,竟没有得到地下工作者帮助。田汉的解释行为暗示了他左右失据的窘迫感,他无意中道出了其把"刘金妹"用于控诉社会罪恶的符号动员的目的:"由于要抓住当时人民对两案的愤慨情绪,不能不把苦难集中在金妹身上。"[①] 这部剧作每一场开始都设置一个报告员,用于衔接每场之间的剧情,这种类似于古典小说的"说书人"因素的安插,使剧作具备了"代言性叙述"[②] 的特质,从而

---

① 田汉:《〈丽人行〉的重演》,《田汉文集》第 6 卷,中国戏剧出版社 1983 年版,第 400 页。这句话中的"两案"指的是当时的北平美军强奸北京大学女生的"沈崇案"和上海当局制造的"摊贩案"(参见田汉:《关于〈丽人行〉的演出》,《田汉文集》第 6 卷,中国戏剧出版社 1983 年版,第 395 页)。

② "代言性叙述"是周宁先生对中国戏曲的言语境况(speech situation)的概括(参见周宁:《中西戏剧中的叙述与对话》,载周云龙编选《天地大舞台:周宁戏剧研究文选》,厦门大学出版社 2011 年版,第 65—66 页),周宁先生指出:"我们曾从'言语境况'角度将戏剧的话语交流区分为两个系统:一是剧中人物之间的内交流系统;一是演员与观众之间的外交流系统。内交流系统中的话语称为'戏剧性对话';外交流系统中的话语称为'代言性的叙述'。代言性叙述与纯粹的叙述不同,代言性叙述是人物的话语,纯粹的叙述是叙述者(故事之外)的话语。代言性叙述与戏剧性对话又不同,戏剧性对话也是一种代言形式,但它的意义不在于叙述外在或内心的动作,而是要通过言语的相互作用完成某种动作。在戏剧性对话中,剧中人物之间保持着我与你的直接交流关系,观众只是旁听者,演员与观众构成我与他的间接交流关系。在代言性叙述中,演员与观众组成话语中我与你的关系,演员向观众直接表白。相反在剧中人物之间,却呈现出我与他的关系。这两种话语交流模式,为中西戏剧传统的文本比较提供了逻辑起点。戏曲与西方戏剧(普遍范式意义上)的差异,不仅存在于文本形式上,或韵或散、或说或唱,还表现在戏剧话语交流的结构与功能上。"笔者在这里借用这一概念,意在强调文本中叙事者的高调"在场性"。

可以更加有效地形塑接受者的期待视野。尽管"刘金妹"被塑造为本土反帝动员的想象性的文化符号,但实现该效果的机制却是另一种符号暴力,即对"刘金妹"这一女性／底层进行暴露、展示、施虐。可以想见,在《丽人行》的叙事体系建构其"想象的共同体"(imagined communities)[①] 的过程中,被侮辱、被损害的"刘金妹"及其懦弱的丈夫将成为男性主体观看、施虐与意淫的多重色情客体。近代科举制度的废除和西方文明的冲击,不仅使新近出现的中国知识分子意识到自己掌握的书写与阅读文字符号的权力不再有效使,而且传统的中国文化在西方文明的强势冲击下,也似乎显得脆弱、陈旧、野蛮,这种双重的权力剥夺使新兴的知识分子群体在社会文化场域中处于边缘位置;但凭借这种"'自我'的他者"(*"own" others*)[②] 的发明里面包含的符号动员力量使得中国知识分子找回了失落的话语权力。[③] 正如夏衍所言:"我们珍重我们民族所产生的俊杰与英雄,这都是民族的光荣和瑰宝,但是我们也还觉得假如全民族的文化能够提高这么一分一寸,却是更比一二人的光荣更值得珍重的事情。"[④] 中国知识分子对于自身挫败感、无力感的克服,正是从"'自我'的他者"的"原初性"景观呈述中得到了力量／权力的资源。这种图像绘制策略"在结构上是自恋的和自卑的",其中内涵的民族主义动员的"任务就是(重新)发明自身的'二等'文化,使之成为原初的,成为'第三世界'国家历史和'价值'未经污染的起源"。[⑤] 因此,现代知识分子绘制的"本土"图像,既是专制、腐朽、衰败的("'二等'文化"),同时又是悠久、辉煌、文明的,是自我复兴的力量源泉和民族未来的福祉("原初的'价值'")所在。

---

① 　Benedict Anderson, *Imagined Communities*: *Reflections on the Origin and Spread of Nationalism*, London · New York: Verso, 1991, p.44.

② 　Rey Chow, *Primitive Passions*: *Visuality*, *Sexuality*, *Ethnography*, *and Contemporary Chinese Cinema*, New York: Columbia University Press, 1995, p.65.

③ 　关于该问题的详细论述,可参见拙文:《从书写符号拯救主体:重审"五四"时期的"戏剧文学"》,《东南学术》2010 年第 3 期。

④ 　夏衍:《〈秋瑾〉再版代序》,载会林、绍武编《夏衍剧作集》第 1 卷,中国戏剧出版社 1984 年版,第 173 页。

⑤ 　Rey Chow, *Primitive Passions*: *Visuality*, *Sexuality*, *Ethnography*, *and Contemporary Chinese Cinema*, New York: Columbia University Press, 1995, p.64, p.63.

在中国当代架上绘画领域呈述的"中国"图像中,同样表征着一种对于起源性神话不遗余力的建构。我们不妨以 90 年代以来中国前卫艺术中最引人瞩目的"政治波普"为例来对该问题加以探讨。在王广义、张晓刚等人的作品中,把曾经意指神圣的政治和流行的商业文化符号加以拼贴(稍后的图像资源则是民间、民俗艺术),试图重建一种"中国"图像,以达成双重的挪揄、批判效果。这些绘画作品先后在海外和国内引起了轰动性的效应和巨大的成功,作者本人也取得了丰厚的文化和象征资本。但是,"无论其中含纳的对抗情绪如何,它们始终是朝向内部,以自我为中心的——'中国','中国遗产','中国传统','中国政府',以及这些意义的变体"[1]。"政治波普"的"本真性""中国"图像生产使其在尚处于"(后)冷战"余绪海外的"标靶"那里获得了最初的礼遇,其成功打击标靶的策略可以说是"出口转内销"[2],其艺术资本的获取过程也是中国图像市场对于西方的眼光内化的过程。

在有关中国图像的生产中,还存在着另一条再铭写"本真""中国性"的线索,这条线索我们可以在"中国崛起"的话语传统中加以呈现和讨论。

中国改革开放三十多年来所取得的经济成就令人瞩目,在西方世界引发了版本各异的"中国崛起"的故事与想象。但是,就在"崛起"的中国形象被不断塑造并强化的同时,西方世界关于中国"崩溃"的预言也几乎在以同一时间和同样的热度不断蔓延。在一个长时段中观察当下的"中国崛起论"的话语传统,我们不难在喧嚣的"中国崛起"叙述中看到两个世纪以来西方人想象中国的传统和模式。在当下的问题脉络中,"崛起的中国"、"崩溃的中国"和"威胁的中国"仍然以最古老的方式纠缠在一起,其中映现的是西方自身对他者的敬慕、欲望和恐惧,而该表述的主体西方则是在场的,现实的中国在这一表述脉络中则始终是缺席的。[3]

然而,正是这一西方自我的镜像为中国当下的"本真性"图像绘制提

---

① Rey Chow, *Primitive Passions*: *Visuality*, *Sexuality*, *Ethnography*, *and Contemporary Chinese Cinema*, New York: Columbia University Press, 1995, pp.64–65.

② 易英:《政治波普的历史变迁》,《南京艺术学院学报》2007 年第 3 期。

③ 关于西方的"中国崛起论"的话语传统的详细解析,有兴趣的读者可参阅拙文:《西方的"中国崛起论":话语传统与表述脉络》,《国外社会科学》2012 年第 6 期。

供了资源、灵感和信心——我们可以对曾经让我们"不高兴"的西方的负面"中国"图像"说不"了。图像的清晰度和模糊度的辩证法在此发挥了作用：我们极力需要纠正西方的"中国"奇观，重新绘制一幅"崛起"的"本真性"中国图像。但是，图像生产主体在这里忽略的是西方"中国崛起"叙事的负面（或"威胁"、"崩溃"）意义，以及现实中国在这一叙事中的缺席。即使从最好的方面看，比如像马丁·雅克在其严肃的学院式写作 ① 中所表现的那样，西方的"中国崛起论"充其量也只能算作"另一种东方主义"。这种"东方主义"意在把"东方"美化、浪漫化为美好的乌托邦，它实际上对应着 19 世纪以前西方世界对于远东地区的"敬畏与羡慕"或者是不无荒诞意味的"中国热"（Sinomania）。② 但是东方 / 中国在这种论述中始终是西方的知识客体，它作为一种文化镜像，履行的文化职能在于西方现代性的自我批判。这种美化东方/中国的"东方主义"论述在中国现代艺术史上曾制造了无数的思想陷阱，比如 20 年代中期的"国剧运动"③、30 年代的"梅兰芳热"④，等等。在这样的问题脉络中，当下艺术领域绘制的"本真的""中国"图像其实仍然未能脱离西方现代性的框架。或者说，在上述历史脉络中构建出来的"本真性"，其实是倚重了西方的脉络。影片《金陵十三钗》试图在悲情的历史记忆背景上，重新拯救、绘制未经列强欺凌的原初性"中国"图景，但仍然不得不去借助西方白人男性的力量（权力）/资本来完成。

　　再如，在张艺谋执导的上一部影片《山楂树之恋》⑤ 中，影片试图打造"史上最干净的爱情故事"。为此，影片把时空设置在革命年代，这意味着对于当下全球化脉络中的"物质主义"/"西方"的拒绝。影片在单薄、青涩、

---

① Martin Jacques, *When China rules the world: the rise of the middle kingdom and the end of the Western world*, London：Allen Lane，2009. 该书的中译本为［英］马丁·雅克：《当中国统治世界：中国的崛起和西方世界的衰落》，张莉等译，中信出版社 2010 年版。

② Perry Anderson，"Sinomania"，London Review of Books，Vol.32，No.2，January 28，2010.

③ 关于 20 年代"国剧运动"理论中包含的文化误区的探讨，可参见拙文：《中西戏剧交流的误区与困境："国剧运动"及其文化民族主义悖论》，载朱恒夫、聂圣哲主编《中华艺术论丛》第 11 辑，复旦大学出版社 2012 年版，第 327—346 页。

④ 关于 30 年代西方的"梅兰芳热"的批判，可参见拙文：《东方文艺复兴思潮中的梅兰芳访美演出》，《戏剧艺术》2013 年第 3 期。

⑤ 《山楂树之恋》，张艺谋导演，尹丽川、顾小白、阿美编剧，周冬雨、窦骁主演，北京新画面影业公司 2010 年出品。

甜美、纯真、贫穷的女主人公静秋身上寄托了一种纯粹的"中国"想象。然而,影片中孙建新和静秋一见钟情,基本上没有任何时间的积淀。爱情的确认与巩固,除了少许的彼此关心之外,似乎完全依赖家庭背景显赫、工资颇高的男主角的物质"诱惑":钢笔、冰糖、核桃、皮靴、游泳衣、运动服、红布、钞票、脸盆,当然还有一件重要的交通工具自行车。整部影片给人的感觉就是:情感的厚度全由物质堆积。这种讲述故事的方式不难让人想到当下:孙建新不就是个"富二代"吗?他那辆自行车置换为"宝马"似乎亦无不可。影片中的孙建新在物质方面的阔绰,与静秋家里靠叠信封挣钱的方式形成尖锐的对照。在这种情形下,成长于困厄之中静秋究竟是如何"爱"上了孙建新,的确值得玩味。《山楂树之恋》的定位是"最干净"的爱情,这就有点自己打自己的嘴巴。"最干净"的爱情原来最不干净,没有"物质主义"/"西方"的前提,"山楂树"是站不起来的。这一悖论和困境的病灶就是:图像生产主体意欲绘制的"本真性""中国"图像,其实是西方的"中国"图像的再铭写。

因"本真的""中国"图像所具有的模糊的"清晰度",它能够以巨大的包容性和感染力制造出巨大的知识幻觉。这种幻觉不仅仅体现在知识分子群体那里,它几乎成为囊括了整个中国社会的共识。2009 年年初,中国电影明星章子怡和男友艾维·尼沃(Aviv Nevo)在私人海滩晒日光浴的亲昵照片/图像充斥各大媒体娱乐版头条,瞬间成为热点话题。当然这是一个典型的私人领域与公共领域"被"模糊的案例。作为一位成功的"谋女郎",章子怡在中国本来就已经拥有了相当可观的符号资本。但是,作为"一个社会主流意义上的成功者",这位"可疑的明星"[1] 事实上已经大大跨越了"谋女郎"的拘囿,在国外媒体的眼中,章子怡被视为"中国崛起的代言人"[2]。大部分中国公众在满足了对他人隐私的窥看后,使用了巨浪滔天般的最为刻薄的言辞,如"不要脸"、"下贱"等。在公众对于此事的过激反应中,我们可以看到,章子怡不再仅仅是一个中国女明星,而是一个被传媒构造出来的

---

[1]　这是戴锦华对章子怡和巩俐在西方的影响进行比较后,对章子怡的评价。王鸿谅:《章子怡和中国电影的"国际化"想象》,《三联生活周刊》2005 年第 44 期。

[2]　李凤荷:《国外媒体眼中的章子怡》,《环球人物》2007 年总第 26 期。

与"中国"相关的符号体系，特别是当她与外籍男友的亲密交往行为被曝光之时，其"中国"身份／象征在公众那里就更加夺目、敏感。公众对于章子怡与外籍男友的亲密行为的愤怒，除了一种习惯性的"厌女症"（misogyny）外，更为深层次的文化心理中还隐含着对于"中国崛起"的不自信以及由此带来的屈辱感——中国既然"崛起"了，为什么"中国"还要"失身"于西方？！辱骂章子怡的行为主体在文化社会性别上是一个陶然于意义含混不清的"中国崛起"论述的中国男性，"他"试图在"中国崛起"的历史情势下建构一个本源性的、未被西方污染的"本真性""中国"图像。这个未被西方污染的"本真性""中国"图像必须是一个"处女"身，其初夜权只能属于这位"中国男性"，而影片《金陵十三钗》要保护的"处女"意象的内涵也是如此。作为符号的"章子怡"被赋予这种所指之后，现实中的章子怡的私人生活使符号与其所指之间的关系发生了严重的脱离，甚至是背反，于是挫败感就产生了。

面对几个世纪以来西方在差异原则上构建的巨大中国符号体系，为了有效地打击标靶，彰显自身的文化竞争力，中国艺术实践一直在试图构建自我的"本真性"图像，从中谋求艺术资本与文化权力。但这些实践不得不去求助于建构一种本质主义的起源性神话的逻辑，这种"对于原初性的迷恋"在2008年北京奥运会开幕式以及2012年纽约时代广场的《文化中国》宣传片中都可以清晰地辨认出来。在这样的前提下绘制的中国图像，就无法避免其形而上学的性质，其哲学基础必定同样是立足于差异（或"稀缺"）的二元对立。因此，这种渴求构建原初性的纯粹知识的图像不仅无法有效地实现其打击标靶的目的，而且往往使自身成为标靶的影子，从而在本土制造出新的权力关系和文化等级。"为了证明中国文化的'中国性'，唯一的方法就是通过差异来实现，这种方法意味着，在'中国性'的跨文化生产过程中，须将中国嵌入他者之中——这个过程使一种起源性的'中国'价值站不住脚。"① 这个自我背反的过程和悖论暗示了中国现代性自我想象的困境——为了避开西方对自身的形塑，必须与西方的中国表述发生意义上的关联。

---

① Rey Chow, *Primitive Passions*：*Visuality*，*Sexuality*，*Ethnography*，*and Contemporary Chinese Cinema*，New York：Columbia University Press，1995，p.64.

五、结语：牛仔裤的"破洞"之外

在本文的开始部分，笔者指出文化战争中不存在图像对于标靶的绝对"摧毁"，该表述是针对被简化了的"文化帝国主义"论述而言的，这其中必然包含着一个"外置"的程序。"'外置'是这样一个过程，凭借它，被支配者可以从宰制性体制所提供的资源和商品中，创造出自己的文化，……因为在工业社会里，被支配者创造自己的亚文化时所能依赖的唯一源泉，便由支配他们的那一体制所提供。因为不存在什么'本真的'民间文化，可以提供一种替代性的选择，所以，大众文化必然是利用'现成可用之物'的一种艺术。"①

"外置"原本是约翰·菲斯克在论述美国"破旧"牛仔裤的文化抵抗意义时使用的概念，这一概念的内涵可以被我们挪用，借以论述图像与标靶的复杂关系的另一面，即强势文化的图像被弱势的标靶重新组装利用、因地制"义"的可能。在约翰·菲斯克的论述中，他没有谈及牛仔裤从西方世界进入非西方世界，并转而成为时尚的标志，这个过程意味着什么？其实，无论牛仔裤在西方"破旧"与否，它一旦进入非西方世界并被赋予青春、时尚的意义，它原本负载的阶级内涵将在这种跨文化操作中消失殆尽，被重新凸显的反而是文化竞争力的问题。我们其实一直都是处在约翰·菲斯克的牛仔裤"破洞"之外的，"破洞"所属的脉络在发生转换之后，意义也将发生变化，这是我们在使用"外置"的概念时必须留意的。因此，这里必须指出，我们如果过于强调"外置"的文化功能，就有可能将这种论述导向一种"民粹主义"的思想误区。西方的"中国的崛起"论述被转换为本土的"崛起的中国"论述时，就暗含了这一思维陷阱，它在很大程度上决定了当代中国艺术的图像生产的实践逻辑。

作为反思越战的力作，影片《现代启示录》对于战争的疯狂本质的批判与反思是相当深刻的。但是，这个具有着"俄狄浦斯王"情节模式的影

---

① ［美］约翰·菲斯克：《理解大众文化》，王晓珏、宋伟杰译，中央编译出版社2001年版，第23页。

片，最终证明的不过是"我们不是一直赢但我们一直是正确的"① 而已。影片《现代启示录》对于越战的反思在本质上是反父不反子的。影片最后，疯狂的库尔兹倒下了，但凸显了一个真正"理解了战争本质"的理性的白人男性威拉德的图像。而越南，仍然是一个充满了魑魅魍魉的"黑暗的心"②，一个白人眼中万般神秘的冒险地带。美国的"破旧"牛仔裤和影片《现代启示录》的例子，暗示了西方的自我否定和批判始终是在现代性内部完成的，它的完成仍然需要绘制一幅处于牛仔裤的"破洞"之外的文化他者的图像。因此，正如西方的"中国崛起论"，西方的中国图像只能作为自我反思的参照视野，而不能成为自我想象的绝对尺度。

爱德华·W. 萨义德在《东方学》一书的最后部分指出：

> 真正的问题却在于，究竟能否对某个东西进行正确的表述，或者，是否任何以及所有的表述，因其是表述，都首先受表述者所使用的语言，其次受表述者所属的文化、机构和政治氛围的制约。如果是后一种情况（我相信如此），那么，我们必须准备接受下面这一事实：一种表述本质上乃牵连、编织、嵌陷于大量其他事实之中的，唯独不与"真理"相联——而真理本身也不过是一种表述。从方法论的角度而言，这一事实迫使我们认识到表述（或错误的表述——二者之间的差异至多只是一种程度上的差异）包含有一片公共的游戏场（field to play），决定这一游戏场的并不只是某种具有内在一致性的共同对象，而是某种共同的历史、传统和话语体系。③

这段文字不仅可以用于思考对于他者的表述，同样适用于反思某个文化群体对于自身的表述。我们果真能够呈现一幅"本真的"中国图像，并将之作为

---

① 约翰·贝尔顿认为："威拉德仪式性地杀死了库尔兹，他取而代之并且表现出他和库尔兹在很多方面都有相似之处。"[美]约翰·贝尔顿：《美国电影美国文化》，米静等译，上海人民出版社2009年版，第216、221页。

② 《黑暗的心》是英国作家约瑟夫·康拉德（Joseph Conrad）的小说，影片《现代启示录》即改编于此。

③ [美]爱德华·W. 萨义德：《东方学》，王宇根译，生活·读书·新知三联书店2011年版，第349页。

某种艺术资本参与全球的文化竞争吗？根据萨义德的论述，显然不能够，而且可以肯定的是，这幅"本真的"中国图像"唯独不与'本真性'相联"，因为"'本真性'本身也不过是一种表述"。重新绘制一幅"本真的"中国图像对西方"污名化"中国的行为进行挑战、纠正的实践，与西方"污名化"中国一样，仍然是对中国的"表述"。这一"新"的"表述"事实上是一种知识状况，它可以依据不同的立场、不同的脉络而生产出完全不同的意义。这种再铭写自我"本真性"的图像生产策略背后隐含着对于某种单一的文化身份的感知和认同。印度学者阿玛蒂亚·森在批评亨廷顿的"文明冲突论"[①] 时，指出亨廷顿的论述建立在一个不可靠的假设之上，即简单地把世界划分为几个文明，在忽略文明内部多样性的情况下赋予其中的人们一种单一的身份，这是不符合实际的。而实际上，"每个人都同时归属于许多不同的类别和群体，那种关于单一归属的理论实在是不太可能站得住脚"。"单一性对抗的幻象造成了对人的彻底抽象，吞噬了被卷入的对抗者的思考自由。"[②] 艺术或图像的生产主体只有走出这种单一性的"命运的幻象"，才能够自由地运用理性思考，那时候，艺术或者图像传达给标靶的讯息也将会是自由、理性的。

初提交并宣读于中央美术学院主办的"当代艺术与国家文化战略论坛"（厦门鼓浪屿，2012 年 11 月 25 日）。感谢邓正来教授（1956—2013）会议上的点评。该文删节版后发表于叶隽主编：《侨易》第 1 辑，社会科学文献出版社 2014 年版

---

① 亨廷顿的具体观点可参见［美］塞缪尔·亨廷顿：《文明的冲突与世界秩序的重建》，周琪、刘绯、张立平、王圆译，新华出版社 2011 年修订版。

② ［印］阿玛蒂亚·森：《身份与暴力：命运的幻象》，李凤华、陈昌升、袁德良译，中国人民大学出版社 2011 年版，第 36—40、26、150 页。

II 发明传统

中西戏剧交流的误区与困境："国剧运动"及其文化民族主义悖论

一、问题："中华文化的国家主义"

1924 年冬,留学美国的闻一多在给友人梁实秋的信中,忧心忡忡地说:"我国前途之危险不独政治,经济有被人征服之虑,且有文化被人征服之祸患。文化之征服甚于其他方面之征服百千倍之。杜渐防微之责,舍我辈其谁堪任之!"正是出于这一危机意识和使命感,闻一多在信中论证了他的"中华文化的国家主义"规划:"纽城同人皆同意于中华文化的国家主义(Cultural Nationalism),故于印度则将表彰印度之爱国女诗人奈托夫人,及恢复印度美术之波士(Nandalal Bose)及太果尔(Abanindranath Tagore)(诗翁之弟)等。于日本则将表彰一恢复旧派日本美术之画家,同时复道及鉴赏日本文化之小泉八云及芬勒搂札,及受过日本美术影响之毕痴来。从一方面看,我辈不宜恭维日本,然在艺术上恭维日本正所以恭维他的老祖宗——中国。"并提出"我决意归国后研究中国画,并提倡恢复国画以推尊我国文化"①。这封信的主旨是闻一多就中华戏剧改进社同人刊物的创办事宜向梁

---

① 闻一多给梁实秋的信件,见《闻一多全集》第 3 卷,生活·读书·新知三联书店 1982 年版,第 617 页。

实秋征求意见,此前,闻一多与余上沅、赵太侔、熊佛西等人在纽约自编自演了一出英文剧《杨贵妃》,"成绩超过了"他们的预料,于是四人深受鼓舞,"彼此告语,决定回国","国剧运动"就是他们"回国的口号"。① 闻一多所谓的"中华文化的国家主义"正是内在于"国剧运动"的基本命题以及这一口号背后的思想支点。1925 年 5 月,余上沅、闻一多和赵太侔结伴回国,在北京发起了为时短暂的"国剧运动"。

在既往的讨论中,"国剧运动"往往为两种固定的评价模式所困扰。1935 年洪深在为其主编的《中国新文学大系·戏剧集》写"导言"时,大量引用了余上沅等人的文章,指出"这样运动过一阵,并没有什么成绩,因为戏剧是'纯为娱乐的'这个见解,早已不为时代所许可的了"②。洪深的观点直接启发了后来的相关研究,"'国剧运动'的指导思想是脱离时代和现实的"③ 基本成为定论。与这一结论并行不悖的看法是,"国剧运动"的意义在于"指出'五四'话剧直露地在现实问题的揭示中宣言社会意识的不足后,强调中国话剧必须在思想内涵上要具有民族精神和民族灵魂,这种观点仍不失其深刻的一面",而且其"话剧民族化理论"直接影响了 40 年代的戏剧民族形式论争中的某些观点,还有 1949 年以后的"写意话剧"探索。④ 这些观点看似没有问题,实则暗含着一系列未受检讨的话语区域,比如"时代和现实"、"民族精神和民族灵魂"等究竟是什么,其解释尺度是什么,这一尺度又是由谁来设定等。这些讨论毫不犹豫地采纳了研究对象的自我表述,使自己的描述(而不是阐释)与研究对象的表述互相增援,遮蔽了那片话语区域中的暧昧层次。最近的研究开始注意到"国剧运动"的理论灵感主要来自一战后西方的社会、文艺思潮的启迪,但遗憾的是,这些讨论同样复制了诸如"现实"、"民族"等歧义丛生的表述,把"国剧运动"的失败归

① 余上沅:《余上沅致张嘉铸书》,载余上沅编《国剧运动》,新月书店 1927 年版,第 274 页。
② 洪深:《中国新文学大系·戏剧集》导言,上海文艺出版社 1981 年版,第 79 页。
③ 陈白尘、董健主编:《中国现代戏剧史稿》,中国戏剧出版社 1996 年版,第 107 页。还有田本相先生主编的《中国现代比较戏剧史》亦持此观点,《中国现代比较戏剧史》,文化艺术出版社 1993 年版,第 281—282 页。
④ 胡星亮:《中国话剧与中国戏曲》,学林出版社 2000 年版,第 88—95 页。

结为移植的西方理论在本土不合时宜。① 这种思路使其刚刚开启的洞察力随即消泯在这些闪烁其词的概念之中,仍未能走出前述的两种评价模式。

　　根据闻一多给梁实秋的信件,我们可以看出"国剧运动"事实上是中国赴美留学的"纽城同人"的"中华文化的国家主义"话语的一个主要组构部件②,同时"国剧运动"还潜在地表述了一种创伤性的历史记忆和饱含民族悲情的文化想象。所以,我们意欲考量"国剧运动"就不能将其抽离出这一思想脉络。结合"国剧运动"的主要发起人之一,曾经也是激情炽烈的"五四青年"的余上沅前后的思想转变③,我们首先可以笼统地辨识出留学经验可能是唤醒这一历史记忆的主要力量,同时,留学生的身份也帮助他们在戏剧领域重构了"中华文化的国家主义"的叙事。如果说"国剧运动"是部分留美学生的文化民族主义激情的一次迸发和搬演,那么深寓其中的真正问题就是(相对于"五四"新文化倡导者)如何处理戏剧艺术与虚构的民族文化边界的关系,才能进一步确认自我的文化身份认同。

　　"国剧运动"的真正问题来自于其倡导者的"跨越边界"的姿态——"国剧运动"的理念与议程既是一种政治地理上的越界,亦是一种文化地理上的越界。这种双重意义上的"越界"使"国剧运动"的跨文化实践意义显得颇为混杂暧昧:既然留美的经验是"国剧运动"发生的知识动力,那么,这种"越界"的戏剧实践的思想资源毫无疑问地就有些"来路不明",作为其背后的思想支点的"中华文化的国家主义"很可能就是一个充满了冲突和悖论的话语区域。因此,研究重点就要落实在对这一戏剧实践的"越界"可能导致的戏剧思想脉络的断裂、错位,以及由此而来的悖论及其文化隐喻意义的解析上。

　　前述未经检讨就被承续下来的论述模式,事实上正立足于这一前提:承

　　① 比如,张同铸:《探索戏剧的先驱:国剧运动之反思》,《艺术百家》2004年第6期;胡叠:《论"国剧运动"的文化保守主义立场》,《戏剧(中央戏剧学院学报)》2005年第2期等。
　　② 见闻一多给梁实秋的信件,见《闻一多全集》第3卷,生活·读书·新知三联书店1982年版,第612—620页。
　　③ 见陈衡粹的《余上沅小传》和周牧的《戏剧家余上沅先生》,均载上海艺术研究所话剧室、国立剧专上海校友会、沙市文化局、沙市方志办主编:《余上沅研究专集》,上海交通大学出版社1992年版,第5、10—11页。

认西方戏剧理论的本质特征,不会随着语境的变化而生发新的意义,本土被视为一个完全沉默、被动的实体。这一前提把中西戏剧艺术互动视之为自西向东一成不变的射线式的单向理论移植,把其中的具有主体性意义的文化选择、创造及其反向运作屏蔽在视野之外。如果说"国剧运动"的知识动力与"伊卜生运动"一样来自西方,那么,在这个前提下指出前者较之于后者更体现了某种"民族精神"在逻辑上就站不住脚。与此相反,本文认为"国剧运动"的意义正在于其对于另一种西方戏剧(文化)思路的跨文化挪用,当然,本文亦不否认这一挪用本身也充满了悖论——它不可避免地复制了西方殖民话语在绘制世界秩序版图时所依附的东西方二元区分逻辑。

二、"写实"与"写意"的文化转喻

余上沅等人发起的"国剧运动"显然存在一个参照性背景,即新文化运动对于西方戏剧的引介。余上沅指出:"新文化运动期的黎明,伊卜生给旗鼓喧阗的介绍到中国来了。固然,西洋戏剧的复兴,最得力处仍是伊卜生的介绍;可是在中国又迷入了歧途。我们只见他在小处下手,却不见他在大处着眼。……从好处方面说,即令有些作品也能媲美伊卜生,这种运动,仍然是'伊卜生运动',决不是'国剧运动'。我们所希望的是爱尔兰文艺复兴运动中的辛额,决不是和辛额辈先和后分的马丁。"① 余上沅对于"国剧运动"目标的提出是和对于"五四"时期的"问题剧"的批评同时进行的。余上沅对于"国剧"曾下过这样一个定义:"如果我们从来不愿意各国的绘画一律,各家的作品一致;那末,又为什么希图中国的戏剧定要和西洋的相同呢?中国人对于戏剧,根本上就要由中国人用中国材料去演给中国人看的中国戏。这样的戏剧,我们名之曰'国剧'。"② 显而易见,余上沅的"国剧"理念是建立在与"西洋戏剧"区分的基础之上的,然而这一区分就潜在地决定着"国剧"实践必须在中国戏剧 / 西方戏剧这样的二元框架内操作,西方戏剧在"国剧运动"的构想中就成为一个不在场的在场者。也就是说,没有了想象

---

① 余上沅:《〈国剧运动〉序》,载余上沅编《国剧运动》,新月书店 1927 年版,第 3 页。
② 同上书,第 1 页。

中的"西方戏剧"，也就没有了"国剧"。余上沅刻意地强调"中国材料"、"中国演员"和中国观众等属于"国剧"的"中国"性质，使"中国"成为"国剧"构想的核心内容和基本诉求，亦是区别于西洋戏剧并划分民族文化边界的基本思路，同时"中国"还是批评"伊卜生运动"的依据。然而，建立在中西方差异关系之上的"国剧运动"对于不在场的"西方戏剧"的极度依赖，以及对于"爱尔兰文艺复兴运动"模式的极力照搬使其概念中的"中国"诉求显得十分可疑，同时使其对于"五四"时期的"伊卜生运动"的批评也毫无力度，二者的关系被尴尬地呈示为"五十步"与"一百步"的区别。究竟什么是"中国"？"中国"如何在想象的"国剧"的生产与消费中呈述？这些棘手的问题都没有引起余上沅的进一步追问，最终导致了他的"国剧"构想陷入一个混乱盲目、自我消解的局面。

余上沅在《旧戏评价》里面指出，"近代的艺术，无论是在西洋或是在东方，内部已经渐渐破裂，两派互相冲突。就西洋和东方全体而论，又仿佛一个是重写实，一个是重写意"[1]。"国剧运动"的另一位主要发起人赵太侔也表达了相近的观点："西方的艺术偏重写实，直描人生，所以容易随时变化，却难得有超脱的格调。它的极弊，至于只有现实，没了艺术。东方的艺术，注重形意，义法甚严，容易泥守前规，因袭不变；然而艺术的成分，却较为显豁。不过模拟既久，结果脱却了生活，只余了艺术的死壳。中国现在的戏剧到了这等地步。"[2] 这两段文字在戏剧知识的视野与戏剧艺术的发展走向判断上，不失为开阔和精准，但是，作为想象的"国剧"的理论合法性的前提论述，"写实"（西方戏剧）与"写意"（东方/中国戏剧）的区分成为了"国剧"论述的意义指涉框架，这种转喻性的表述方式暗含着中国和西方两种文化体系的对立与比较。戏剧形式的疆界在这里令人不安地与文化身份的疆界悄悄地画上了等号。于是，无休无止的麻烦也接踵而至——当"国剧运动"的构想认定"写实"与"写意"是划分民族文化边界的客观的、超越的文化属性时，那么这个被划分出来的"边界"就为西方的殖民话语提供了一个相当宽敞的操演场地，——这里隐约可以听到"东方主义"论述的暧昧回音。

---

① 余上沅：《旧戏评价》，载余上沅编《国剧运动》，新月书店1927年版，第193页。

② 赵太侔：《国剧》，载余上沅编《国剧运动》，新月书店1927年版，第10页。

　　本文指出"国剧运动"把文化转喻意义上的"写实"与"写意"作为划分民族文化边界的客观属性,并非就是认为"国剧"理论完全拒绝二者的可通约性。事实上,二者间的互补、融合,乃至双向拯救一直是"国剧"的最终梦想和努力方向,然而,这一梦想与努力并没有真正松动"国剧"构想本身所依附的二元对立的哲学前提。余上沅曾经假设性地批评了某些人对于"国剧"可能的误解:"仿佛提倡国货就非得抵制外货,国剧也许可以惹出极滑稽的误解。……举凡犯有舶来品之嫌疑的,一概予以摈斥,不如此不足以言国剧。……可是,近年以来,中外的交通是多么便利,生活的变迁是多么剧烈;要在戏剧艺术上表现,我们那能不走一条新路!"①"写实"与"写意""这两派各有特长,各有流弊;如何使之沟通,如何使之完美,全靠将来艺术家的创造,艺术批评家的督责"。② 余上沅的后续性论证使他此前对"国剧"下的定义,即"由中国人用中国材料去演给中国人看的中国戏"中的暗含的难题部分地得以解决,或者说他成功地回避了对类似于"什么是'中国'"的追问可能的本质主义解答陷阱。但是,"国剧"论述的立场转换及其理论实践的多重面向并没有真正弥合此间的裂隙,该"运动"的"中华文化的国家主义"旨归早已假设了"国剧"理论生产的差异原则,那么建基于此的二元文化区分和身份认同必然无法真正在"'写意的'和'写实的'两峰间,架起一座桥梁"③。这构成了"国剧"构想最致命的悖论,致使"国剧"的理念在创作上成为举步维艰的蹈空之论,只能在理论的虚构中把"国剧"搬演成为一种文化冲动。过度苛责历史是浅薄无知的。也许,我们不应该紧盯着余上沅等人理论上的笨拙与谵妄不放,相反应该在具体语境中追寻其悖论的生成机制与必然性。

三、"国剧"作为理论激情

　　近代以来不均衡的全球格局下的中西方权力级差,生产出了中西方戏剧

---

① 余上沅:《〈国剧运动〉序》,载余上沅编《国剧运动》,新月书店 1927 年版,第 1—2 页。

② 余上沅:《旧戏评价》,载余上沅编《国剧运动》,新月书店 1927 年版,第 193 页。

③ 余上沅:《国剧》,载上海艺术研究所话剧室、"国立剧专"上海校友会、沙市文化局、沙市方志办主编:《余上沅研究专集》,上海交通大学出版社 1992 年版,第 77 页。

文化间不对称的话语逆差。这一基本情形导致了该"运动"的理论构想不得不潜在地依附着由"国剧"和一个不在场的在场者,即"西方戏剧"共同组构的二元框架这一基本事实。接下来,本文将在此基础上进一步论证"西方戏剧"不仅仅转喻性地构成了"国剧"的对应物,它更是生产"国剧运动"的重要母体。在全球化进程中,"西方"对于中国的冲击是覆盖性的,如果说"西方"无法拒绝,那么我们面对的真正问题就是如何对待"西方"。具体到"国剧运动",我们则需要辨析其理论资源的构成及其处理方式,以及隐含在其中的文化动机与实践指向。

　　关于"国剧运动"的生成语境及理论资源,该"运动"的倡导者不但毫不回避,而且极为详尽地加以论述以作为组构其观念的基石,借此与"伊卜生运动"展开有效的对话。"国剧运动"的动力事实上来自西方的压抑与鼓励的交互作用。赵太侔在《国剧》一文中指出:"现在的艺术世界,是反写实运动弥漫的时候。西方的艺术家正在那里拼命解脱自然的桎梏,四面八方求救兵。中国的绘画确供给了他们一枝生力军。在戏剧方面,他们也在眼巴巴的向东方望着。"①"向东方望着"是从 19 世纪末就开始的,特别是一战之后迅速蔓延于西方的一股激进的文化思潮的典型姿态,其基本表征是对于西方的社会现代性经验的强烈质疑和否定激情。一战的巨大破坏与残酷使东西方同时意识到了西方凌驾于世界的现代性经验的合法性危机,在这种内省思潮下,西方某些知识分子开始转向"东方"寻求疗治"西方"痼疾的良方。需要指出的是,这一激进的思潮依然建构在东方/西方二元对立的前提之上,"东方"依然是作为西方的知识客体出现在西方的审美现代性视野中的,这一重新生产"东方"的浪漫化工程同样属于世界的现代性规划的一道程序,不对称的世界等级秩序依然并夷然。这是"国剧运动"的构想萌生的基本语境,这一语境促使中国留学生固有的屈辱与信心交织成为一种强烈的"雪耻"情结,即"中华文化的国家主义"情绪,它直接鼓励了该"运动"的发起人对于"东方"/"中国"的重新发现、解读和表述。结合这一语境,我们就不难理

---

① 赵太侔:《国剧》,载余上沅编《国剧运动》,新月书店 1927 年版,第 10 页。

解"国剧运动"为何总是无法迈出走向"古今所同梦的完美戏剧"[①]的哪怕是一小步——"国剧"怎能在二元对立的格局中超越二元对立？

　　然而，"国剧运动"的发起人并没能意识到真正问题的所在，而是迫不及待地提前透支了这一借来的激情，并理直气壮地在这一虚幻的激情中发明了"国剧运动"的标签。

　　余上沅等人在美国获得的开阔的戏剧视野和丰富的戏剧知识构成了"国剧运动"的理论灵感和知识基础。"国剧运动"的理论资源的构成颇为驳杂，总体上包括爱尔兰文艺复兴运动中的戏剧创作、德国莱因赫特的戏剧表演以及美国马修士的戏剧理论等[②]，该"运动"事实上是在挪用当时西方的戏剧理论的基础上，释放出来的一种在本土重新建构"中国戏剧"的理论热情，其锋芒所向正是裹挟在"五四"启蒙叙事中的"伊卜生运动"。

　　"国剧运动"的发起人的留学生身份既赋予了他们强烈的文化民族主义情绪，也使他们获得了戏剧知识上的优越，即把握"世界"戏剧潮流的眼光与"跨越边界"的能力（或文化资本）。他们需要借助挪用西方戏剧知识在本土重新建构中国戏剧的现代性意义及其对于西方戏剧的整合潜力，并在与"五四"新文化思潮中的"伊卜生运动"对话的基础上展开话语竞争，这一实践最终指向一种文化民族主义理论诉求。本雅明在讨论"翻译者的任务"时指出，在翻译过程中，翻译者将面临着"信"与"自由"的两难处境，"即忠实地再生产意义的自由，并在再生产的过程中忠实于原义"，只有如此才能同时给予翻译者和原义发声的空间，因此，原文与译文的差异就成为必须，而原文也只有通过翻译才能被"更充足地照耀"。[③]我们把"国剧运动"的发起人对于西方戏剧理论的跨文化挪用过程看做一种文化"翻译"的话，就可以看到该"运动"中的"翻译"主体事实上亦处于两难之中。如

---

　　① 　余上沅：《中国戏剧的途径》，载上海艺术研究所话剧室、"国立剧专"上海校友会、沙市文化局、沙市方志办主编：《余上沅研究专集》，上海交通大学出版社 1992 年版，第 54 页。

　　② 　见《国剧运动》一书收入的相关论文，载余上沅编：《国剧运动》，新月书店 1927 年版。亦可参见彭耀春：《试论新月派的国剧理论》，载上海艺术研究所话剧室、"国立剧专"上海校友会、沙市文化局、沙市方志办主编：《余上沅研究专集》，上海交通大学出版社 1992 年版，第 239—246 页。

　　③ 　［德］瓦尔特·本雅明：《翻译者的任务》，陈永国译，载陈永国、马海良编《本雅明文选》，中国社会科学出版社 1999 年版，第 286—289 页。

果"中国戏剧"的意义需要在强势的西方戏剧走向中得以确认,那么对于西方戏剧思想的"翻译"过程,既爆破了西方戏剧话语的权力结构,进而凸显了"翻译者"的文化主体性;同时,亦使该"翻译"过程中的"译文",即被重新发现、重新建构的"中国戏剧",反过来增强了作为"原文"的西方戏剧知识的意识形态光芒,中国戏剧作为西方的文化他者的位置就被再度强化。正如余上沅所言:"在西洋方面,自从欧战以后,写实主义已经打得粉碎了。写实的舞台,……因为有了第四堵墙,反把观众和优伶隔离起来,把整个剧场分为两段,如果世界是个大舞台,我们也都是戏子:倒不如把观众和优伶,通成一气还好。中国非写实的舞台,就有这种好处。"①在"国剧运动"的文化构想中,对于"中国戏剧"重新发现必须透过"西方"的眼睛,"中国"被用以印证"西方"。

　　"国剧运动"背后的"中华文化的国家主义"规划其实是一个充满着悖论的话语实践场域。文化民族主义诉求使"国剧"的构想服务于一种文化抵抗,因此爱尔兰文艺复兴运动特别容易引起倡导者的共鸣,"国剧运动"对于爱尔兰民族戏剧实践模式的"翻译"与意义再生产就不是一个偶然。在19世纪到20世纪20年代,爱尔兰的民族意识高涨,在政治上要求独立,与此相呼应,复兴爱尔兰民族文学艺术的运动也同时得以展开。②代表人物格里高利夫人、叶芝、沁孤等创办了阿贝剧院,编演大量具有爱尔兰民族特色的戏剧作品,与政治独立运动相得益彰。爱尔兰民族戏剧运动的成功实践给"国剧运动"的发起者们很大的鼓舞与启迪,所以他们在"国剧"概念萌生的那一刻就以"沁孤"、"叶芝"等自命。

　　另一方面,根据前文对于"国剧运动"发生的西方语境论述,可以看出《杨贵妃》在美国的成功,与这个阶段西方的戏剧文化选择倾向不无关系。进入20世纪初期,西方具有先锋意识的戏剧家就意识到幻觉剧场的模式趋向僵化的事实,开始转向古希腊戏剧和东方戏剧寻求突破的理论资源。③余

---

　　①　余上沅:《国剧》,载上海艺术研究所话剧室、"国立剧专"上海校友会、沙市文化局、沙市方志办主编:《余上沅研究专集》,上海交通大学出版社1992年版,第75—76页。

　　②　叶崇智:《辛额》,载余上沅编《国剧运动》,新月书店1927年版,第183—184页。

　　③　陈世雄、周宁:《20世纪西方戏剧思潮》,中国戏剧出版社2000年版,第126—154页。

上沅在 1929 年的一篇文章里面曾经讨论了"中国戏剧的途径"之一："那就是去掉唱的部分,只取白,是说也好,是诵也好,加上一点极简单的音乐,仍然保持舞台上整个的抽象,象征,非写实。……这个在希腊悲剧全盛时代实验过,现在还是不妨再试。"[①] 这似乎正好就是西方先锋戏剧实验所梦寐以求的戏剧形态。讽刺的是,余上沅的这篇论文题目是《中国戏剧的途径》,其实它讲的恰恰是"西方戏剧的途径",这已经为西方的先锋戏剧实践所证明。"国剧运动"的实践指向在于"中华文化的国家主义",偏偏其动力来自于西方的评判尺度对于其戏剧演出的肯定,而其操作则移植了"爱尔兰民族文艺复兴运动"的模式。我们由此可以看出"国剧运动"的促生语境是西方的,其实践方案也挪用自西方。虽然这批激情飞扬的留美学生有着非常炽烈的民族情感和身份危机意识,但是他们不经意间陷入了动机与操作、意图与效果严重断裂的局面。问题是,正因为他们的"国剧"标签中有着明确的文化民族主义指向,反而使他们更加不易觉察他们的跨文化戏剧实践所嵌藏的深层对立,并对其生产的语境进行批判性的反思。最终,这批留美青年完全忽略了他们根本没有倒回来的"时差",其戏剧实践根本不具备真正的可操作性。

四、"国剧运动"的衍生性

"国剧运动"的基本思路并不排斥西方戏剧的"写实",期望在"'写意的'和'写实的'两峰间,架起一座桥梁",这种戏剧的民族主义与世界主义想象,隐喻着中国文化能够与西方分庭抗礼的期望与信心。但是,正如上文所论证的,这种混杂的理论构想始终在与西方的现代性话语构筑发生着密切的关联,而且吸纳了其中的二元对立,"国剧"的构想在苦心孤诣中呈述"中国"时,似乎必须付出"自我东方化"[②]的代价。因此,当"国剧运动"的"中华文化的国家主义"实践指向预设了"写意"/"中国"与"写实"/"西

---

① 余上沅:《中国戏剧的途径》,载上海艺术研究所话剧室、"国立剧专"上海校友会、沙市文化局、沙市方志办主编:《余上沅研究专集》,上海交通大学出版社 1992 年版,第 55—56 页。

② 关于"自我东方化"的相关论述,可参见〔美〕阿里夫·德里克:《后革命氛围》,王宁等译,中国社会科学出版社 1999 年版,第 289—297 页。

方"的区分关系,其中的"中国"诉求就无法走出西方现代性的知识体系所划定的范围。在这种二元关系格局中,"中国"只能是"西方"的影子。可以说,"国剧"与中国本身并没有真正的意义关联,在这一命题上投射的是近代以来本土知识分子面对"西方"时的那种由焦虑与信心交织而成的文化心态。从这个意义上看,"国剧"的概念本身就十分空洞。"国剧运动"最终在极度寂寥中不了了之,余上沅等人对于该"运动"无法兑现的教训检讨亦语焉不详①,这一情形正是"国剧"理论构想微妙、暧昧的文化姿态的最佳注脚。因为殖民主义和民族主义从来就是一对共生的实践②,"国剧运动"在转喻式地采用"写意"与"写实"来划分中西方的民族文化边界时,借用的尺度正是西方的殖民话语生产出来的,那么这一边界对于其中的"中国"诉求而言就分外地虚幻,而"国剧"理论本身也悖谬地具有一种衍生性。

如果说"国剧运动"的发起人为了划分民族文化边界而采用的文化转喻的方式具有"衍生性",那么这一发明出来的文化边界势必将为该"运动"提供一个与"西方"戏剧谈判的虚构场所。根据上文的论证,不难看出这一谈判场所事实上是由西方提供的,而且其仲裁尺度亦来自西方。特别是"国剧运动"作为一种借来的激情,其迅疾消褪意味着这么一个事实:近代以来西方列强的殖民入侵以及由此而来的"文化震惊",致使"中国"文化的价值辨识只能在"西方"寻找支持——"西方"作为一种价值尺度,已经介入了中国的文化结构。因此,"国剧运动"与"五四"时期的"伊卜生运动"所进行的对话与磋商,在根本上就是两种"西方"思想资源在本土的挪用和角力。"写实"与"写意"之间的分界线原本就是不存在的,而企图在"两峰间架起一座桥梁"根本就是不着边际的奢谈,"写实"与"写意"的区分实际上并不构成中西戏剧的差异关系,甚至可以说这种区分本身就是"写意"的,其构想指涉着一种文化民族主义和世界主义的辩证法。"国剧运动"

---

① "寂寥"是余上沅在《〈国剧运动〉序》结尾部分反复使用的一个词语。见余上沅:《〈国剧运动〉序》,载余上沅编《国剧运动》,新月书店1927年版,第7—8页。

② 本奈迪克特·安德森(Benedict Anderson)指出,"19世纪的殖民国家(以及由之促生的政治集团)辩证地生产出了最终抵抗它的民族主义语法"。See Benedict Anderson, *Imagined Communities: Reflections on the Origin and Spread of Nationalism*, London·New York:Verso, 1991, pp. XⅣ.

的主要发起人正是要通过这种虚幻的区分,把中国戏剧的"通性和个性"①
的辩证关系纳入其对于世界文化版图的想象逻辑之中,并借此有效地生产出
一种与文化身份相关联的情感记忆。

从另一角度着眼,可以看到"国剧运动"的理论构想具有明显的边缘
性:它事实上同时应对着西方戏剧和本土主流戏剧(即"五四"时期已初
具规模的"伊卜生运动")的双重压抑。此刻,发生在由"写实"与"写
意"划分的文化边界上的磋商,必将运用"写实"这一极为空洞的描述作为
"五四"的"伊卜生运动"与"西方戏剧"之间等量代换的代码。换言之,
当"写实"与"写意"被用来描述中西方戏剧的差异关系时,具有"写实"
倾向的"五四"主流戏剧创作在"国剧"倡导者看来,就成为"西方戏剧"
的"中国"翻版。正如余上沅所诘问的那样:"为什么希图中国的戏剧和西
洋相同呢?"这一质疑已经潜在地表明他在观念上把"五四"戏剧创作与
"西洋戏剧"等同了。为了凸显戏剧实践的"中国"诉求,必须生产一种可
以与"写实"模式相对应的戏剧与之展开竞争,于是"国剧"就成为一个从
话语场域的边缘向中心移动的标签。这种意在将"国剧"实践的边缘性改
写为中心的话语运作,最终更为全面、彻底地强化了自身的边缘文化位置,因
为该实践的前提就是否定边缘、肯定中心的。"国剧运动"作为一个标签,并
不否认其所依附的逻辑前提,即中西方的二元对立,"国剧运动"借助文化
转喻的方式虚构的那个文化边界就是最好的说明。

五、回到"往昔"? 或发明传统

"国剧运动"的主要发起人对于"五四"时期的主流戏剧实践的异议主
要体现在后者对于文学的重视方面。②闻一多在《戏剧的歧途》里面探讨
了戏剧文学与戏剧艺术的消长关系。他说:"从历史上看来,剧本是最后补上

---

①　见余上沅:《〈国剧运动〉序》;赵太侔:《国剧》,均载余上沅编《国剧运动》,新月书店
1927 年版,第 1、7 页。
②　见余上沅编的《国剧运动》中的相关文章,特别是余上沅的《〈国剧运动〉序》、赵太侔的
《国剧》和闻一多的《戏剧的歧途》等。

的一样东西,是演过了的戏的一种记录。……老实说,谁知道戏剧同文学拉拢了,不就是戏剧的退化呢? 艺术最高的目的,是要达到'纯形'pure form 的境地,可是文学离这种境地远着了。……文学,特别是戏剧文学之容易招惹哲理和教训一类的东西,如同腥膻的东西之招惹蚂蚁一样。"① 按照赵太侔在《国剧》里面的论述②,中西方艺术作为对立的两极,"西方 / 写实 / 现实"与"东方 / 形意 / 艺术"构成了中西戏剧艺术的基本差异格局。在这一格局中,艺术的本质化特征可以被置换为空间的隐喻。从这个前提审视"五四"时期的主流戏剧创作,其"问题"、"文学"领先,"写实"的手法,"不是艺术"的倾向以及对于"旧剧"的潜在否定,在"国剧运动"主要发起人看来,完全是对"西方"的拙劣模仿。但"国剧运动"的理论表述对于戏剧"艺术"的强调和重新界定,并非表面看上去的那样"纯粹"。"国剧"作为一种实践,本身就是渗透着权力意味的话语标签。"国剧"构想的提出,事实上诞生了一个新的问题,即什么是"戏剧(艺术)"? 同时,它也在试图通过否认"五四"主流戏剧的"艺术性"③,进而颠覆的其存在的合法性,从而为自我开创实践的天地。余上沅把"国剧"定义为"由中国人用中国材料去演给中国人看的中国戏",具有明显的排他意味,"国剧"俨然以权威自尊,取消了中国戏剧的多样复杂及其互动关系,即只有"国剧"才能指代"中国戏剧",其他的任何戏剧样式都缺乏"中国性"。此时的"中国戏剧"已成为一个具有文化区隔意味的争夺场域。从这里可以看出文化民族主义叙事与空间建构是如何在具有越界能力的本土知识分子的实践中,联合起来发明并重构"中国"的集体记忆和民族身份的。

洪深曾经敏锐地指出,"国剧""是希望建筑在旧剧上面的"。④ 这一评价除却其中延续了"五四"的启蒙视野下的戏剧实践语法之外,倒也非常精确地提取出了"国剧"构想的精神实质。余上沅本人在 1929 年还强调说:"我以为,写实是西洋人已经开垦过的田,尽可以让西洋人去耕耘;象征是摆

---

① 闻一多:《戏剧的歧途》,载余上沅编《国剧运动》,新月书店 1927 年版,第 56—57 页。
② 赵太侔:《国剧》,载余上沅编《国剧运动》,新月书店 1927 年版,第 10 页。
③ 余上沅:《〈国剧运动〉序》,载余上沅编《国剧运动》,新月书店 1927 年版,第 3—4 页。
④ 洪深:《导言》,载《中国新文学大系·戏剧集》,上海文艺出版社 1981 年版,第 76 页。

在我们面前的一块荒芜的田,似乎应该我们自己就近开垦。……所以我每每
主张建设中国新剧,不能不从整理并利用旧戏入手。"① 留美的经验使这批中
国青年切身体验了那种为全球化进程的极速步伐所重新揭开历史伤疤而带
来的剧烈刺痛,同时又使他们看到了治愈这一创伤的希望和契机。于是,回
到"中华民族"的既有辉煌文化中,考掘属于自己的具有超越意义的文化精
魂和血脉,创制一个具有连续性的民族叙事就成为独具吸引力的实践路径。
这个过程事实上是一次对于传统的重新发现和再生产。闻一多在给梁实秋
的信件中,详细列举了他们在美国拟办的同人刊物的前四期目录,其中"旧
剧"、"中国绘画"、"古典诗歌"、"中国瓷器"、"拓碑"、"中国妇女服装"、
"考古"、"中国建筑"、"中国名胜",以及印度、日本等东方国家的传统艺术
是为该刊有待于编码的核心内容。② 这些被重新"出土"的文化符码本身
并无太多的意义,它们的被凸显指涉着一个古老民族的情感记忆,从而营造
出一种共同的身份感。

　　"国剧运动"的理论倡导对于"戏剧文学"被过于强调则不以为然,认
为它似乎正是导致"戏剧艺术"沦为说教之渊薮。③ 但是,"国剧"作为一
个话语标签,以及背后的文化民族主义指向,使其发起人所极力彰显的"艺
术"并不像其倡导者标榜的那样纯正。所谓"戏剧艺术"或"纯形",只能
是从话语场域的边缘向中心移动的承载物,在一定程度上,这里的"艺术"
与"五四"新文化倡导者强调的文字符号具有同样的实践意义,而其中的
(艺术)符号效力正是西方的先锋戏剧运动思潮所授予的。前文已经分析了
"国剧运动"的理论资源的混杂性,在这个基础上,不难断定"国剧"定义中
的"中国性"表述与西方的东方想象之间的关系。当"国剧"作为一个话
语标签,从边缘向中心移动的时候,它依赖的知识权威亦是那个不战而胜的
"西方"。虽然"国剧运动"通过挪用不同于"五四"的西方资源,在本土建
构起对抗"西方"的"国剧",亦凸显出某种文化主体性,但在另一个层面,

_____

　　① 余上沅:《中国戏剧的途径》,载上海艺术研究所话剧室、"国立剧专"上海校友会、沙市文
化局、沙市方志办主编:《余上沅研究专集》,上海交通大学出版社 1992 年版,第 58 页。
　　② 闻一多给梁实秋的信件,见《闻一多全集》第 3 卷,生活·读书·新知三联书店 1982 年版,
第 613—616 页。
　　③ 余上沅:《〈国剧运动〉序》,载余上沅编《国剧运动》,新月书店 1927 年版,第 3—4 页。

"国剧"论述对于"中国"的迷恋和追寻，又复制并强化了其反抗的逻辑，亦使其中西方戏剧艺术融合的构想始终处于悬置状态。

"国剧运动"的理论实践借助"西方"授权的认知结构和文化资本对于传统中国（戏剧）文化进行了重新阐释，并且界定出了"戏剧艺术"的基本预设，使其盲目地把"五四"的主流戏剧创作视为"非中国"的戏剧，霸气十足地把它排除在所谓的"中国戏剧"实践之外。完全无视具有"跨文化性"的"伊卜生运动"凸显的文化主体性，也完全没有意识到自己的实践不过是把本质化了的"中国传统"放置在西方现代性的框架中，进行了一次再生产而已。

在"中华戏剧改进社"同人的"中华文化的国家主义"规划中，中国的传统文化符码，诸如绘画、书法、雕刻、瓷器、戏剧等被枝枝叶叶地安插在一个借来的现代性"花瓶"中展览，用以寻找并建构关于民族的情感记忆，意在与想象的"中国"空间相叠合。这种实践策略恰似弗朗兹·法农所批评的那种被殖民知识分子转向被殖民前的"往昔"的热情。[①] 当"民族"的概念被偷换为"传统"的时候，"中国"（空间）就会与"古代"（时间）之间发生必然的意义关联和逻辑互渗。"国剧运动"对于"五四"主流戏剧实践的批评及其本质主义的文化诉求，已经把"中国"博物馆化了，近代以来中国知识分子的文化努力完全被一笔抹杀，作为空间的"中国"在时间上被推回远古，成为一种原初历史的象征，从而彻底否定了中国与西方的共时性。诡异的是，"国剧运动"在这个虚幻的前提/文化边界上找到了"中国"文化/"中国"戏剧的信心与希望，正如余上沅所言："早晚我们也理出几条方法来。有了基本的方法，融会贯通，神明变化，将来不愁没有簇新的作品出来。"[②] 与这段极度迂阔的豪言壮语形成鲜明对照的是，余上沅最终却不得不连续把两个"寂寞"用在同篇文章的结尾，借以描述"国剧运动"的惨淡收场。

不同于"五四"主流戏剧创作对于"旧剧"的全面否定，"国剧运动"从重新发现中国传统戏剧文化着手，试图在传统中找到一种民族身份的连续

---

① ［法］弗朗兹·法农：《全世界受苦的人》，万冰译，译林出版社2005年版，第152—153页。
② 余上沅：《〈国剧运动〉序》，载余上沅编《国剧运动》，新月书店1927年版，第6页。

性。这一实践通过努力创制一个民族文化的边界，并在这一边界上大规模地生产一种可以激发民族情感的文化记忆，借此与强势的"西方"戏剧文化抗衡；但同时，也毫无例外地把"中国"时间化为"原初"，再度有力地支援了黑格尔的历史哲学框架所测绘出来的世界秩序版图。

六、形式的难题

"国剧"的外在依托形式究竟是什么？是戏曲，还是其发起人所谓的"写实"的戏剧？不得而知。按照梁实秋晚年的追忆，余上沅、闻一多、赵太侔等人当年所提倡的"国剧"，"不是我们现在所指的'京剧'或'皮黄戏'，也不是当时一般的话剧，他们想不完全撇开中国传统的戏曲，但要采纳西洋戏剧艺术手段"[1]，我们似乎可以断言"国剧"的基本载体应该是"话剧"。后来，"国立剧专上海校友会"的成员也认为，虽然余上沅"由中学而大学长期接受欧美教育，但是他追求的一种完美的新戏剧（话剧），不是当时西方流行的自然主义的所谓'逾量写实'，而是从中国戏剧舞台传统的'非写实'方法，去糟粕取精华而发扬出来的着重'写意'的戏"[2]。显然，后者亦明确了"国剧"就是某种"话剧"。但是，这些"后见之明"的得出全部省略了不可或缺的论证步骤，缺乏学理上的支持，具有臆测性质。有趣的是，1928 年徐志摩和陆小曼合作了一出戏剧《卞昆冈》，在余上沅为之作的"序"里面写道："新戏剧的成功早晚就要到的，《卞昆冈》正好做一个起点。"[3] 余上沅的评价很容易使人惊喜地联想到《卞昆冈》莫非就是前此的"国剧"梦想的某种胚胎。但是余上沅又在该序文的前半部分又一再地强调《卞昆冈》的"意大利气息"[4]，这未免令人感到泄气，《卞昆冈》的"意大

---

① 梁实秋：《悼念余上沅》，载上海艺术研究所话剧室、"国立剧专"上海校友会、沙市文化局、沙市方志办主编：《余上沅研究专集》，上海交通大学出版社 1992 年版，第 43 页。

② "国立剧专"上海校友会：《上沅先生的角色与自我》，载上海艺术研究所话剧室、"国立剧专"上海校友会、沙市文化局、沙市方志办主编：《余上沅研究专集》，上海交通大学出版社 1992 年版，第 27 页。

③ 余上沅：《卞昆冈·序》，载赵遐秋等编《徐志摩全集》第 2 卷《小说·戏剧集》，广西民族出版社 1991 年版，第 526 页。

④ 同上书，第 524—525 页。

利气息"距离余上沅为"国剧"下的标准定义，即"由中国人用中国材料去演给中国人看的中国戏"，何其"远哉遥遥"！

　　当然，余上沅对于爱尔兰民族戏剧运动仍然念念不忘，在《卞昆冈》的序文里面又把徐、陆二人与叶芝（W.B.Yeats）和格里各雷夫人（Lady Gregory）进行了一番激情四射却又令人伤感怅惘的类比。① 余上沅等人的"爱尔兰情结"不难使我们想到叶崇智在《辛额》一文中对于爱尔兰戏剧运动的三类文艺题材的总结："（一）先民稗史，（二）现在农民的简单生活，（三）神秘与讽刺的剧本。"② 虽然历史没有"如果"，但从这段文字我们可以清晰地看到，"国剧运动"如果有可能进入真正的创作实践，那么其灵感与理论资源的混杂性势必将其导向一种"民粹主义"的路径。"国剧运动"终究是一次西方现代性思想以隐喻的方式远征东方的实践，而作为为之开路的一员骁将的余上沅，其誓师口号般的"向荒岛出发，向内地出发"③ 实践理想，距离"五四"启蒙视野中的本土建构仅有一步之遥。但本文要在这里强调的是，这决不意味着其"国剧"构想就直接影响了 40 年代的戏剧民族形式论争中的某些观点，还有 1949 年以后的"写意话剧"探索。④ 而叶崇智对于爱尔兰民族戏剧运动题材的概括也同时昭示了"国剧运动"与 40 年代的戏剧民族形式论争根本不属于同一个话语脉络，后者其实是"五四"启蒙叙事在新的历史格局中改头换面后的延续。

　　《卞昆冈》的"身份属性"困境宣告了"国剧"构想事实上的不可能。"国剧"构想作为一种借来的文化激情和标签，建立在否定中国的当下性意义的二元对立基点上，使其意欲联结中西方戏剧文化的"涉渡之舟"在起点处尚未扬帆即告搁浅，那么，通过"写意"去整合"写实"的实践规划终将成为不堪寂寥的梦呓。⑤ 借来的东西迟早是要归还的，尤其是某种来自于

---

　　① 余上沅：《卞昆冈·序》，载赵遐秋等编《徐志摩全集》第 2 卷《小说·戏剧集》，广西民族出版社 1991 年版，第 525—526 页。

　　② 叶崇智：《辛额》，载余上沅编《国剧运动》，新月书店 1927 年版，第 184 页。

　　③ 余上沅：《〈国剧运动〉序》，载余上沅编《国剧运动》，新月书店 1927 年版，第 6 页。

　　④ 这一观点在学界颇具代表性，见胡星亮：《中国话剧与中国戏曲》，学林出版社 2000 年版，第 88—95 页。亦见吴戈：《中美戏剧交流的文化解读》，云南大学出版社 2006 年版，第 100 页。

　　⑤ 余上沅：《余上沅致张嘉铸书》，载余上沅编《国剧运动》，新月书店 1927 年版，第 273 页。

"西方"的特定文化激情,它极易与一触即爆的本土文化主义联手合作,共同成就一种时空上的原初置换——这一幽灵至今依然在我们的身边徘徊。在一定程度上,"国剧运动"内涵的理念正是近代以来西方的殖民扩张给中国留下的一份相当丰厚却并不怎么值得珍视的精神遗产,这份遗产使"国剧"的发起人确信中国文化的活力存在于远古的辉煌之中。在过早地透支了借来的虚幻荣耀之后,我们势必要背负上将近一个世纪都难以偿还的高额利息。也许,这应是并没有多少实际经验可以借鉴的"国剧运动"为我们留下的些许教训吧!

原载朱恒夫、聂圣哲主编:《中华艺术论丛》
第 11 辑,复旦大学出版社 2012 年版

东方文艺复兴思潮中的梅兰芳访美演出

　　发生于 1918 年的那场"新、旧剧"观念论争中,作为"西式新剧"的倡导者之一的傅斯年,在和其主要论争对手,即"梅党"中坚人物张厚载进行辩论时,曾经以梅兰芳的"几出新做的旧式戏"作为支持其"旧戏改良"观点的正面例证。[①] 这一情形在今天看来显得颇为意味深长。这一年,鲁迅并没有介入这场论争,而是发出了"救救孩子"的"呐喊"。[②]

　　时至 1922 年 10 月,鲁迅在他的一篇体裁颇为暧昧的散文体小说《社戏》里面,写下了这样一句话:"……在戏台下不适于生存了",稍后,再度重复道:"……使我省悟到在这里不适于生存了"。[③] 两次不啻灾难性的看戏经验,使叙事者"对于中国戏告了别",然而,"一本日本文的书"却牵引出叙事者的另一种截然不同的看戏经验。于是,暧昧的体裁优势得以充分发挥,一个被追忆出来的"远哉遥遥"的中国乡村戏剧演出情境,在作者那优美的散文笔致中徐徐展开。

　　在《社戏》的文本内部,包含着两个叙述时空,一是叙事者追忆往事的当下,另一个就是被追忆的往昔。与此同时,在被追忆的往昔里面,又具有两

---

　　① 　傅斯年:《戏剧改良各面观》,《新青年》第 5 卷第 4 号,1918 年 10 月 15 日。

　　② 　鲁迅:《狂人日记》,《新青年》第 4 卷第 5 号,1918 年 5 月 15 日。收入《鲁迅全集》第 1 卷,人民文学出版社 1981 年版,第 422—432 页。

　　③ 　鲁迅:《呐喊·社戏》,《鲁迅全集》第 1 卷,人民文学出版社 1981 年版,第 559—569 页。以下出自该篇的引文,不再另注。

个层次,即在北京戏园看戏的情形和童年在平桥村看社戏的情形。如果说前者是一个危机四伏的成人空间,那么后者显然是一个温馨淳朴的孩童(乡民)世界,二者在同时作为被追忆的叙述时空中的并置,令人想起鲁迅在五年前发表的《狂人日记》的结尾发出的"呐喊":"救救孩子!""孩子"在《社戏》里面是一个极为重要的意义符码——叙事者在散文/小说的结尾这样暗示读者:"但我吃了豆,却并没有昨夜的豆那么好",最后再次强调,"真的,一直到现在,我实在再没有吃到那夜似的好豆,——也不再看到那夜似的好戏了"。同样是六一公公种的罗汉豆,前后的味道在叙事者看来竟有着不可思议的差别,同样,所谓的"好戏",按照文本的呈述,似乎亦十分无趣。一切必须与记忆中的"孩子"发生了意义关联,才有可能为叙事者所认同。一个十分有趣的段落是,熟读儒家经典的童年的"我",近乎敷衍地正面评价了六一公公种的罗汉豆,竟引起了这位目不识丁的乡民那绝对真诚的恭维:"这真是大市镇里出来的读过书的人才识货!我的豆种是粒粒挑选过的,乡下人不识好歹,还说我的豆比不上别人的呢。……"然而,叙事者竟然对此"无动于衷",在内心依然固执地倾向于认同昨夜和"孩子"们在一起所吃的豆子和看的"好戏"。这种叙事的固执暗示了这段追忆实际上是一种建构,它所表征的是身处当下的这位中国叙事者的某种与"孩子"有关的文化想象。

在这个意义上,《社戏》的写作可以被视为与中国戏剧相关联的中国现代思想观念的表述方式的一个象征,而"孩子"则是这一象征中的核心意象。或者说,鲁迅在《社戏》中的"怀旧"叙事提示我们,"孩子"可能是我们在全球语境中盱衡中国戏剧文化时不能忽略的一个重要意义符码。

作为"后世确认京剧的一个方式"[①],梅兰芳的相关跨文化戏剧实践中所蕴含的文化密码的丰沛性及其意义的典型性是毋庸置疑的。若以此作为考量中西戏剧文化关系的文本,其繁复的意义密度和强度将会对我们的研究视野提出极大的挑战。就在鲁迅的《社戏》发表的前一年,即1921年,正是公认的梅兰芳的"成名之年"[②],因此,《社戏》中的"孩子"似乎可以作

---

① 师永刚:《序:稀世之人》,王慧《梅兰芳画传》,作家出版社2004年版,第5页。

② 徐成北:《梅兰芳三部曲·之一·梅兰芳与二十世纪》,中国社会科学出版社2000年版,第35—48页。

为我们探讨梅兰芳的跨文化戏剧实践的有效切入角度之一。本文试图从对"孩子"的象征性意义的探讨着手,通过分析由梅兰芳的跨文化戏剧实践促生的跨文化公共空间的动态关系结构,破解与其相关联的文化密码,进而解析由其承载的中西戏剧文化关系的隐喻意义。

一、"孩子"的历史（哲学）隐喻

在与中国戏剧相关联的现代性观念的表述体系中,"孩子"意味着一个年龄阶段。在历史哲学意义上,"孩子"则可能是一个全球化进程中的时间性概念。

18 世纪法国杰出的哲学家、文学家伏尔泰曾经把《赵氏孤儿》改编成《中国孤儿》,以伏尔泰为代表的文学家们一致认为:"中国文化在其他方面有很高的成就,然而在戏剧的领域里,只停留在它的婴儿幼稚时期。"某些西方学者比较了中西剧场后,亦得出这样的结论:"中国剧场依然停留于它的婴儿时期,它太早就定型成为一种极僵硬的形式,而无法从中解放自己。"就在梅兰芳访美演出的前一年,即 1929 年,美国戏剧家谢尔顿·詹尼（Sheldon Cheney）也曾经这样评述中国戏剧:"它虽然有儿童似的神仙故事的清新,却又是种四不像的诗的剧场。中国戏剧内容太过简单,缺乏深度,表现了中国人无知的天真,这种天真只能使西方人视之为可笑的幽默。"[①] 与西方自 18 世纪以来的"婴幼儿"、"儿童"比拟相映成趣的是"五四"时期新文化倡导者对于中国戏剧的相关论述。周作人曾经指出:"我们从世界戏曲发达上看来,不能不说中国戏是野蛮。但先要说明,这野蛮两个字,并非骂人的话;不过是文化程序上的一个区别词,还不含着恶意。……野蛮是尚未文明的民族,正同尚未成长的小孩一般;文明国的古代,就同少壮的人经过的儿时一般,也是野蛮社会时代:中国的戏,因此也免不得一个野蛮的名称。"[②] 钱玄同在与周作人就"中国旧戏之应废"的问题的通信中,这样讥讽支持"中国旧戏"的人:"至于有一班人,已到成年还在那里骑竹马,带鬼脸,或简直还要

---

① 施叔青:《西方人看中国戏剧》,人民文学出版社 1988 年版,第 7、9、23 页。
② 周作人:《论中国旧戏之应废》,《新青年》第 5 卷第 5 号,1918 年 11 月 15 日。

'打哇哇''斗斗虫';我们固然可以睨之而笑,听其自由。但他们如其装出
小儿样子,向着别的成年人的面孔唾唾沫,拿笔在书上乱画乱涂,这是不能不
训斥他、管教他、开导他的。你道我这话对不对?"[1] 在中国本土的"新剧"
倡导者的言论中亦频频使用与"成年人"相对应的"小孩""小儿"这样的
意义符码来指涉中国戏剧,使"孩子"成为中西方表述中国戏剧的一个意义
交叉点,而梅兰芳正是通过这一"儿戏"般的载体开始其跨文化戏剧实践
的。如果说"孩子"在一定意义层面意味着某种文化程序的低级阶段,那么
中西方在这种语汇选择及其修辞策略上的近似性就绝对不是一个偶然。

　　如果仅从 19 世纪中后期以来西方文化伴随着殖民掠夺强势介入并宰制
了中国本土的文化格局的角度,对中西方描述中国戏剧时在修辞上的近似性
加以解释[2],虽然有其合理性,但无法解释:这种西方的否定性表述,何以能
够在中国本土的知识分子的心智结构中如此地根深叶茂? 以及其内在的生
成机制如何? 如果检视这一观点的立论依据,可以看到,宰制与服从、外部与
内在、西方与中国等之间一系列二元对立正是其论证的逻辑前提;同时,来自
西方的后殖民主义文化批判思路则是其理论资源。在这个二元框架中探讨
中西方对于中国戏剧的评价,就会把中国现代知识分子的本土批判反思中彰
显出来的文化主体性,一笔抹杀在西方的理论体系中。如此,不仅极大地简
化了问题的复杂性,实际上也潜在地承认了中国的现代性表述完全来自于那
个被建构出来的面目模糊的"西方",从而把自己的研究立场置于一个十分
可疑的境地。

　　印度新德里发展中心学者阿什斯·南迪(Ashis Nandy)在其论著《亲
密的敌人:自我在殖民主义下的失去与复得》(*The Intimate Enemy: Loss and
Recovery of Self Under Colonialism*)中, 分别以性别(sex)和年龄(age)

---

　　① 　钱玄同回复周作人的信,见"通信栏"《论中国旧戏之应废》,《新青年》第 5 卷第 5 号,
1918 年 11 月 15 日。

　　② 　比如有研究者认为"五四"新文化运动对于中国的传统文化(包括中国戏剧)的否定,来
自于中国知识分子在近代中国历史教训中完全接受了西方的"进化"学说,而新文化倡导者对于梅
兰芳的相关否定性评价则是一种"从中西文化比较角度满怀自卑"的"文化心态或者文化交流时
精神造像的集体表述"。这一观点有一定合理性,但笔者不完全同意此说。吴戈:《中美戏剧交流的
文化解读》,云南大学出版社 2006 年版,第 144—156 页。

作为分析范畴探讨了西方文化与印度本土文化在殖民情境中遭遇后的互动
关系。在这里,本文首先简要地梳理一下南迪对于作为年龄阶段描述的"孩
童时期"(childhood)与被殖民状况之间的相似性,以及这种相似性何以能
够为现代殖民体系一再使用且屡试不爽等问题的相关论述。南迪认为,孩子
在西方的文化秩序中不仅仅被用来描述一个成年人幼小阶段,如今它更是一
个比成年人低劣的阶段的指称,因而不得不通过成年人的教育来实现其进一
步的发展。孩童时期作为一个新的概念,它生产出一种与统治着西方社会的
进步学说直接关联的关系。孩童时期不再仅仅是一个幸福、快乐的天使雏
形,因为它仅仅出现在一个多世纪前的欧洲农业文化里面,它日益成为成年
人必须在其上铭记道德符码的空白记事本——一个比成年人低级的,缺乏生
产能力,不道德的,为人性中那些玩世不恭、不负责任和盲目冲动的方面所严
重戕害的一个成长阶段。因此,在英国工业革命的早期阶段,以增强生产能
力的名义剥削儿童就是孩童时期这一概念的使用所导致的必然结果。殖民
主义运用成长和发展的观念在原初主义和孩童时期之间制造出一种新的相
似性。这一社会进步理论不仅深入了欧洲的个人生命周期,也进入了殖民地
世界的异质文化中。更重要的是,南迪还指出了孩子的天真无邪和成年人不
成熟的孩子气如今也分别用于指代被统治社会的原始性的可爱和令人憎恶
的野蛮。南迪以印度殖民地为例区分了"孩子般的"(childlike)和"孩子
气的"(childish)这两个概念的差异:孩子般的印度是天真的,无知的但是愿
意学习,愿意变得有男子气而且忠诚,因此是可以拯救的,拯救这种孩子般的
印度将通过西化、现代化和基督化的途径;孩子气的印度无知却不愿学习,邪
恶野蛮,暴力且不忠诚,因此不可救药,要压制这种孩子气的印度,则需要控制叛
乱以确保内部和平,提供严格的管理和统治律令。——二者将在一个完全匀质
的文化、政治和经济环境中殊途同归于自由的实用主义和激进的乌托邦。①

　　南迪在论及殖民地文化在与强势的西方文化遭遇的过程中,其内在结构
发生位移的文化心理依据时指出,"如果说一种殖民情境可以生产一套帝国
主义理论并证明其正当性,从而使得政治与文化的分割成为可能,那么这仅

---

　　① Ashis Nandy, *The Intimate Enemy: Loss and Recovery of Self Under Colonialism*, Delhi:
Oxford University Press, Bombay Calcutta Madras, 1983, pp.11–16.

仅在某些方面说得通。殖民主义同时还是一种心理状态,它植根于殖民者和被殖民者以前的社会意识形式中。它表述了一种特定的文化连续性,并背负着一种特定的文化包袱。首先它包括了统治者和被统治者可以共同分享的符码。这些符码的主要功能就在于可以改变双方原有的文化优先性,并将两种相遇的文化中此前处于潜隐的或次要的亚文化(subcultures)带到殖民文化的中心。同时,这些符码也将两种文化中前此处于突出位置的亚文化从中心移开。正是这些新的文化优先性解释了为什么最令人难忘的殖民体系,总是通过在意识形态上开放的政治体系,自由主义,和知识多元主义的社会建立起来的。……它还可以解释为什么殖民主义从未随着形式上的政治自由而结束。作为一种心智状况,殖民主义是由外来力量促生,而释放出来的一个本土的过程。其根源深植于统治者和被统治者的心智中。也许,这种起源于人的心智的东西也必须结束于人的心智"①。南迪在其论述框架中通过肯定印度本土资源中固有的文化因子,质疑了西方现代性的单向影响及其普遍意义。也就是说伴随着殖民主义而来的现代观念在本土语境中的发生,内在地具有"一种特定的文化连续性,并背负着一种特定的文化包袱",真正被改变的可能仅仅在于本土的文化等级结构。南迪的论证为我们解析与"孩子"紧紧捆绑在一起的中国戏剧的中西方论述之间的逻辑关联,以及裹挟其中的梅兰芳再现提供了一个富于启示的方法论视野。

事实上,在"五四"时期的新文化倡导者对于中国戏剧的论述里面,同样存在着两种与孩子相关的比喻,即孩子般的与孩子气的。从一种喜爱、迷恋的情感色彩出发的论述往往描述的是"孩子般的"本土客体,比如在鲁迅的《社戏》里面,只有与阿发等天真无邪的渔村孩童联系在一起的"中国戏剧"在作为现代知识分子的叙事者的往事追忆里面,才是"好戏"。囿于那散文般的笔致,《社戏》中的价值表述的内在逻辑较为隐晦,我们可以借助胡适在他作于1918年的《文学进化观念与戏剧改良》一文的结尾的国族主义表述,来探寻《社戏》的情感表达的着力点。胡适指出,"大凡一国的文化最忌的就是'老性','老性'便是'暮气'。一犯了这种死症,几乎无药

① Ashis Nandy, *The Intimate Enemy: Loss and Recovery of Self Under Colonialism*, Delhi: Oxford University Press, Bombay Calcutta Madras, 1983, pp.2–3.

可医。百死之中,止有一条生路:赶快用打针法,打一些新鲜的'少年血性'进去,或者还可望却老还童的功效。现在的中国文学已到了暮气攻心、奄奄断气的时候! 赶紧灌下西方的'少年血性汤',还恐怕已经太迟了。不料这位病人家中的不肖子孙还要禁止医生,不许他下药,说道:'中国人何必吃外国药!'……哼!"① 现代欧洲的新型意识形态通过确立成年男性作为人类的完美形态,完成了其想象中的世界图景,在这一图景中不仅孩子和女人,还包括社会生产力衰微的老年人都被排除在这一现代秩序之外。② 我们不妨回顾一下鲁迅在 1919 年 10 月写下了《我们现在怎样做父亲》一文,在该文中,鲁迅明确表示:"但中国的老年,中了旧习惯旧思想的毒太深了,决定悟不过来。譬如早晨听到乌鸦叫,少年毫不介意,迷信的老人,却总须颓唐半天。虽然很可怜,然而也无法可救。没有法,便只能先从觉醒的人开手,各自解放了自己的孩子。自己背着因袭的重担,肩住了黑暗的闸门,放他们到宽阔光明的地方去;此后幸福的度日,合理的做人。"③ 胡适的论述中被极力呼唤的"少年血性"事实上正是《社戏》的叙事者在中国乡村所发现的那种"孩子般的"天真无邪与勃勃生机,无疑,"他们"在知识分子的想象层面已经被委以使暮气沉沉的中国在未来复兴之重任。但前提是这些"一尘不染"的孩子需要被"拯救"/启蒙,否则他们迟早会成为"孩子气的"六一公公之类。因此,"孩子"既是充满希望的,同时又是危机重重的,既富于生命,但又极易"生病"——在"孩子"的身上折射着中国现代知识分子对于中国的焦虑、迷恋和期望,以及潜隐在这一启蒙叙事中的自恋。

　　在《社戏》里面,虽然这种来自于无知"民众"对于知识的折服正是叙事者所极为渴慕的,但六一公公对于叙事者的真诚恭维似乎并未引起"我"的多少好感,因为叙事者明确地意识到六一公公所崇拜的知识在当下的无力与压抑。既然这一追忆所表征的是叙事者当下的文化想象,那么六一公公正是令人生厌的"孩子气的"成人的一个象征,顽固、老朽、无知,——"不可

---

　　① 胡适:《文学进化观念与戏剧改良》,《新青年》第 5 卷第 4 号,1918 年 10 月 15 日。

　　② Ashis Nandy, *The Intimate Enemy: Loss and Recovery of Self Under Colonialism*, Delhi: Oxford University Press, Bombay Calcutta Madras, 1983, pp.16–17.

　　③ 鲁迅:《坟·我们现在怎样做父亲》,《鲁迅全集》第 1 卷,人民文学出版社 1981 年版,第 130 页。

救药"！这里的"孩子气的"与"暮气"实际上是同一种文化特质的不同指代。在《社戏》中，两种与中国戏剧紧密关联的"孩子"表述，事实上已经密切地呼应了"新、旧剧"观念论争中被讥刺为"儿戏"的"中国旧戏"。因此，我们可以发现，在"孩子般的"、"孩子气的"与中国戏剧之间存在着两种对应关系："救救孩子"中的"孩子"，既可以指代中国现代知识分子想象中的有待于被启蒙的民众，还可以指代具有"孩子气的""老大中国"，同时亦可指代"孩子般的"和"孩子气的"中国"社戏"和亟待改良的"旧戏"。

　　虽然胡适在《文学进化观念与戏剧改良》中强调中国文化欲"返老还童"，得"赶紧灌下西方的'少年血性汤'"，但我们不能把与中国戏剧的密切相关的"孩子"论述完全视为西方现代观念中的年龄区隔逻辑的话语宰制。中国现代知识分子的跨文化戏剧实践中，其本土建构与西方想象是互动共生的，在他们以边缘的姿态对抗本土压抑性力量的同时，其西方想象的介入可能在这一实践中促生一种意想不到的本土资源，从而参与到他们的现代国族话语建构中去，重新转化为一种压抑性力量。根据南迪的思路，可以说中国现代知识分子在论述中国戏剧的"孩子"特性时，可能同时复制了西方与本土两种具有压抑性的意识形态，或者说是西方的相关论述复活或凸显了中国传统文化中的父权秩序，进而被本土知识分子整合在其启蒙叙事里面。在这个意义上，可以说鲁迅后来被誉为"中国现代文学之父"[1]绝不仅仅是一个隐喻。这将是本文探讨中西方对于梅兰芳访美演出的不同再现方式及其关系的逻辑起点。在中国现代知识分子对于中国戏剧的"孩子"论述中，我们隐隐约约可以从中辨析出他们极力对抗的儒家父权意识形态可能正是其启蒙叙事的意识形态基础的一个重要组成部分，而西方的年龄论述则是外来的催生力量之一，它帮助中国知识分子以新的面目释放出了本土的某种压抑性资源，从而"孩子"成为本土的"他者"浮现在相关文本中。本文将在后面结合梅兰芳的跨文化戏剧实践对这一繁复的运作过程详加论述。可以说，在中国现代知识分子对于中国戏剧的论述中，与"孩子"的形象相对应

---

[1]　这一称谓可见于大部分"中国现代文学史"教材。

的，就是一个被建构出来的既隐且显的体力充沛、充满智慧的成年男性"父亲"或"导师"的形象，而梅兰芳的跨文化戏剧实践就是在这一高大形象所投射的影子中渐次展开的。

梅兰芳的戏剧实践所依托的载体正是这种"孩子气的"（或"暮气"的）"中国旧戏"，这意味着梅兰芳拒绝承认由这种二元的年龄论述（即"孩子"与"成人"），以及由其组构的本质主义阐释框架。可能在梅兰芳看来，它无法解释中国戏剧和西洋戏剧之间的复杂关系。

陈凯歌指出，"梅兰芳的确是一个因运而生的人物。他为什么出现在这样一个时代？在时间上好像有一个密码：生在清末，成于民国。他成长的时期与中华民国是同步的。要是晚十年，他不是梅兰芳；早十年，他也成不了梅兰芳"①。在晚清以降的中国，西方的文明伴随着其坚船利炮，冲破了中国固有的封闭与宁静，加速了中国传统文化形式的内在裂变。当时的有识之士，普遍意识到文化启蒙对于民族自强的重要意义，采取了一系列改良活动，中国戏曲亦在此列。于是，产生了一些不同于传统戏曲的改良新戏，并且在一定程度上起到了启迪民智的作用。宣统元年，梅兰芳在北京已经看到了王钟声演出的"改良新戏"，1913 年梅兰芳跟随驰名须生王凤卿去上海演出，又观摩了欧阳予倩等人组织的春柳社的戏剧演出，梅兰芳颇受震动。② 在一篇回忆文章里面，梅兰芳写道："1913 年我从上海回来以后，就有了一点新的理解，觉得我们唱的老戏，都是取材于古代的史实。虽然有些戏的内容是有教育意义的，观众看了，也能多少起一点作用。可是，如果直接采取现代的时事，编写新剧，看的人岂不更亲切有味？收效或许比老戏更大。这一种思潮在我的脑子里转了半年。"③ 梅兰芳自 1914 年开始，改编了大量的以社会时事为题材的"时装新戏"，如《孽海波澜》、《宦海潮》、《一缕麻》、《邓霞姑》和《童女斩蛇》等，用以抨击压迫妇女，包办婚姻，以及愚昧迷信等社会"问

---

① 陈凯歌：《梅飞色舞》，凤凰出版社 2009 年版，第 133 页。

② 梅绍武：《一代宗师梅兰芳（代序）》，梅兰芳著、梅绍武编《移步不换形》，百花文艺出版社 2008 年版，第 2 页。

③ 梅兰芳：《时装新戏的初试》，梅兰芳著、梅绍武编《移步不换形》，百花文艺出版社 2008 年版，第 50 页。

题"。① 梅兰芳的这段心路历程以及其后对于"时装新戏"的成功实践,事实上已经潜在地支持了稍后的西式新剧倡导者对于中国戏剧文化的合法性的否定性论述,比如傅斯年就以梅兰芳的"时装新戏"证明中国戏剧将由戏曲进化到西式新剧的必然性。就在梅兰芳的"时装新戏"取得巨大成功的时刻,他突然发觉自己可能是在悬崖边上舞蹈,他清醒地意识到:"时装戏表演的是现代故事,演员在台上的动作,应该尽量接近我们日常生活里的形态,这就不可能像歌舞剧那样处处地把它舞蹈化了。在这个条件下,京戏演员从小练成功的和经常在台上用的那些舞蹈动作,全都学非所用,大有'英雄无用武之地'之势"②,也就是说这些"新戏"根本就"不是京剧"③。梅兰芳毅然放弃了这一时尚的戏剧样式,回到了京剧舞台,他认为,"中国有那么多剧种,积累的遗产是丰富多彩的,但长于此,绌于彼,各有不同,应该按照自己的风格,保持自己的特点,各抒所长的担负起历史任务,努力向前发展!"④这一朴素的表述暗示了表现时事并非京戏所长,那么梅兰芳就面临着一个较诸改编"时装新戏"更大的挑战,即如何为这种已被时代定性为"儿戏"般的中国"旧戏"寻找其在西方戏剧文化规范之外的合法性依据的问题。虽然放弃了"时装新戏",但"戏剧前途的趋势是跟着观众的需要和时代而变化的"⑤这一认识则愈加清晰。中国传统戏剧及其舞台实践被裹挟在一个颇具冲击力的"孩子"论述激流中,那么在这种传统的戏剧样式中发掘其时代意义和价值就成为必须,梅兰芳就是在这一基本语境和前提下开始其跨文化戏剧实践的。

在放弃了"时装新戏"的尝试以后,梅兰芳"致力于古装新戏的创造

---

① 梅绍武:《一代宗师梅兰芳(代序)》,梅兰芳著、梅绍武编《移步不换形》,百花文艺出版社2008年版,第2页。

② 梅兰芳:《时装新戏的初试》,梅兰芳著、梅绍武编《移步不换形》,百花文艺出版社2008年版,第64—65页。

③ 陈凯歌:《梅飞色舞》,凤凰出版社2009年版,第143页。

④ 梅兰芳:《时装新戏的初试》,梅兰芳著、梅绍武编《移步不换形》,百花文艺出版社2008年版,第65页。

⑤ 同上书,第51页。

和传统剧目的整理加工"。① 在这个阶段,梅兰芳的创造性工作主要包括:对京剧旦角表演艺术上的重大革新,成功地突破了传统正工青衣专重唱功、不很讲究身段表情的局限;他还编排了一些歌舞成分较重的新剧目,并在其中创作了数量甚多的与剧目内容相适应的舞蹈;在舞台美术方面,基于其歌舞剧的实验,对于京剧旦角的化妆方法做了改进,并被后人遵循沿用;他还在歌舞剧中采用了传统戏曲舞台所没有的布景,增添了舞台的美感;梅兰芳还在继承京剧传统唱腔的基础上,创作了新的唱腔,广为流行;对于京剧的乐队伴奏,梅兰芳也做过大胆革新。② 梅兰芳面对时代的严峻的选择,以其扎实的艺术功底、高度的艺术责任感和创新精神,力除当时盛行于戏曲舞台的庸俗恶趣,从京剧艺术传统中挖掘其典雅与优美的成分,对题材、音乐、美术、舞蹈等诸方面进行了反思和革新,努力为这种传统的戏剧艺术重新赢得生机和尊严。值得注意的是,梅兰芳对于京剧的革新同时融入了"话剧"的舞台因素。在与柯灵的一次对谈中,梅兰芳曾经直言:"我觉得从话剧学到了许多,对我很有用处。"③ 事实上,梅兰芳的京剧艺术实践是把西式戏剧艺术的某些元素借用到了中国的京剧,在这里,中国戏曲与西式戏剧之间的非此即彼的严酷选择被转化为一个非本质主义的互补并列的关系格局。梅兰芳走出了西方以及"五四"新文化倡导者的论述框架,在戏曲这一传统的本土资源中,整合进了西方戏剧的因子,使中国戏曲在西方的"现代"戏剧样式的规范之外也享有其合法性和普遍性,而那种以西方戏剧形式规范中国戏曲的单向审判思维也不攻自破。梅兰芳的跨文化戏剧实践透露出这样一个讯息:中国戏剧不是世界戏剧艺术进化程序中的"孩童时期",与"孩子"相关联的年龄/时间表述亦非中国传统戏剧的本质特征,相反,这一中国传统戏剧样式亦可以是"现代"的。梅兰芳的革新把遮蔽在"孩子"论述中的戏曲从一个过去的时间和黑暗的空间中拯救了出来。如果说前此中西方的"孩子"论述赋予了中国戏剧以落后的本质性时间意义的话,那么梅兰芳则颠覆了这

---

① 中国大百科全书总编辑委员会《戏曲 曲艺》编辑委员会:《中国大百科全书·戏曲 曲艺》,中国大百科全书出版社 1983 年版,第 246 页。

② 同上。

③ 柯灵:《梅兰芳的一席谈》,梅兰芳著、梅绍武编《移步不换形》,百花文艺出版社 2008 年版,第 355 页。

一用于区隔中西方戏剧形式的二元框架,他把意味着羸弱无知的"孩子"拉回当下,祛除了戏曲身上被虚构出来的时间痕迹,与西方戏剧分享了一个同属于"现代"的全球共时性空间。上述梅兰芳在中国戏剧领域内的一系列跨文化实践,实质上隐喻着一个挪用全球时间解构被发明出来的中国戏曲的时间性(即"孩子")的过程。它意味着"孩子"在"父亲"的阴影下用一盏灯点亮了另一盏灯,使自己身处的"黑暗区域"① 不复存在,用于区隔"光明"与"黑暗"的分界线也遁迹潜形。

另方面,"从二十世纪开始,到临近二十年代之际,京剧当中的'戏',因为先后经历过内廷供奉、堂会戏和义务戏这三者的推动,确实比以前要'好看'多了"②。这里的"好看"意味着京剧在日趋走近民众,而梅兰芳的革新则使京剧艺术在另一个意义上"比以前要'好看'多了"——京剧开始注重表演和舞美,在"好听"的同时亦是一种"好看"的视觉艺术。京剧的这种"视觉性"在梅兰芳的跨文化戏剧实践中的渐次凸显,为其1929年冬的赴美演出的成功做了重要准备,亦为一种不无浪漫化的"梅兰芳"和东方戏剧再现埋下了伏笔。

二、同一演出,两般效应

梅兰芳首次为美国人演出,可以上溯到1915年秋季。在当时的交通部路政司司长刘竹君的推荐下,梅兰芳应北京政府外交部邀请,在外交部宴会厅为美国人在华北创办的几所学校的俱乐部委员会演出了一场新编的歌舞剧《嫦娥奔月》。梅兰芳以其细腻动人的表演赢得了三百多名美国男女教职员的赞赏。③ 此后,梅兰芳的演出成为招待外宾不可缺少的节目,而观看梅兰芳的京剧表演也成为来华游历的外国人心向往之的事情之一,而其他的

---

① "黑暗区域"这一表述借用自福柯,详见包亚明主编:《权力的眼睛——福柯访谈录》,严锋译,上海人民出版社1997年版,第157页。

② 徐成北:《梅兰芳三部曲·之一·梅兰芳与二十世纪》,中国社会科学出版社2000年版,第22页。

③ 梅绍武:《我的父亲梅兰芳》上册,中华书局2006年版,第51页。

同等必要的游程则包括"故宫"、"天坛""长城"等。① 西方人这种置身事外的旅游观光式心理将是我们解读梅兰芳访美演出的中西方再现的一个重要意义维度。

最初建议梅兰芳赴美演出的是美国驻华公使保尔·芮恩施（Paul Reinsch）。在为其卸任回国前举行的饯别宴会上，他说："若欲中美国民感情益加亲善，最好是请梅兰芳往美国去一次，并且表演他的艺术，让美国人看看，必得良好的结果。"② 虽然芮恩施此言的政治目的表露无遗，但他的确是见识到了梅兰芳的表演艺术的魅力的人。早在 1915 年秋季的《嫦娥奔月》的演出中，芮恩施当时就是座上客，而且对梅兰芳的表演极为赞赏，第二天还到梅宅亲自拜访，后来又看过几次梅兰芳的表演。当时在座的人对芮恩施的建议不以为然，认为有夸张之嫌，对此，芮恩施再度补充道："这话并非无稽之谈，我深信用毫无国际思想的艺术来沟通两国的友谊，是最容易的；并且最近有实例可证：从前美意两国人民有十分不融洽的地方，后来意国有一大艺术家到美国演剧，竟博得全美人士的同情，因此两国国民的感情亲善了许多。所以我感觉到以艺术来融会感情是最好的一个方法。何况中美国民的感情本来就好，再用艺术来常常沟通，必更加亲善无疑。"芮恩施的话独引起了当时的交通总长叶玉虎的重视，并转告了梅兰芳的好友齐如山。梅兰芳当时亦有此意愿，但不愿贸然行事，经齐如山的鼓动，最终坚定了决心。③

从表面来看，在外交政治的推动下，"毫无国际思想的艺术"这次似乎扮演了一个具有"国际思想"的角色，成为梅兰芳访美演出的主要动因；然而，我们把梅兰芳访美演出的事件放置到那个时代的历史语境里面看，就会发现其中还有着更深层的文化背景和心理动因，而芮恩施的提议不过是一个外在的促发因素而已。正如上文所述，"五四"时期的新文化倡导者以极端的方式对中国传统戏曲进行否定，并大力引介西方戏剧形式，但这种否定本身也潜在地为"传统"戏曲参与"现代"文化建设制造了重要契机。不妨在"五四"新文化倡导者的文化选择中所内涵的思维方式上做一个反向思

---

① 齐如山：《梅兰芳游美记》，辽宁教育出版社 2005 年版，第 6 页。
② 同上书，第 2 页。
③ 同上书，第 2—3 页。

考,可以发现:中国戏曲只有在西方戏剧的参照、对立中才能确认自身并获得意义。换句话说,中国戏曲的"中国性"只有在外来的剧烈冲击和内在的危机意识中,才能够被建构出来并且被反思重估。中国戏剧急需一个文化他者纾解其合法性危机。危机往往同时由危险和机会组成。所以,对于中国传统戏曲在近代以来的文化遭遇,从另一个角度看,也未尝不是一次文化机遇,因为它获得了一个可以借镜并确证自我的文化他者,即西方戏剧。

在访美演出之前,梅兰芳曾经于1919年和1924年成功地访问了日本,但是日本和中国同属文化地理意义上的东亚,在文化上具有亲缘性,对于中国京剧的接受相对比较容易;而美国与中国的文化背景相去甚远,京剧艺术能否在这个属于异质文化的国土上引起反响,对梅兰芳本人及其同行的人而言完全是一个未知之数。虽然梅兰芳此前在国内为欧美人士的演出都得到了极高的评价,但在这些正面评价里面同时也包含着大量的可疑之处。

在齐如山的回忆文章里面,曾详细描述了"西洋人"对"中国戏剧"态度的转变。"在前清时代,西洋人差不多都以进中国戏院为耻"。遗憾之余,齐如山与梅兰芳在1915年共同编制了一出《嫦娥奔月》,"这戏的前半出仍用旧格式,后半出就用极干净华美的场子,设法创制古装,并代为参酌古舞,安置了几种舞的姿式。梅君把种种舞式,做得异常袅娜美观,出演以后,极博舆论界的赞美。"齐如山的朋友吴震修君曾感慨道:"以后有给外国人看的戏了!""后来又编了几出,如《天女散花》《霸王别姬》《上元夫人》等戏,把古时绶舞、散花舞、剑舞、拂舞等安在里面,也极博得中外人士的欢迎。"① 齐如山在这里所谈及的"外国人士"主要有美国驻华公使芮恩施、法国安南总督、美国驻斐利滨总督、瑞典皇子,以及印度文豪泰戈尔等。② 我们姑且搁置来华的西方人对梅兰芳的痴迷不论,先对来自东亚国家印度的泰戈尔对于"梅君的艺术"的"异常倾佩"的文化心理加以探讨。泰戈尔在20世纪初的访华,事实上伴随着一个文化上的"东方文艺复兴"③思潮,即一种通过重

---

① 齐如山:《梅兰芳游美记》,辽宁教育出版社2005年版,第5页。

② 同上书,第5—6页。

③ "东方文艺复兴"借用自雷蒙·施瓦布(Raymond Schwab)。See Raymond Schwab , *The Oriental Renaissance: Europe's Rediscovery of India and the East,1680-1880*, trans. by Gene Patterson-Black and Victor Reinking, New York:Columbia University Press, 1984.

新发现东亚国家的古老文明以拯救西方的物质主义的文化冲动。① 这一思潮依然在东方与西方的二元对立框架中确证东方的意义,而"梅君的艺术"以及来华的西方人的"欢迎"正好为这一文化冲动的合理性准备了证据和材料,此刻的梅兰芳无意中已被卷入了东西方同时将东方浪漫化的漩涡之中。除此之外,来华的西方人期望看到的是"梅剧",而不一定是中国戏曲,即使他们不耻于观看"幼稚野蛮"的中国戏剧,其旅游观光者的身份中暗含的猎奇心理和凝视意味也不可忽视。这些要求看"梅剧"的西方人究竟在多大意义上能够代表"美国"(或"西方")主流观众,也是一个未知之数。这些问题使赴美的航路似乎有些云遮雾罩,从这个角度看,梅兰芳当初的犹豫并非没有道理。而梅兰芳最初的犹豫和谨慎也从一个侧面反映出他对此次访美演出的重视——梅兰芳是担负着一种对于京剧艺术的价值确认的责任意识来思考此次出行的意义的。当然也不能忽略为了此次访美演出作出了重要贡献的、学贯中西的齐如山,他根据自己对于世界戏剧走向的认识,进行了认真的考察,做出有根据的判断,在此基础上鼓励梅兰芳坚定信念,并且动用各种人际关系,主要负责了筹款、宣传和接洽等必不可少的复杂事务。② 而梅兰芳到美国后遇到的另一位戏剧家张彭春同样功不可没。如果说梅兰芳是促成这次中美戏剧交流的实践者的话,那么齐如山和张彭春等就是这次交流得以实现的幕后"推手"。

外在的条件成熟以后,作为中国戏曲艺术界楷模的梅兰芳,在中国戏剧文化承受着西方文明的剧烈冲击、其合法性受到来自本土和西方的双重质疑的当口,就理所当然地担负起了把中国戏曲艺术放在世界文明的参照系中横向地加以重新考量其意义的重任。经过长期的精心准备,梅兰芳带着其梅剧团,于 1930 年 1 月踏上了赴美演出的征途,而此时的美国正处于经济大萧条

① 孙宜学:《序 一次不欢而散的文化聚会》,孙宜学编《不欢而散的文化聚会——泰戈尔来华演讲及论争》,安徽教育出版社 2007 年版,第 7—23 页。关于泰戈尔访华事件的"自我东方化"问题的研究,可参见周宁编著:《世界之中国:域外中国形象研究》前言,南京大学出版社 2007 年版,第 30—31 页。

② 齐如山:《梅兰芳游美记》,辽宁教育出版社 2005 年版,第 1 卷各章的相关内容。当然,齐如山的文字里面未免有自我夸大之嫌,如曹聚仁就曾经在他的《听涛室剧话》(中国戏剧出版社 1985 年版,第 90 页)中指出:"在齐如山先生的回忆录中,当然不免过于夸张他自己对梅氏的助力。"但是,最起码在梅兰芳到达美国、遇到张彭春之前,齐如山做出的大量工作的实际性意义是不容漠视的。

的时期。梅兰芳的赴美演出将面临着个人在经济和名誉上双重失败的危险。

梅剧团在美国访问了包括纽约、华盛顿、西雅图、芝加哥、旧金山、洛杉矶、圣地亚哥和檀香山等在内的主要城市，总共用了半年的时间，演出长达72天。梅剧团所到之处，都受到了各个城市以市长为首的各界知名人士和市民的盛情接待。剧团到达旧金山时，数万群众闻讯赶到车站欢迎，市长小卢尔夫亲自前去迎接，并且在站台外面的广场上发表了热情洋溢的欢迎词，全场掌声雷动，气氛热烈。市长还陪同梅兰芳乘车前往当地的大中华戏院参加"欢迎大艺术家梅兰芳大会"。梅兰芳还应邀在华盛顿为政界人士演出，除了总统胡佛因当时不在而未能到场外，其他包括副总统在内的官员和政要共五百多人出席观看，一致高度评价梅兰芳的表演艺术。美国前财政部长麦克杜还赠给梅兰芳一套美国各届总统的铜制纪念章作为留念。文艺界人士对于梅剧团的到来，更是表达了热烈的欢迎。梅兰芳在美国同贝拉斯科、斯达克·杨等戏剧家，卓别林、范朋克和玛丽·壁克福等电影演员，露丝·圣丹尼斯和泰德·萧恩等舞蹈家都有过愉快的交往。一些画家和雕塑家纷纷要求为梅兰芳画像或塑像。纽约剧界总会邀请梅剧团全体成员加入作为会员。学术界也高度评价了梅剧团的演出。很多大学校长和教授前往剧场观看演出，并且给予充分的肯定，哥伦比亚大学、芝加哥大学和旧金山大学举行座谈会，邀请梅兰芳前去演讲。南加利福尼亚大学和波摩拿学院还授予梅兰芳文学博士荣誉学位，对于其表演艺术给予很高的评价，并感谢他为介绍东方艺术，联络中美两国人民情感、沟通世界文化所作出的贡献。美国观众也十分热情。每一场演出结束都连续叫帘至少15次，在纽约最后一场演出闭幕后，观众久久舍不得离开，要求排队一一与梅兰芳握手。纽约有家商店甚至在一个"鲜花展览会"上以"梅兰芳花"命名一种新花。檀香山的土著用其语言编制一首"欢迎梅君兰芳成功歌"，在梅剧团乘船回国时，在码头上唱了另一首新编的《梅兰芳歌》表示惜别。旅美侨胞也为梅剧团的成功演出做了很多协助工作，并为之感到骄傲。①

梅剧团在美国不仅受到各界的欢迎，而且媒体和评论界也给予梅剧团

---

① 梅绍武：《我的父亲梅兰芳》上册，中华书局 2006 年版，第 117—119 页。

的演出以高度的评价。其中《纽约世界报》的评论员认为:"……梅兰芳是迄今我所见到的一位最卓越的演员。纽约以前从没见过这样杰出的表演。"《邮报》剧评家指出:"梅兰芳是继尼任斯基之后出现在纽约舞台上表演得最优美的一位演员。他那敏捷灵巧的演技是别人无法比拟的。"《纽约时报》的评论员赞扬道:"梅兰芳身穿华丽的戏装在舞剧中的表演,犹如中国古瓷瓶或挂毯那样优美雅致,使观众觉得自己在跟一个历史悠久而成熟的奇妙成果相接触。"《纽约太阳报》的评论员说:"人们不无惊奇地发现,数百年来中国演员在舞台上创造出一整套示意动作,使你感觉做得完全合情合理,这倒并非由于你理解中国人的示意,而是因为你明白美国人也会那样表达所致。我倾向于相信正是这种示意动作的普遍性使我们感到梅兰芳的表演含义深邃。当然正是由于这一点,而无须乎讲解,我们也完全可以理解他的表演。"《世界报》的评论员从京剧舞台的简洁性出发,赞扬中国人"在不采用实体布景和道具方面远远超前了我们好几个世纪。我们花费成千上万的钱财使舞台上呈现实景,布满总起来足有半吨重的沙发啦,餐具柜啦,桌椅啦,门框啦,书柜啦等等实物,而中国人却用一些常规的示意动作代替了这些笨重的累赘;数百年来,他们的观众对此已经习惯,顿时凭想象力把他们转换为适当的场景和行动。一名中国演员登场,并不需要推开一扇花费 45 美元而挺费劲才制成的、涂了漆的人造纤维门板,再'砰'地一声把它关上,弄得那个仿制的房间帆布墙鼓胀起来,悬乎乎地颤动不已。没有,他只消把腿微微一抬就迈过了想象中的门槛。中国的观众,经过具有艺术修养的几代人认为这是理所当然的事,都熟悉这类众多的规范动作而立刻予以理解,他们并不因为舞台上没有一扇真实的房门而感到上当受骗。相比之下,我们则要求演员登场下场时,台上得有镶板、铰链和门上的球形控手,真是多么原始而幼稚啊!"①

　　剧评家和演艺界更多地从西方表演艺术传统与梅剧团演出的横向比较和对西方戏剧表演的反思中,肯定梅兰芳的表演艺术成就。剧评家罗勃特·里特尔说对于梅兰芳表演的京剧艺术,"我也许只懂得其中的百分之五,而不了解其他大部分,但这足以使我为我们的舞台和一般西方的舞台上

---

① 　梅绍武:《我的父亲梅兰芳》上册,中华书局 2006 年版,第 226—227 页。

的表演感到惶恐谦卑,因为这是一种以令人迷惑而撩人的方式使之臻于完美的、古老而正规的艺术,相比之下我们的表演似乎没有传统,根本没有旧有的根基"。鉴于京剧艺术的戏剧和舞蹈的完美结合,E·V·威耶特感叹道:"我们的演员,很可惜没有像德国和中国演员那样受过最高形式的舞蹈训练。"发现了京剧里面的"旁白"后,1930 年 5 月 1 日的《洛杉矶审查报》发表了以"中国早在几百年前就已听见'旁白'"为题的文章,文章指出:"尤金·奥奈儿在《奇妙的插曲》里运用了'旁白'这一新颖手法,在当代戏剧中掀起一阵争先仿效的时髦的狂热。中国伟大的演员梅兰芳解释道,这种阐明情节的手法,作为京剧的主要组成要素之一,早已存在几百年的历史了……"知名文艺评论家斯达克·杨则敏锐地指出:"令人感兴趣的是我们注意到希腊古剧和伊利莎白时代的戏剧同京剧颇为相似……京剧对希腊古剧作了一种深刻的诠释,因为那些使人联想到希腊的特征,以一种自然的思考方式,一种深刻的内在精神,体现在中国戏剧里。两者之间不仅有显著的相似之处,诸如男人扮演女性角色,中国演员常常勾画的具有传统风格和定规涵义的脸谱,同雅典戏剧中实在的面具几乎没有多大的区别,布景都是很简朴的,而且在思想和精神深处的特征方面也有相似的地方……",他还从京剧的情节场面、道具、定场诗、男扮女角和韵散转换等方面的比较,看出"伊利莎白时代的戏剧和京剧也十分明显地相似,外表或多或少相像"。而包括卓别林在内的好莱坞电影界则表示梅兰芳的表演给予他们很大的影响和启发,视京剧表演艺术为"宝贵的参考品"。①

不同于美国各界的赞誉,在中国除了戏曲界以外,对于梅兰芳访美演出一事,反应相当冷淡。② 事实上这一冷淡的反应并不令人感到意外,因为自"五四"时期,部分新文化倡导者就主张"旧剧应废",对于梅兰芳等人的戏剧实践颇不以为然。鲁迅在 1924 年冬写的一篇杂文里面讽刺道:"我们中国的最伟大最永久,而且最普遍的艺术也就是男人扮女人","因为从两性看来,都近于异性,男人看见'扮女人',女人看见'男人扮',所以这就永远挂

---

① 梅绍武:《我的父亲梅兰芳》上册,中华书局 2006 年版,第 120—145 页。
② 吴戈:《中美戏剧交流的文化解读》,云南大学出版社 2006 年版,第 144—155 页。亦可参见陈凯歌:《梅飞色舞》,凤凰出版社 2009 年版,第 43—45 页。

在照相馆的玻璃窗里,挂在国民的心中"。① 梅兰芳访美演出成功之后,鲁迅在作于 1934 年夏的《拿来主义》里面批评道:"听说不远还要送梅兰芳博士到苏联去,以催进'象征主义',此后是顺便到欧洲传道。我在这里不想讨论梅博士演艺和象征主义的关系,总之,活人替代了古董,我敢说,也可以算得显出一点进步了。"② 该年冬鲁迅又连续写下两篇《略论梅兰芳及其他》,指出"名声的起灭,也如光的起灭一样,起的时候,从近到远,灭的时候,远处倒还留着余光。梅兰芳的游日,游美,其实已不是光的发扬,而则是光在中国的收敛,他竟没有想到从玻璃罩里跳出,所以这样的搬出去,还是这样的搬回来"③。鲁迅在中国现代思想史上的位置,使他的批评别具象征意义。如果说梅兰芳的演出在美国人看来不啻一道来自东方的精神光芒,那么与此对照的,在中国本土的主流知识分子的相关表述中,这则意味着这道光芒的"收敛"。

有研究者指出,中国主流知识分子的冷淡反应源于"对梅兰芳的评价中显现出来的西方标准,而且是我们自己的知识分子精英人才们当作'真经'取回来的西方标准,历史性地遮蔽了中国知识界在中美戏剧交流中出现的反观自己文化的良好角度,在'冷淡'梅兰芳的时候与反观自己戏剧文化的本质特征和普遍价值的观察点擦肩而过"④。在这一过程中,"通过梅兰芳反映折射出来的中国人的价值判断'失准',反映的是'殖民语境'下的文化心态的'变形',在文化自卑与价值自弃中,看自己'自轻自贱',看别人'敬若神明',听意见'诚惶诚恐',以至于'幻视幻听',……"⑤ 在本文看来,这一结论的得来过于草率和简单,完全把其言说的中国语境抛诸脑后。如果说在这一观点中彰显了一种"健康"的文化心态,那么,本文在这里要追问的是:梅兰芳访美演出的成功的评判尺度是什么? 这一潜在的尺度是由谁设定的? 而且,假如梅兰芳的访美演出失败了,那么按照论者的逻辑,是否诸如

① 鲁迅:《坟·论照相之类》,《鲁迅全集》第 1 卷,人民文学出版社 1981 年版,第 187 页。
② 鲁迅:《且介亭杂文·拿来主义》,《鲁迅全集》第 6 卷,人民文学出版社 1981 年版,第 38 页。
③ 鲁迅:《花边文学·略论梅兰芳及其他(上)》,《鲁迅全集》第 5 卷,人民文学出版社 1981 年版,第 580 页。
④ 吴戈:《中美戏剧交流的文化解读》,云南大学出版社 2006 年版,第 155 页。
⑤ 同上书,第 314 页。

鲁迅等中国主流知识分子的批评就是正确的呢？这一不得要领的论证途径的根本误区在于把本土完全视为一个沉默、被动的话语宰制客体，不加反思地挪用西方的后殖民理论资源，把中国与西方放置于一个二元对立的论述框架内加以考量，似乎是在有力地解构西方的殖民话语，事实上已经再度落入了同一个逻辑陷阱。

在陈凯歌记述梅兰芳的相关文章中，他客观且敏锐地发现了梅兰芳能够"魅惑"中西方观众的一个极为重要的因素，即梅兰芳的表演对男女性别藩篱的成功逾越。陈凯歌曾以感性优美的文笔写道："'他'从戏台的灯影中走出来，穿着天女的衣裳，向虚空中撒出一簌花来。'他'不悲不喜或又悲又喜的眼睛慢慢低下去，又抬起来，凝视着台下目瞪口呆的芸芸众生。于是张着嘴的老爷就在此时被小偷割去了半幅皮袍里子。姨太太们大小姐们锦囊绣袋又何止万千，装着珍珠宝钻雨点般的投到台上，在金玉声中，连西洋的公使们也暧昧地向夫人解释似地说'她'竟是个男人?！'王豆腐'——wonderful!"在美国纽约的第一场演出结束时，美国男士"非要把这位'蜜丝梅'看个端详不可"，而女观众则非要把这位"蜜丝特""看个彻底不可"。[1]这令人想起鲁迅当年所讥刺的"男人看见'扮女人'，女人看见'男人扮'"。梅兰芳在戏里戏外的不同性别之间的游走，在中西方不同的文化语境中有着不同的隐喻意义。因此，"性别"将成为本文论述梅兰芳的跨文化戏剧实践的另一个重要范畴。接下来本文将把梅兰芳访美演出的中西方再现放置在跨文化公共空间的动态关系结构中加以考量，通过论证梅兰芳的再现中的"时间/孩子"与"性别"之间的接合（articulation）策略，对中西方两种不同的梅兰芳再现中的权力因素加以检讨，并在此基础上重新思考梅兰芳跨文化戏剧实践的现代性意义。

三、梅兰芳作为文化镜像

1918 年 7 月，一位默默无闻的德国中学教员发表了名为《西方的没落》

---

[1]　陈凯歌:《梅飞色舞》,凤凰出版社 2009 年版,第 4—5、35 页。

一书,在这本引起强烈反响的作品中,作者奥·斯宾格勒预言了西欧文化的衰亡前景,并且否定了世界史的统一发展线索。① 这本书的出版似乎是西方一个标志性的文化事件,它的背后是一个在欧洲知识精英中悄然兴起并不断蔓延的"西方没落"的思潮。特别是第一次世界大战造成的巨大破坏,令全人类感到震惊,欧洲的现代文明的普遍性意义逐渐开始在东西方同时受到质疑。在这一思潮兴起的同时,"东方"文明也被重新发现。② 中国戏剧作为东方艺术精神的一种载体,亦开始焕发出其光彩夺目的一面。

中国戏剧开始进入西方人的视野,目前可以追溯到公元1731年耶稣会士马若瑟对《赵氏孤儿》的翻译。③ 一直以来,西方人对于中国戏曲有两种截然相反却并行不悖的态度:一是反感厌恶,认为中国戏剧是一种低劣粗俗、幼稚可笑的戏剧形式;还有就是欣赏痴迷,认为中国戏剧精彩神秘、婀娜多姿。借用卓别林表述:"中国戏剧是珠玉与泥沙混杂。"④ 然而,正是这种矛盾的态度,为我们思考梅兰芳的美国影响洞开了一扇门户。

在西方戏剧文化中一直存在着两大传统,即表演剧场传统和文学剧场传统。在易卜生之前,这两种传统在西方戏剧里面都有所体现。易卜生的剧作不仅如左拉所追求的那样描写真实,语言生活化,提供逼真的人物活动环境,而且对于"佳构剧"的技巧运用到了炉火纯青的地步,同时在里面注入了现代精神。此后,西方戏剧对于文学剧场的追求大大超过了表演剧场,几乎遗忘了表演剧场里面的独白、面具等手段,转而诉诸于新发现的透视规律等科技手法,追求一种高度的幻觉模式。但是现代生活不可能满足于戏剧一味地展示生活细节,文学剧场的发展日益走向僵化的时候,必然要寻求新的戏剧

① ［德］奥·斯宾格勒:《西方的没落》,陈晓林译,黑龙江教育出版社1988年版,第1—3、12—36页。

② 周宁先生对这一思潮的兴起过程有详细、深入的论述。周宁:《天朝遥远:西方的中国形象研究》上卷,北京大学出版社2006年版,第365—366页。

③ 范存忠:《〈赵氏孤儿〉杂剧在启蒙时期的英国》,载张隆溪、温儒敏编选《比较文学论文集》,北京大学出版社1984年版,第84页。施淑青认为,"公元一七三六年,波摩神父翻译的《赵氏孤儿》,这是西方人对于中国戏剧介绍的开始。"(施叔青:《西方人看中国戏剧》,人民文学出版社1988年版,第12页)本文采用范存忠的观点。

④ 施叔青:《西方人看中国戏剧》,人民文学出版社1988年版,第29页。

审美资源,以另一种戏剧形态对其进行挑战和颠覆。① 这种新的戏剧形态的
共同本质就是向表演剧场传统回归,这种回归从 19 世纪后期就开始了,一直
持续下来。伴随着"西方没落"的幻灭情绪,西方艺术家们开始从古典戏剧
和东方戏剧里面寻找资源,中国戏曲也开始被西方重新发现。在这样的戏剧
文化传统互动交替中反观西方人对中国戏曲的矛盾态度,就可以发现其内
在的必然性:西方人在看到中国戏曲时,一方面因为中国传统戏曲固有的惯
例使其审美习惯遇到了巨大的挑战,出于一种傲慢的沙文主义心态,极尽丑
化、诋毁之能事;另方面,中国戏曲本身的魅力和他们深层文化心理中的"乡
愁",对于这种陌生却似曾相识的戏剧形式产生了本能上的亲近感。正是在
这样的文化背景和前提下,齐如山、梅兰芳等人以这个跨文化空间作为中介,
在中国戏曲中发掘了其包含的现代性资源(并同时在西方现代戏剧中观察
其"传统"的因子),并致力于颠覆中国戏曲 / 西方戏剧、传统 / 现代等一系
列的二元区隔,从而获得了中国戏曲的现代价值确认。

梅兰芳访美演出期间,遇到了正在美国讲学的张彭春 ②,梅兰芳恳请张
彭春协助梅剧团的演出事宜。张彭春应梅兰芳的邀请,以梅剧团的总导演、
总顾问和发言人的身份,用谈话、文字的形式,在各种招待会和首演等重要社
交场合,向媒体、艺术界、学术界发表大量演说,介绍中国京剧的特点,为梅剧
团的演出大力宣传、造势,这些铺垫对于梅剧团的成功演出是很必要的。其
实,"大多数美国人对中国戏剧的偏见确实根深蒂固","……从梅兰芳在百
老汇首次演出的前一两天,对大多数美国观众有影响力的纽约著名剧评人,
在关于梅兰芳的评论里还不掩饰轻视中国戏剧的心态,甚至预言纽约观众难
以接受中国戏剧"。③ 除了为梅剧团宣传造势,张彭春"为了京剧能够走向
世界,力求以综合艺术和二度创作的观念,他对一些有影响的京剧剧目重新

① 周宁:《导言》,周宁主编《西方戏剧理论史》上册,厦门大学出版社 2008 年版,第 93—
94、110—111 页。

② 张彭春(1892—1957)早年就爱好京剧,18 岁时与胡适、赵元任等同船赴美留学,在美
国饱受西方戏剧艺术熏陶。从 1916 年起,张彭春就来往于中美两国之间,在南开和清华开设西方
戏剧课,同时还在美国讲授中国戏曲。在梅兰芳赴美之前,张彭春就曾建议"华美协进社"邀请梅
兰芳赴美演出。黄殿祺编:《话剧在北方的奠基人之一——张彭春》,中国戏剧出版社 1995 年版,第
250—291、327—375、379—387 页。

③ 马明:《论张彭春与梅兰芳的合作及其影响》,《戏剧艺术》1988 年第 3 期。

整理,在压缩纯交代性场次使之精炼集中的基础上,要求演员按照导演构思塑造艺术典型,以及废除检场饮场陈规等等为梅兰芳欣然接受的观念与方法"①。这同时也彰显出梅兰芳本人决心消弭中国戏曲与西方戏剧之间的二元区分的努力——他以一种开放、谦逊的心态汲取西方戏剧养料,在异质文化里面寻找"现代"与"传统"互补互渗的因素,进而激活中国戏曲内涵的现代性审美资源。对于张彭春建议的并为梅兰芳所采纳的为适应美国人的审美习惯而进行的表演上的调整,在学术界一直受到质疑。当年斯达克·杨在和梅兰芳会谈时就指出,"我对梅君所唱的女声,觉得毫无隔膜,我感到梅君的小嗓与女子真嗓相比较还是协调的,戏中的身段和平常人的动作也是美术化了的,听了看了非常舒服,但我觉得梅君的嗓子很好,似乎不敢用力唱,你怕美国观众不能领略中国歌唱的妙处,其实这种顾虑是不必要的,美国人既然公认中国戏是世界艺术,就应该极力发挥固有长处,因为许多人不是为取乐,而是抱着研究东方艺术而来的"。他还说:"我想,梅君在中国演戏,一定比在美国好。在这里演出,我看出有迁就美国人眼光心理的迹象,我奉劝不要这样,致损及中国戏的价值。"② 中国台湾学者施叔青也曾经对于梅兰芳访美演出时,有意地削弱音乐、突出舞蹈的做法提出的质疑:"至于出国演出剧目的安排,处处以迁就外国观众为原则。最明显的是把演出时间缩短为两个小时,因为怕洋人不耐久坐。再者剧情戏怕他们不易了解,于是选择了以动作、特技、歌舞为主的剧目来取悦外国观众。集锦式的剧目也许让洋人感到热闹、多变化,却是支离破碎的,无法表达出完整的思想。"③ 施叔青的质疑产生于她对尊重中西文化差异的诉求,但是其中暗含着步入文化相对论的陷阱的危险。④ 来自中美这两种批评,事实上分享着同一个前提,即对中国戏曲的审美系统进行了一个本质化的想象和处理,其中中国戏剧与西方戏剧之间的二元区分是这一表述的基本预设。这种观念潜在地进一步强化了中国戏曲所面临的由中西戏剧文化汇流促生的内在不均衡结构,即中国戏曲是一

---

①   马明:《论张彭春与梅兰芳的合作及其影响》,《戏剧艺术》1988 年第 3 期。

②   许姬传、许源来:《忆艺术大师梅兰芳》,中国戏剧出版社 1986 年版,第 28 页。

③   施叔青:《西方人看中国戏剧》,人民文学出版社 1988 年版,第 29 页。

④   孙柏:《19 世纪的西方人怎样看中国戏》,载《戏曲研究》第 68 辑,文化艺术出版社 2005 年版,第 185 页。

种本质意义上的传统的、古老的东方戏剧形式,它应该在西方人面前保持、展示其固有的"中国性"/"东方性"。正如美国文艺评论家斯达克·杨所指出的那样,"许多人……是抱着研究东方艺术而来的"。斯达克·杨的遗憾与期待十分精确地泄露出西方人在其文化语境中,痴迷于"梅兰芳"的文化心理动因。这是我们进一步解析和反思梅兰芳访美演出的意义的逻辑起点。

我们回顾上述美国文艺评论家和戏剧家的评价就可以看到,这些评论中有几个出现频率颇高的词语:"古老"、"舞蹈"、"表演",显然这几个词语根本代表不了京剧艺术的所有特质。而斯达克·杨的评论则更具代表性,他看到京剧,联想到的是希腊戏剧和伊丽莎白时代的戏剧。值得注意的是,以斯达克·杨为代表的评论家们真正认同的,与其说是京剧,不如说是京剧的演出方式——在梅兰芳的表演中,他们联想到的是西方的古老戏剧传统。美国的剧评家们,正是由这种相似性出发,在文化认同中发现了与京剧相似的东西,从而赋予了"京剧"或"梅兰芳"以文化"他者"的意义。这中间隐藏了一个文化价值转换的运作过程。同时,我们还要注意到,真正受到梅兰芳的表演影响的,可能仅限于一些为数不多的先锋戏剧家。正如郑树森所指出的,"中国传统戏曲的象征性,在梅兰芳 1930 年颇为轰动的访美演出后,虽曾广受注意,但对美国剧坛主流并没有什么影响。倒是 30 年代初期美国工人剧运所倡导的'活动报纸剧场'(The Living Newspaper;改变时事新闻的讽刺批评短剧),基于省略布景道具的经济理由及时空转换的便利,曾向梅兰芳演出的京剧借鉴。"[1] 因为这种非主流的、先锋性的戏剧实验,不仅是对既往的美学传统的颠覆,还是对资本主义工业文明的批判,根本上是西方知识精英的一种边缘性文化实践。这就是梅兰芳的表演手法何以能够为政治色彩极为浓厚的美国工人"活报剧"所吸收的主要原因。

从梅兰芳在美国交往的演艺界朋友来看,受其表演影响的基本局限于默片明星、舞蹈家或单人剧表演者。[2] 以梅兰芳与当时的好莱坞电影界的关系为例,很难说梅兰芳对当时的美国电影就有多少影响。当时美国电影正处于从默片到有声片的过渡阶段,歌舞片这一影片类型就是这个过渡阶段的典型

---

[1]　郑树森:《文学地球村》,上海三联书店 1999 年版,第 37 页。

[2]　梅绍武:《我的父亲梅兰芳》上册,中华书局 2006 年版,第 142—195 页。

产物,它反映的是这个过渡期的焦虑感 ①,不同于今天的歌舞片的制作是出于一种艺术自觉。把梅兰芳的演出放在有声片对世界电影文化的巨大影响的背景下思考,就很容易发现美国电影界正是在京剧表演中发现了他们异域"知音",发现京剧中有舞蹈、歌唱和说白等因素,与有声片的发展趋势有着不谋而合的相似之处。京剧或"梅兰芳"对于当时的好莱坞电影圈而言,正是一个可以纾解其焦虑感的文化镜像。对于受到有声片冲击,导致演艺事业遭遇瓶颈的默片明星而言,更是如此。

从这些分析可以看出,除了京剧表演所负载的外在东方情调 ②,西方人对中国戏剧的痴迷是由其深层的文化心理在起着决定性的作用——京剧艺术暗合了西方古老的戏剧精神,并为先锋戏剧家和知识精英们提供了可以借鉴的"东方文明"的精神资源。

梅兰芳的跨文化戏剧实践促生了一个中西戏剧文化发生汇流的公共空间,同时,其访美演出也成为该跨文化公共空间内的一次戏剧实践,该实践涵括着两种共生的指向,即西方想象与本土建构。这两种共生的实践指向在梅兰芳的异域演出中,被整合为一种立足本土的现代性的美学话语,实现了中国戏剧的现代转化。不同于"五四"新文化倡导者对于中国戏剧的"孩子气的"论述,中国戏剧在梅兰芳的一系列跨文化实践中,被赋予了西方现代性之外的合法性和普遍性,"西方戏剧"所承载的"现代"意义同样可以为中国戏剧所分享。梅兰芳对于中国戏曲的态度既非否弃,亦不踟蹰,而是在与西方戏剧这个文化他者的接触中发现了一个潜在的对话空间,在这个空间里面两种异质的戏剧文化被整合为一种具有现代意义的审美资源。在梅兰芳那里,与其说中国戏曲在本质上是一种低级幼稚的艺术形式,不如说它是一种包涵了西方现代性因子的东方艺术,在其身上并非天然地铭刻着过去时间的印痕。梅兰芳借用西方戏剧文化作为一个参照体系,重新发现了中国戏剧的现代性意义,并藉此建构出中国戏剧在西方戏剧形式和本土的"西式新剧"的实践之外的文化位置,从而使中国戏曲 / 西方戏剧、传统 / 现代之间的

---

① 郑树森:《电影类型与类型电影》,江苏教育出版社 2006 年版,第 133 页。

② 齐如山曾琢磨了"美国人士对于中剧和梅君欢迎之点",其中的"中国式"情调和梅兰芳的美貌是主要因素。齐如山:《梅兰芳游美记》,辽宁教育出版社 2005 年版,第 67—73 页。

二元对等关系不复存在，相反，却彰显出一种彼此互渗合作的对话关系。前此的西方和本土对于中国戏剧的本质化表述在这一戏剧文化的汇流中，被冲击得无影无踪，连同其铭刻的时间"疤痕"以及隐喻的中国/西方的地缘政治区隔亦被悄悄抚平，似乎将永远成为一种遥远而难堪的记忆。如果在与"五四"的启蒙话语的关系格局中重新审视梅兰芳的跨文化戏剧实践的意义，可以看出隐喻在其中的从本土发掘现代性想象资源的努力，这一努力使"世界戏剧史"的书写权力不再为西方戏剧所独享，在由戏剧艺术承载的审美现代性想象中，中国戏剧亦是一种不可或缺的资源。但是，作为中西戏剧文化汇流的象征性跨文化公共空间，它在赋予本土的戏剧实践以文化主体性和话语制衡性的意义的同时，其内在的不均衡结构亦无可避免地代言着其作为权力运作中介的性质。梅兰芳的跨文化戏剧实践在为中国戏剧卸下其负载的沉重时间包袱，使其从进化的世界戏剧史论述中成功突围的同时，却未能真正走出西方的现代性的参照体系。

四、东方文艺复兴思潮中的"梅兰芳"

在美国人给予梅兰芳及其表演的美辞和赞誉中，寄托了他们深深的文化"乡愁"和自省意识。一战的残酷和泛滥于资本主义工业社会的物质主义，导致西方的知识精英对于资产阶级的核心价值发起了激烈的批判，并以"反现代主义的现代性"对抗社会现代性。这种"反现代主义的现代性""试图脱离现代社会，因为它抨击这个社会或者至少与之保持距离，它要去寻找另一个世界"[1]，于是"东方"就再次以新的形象和意义出现在西方人的想象中。[2] 在西方人"看"中国戏剧/梅兰芳时，中国戏剧正是反映西方文化系统的一面模糊不清的镜子，他们真正关注的是西方自身的问题，中国戏剧/梅兰芳仅仅是作为一个具有参照意义的他者出现的。可以说梅兰芳以及中

---

① ［法］伊夫·瓦岱：《文学与现代性》，田庆生译，北京大学出版社2001年版，第83页。
② 比如，美国戏剧家尤金·奥尼尔在20年代创作的一系列具有神秘主义色彩的实验戏剧（如《大神布朗》、《拉撒路笑了》、《马可百万》、《奇异的插曲》等），以及桑顿·怀尔德在其名作《我们的小镇》里面的形式革新，正反映着这一社会思潮。而这一时期在西方社会翻卷的那股关注东方文化的大潮亦为这些戏剧实验制造了相应的受众。

国戏剧在太平洋彼岸的出现适逢其时,正是这一(对西方而言)不无精神救赎意义的"积极"时间抵消了中国戏剧内涵的(被西方赋予的)"消极"时间,但中国戏剧/梅兰芳作为西方现代性的知识客体的意义则没有被取消,中国和西方之间的二元对立亦丝毫没有得到松动,因为在这次中西戏剧文化交流中,中国戏剧的价值仲裁权以及评判尺度的设定始终由西方掌握,而中国戏剧的意义确证似乎只能一俟西方的检验。西方人在梅兰芳的表演中看到的是他们自己的古老传统,这种产生于西方文化语境的赞誉,对于西方人而言,反映出的是一种强烈的自我否定激情。在西方人以"中产阶级建立的胜利文明"为"核心价值观念"①的现代性的体验中,他们发觉自己身处一个"模棱两可与痛苦的大漩涡"之中,"这种感受产生了数不清的痛失前现代乐园的怀旧性神话"②,而此刻的中国戏剧在一定程度上正好充当了这一"怀旧性神话"的材料。如果我们陶醉于来自西方的另一种"东方主义"③想象中折射出来的荣耀,在一种虚幻的意识形态光芒中盲目夸大东方文明的优越性和拯救意义,就正好与西方的"东方主义"叙事达成了共谋,进而陷入一种以"伊甸之东"自居的怀旧性神话与"自我东方化"的陷阱之中,就与阿Q的"我们先前——比你阔得多啦"④的心态无异,也从根本上消解了梅兰芳访美演出的文化实践意义。不幸的是,当西方的这种文化自省思潮波及中国本土时,很快转变为一种附带着民族主义情绪的东方文化优越论调⑤,虽然其中不无以东方文化反向评估西方文化的积极意义,但这些论调

---

① 〔美〕马泰·卡林内斯库:《现代性的五副面孔:现代主义、先锋派、颓废、媚俗艺术、后现代主义》,顾爱彬、李瑞华译,商务印书馆2003年版,第48页。

② 〔美〕马歇尔·伯曼:《一切坚固的东西都烟消云散了——现代性体验》,徐大建、张辑译,商务印书馆2003年版,第15页。

③ 周宁先生指出,后殖民主义文化批判意义上的东方主义构筑低劣、被动、邪恶的东方形象,这种东方形象参与了西方帝国主义意识形态的策划,但它同时也遮蔽了另一种东方主义,即一种肯定的、乌托邦式的东方主义,后者成为批判和超越西方不同时期的意识形态的乌托邦。周宁:《另一种东方主义:超越后殖民主义文化批判》,《厦门大学学报》(哲学社会科学版)2004年第6期。

④ 鲁迅:《呐喊·阿Q正传》,《鲁迅全集》第1卷,人民文学出版社1981年版,第490页。

⑤ 详见"五四"时期关于"东西方文化问题"的相关论战文章。作为一场文化论战,在1927年就基本结束,但作为一种文化观念,它一直延续了下来,今天依然富于极强的生命力,而鲁迅在30年代所批评的"发扬国光"绝非无的放矢。陈崧编:《五四前后东西文化问题论战文选》,中国社会科学出版社1989年版。特别是收入"第三部分 关于第一次世界大战后,中国采用何种文化、走什么道路的争论"的相关文章。

的立论前提与"新文化"倡导者的启蒙话语毫无二致,在同一个二元对立的论述框架中反向地延续了西方殖民话语的逻辑。这正如在西方人的评判尺度下的梅兰芳的成功,却被部分本土知识分子不加消化地吞咽,或用作争夺话语资源的理论武器,或作为"东方文艺复兴"的证据。①当然,我们也不能忽视梅兰芳的跨文化戏剧实践在对于世界戏剧的成功参与上的价值,以及中国戏剧对于西方先锋戏剧实验的启示意义。真正值得我们重视和借鉴的是西方人的文化自省意识(而不是其热情的赞誉),在这一基本前提下,从中国戏剧对于世界戏剧格局的参与制衡以及中国传统戏曲的现代转型的双重意义上,去理解梅兰芳此次访美演出的价值,才能够让梅兰芳真正地不虚此行。如果说在西方人对梅兰芳的痴迷中寄托着他们的文化乡愁,那么与此相对应的问题是,鲁迅在《社戏》里面的"怀旧"叙事与梅兰芳的戏剧实践之间又有着怎样的逻辑关联?还有,我们如何考量鲁迅等中国现代知识分子对于梅兰芳的冷淡反应?我们依然需要回到跨文化公共空间的动态结构关系中探讨这些问题。

在鲁迅的《社戏》里面,被追忆出来的中国戏剧必须与"孩子"发生意义关联的时候,才能为有着现代知识分子身份的叙事者所认同。"孩子"作为一个时间性的概念,在《社戏》这一文本里面有两种意义:首先它是一个不成熟的成长阶段,同时它身上却又承载着未来的无限可能性,似乎是一张有待于"父亲"在上面填写其启蒙现代性规划的空白表格。二者间是相辅相成的关系。《社戏》的成年叙事者在远离故乡的都市,回忆童年时在渔村的"看戏"经验,既是对不可逆的时间的一种拒斥,亦是对未来的一种召唤。正如韩少功所指出的,"我们无须夸张故乡的意义,无须对文化的地域性积累过分地固定。我们在不可逆的时间里远行,正在卷入越来越范围广阔的文化融汇,但我们无论走出多么远,故乡也在我们血液里悄悄潜流,直到有一天突然涌上我们的心头,使我们忍不住回头眺望。回望故乡,是每一个人自

---

① 梅兰芳访美演出成功后,中国戏曲界人士大为振奋,在 1931 年,梅兰芳、余叔岩、齐如山等人在北平创立了国剧学会,集学术研究、文物搜集、办出版物、国剧传习、辞典编纂等活动于一体。齐如山:《创立国剧学会》,《齐如山回忆录》,辽宁教育出版社 2005 版,第 162—193 页。

我辨认的需要,也是远行的证明"①。在《社戏》的叙事者的"自我辨认"和"远行的证明"中,"孩子"是作为一个"他者"出现的,而且这一沉默的他者对于身处当下的叙事者而言,其意义就在于建构怀旧主体的文化想象:回望过去,立足当下,指向未来。作为怀旧的客体的"孩子"既是线性时间观念的隐喻,同时还寄托着怀旧主体对于这一线性时间进程的潜在质疑——其中渗透着鲁迅强烈的民族认同感和文化主体意识,在二者的张力结构中形成了鲁迅对于中国戏剧的基本观念。但是,无论追忆的"社戏"多么美好,它都是在当下想象未来的构件——是一种有待于现代民族国家话语的构筑工程收编的本土资源和原初材料,"社戏"在与"孩子"的意义关联中,被中国现代知识分子的启蒙叙事引向了话语渠道。在发生于"五四"时期的"新、旧剧"观念论争中,"西式新剧"倡导者在论述中国戏剧时,运用了几乎同样的"语法"和"修辞",不同的是,后者基于一种论辩的氛围,使"中国旧戏"完全为"孩子气"和"老气"等时间性的论述所淹没。在中西戏剧得以接触的跨文化公共空间中,中国戏剧处于一个结构性的次级文化位置,在西方知识界的表述中被视为西方戏剧的幼年阶段。这一表述与黑格尔式的历史哲学体系密切地交织在一起,转化为一种地缘政治上的隐喻,即中国/东方文明仍处于一个野蛮低级的阶段,需要西方文明的拯救,从而为殖民主义掠夺缝制了一件廉价又华美的正义外衣。借用前述南迪的思路,中国现代知识分子对于"孩子"的迷恋可以视为是西方殖民话语对本土固有资源的一种释放,即父权意识形态在新的文化格局中的再度复活。当然,中国现代知识分子的文化想象所凭借的这种思想资源的混杂性是需要加以反思检讨的,因为他们的思想资源的交互作用在不断地强化着中西文化汇流的权力结构。身处其中的中国知识分子既非完全被动地承受其权力话语的宰制,亦非绝对独立于这一权力运作的空间,而是在与来自西方和本土的双重压抑性力量的对抗与合谋中,在与殖民话语和主导意识形态的繁复纠结中,凸显着其文化的主体性。

中国现代知识分子通过西方想象和本土建构两种共生的跨文化戏剧实

---

① 韩少功:《灵魂的声音》,吉林人民出版社 1996 年版,第 78 页。

践,对抗来自本土的主流意识形态和西方的强势文化的双重压抑,使自我处于一个边缘的文化位置。在其跨文化戏剧实践的背后,有着自近代以来命运多舛的民族历史以及本土经验作为依据,其实践中裹挟的与西方殖民话语共谋的成分(如"自我东方化")自有其本土非语言性经验的渗透,并非完全意义上的殖民话语宰制。与这一本土情形相对应的是,来华的西方人观看中国戏剧表演时,秉持的是一种置身事外的旅游心态,在其凝视中,中国戏剧的意义生成基本上完全抽离了中国语境,转化为一种异国情调。正如齐如山所观察到的,在西方人的眼里,中国的"梅兰芳"是与"长城"、"天坛"等古老建筑/文化景观相提并论的。梅兰芳的一系列戏剧改革,使京剧的"视觉性"增强,在其访美演出时,歌唱成分也被大量地压缩,在一定程度上已不完全是中国的京剧表演。这种视觉性唤起的西方受众的文化怀旧情绪与《社戏》中的叙事者的"怀旧"虽然在方向上背道而驰,但在路径上则有着深层次的逻辑关联。如前所述,西方的评论界对于梅兰芳的表演的评价依然绕不开"古老"与"传统"的时间性描述,借用马歇尔·伯曼的说法,这是对"前现代乐园"的一种想象方式——黑格尔哲学的暗示在这里依稀可辨。"认同他者却又否定他者与自己的'同时期性',这种同情是把他者'东方化'的关键"①,因此,西方文艺家对于中国戏剧的评价事实上亦在制造着一个浪漫化的东方,其辉煌的传统文明正是可以疗治西方现代性的痼疾的一剂良药,东西方的二元划分是这一话语的基本前提。《社戏》的怀旧基于一个黑暗无聊、危机四伏的当下,身心疲惫的叙事者对故乡投出了深情的一瞥,于是,一个风俗淳朴、泼剌刚健的乡土世界浮现在眼前,其中寄寓着叙事者的启蒙热望和"父亲"情结。正如鲁迅本人在三年前的自我剖白:"我现在心以为然的道理,极其简单。便是依据生物界的现象,一,要保存生命;二,要延续这生命;三,要发展这生命(就是进化)。生物都这样做,父亲也就是这样做。"②两种怀旧都是立足于一种"时间空间化"的表述策略,发明出一个想象中的他者,以纾解怀旧主体当下的危机意识。这一由线性时间观念

---

① [美]阿里夫·德里克:《后革命氛围》,王宁等译,中国社会科学出版社1999年版,第195页。
② 鲁迅:《坟·我们现在怎样做父亲》,《鲁迅全集》第1卷,人民文学出版社1981年版,第130页。

建构出来的他者,令人想起荷兰人类学家约翰尼斯·费边(Johannes Fabian)所批评的西方人类学意义上的时间功用,即制造自己的知识客体。① 在《社戏》的叙事者的怀旧中,被并置的两种截然相反的"看"中国戏剧的经验的表述,正是"在一个纠缠于'第一世界'帝国主义和'第三世界'民族主义力量之间的文化,……原初性正是矛盾所在,是两种指涉样式即'文化'和'自然'的混合。如果中国文化的'原初'在与西方比较时带有贬低的'落后'之意(身陷于'文化'的早期阶段,因而更接近'自然'),那么该'原初'就好的一面而言乃是古老的文化(它出现在许多西方国家之前)。因此,一种原初的、乡村的强烈根基感与另一种同样不容置疑的确信并联在一起,这一确信肯定中国的原初性,肯定中国有成为具有耀眼文明的现代首要国家的潜力。这种视中国为受害者同时又是帝国的原初主义悖论正是现代中国知识分子朝向其所称的迷恋中国的原因"②。鲁迅在《社戏》中借助中国戏剧呈示的怀旧叙事正是这种"原初的激情"浮现的表征,其中暗含着一种知识分子与其建构出来的本土民众的话语关系。在"文化"(如中国戏剧)与"自然"(如乡村孩童)的混合中,本土始终处于历史的"原初"/孩子阶段,而这一叙事本身的民族主义诉求又会把乡村、孩子等发明出来的本土"他者"视为民族的未来福祉所在。但是,考虑到第三世界国家自近代以来被西方列强殖民的历史,以及中西文化汇流的不均衡结构,身处其中的中国知识分子的民族主义书写诉求(如鲁迅的"怀旧")就不能完全视为与西方的殖民话语的共谋,正如上文所论证的,其间亦渗透着作者的文化主体意识,这种情形正昭示着中国知识分子身处西方殖民话语和本土主导价值系统之间的悖论与困境。这种文化主体性在鲁迅对于梅兰芳的批评性文字中,有着更为明确的体现。

　　严格地说,在鲁迅涉及梅兰芳的文章中,亦体现出其"没有私敌,只有公仇"的批判倾向——鲁迅针对的是因梅兰芳而兴起的"东方文艺复兴"的

---

　　① 　Johannes Fabian, *Time and the Other: How Anthropology Makes its Object*, New York: Columbia University Press, 2002, pp.107–108.

　　② 　周蕾:《原初的激情:视觉、性欲、民族志与中国当代电影》,孙绍谊译,台北:远流出版事业股份有限公司 2001 年版,第 43 页。

思潮,而不是梅兰芳本人。在《论照相之类》里面,鲁迅不无讽刺地指出,"印度的诗圣泰戈尔先生光临中国之际,像一大瓶好香水似地很熏上了几位先生们以文气和玄气,然而够到陪坐祝寿的程度的却只有一位梅兰芳君:两国的艺术家的握手。待到这位老诗人改姓换名,化为'竺震旦',离开了近于他的理想境的这震旦之后,震旦诗贤头上的印度帽也不大看见了,报章上也很少记他的消息,而装饰这近于理想境的震旦者,也仍旧只有那巍然地挂在照相馆玻璃窗里的一张'天女散花图'或'黛玉葬花图'"①。上文已经指出泰戈尔访华的思想背景,即存在于部分亚洲知识分子中的复兴东方文明以拯救西方于物质主义的泥淖的文化冲动。但是,这一思潮发生的历史依据正是一战之后在西方流行的幻灭情绪,在这一情绪中西方重新发现了"东方"这一他者,以期拯救自身于西方的现代性困境。② 也就是说,在亚洲的部分知识分子中兴起的"东方文艺复兴"思潮的文化自信依然是由西方赋予的,而且这一思潮从根本上看正是一种"自我东方化"的表征。鲁迅对中国这一"自我东方化"做法极为反感,他曾犀利地批评了国人的"送去主义":"中国一向是所谓'闭关主义',自己不去,别人也不许来。自从给枪炮打破了大门之后,又碰了一串钉子,到现在,成了什么都是'送去主义'了。别的且不说罢,单是学艺上的东西,近来就先送一批古董到巴黎去展览,但终'不知后事如何';还有几位'大师'们捧着几张古画和新画,在欧洲各国一路的挂过去,叫作'发扬国光'。听说不远还要送梅兰芳博士到苏联去,以催进'象征主义',此后是顺便欧洲传道。我在这里不想讨论梅博士演艺和象征主义的关系,总之,活人替代了古董,我敢说,也可以就算得显出一点进步

---

① 鲁迅:《坟·论照相之类》,《鲁迅全集》第1卷,人民文学出版社1981年版,第186页。

② 比如,梁启超在其《欧游心影录》里面曾记下这样一件事情:"记得一位美国有名的新闻记者赛蒙氏和我闲谈,(他做的战史公认是第一部好的)他问我:'你回到中国干什么事?是否要把西洋文明带些回去?'我说:'这个自然。'他叹一口气说:'唉,可怜,西洋文明已经破产了。'我问他:'你回到美国却干什么?'他说:'我回去就关起大门老等,等你们把中国文明输进来救我们。'我初初听见这种话,还当他是有心奚落我,后来到处听惯了,才知道他们许多先觉之士,着实怀抱无限忧危,总觉得他们那些物质文明,是制造社会险象的种子,倒不如这世外桃源的中国,还有办法。这就是欧洲多数人心理的一般了。"梁启超:《欧游心影录(节录)》,陈崧编《五四前后东西文化问题论战文选》,中国社会科学出版社1989年版,第365—366页。

了。"① 鲁迅还认为梅兰芳的游日、游美"其实已不是光的发扬,而则是光在中国的收敛"。——鲁迅是清醒的,因为这道"国光"是从西方反射回来的。在西方的精神鼓励下,对于自我的"东方情调"和文化优越感的强调和强化,"表面上看是一种超越西方中心主义世界观念秩序的冲动,实际上也是西方中心主义的产物",它"仍是在东西方二元对立的世界格局观念中构建的,而且东方人关于东方的热情,最终也是西方的东方主义想象的折射"。②西方的怀旧神话恰似一道横跨在太平洋上空的绚丽夺目却短暂易逝的彩虹,一端联结着西方的现代性困境,另一端联结着东方的"文艺复兴"。正是在这个意义上,鲁迅在 1934 年发出的"谁在没落"的诘问就别具寓意③,它不仅仅是一个学术辨析的问题,更是一束意在驱散由怀旧神话架构的彩虹的"国光"。

我们把鲁迅在《社戏》中的怀旧叙事与中国的"东方文艺复兴"并置在一起进行考察,可以看出二者在意识形态基础上的接近与共享,当然还应该把"五四"新文化倡导者对于中国戏剧的"孩子"论述涵括在内。中国的"东方文艺复兴"思潮亦可视为一种"怀旧",但这一思潮并不排外,相反他们正是从西方的另一种现代性,即审美现代性(或"反现代主义的现代性")找到了赋予传统以现代性意义的思想资源,他们对于西方现代性的认同丝毫不输于新文化倡导者。而新文化倡导者的启蒙叙事则挪用了另一种西方资源,两种"怀旧"同时与西方的现代性框架体系发生着有机关联,他们的外在差异仅体现在对待"中国传统"的态度上。基于两种不同的西方想象而产生的两种"怀旧",大体上往往表征出两类"自我东方化"的倾向:新文化倡导者建构一个野蛮专制、黑暗腐朽的本土,"发扬国光"者则建构出一个古老辉煌、历史悠久的中国;前者对应着一种政治民族主义,适合于

---

① 鲁迅:《且介亭杂文·拿来主义》,《鲁迅全集》第 6 卷,人民文学出版社 1981 年版,第 38 页。

② 周宁:《前言》,周宁编著《世界之中国:域外中国形象研究》,南京大学出版社 2007 年版,第 30 页。

③ 鲁迅在 1934 年 5 月写下的《谁在没落?》里面,对《大晚报》上的文艺新闻提出质疑。这则新闻指出苏俄写实主义已渐没落,象征主义欣欣向荣,因中国书画以及戏曲等采取象征主义,刘海粟、徐悲鸿、梅兰芳等人被邀请前往欧洲"发扬国光"。鲁迅认为,"这样的新闻倒令人觉得是'象征主义'作品,它象征着他们的艺术的消亡"。鲁迅:《花边文学·谁在没落?》,《鲁迅全集》第 5卷,人民文学出版社 1981 年版,第 487 页。

民族危机时刻的集体激情动员（比如一种转向乡村／童年的叙事倾向），而后者则对应着一种文化民族主义，这在中国本土往往拥有着天然的、深远的社会基础。这种意识形态基础的交叉与共享最容易遮蔽的并不是二者的危险性，即双重地与西方的东方主义论述的共谋，而是双方的历史合理性及其在本土语境中的意义，以及在共谋与对抗的张力结构中体现出来的若隐若现的文化主体性。正如在前面我们通过对跨文化公共空间的动态结构关系的分析所看到的，不能把鲁迅的"怀旧"完全视为在西方殖民话语的宰制下的文化主体性的丧失一样，我们同样不能否认裹挟在"东方文艺复兴"思潮中的梅兰芳的跨文化戏剧实践所凸显出来的另类现代性实践的话语制衡意义，否则，我们的研究就会再次复制那个支持着后殖民主义理论的二元对立的前提。梅兰芳作为一个戏剧演员，他没有用文字回应来自新文化倡导者的批评，而是借助自己的京剧美学化转换的跨文化实践，参与到这场关于中西方现代性的对话中的。梅兰芳通过整合中西方两种戏剧文化的审美资源，在一定程度上抹去了中国戏剧被铭刻的时间印痕，它虽然没能真正走出西方现代性的运作框架，但中国戏剧借此成功参与到了世界戏剧的格局中去并实现了自身的现代转型。上文已经指出，梅兰芳的戏剧实践在关于男女两性的伦理意义上的区隔间的游移，在中西方的不同语境中亦有着不同的指涉，接下来本文将继续在跨文化公共空间中探讨梅兰芳跨性别的戏剧实践与时间这一概念之间的意义关联与逻辑叠合。

五、"扮女人"与"男人扮"：国族／性别认同的危机

在《论照相之类》里面，鲁迅对目之所及的"梅兰芳"的暧昧性别提出了相当严厉的批判："异性大抵相爱。太监只能使别人放心，决没有人爱他，因为他是无性了，——假使我用了这'无'字还不算什么语病。然而也就可见虽然最难放心，但是最可贵的是男人扮女人了，因为从两性看来，都近于异性，男人看见'扮女人'，女人看见'男人扮'，所以这就永远挂在照相馆的玻璃窗里，挂在国民的心中。外国没有这样的完全的艺术家，所以只好任凭那些捏锤凿，调采色，弄墨水的人们跋扈。"文末鲁迅再度不无讽刺地强

调:"我们中国的最伟大最永久,而且最普遍的艺术也就是男人扮女人。"① 京剧在晚清民初的"大众化"和"视觉性"转换,使其在双重意义上成为一种"好看"的戏剧形式。戏曲对于传统中国社会的文化功能,首先体现在组织公共生活,同时亦组织观众的意识形态。在这个意义上,戏曲构成了普通观众对于整个外部世界的认知与想象,并且在传统社会的意识结构上,"超越了个人化的日常生活经验,进入一种集体的意识形态,其中有关于共同历史与超验世界的知识,有道德生活的是非观念",戏曲"不仅赋予历史以具体可感的形式,……而且还扩展了外部世界。这个世界有真有幻,真幻不分"。② 因此,我们从梅兰芳的性别反串的人类学意义的角度,可以看到鲁迅的讽刺事实上表达了他对这一性别暧昧的社会表演对于国民性别的形塑意义的忧思。在民族文化发生危机的时刻,这种徘徊于男女两性之间的性别反串演出,无疑可以在观众面前造成真幻不分的性别想象,即"男人看见'扮女人',女人看见'男人扮'"。这种国民性别认同的危机对于民族文化认同的危机而言,无异于雪上加霜,鲁迅对这种性别表演的反感,总体上从属于其一以贯之的国民性批判叙事,其中渗透着中国知识分子对于现代民族国家的明晰主体的期盼和热望。

　　鲁迅对于梅兰芳的性别反串表演的批评立场与指归,令人想起"中国话剧的三个奠基人"③ 之一的洪深对于这种男女反串的强烈憎恶。在发表于1925 年的文章《我的打鼓时期已经过了了么?》里面,洪深回忆了他在1922年从美国留学回国的船上,遇到的一位"蔡老先生"对他说的话:"一向中国的优伶,都是用'妾妇之道',取悦于人的。"洪深对此深有感触,他写道:"'妾妇之道',在做人方面,我们这种人是决计不会的;……我当永远记住蔡先生这个警告。"由于洪深"对于男子扮演女子,是感到十二分的厌恶的",洪深说他"每次看见男人扮成女人","感到浑身的肉,都麻起来"。但在当时的中国"寻不到肯于登台演剧的女性",洪深宁可"去写一出完全不须要

　　① 鲁迅:《坟·论照相之类》,《鲁迅全集》第1 卷,人民文学出版社1981 年版,第187 页。
　　② 周宁:《想象与权力:戏剧意识形态研究》,厦门大学出版社2003 年版,第11—15 页。
　　③ 夏衍指出,欧阳予倩、田汉、洪深他们三个人"是中国话剧的奠基人、创始者"。夏衍:《悼念田汉同志》,《收获》1979 年第4 期。

女角的戏了",就"决意借用奥尼尔写《琼斯王（皇）》的方式"创作了《赵阎王》。① 1920 年代洪深在复旦大学英文系任教的时候,爱好戏剧的男生自组"复旦新剧社",多次邀请洪深去排戏,洪深一直推托未去,直至1926年学校招收女生,洪深才同意加入该演剧团体并将其更名为"复旦剧社",主张男女同台演出。② 洪深"愿做一个易卜生"③ 的决心潜在地使其对于性别表演的表述与现代民族国家话语紧紧地胶着在一起④,这一胶着使得鲁迅与洪深对于中国戏曲的性别反串表演的批评本身的性别政治被遮蔽了。中国现代知识分子对于这一性别暧昧的表演及其潜在社会效果的批评,在本土语境中具有其历史的合理性,因为这一性别表演的意义一旦溢出其戏剧美学的层面,下一步就是一个关涉到民族的性别认同的问题。根据我们上文的论述,梅兰芳的跨文化戏剧实践在一定程度上已经被纳入了一个制造浪漫化的东方的"怀旧性神话"中。梅兰芳的访美演出,其暧昧的性别表演的"视觉性"在西方人面前的展示,可能无意中已经强化了西方对于东方的神秘、多变、阴柔的刻板印象。在这个意义上,我们可以看到鲁迅等本土现代知识分子的敏锐与先锋性,但是其批评中所包含的性别政治也被安全地嵌藏在这种民族文化的主体性中。这种与民族主义话语紧紧捆绑在一起的性别政治,使其民族认同悖谬地与西方的殖民话语和本土的主导意识形态双重地进行着一场亲密的协作和共谋。

南迪在论述发生在印度殖民地的"前甘地"（pre-Gandhian）时期的反殖运动时曾指出,"西方的殖民主义在亚、非、拉殖民地总是乐此不疲地借用性别与政治之间的相似性来实现其殖民统治,这种情形并非殖民历史的一个偶然的副产品"⑤。接着,南迪进一步阐明其观点并组构起他的论述框架。南

① 洪深:《我的打鼓时期已经过了么?》,孙青纹编《洪深研究专辑》,浙江文艺出版社1986年版,第237—238页。

② 韩斌生:《大哉,洪深——洪深评传》,中央文献出版社2000年版,第50页。

③ 洪深:《我的打鼓时期已经过了么?》,孙青纹编《洪深研究专辑》,浙江文艺出版社1986年版,第237页。

④ 周慧玲:《表演中国:女明星,表演文化,视觉政治,1910—1945》,台北:麦田出版社2004年版,第241—244、272—278页。

⑤ Ashis Nandy, *The Intimate Enemy: Loss and Recovery of Self Under Colonialism*, Delhi: Oxford University Press, Bombay Calcutta Madras, 1983, pp.4.

迪认为,主流西方文化通过在男人中否定心理上的雌雄同体,使性别与政治之间的相似性有效地为欧洲的统治、剥削和残忍的后中古模式找到了合法化的依据,并使其变得透明和有效。在印度本土文化中,原本并存着三种性别概念,即男性气质、女性气质和雌雄同体,在印度的神话中也有好的及坏的、有价值的和卑鄙的雌雄同体人。然而,在殖民文化与印度本土文化的汇流中,本土的性别文化结构被改变,雌雄同体被认为是对男性的政治身份的否定,它是一种比女性气质更危险的病态性别。许多"前甘地"时期的反殖运动与这种性别文化结构的变化基本合拍,他们期望通过战胜英国来重新确认印度的男性气质,并将它从因既往的失败所造成的羞耻的历史记忆中解放出来。这就赋予了殖民文化中居于核心位置的男性气质的特征,诸如攻击性、进取性、控制性和竞争力以及权力等一种二级的(second-order)合法性。如果选择了这一来自西方的参考框架,殖民主义将不再被视为一种绝对意义上的邪恶,在被殖民者看来,它是合法权力政治中自我阉割和失败的产物,而对殖民者而言,殖民剥削不过是与优越的政治经济形势一致的生活哲学所附带的一个次要的令人不快的副产品而已。但是,如果被殖民者发现了一个另类(alternative)的参考框架,即不认为被压制者是弱势的、低级的和歪曲的,而放弃追逐属于殖民者的本质化的男性特质,此刻的殖民者将与恐惧伴随,因为被殖民者将在这一另类的参考框架中看到殖民者在道德与文化上原来是低劣的。由此,上述文化共识将不复存在,殖民统治亦将摇摇欲坠。甘地就是完全放弃了殖民者的现代性别文化框架,在印度本土的传统秩序中觅得不合作的文化资源。①

在启蒙的视野下,鲁迅与洪深等现代知识分子对于中国戏曲的性别表演的批评与民族国家话语之间有着繁复的逻辑交织,这一逻辑与南迪论述的印度本土的性别文化结构变化不尽相同。但南迪的论述对于我们解析其中的性别政治的发生机制和运作过程依然具有方法与视野上的启迪意义。

---

① Ashis Nandy, *The Intimate Enemy: Loss and Recovery of Self Under Colonialism*, Delhi: Oxford University Press, Bombay Calcutta Madras, 1983, pp.4–11.

陈凯歌曾通过影片《梅兰芳》①探讨过梅兰芳的性别反串表演,在其著作《梅飞色舞》中,陈凯歌表示,"他最有趣的是台上弱女子,台下伟丈夫。这两个东西怎么在一个人身上统一和结合起来的? 我不明白。到现在,我觉得电影是一不是二。它不是一个可以做出分支,可以直指什么,直指哪个,最后变成一体的东西。有时我就感觉当他沉默对抗的时候,这人几乎有些像圣雄甘地的感觉,非暴力的反抗"②。陈凯歌从"中国人之所以为中国人的心灵史"③的探讨视角出发,把梅兰芳比作"圣雄甘地",在外在形式上虽然具有某种近似性,但依据前文我们对梅兰芳的跨文化戏剧实践与西方现代性的关系的论述,可以看出,在两种文化实践的内在逻辑上,梅兰芳与甘地事实上有着天壤之别。不同于甘地从往昔的印度文化中寻求对抗现代文明的资源,梅兰芳并不排斥现代的价值系统,其跨文化戏剧实践始终与现代性框架发生着密切的关联,他与新文化倡导者的差异仅仅在于对待传统的态度上。梅兰芳的性别反串表演虽然制造出一片暧昧的、边缘的性别认同区域,但在民族危机深重的特定历史时段,亦会被自觉地纳入到民族国家的话语脉络中去。

我们无需辨析和论证,在中国和西方是否、如何存在着雌雄同体的性别文化传统,因为男女两性的性别气质本身就是一个动态历史文化的建构与发明。如果去追踪中西方的雌雄同体的文化脉络,事实上已经潜在地设置了一个男女两性的二元框架作为待分析的雌雄同体的对立面和比较尺度,也就是以承认男女两性的性别气质的规定与区隔的必然性作为前提。真正的问题在于:这一性别区隔的动态建构进程如何在中西方戏剧文化汇流中,通过跨文化戏剧实践得以在冲突中共生和运作的?

"以女性作为敌手与异己而建立的一整套防范系统乃是父系秩序大厦的隐秘精髓,正是从男性统治者与女性败北者这对隐秘形象中,引申出这一秩

① 严歌苓、陈国富、张家鲁编剧,陈凯歌导演的影片《梅兰芳》,中国电影集团北京电影制片厂、中环国际娱乐事业股份有限公司、英皇电影(国际)有限公司2008年出品。
② 陈凯歌:《梅飞色舞》,凤凰出版社2009年版,第144页。
③ 陈凯歌《梅飞色舞》(凤凰出版社2009年版)一书附赠的电影海报上的相关文字说明。陈凯歌在另一场合也有过意义近似的表述:"中国能在过去150年间所经受的苦难中坚持下来,是因为中国人品格中的坚韧,而这个坚韧在梅兰芳先生身上得到了验证。"《新院线:〈梅兰芳〉》,《电影频道》2008年12月号总第12期。

序的所有统治者／被统治者的对抗性二项关系。"① 因此,男性与女性的二元区分的历史成为男性统治的秩序得以延续的秘密。正是在这个意义上,布尔迪厄指出,"自从有男人和女人以来,男性统治就固定不变了,男性秩序通过男性统治世世代代延续下去"②。京剧的性别反串表演的社会效应使得传统的性别区隔在舞台上下、真幻之间变得荡然无存,演员与观众共享着这一不无僭越意味的第三种性别想象与认同,父权秩序的统治根基就面临着潜在的危机。"京剧审美往往带有男性的色彩"③,这一论断只有在演员刻意迎合观众的"女性想象"并将其本质化于舞台之上时才能成立,但考虑到演员本身的性别所赋予的这一表演的整体隐喻意义而言,它是对父权意识形态的潜在颠覆。这种情形彰显了性别反串表演的复杂且矛盾的意义面向。值得注意的是,对新文化的倡导不遗余力的傅斯年、洪深等人在意欲拯救"优伶"在传统中国社会的低贱位置时,不约而同地抨击了传统社会将"优伶"与"娼妓"并置的做法。④ 中国现代知识分子借助西方知识权威并且通过他们在戏剧舞台上的身体力行使"优伶"得以正名,转而成为具有男性气质的"培植社会的导师",引领着无数如影随形的知识女性离家去国,那么"娼妓"和戏曲演员则依然被隔离在"下等人"的等级结构中。"考察历史,我们发现,当现代化迈向进步的国族主体呼召着男女平权时,各种阶序体系其实同时构筑了许许多多的身份标记,使得许多的女体既不是形,也不是影,而是影外的微阴众魑魅,众魑魅在迈向进步的论述中,已然因着被进步论述标记为'落后'或'变态',而先行排除于进步的'男女平等'的女性主体可能之外。"⑤ 因此,可以说"五四"妇女解放仍然是在一个由男女两性组构的二元框架中操作的,所有的悖论均由这一性别结构所衍生,而这一性别结构又是与中西文化汇流的结构的不均衡性完全叠合的。

---

① 孟悦、戴锦华:《浮出历史地表:现代妇女文学研究绪论》,河南人民出版社 1989 年版,第 3 页。

② 〔法〕皮埃尔·布尔迪厄:《男性统治》,刘晖译,海天出版社 2002 年版,第 115 页。

③ 徐成北:《京戏之谜》,时事出版社 2002 年版,第 38 页。

④ 傅斯年:《戏剧改良各面观》,《新青年》第 5 卷第 4 号, 1918 年 10 月 15 日。洪深:《我的打鼓时期已经过了么?》,孙青纹编《洪深研究专辑》,浙江文艺出版社 1986 年版,第 237 页。

⑤ 刘人鹏:《近代中国女权论述——国族、翻译与性别政治》,台北:学生书局 2000 年版,第 210—211 页。

　　借助南迪的论述框架,我们可以解析中西文化汇流的不均衡结构生产这一性别区隔的内在机制。由西方的殖民事业带来的男性职业是生产男性气质的一个重要因素,特别是军事和经济活动中的暴力征服有赖于男性的体力,并由此生产出与征服相伴随的男性气质的道德伦理秩序。[①] 在中西方戏剧文化的接触中,强势的西方戏剧文化为中西文化汇流过程中的中国知识分子挪用,并藉此对抗传统父权文化秩序的压抑。在这一挪用过程中,西方文化中的话语殖民因素借助中西文化汇流这一权力运作中介潜在地渗透到了本土知识分子的不无男性气质的国族话语构筑之中。西方戏剧知识作为一个规范,一种尺度,以权威的姿态转化为一种文化资本,在赋予本土知识分子力量的同时,也赋予了他们发明本土的他者的资格。于是,悖谬的情形由此而生——他们借助西方的戏剧知识的权威性复活了他们所要对抗的本土父权意识形态,唯一不同的是,本土知识分子亲自扮演了"父亲"的角色,并且与他们意欲对抗的殖民话语达成了最好的合作。借用南迪的说法,那就是"殖民主义是由外来力量促生,而释放出来的一个本土的过程"。对西方价值观的内化,使本土知识分子成为自己最"亲密的敌人"。在这个意义上,洪深为了避免舞台上的性别反串,而"借用奥尼尔写《琼斯王(皇)》的方式"创作《赵阎王》,似乎成为了西方性别文化介入中国性别文化结构过程的一个隐喻。法国女性主义学者朱莉亚·克里斯多娃在其著名的论文《妇女的时间》里面指出,"至于时间,女性主体(female subjectivity)似乎提供了一种具体的尺度,本质上维持着文明史所共知的多种时间中的重复和永恒","如果女性主体置身于'男性'价值的构建之中,那么,就某一时间概念来说,女性主体就成了问题。这一时间概念是:计划的、有目的的时间,呈线性预期展开:分离、进展和到达的时间;换句话来说,历史的时间。这种时间内在于任何给定文明的逻辑的及本体的价值之中,清晰地显示其他时间试图隐匿的破裂、期待或者痛苦"。[②] 在中国本土知识分子的启蒙叙事中,一种体现为历史进步观念的线性时间政治将"女性主体置身于'男性'价值的构建

---

　　① [美]R.W.康奈尔:《男性气质》,柳莉等译,社会科学文献出版社 2003 年版,第 261—262 页。
　　② [法]朱莉亚·克里斯多娃:《妇女的时间》,程巍译,张京媛主编《当代女性主义文学批评》,北京大学出版社 1992 年版,第 350—351 页。

之中",西方文化语境中的男性气质亦被复制在这一本土的现代性话语中,并且重新释放出了本土文化结构中固有的父权意识形态。如此,时间与性别的政治就接合在一起,并在本土语境中发生了逻辑关联,鲁迅等现代知识分子对于梅兰芳的性别反串表演的批评借此与西方殖民话语和本土的压抑性父权意识形态之间产生了共谋。在时间与性别政治的叠合逻辑中,重新审视梅兰芳的性别表演,可以发现其暧昧性既逾越了传统性别观念的藩篱,也潜在地形塑着知识分子视野中的未来国族主体的性别想象,它在一定程度上解构着中国的启蒙现代性话语,在性别与时间这两个逻辑互渗的范畴中孕育出一种本土现代性的另类层次。无论梅兰芳本人对自我的男性身份认同有多么自觉①,但其性别反串的表演文化实践在新文化倡导者看来无疑是极端危险的。自近现代以来,不断遭受殖民侵略的中国的确需要呼唤一个刚健的国族主体,这正是新文化倡导者批评梅兰芳性别表演的文化主体性依据,但这种批评本身所暗含的性别政治,又使这一文化主体性在凸显的同时,必须以其与殖民话语的合作为代价。因此,"新、旧剧"观念的论争在一定程度上可视为是两种不同的戏剧形式的性别气质的一次辨析,而梅兰芳的性别反串表演的歧义性亦是全球语境下的现代中国性别认同危机的一个表征。

　　在中西方表述中国戏剧以及梅兰芳的戏剧演出时,无论是鲁迅在《社戏》里面通过叙事者的"怀旧"展开(过去与未来)的双重时间运作,还是西方借助梅兰芳的表演所纾解的"文化乡愁",都同时含蕴着时间与性别的双重文化密码,而且这两种文化密码也同时为中西方的现代性话语所分享,成就或重构着其中的父权秩序。"父权制的合法化通常依赖于这样一种说法:男人是更完全的人类,比女人经历着更高度的发展。因此不足为奇的是,男性气质的概念最终将落脚于女人与儿童地位的同等化上。对于父权意识形态来说,女人必须被宣告为永远的婴儿。"②"孩子"和"女人"就是在这

---

　　①　梅兰芳本人对自己的男性身份有着明确的认知和极力的维护,他"一辈子没坐过膝盖头","始终保持完整的尊严和风度"。陈凯歌:《梅飞色舞》,凤凰出版社2009年版,第45、129页。

　　②　[英]约翰·麦克因斯:《男性的终结》,黄菡、周丽华译,江苏人民出版社2002年版,第25页。阿什斯·南迪(Ashis Nandy)也有过同样的表述。Ashis Nandy, *The Intimate Enemy: Loss and Recovery of Self Under Colonialism*, Delhi: Oxford University Press, Bombay Calcutta Madras, 1983, pp.16–17.

一逻辑关联中,被整合并编织进中西方关于中国戏剧和梅兰芳的"怀旧性神话"中去的。

六、余论

1941 年,日军攻陷香港,退避在此的梅兰芳为有效地拒绝给日军演出,开始"蓄须明志"。[①] 梅兰芳在国难时期,暂别了其舞台上寄寓于男旦角色中的假凤虚凰身份,以男性的生理标志——胡须作为新的"戏剧"语言开始了其身体政治的表演,与帝国主义意识形态展开了艰难的对抗与周旋。"胡须"作为男性身体的一个组成部分,被梅兰芳从性别的角度赋予了政治隐喻的意义,成为国族话语与个体身体联结的符号标识和前沿场域。梅兰芳的"胡须"既是一种特殊背景下对国族男性气质的张扬,亦是遭受蹂躏的民族主体对异族征服中的身体规训的潜在抵抗,更是帝国主义意识形态对于中国性别认同的强制性篡改与内化的身体表征;同时,在这种对既往的性别实践与认同的自我否定和扬弃的决绝姿态中,梅兰芳的"胡须"铭刻着政治机器对个体身体的压抑和自我放逐于故有文化后情感层面的巨大创伤。

原载《戏剧艺术（上海戏剧学院学报）》
2013 年第 3 期,发表时有删节

---

① 李伶伶:《梅兰芳全传》,中国青年出版社 2001 年版,第 464—497 页。

作为中西文化交流场域的"写意"戏剧观

1962 年 3 月 2 日至 26 日，全国话剧、歌剧、儿童剧创作座谈会议在广州召开，黄佐临在会上作了题为《漫谈"戏剧观"》的讲话，这篇讲话于同年 4 月 25 日在《人民日报》发表。在这篇文章里面，黄佐临以梅兰芳、斯坦尼斯拉夫斯基和布莱希特的戏剧实践与幻觉的关系为例，提出了写实的戏剧观、写意的戏剧观以及写实写意混合的戏剧观。[①] 考虑到"十七年"戏剧创作中"社会主义现实主义"原则，《漫谈"戏剧观"》一文真正凸显的实际上正是"写意"。黄佐临在 1962 年提出的写意的戏剧观在一定程度上可以视为开始于 1956 年的"话剧民族化"思考的一个结果，写意的戏剧观与"话剧民族化"的背后纠缠着一个繁复的历史语境。在"话剧民族化"的论述框架中，写意的戏剧观中的"写意"被赋予了民族属性的意义。因此，在"十七年"的历史情势下，"写意"被作为一个与民族主义密切相连的现代性想象和"写实"进行区分，进而构成了表述主体自我确认的文化实践策略。

然而，从世界戏剧历史的视角衡量，"十七年"期间的"写意"戏剧观与"话剧民族化"论述所提供可能正是一种与其初衷相悖的文化方案，因为它们并非中国的戏剧观念，其提出倚重和借助的是近代以来旅行至中国的西

---

① 黄佐临:《漫谈"戏剧观"》，《人民日报》1962 年 4 月 25 日。

方戏剧思想的脉络以及其提供的视觉结构。从根本上看,它们是西方的现代戏剧(文化)观念在中国语境中的衍生性命题。

一、"写意"戏剧的谱系

"写意"原本是中国画的一种表现手法,根据目前的资料,最早把"写意"引入戏剧论述的是冯叔鸾,他在《论戏答客难》中指出,"旧剧之演事实在传其神,如画家之有写意"①。在"五四"时期的新、旧剧观念论争中,张厚载曾这样描述戏曲:"中国旧戏第一样好处就是把一切事情和物件都用抽象的方法表现出来。抽象是对于具体而言的。中国旧戏向来是抽象的,不是具体的。六书有会意的一种,会意是'指而可识'的。中国旧戏描写一切事情和物件,也就是用'指而可识'的方法。譬如一拿马鞭子,一跨腿,就是上马。这种地方人都说是中国旧戏的坏处,其实这也是中国旧戏的好处。用这种假象会意的方法,非常便利。……现在上海戏馆里往往用真刀真枪真车真马真山真水。要晓得真的东西,世界上多着呢。那里能都搬到戏台上去,而且也何必要搬到戏台上去呢。"②齐如山也认为,"旧剧向来不讲究布景,一切的事情都是摸空,就是平常说的大写意"③。对于中国戏曲"写意"特性进行系统论述的是"国剧运动"的发起人之一的余上沅,他在《旧戏评价》里面指出,"在艺术史上有一件极可注意的事,就是一种艺术起了变化时,其他艺术也不约而同的起了相似的变化。要标识这一个时期的变化,遂勉强用某某派或某某主义一类的符号去概括它。所以写实派在西洋艺术里便占了一个重要的位置;与之反抗的非写实或写意派,也是一样。近代的艺术,无论是在西洋或是在东方,内部已经渐渐破裂,两派互相冲突。就西洋和东方全体而论,又仿佛一个是重写实,一个是重写意。""写实派偏重内容,偏重理性;写意派偏重外形,偏重情感。只要写意派的戏剧在内容上,能够用诗歌从想

---

① 马二先生:《论戏答客难》,载周剑云主编《鞠部丛刊·剧学论坛》,上海交通印书馆1918年版,第70页。

② 张厚载:《我的中国旧戏观》,《新青年》第5卷第4号,1918年10月15日。

③ 齐如山:《新旧剧难易之比较》,《春柳》第2期,1918年。

象方面达到我们理性的深邃处,而这个作品在外形上又是纯粹的艺术,我们应该承认这个戏剧是最高的戏剧,有最高的价值。"① "国剧运动"的另一位主要发起人赵太侔也表达了相近的观点:"西方的艺术偏重写实,直描人生,所以容易随时变化,却难得有超脱的格调。它的极弊,至于只有现实,没了艺术。东方的艺术,注重形意,义法甚严,容易泥守前规,因袭不变;然而艺术的成分,却较为显豁。不过模拟既久,结果脱却了生活,只余了艺术的死壳。中国现在的戏剧到了这等地步。"② "十七年"期间的"话剧民族化"与"写意"戏剧观显然隶属于这一表述谱系,并延续了其中的话语策略。

在此,我们有必要首先对"写意"戏剧表述谱系的话语策略和内涵进行解析。如果不那么容易健忘的话,不难想起晚清知识界在批评中国戏曲现状时,曾以西方戏剧的"写实"性批评戏曲的"战争"场面"中国剧界演战争也,尚用旧日古法,以一人与一人,刀枪对战,其战争犹若儿戏,不能养成人民近世战争之观念"③,而戏曲的表现手法将导致"后人而为他国之所笑"④的自卑心理。从前文述及"写意"的生成脉络来看,它的凸显来自于民族文化步入危机的那一刻,特别是"五四"新文化运动倡导者对于"旧剧"进行毫不留情的批判否弃之时。此时的中国戏曲成为阻碍"老大中国"迈向现代之前景的沉重负担的"旧"文化的载体和象征物,它不仅在西方戏剧(文化)的冲击下失却了存在的信心,更在近现代中国知识分子的唾弃中显得腐朽老迈。在这样的情势下,"写意"被引入中国戏曲大加褒扬之时,无疑已经预设了西方的"写实",或者说"写意"在逻辑起点上就依赖于西方戏剧的"写实"性论述。然而这个"写意–写实"的二元对立项并非中性的,"写意"自始至终都深陷在"写实"的操作领域中。此时的"写意"固然被凸显了,可是其代价是"写意"的论述必须依赖于那个不在场的在场者"写实"。

与冯叔鸾、张厚载、齐如山等人的论述一样,余上沅等倡导"国剧运动"者仍然在这种二元对立的结构中思考中国戏曲的"写意"性。"国剧运动"

---

① 余上沅:《旧戏评价》,载余上沅编《国剧运动》,上海书店出版社 1992 年版,第 193 页。

② 赵太侔:《国剧》,载余上沅编《国剧运动》,上海书店出版社 1992 年版,第 10 页。

③ 蒋观云:《中国之演剧界》,载阿英编《晚清文学丛钞·小说戏曲研究卷》,中华书局 1960 年版,第 50 页。

④ 同上书,第 51 页。

源自一种"中华文化的国家主义（Cultural Nationalism）"的文化冲动。[①] 作为想象的"国剧"的理论合法性的前提论述，"写实"（西方戏剧）与"写意"（东方/中国戏剧）的区分成为了"国剧"论述的意义指涉框架，这种文化转喻的表述方式暗含着中国和西方两种文化体系的对立与比较。按照赵太侔在《国剧》里面的论述[②]，中西方艺术作为对立的两极，"西方/写实/现实/理性"与"东方/形意/艺术/情感"构成了中西戏剧艺术的基本差异格局。在这一格局中，艺术的本质化特征可以被置换为某种空间（如中国/西方）关系的转喻。[③] 当"国剧运动"的"中华文化的国家主义"实践指向预设了"写意"/"中国"与"写实"/"西方"的区分关系，其中的"中国"诉求就无法走出西方现代性的知识体系所划定的范围。

　　20世纪50年代中期，冷战格局中的"社会主义阵营"内部发生了分化，中苏关系日益恶化，在各个层面对既往向苏联的"一边倒"开始进行反思，"民族化"也在文化领域也被重新激活，于是"话剧民族化"再次成为戏剧

---

　　① 　1924年冬，留学美国的闻一多在给友人梁实秋的信中，忧心忡忡地说："我国前途之危险不独政治，经济有被人征服之虑，且有文化被人征服之祸患。文化之征服甚于其他方面之征服百千倍之。杜渐防微之责，舍我辈其谁堪任之！"正是出于这一危机意识和使命感，闻一多在信中论证了他的"中华文化的国家主义"激情与规划："纽城同人皆同意于中华文化的国家主义（Cultural Nationalism），故于印度则将表彰印度之爱国女诗人奈托夫人，及恢复印度美术之波士（Nandalal Bose）及太果尔（Abanindranath Tagore）（诗翁之弟）等。于日本则将表彰一恢复旧派日本美术之画家，同时复道及鉴赏日本文化之小泉八云及芬勒搂札，及受过日本美术影响之毕痴来。从一方面看来，我辈不宜恭维日本，然在艺术上恭维日本正所以恭维他的老祖宗——中国。我决意归国后研究中国画，并提倡恢复国画以推尊我国文化。"这封信的主旨是闻一多就中华戏剧改进社同人刊物的创办事宜向梁实秋征求意见，此前，闻一多与余上沅、赵太侔、熊佛西等人在纽约自编自演了一出英文剧《杨贵妃》，"成绩超过了"他们的预料，于是四人深受鼓舞，"彼此告语，决定回国"，"国剧运动"就是他们"回国的口号"。闻一多所谓的"中华文化的国家主义"正是内在于"国剧运动"的基本命题以及这一口号背后的思想支点。1925年5月，余上沅、闻一多和赵太侔结伴回国，在北京发起了为时短暂的"国剧运动"。分别参见闻一多给梁实秋的信件（见《闻一多全集》第3卷，生活·读书·新知三联书店1982年版，第617页）和余上沅的《余上沅致张嘉铸书》（载余上沅编：《国剧运动》，新月书店1927年版，上海书店出版社1992年影印版，第274页）。

　　② 　赵太侔认为："西方的艺术偏重写实，直描人生，所以容易随时变化，却难得有超脱的格调。它的极弊，至于只有现实，没了艺术。东方的艺术，注重形意，义法甚严，容易泥守前规，因袭不变；然而艺术的成分，却较为显豁。不过模拟既久，结果脱却了生活，只余了艺术的死壳。"赵太侔：《国剧》，载余上沅编《国剧运动》，上海书店出版社1992年版，第10页。

　　③ 　关于该问题的详细论述，可参阅拙文：《中西戏剧交流的误区与困境："国剧运动"及其文化民族主义悖论》，《中华艺术论丛》第11辑，复旦大学出版社2012年版。

理论批评的核心命题,直至黄佐临在 1962 年提出"写意"戏剧观。需要指出的是,此次的"话剧民族化"与张庚在 1939 年提出的"民族化"倡导不属于同一个话语脉络,二者关注的并非同一个问题。

张庚在 1939 年提出的"话剧民族化"是中国现代知识分子在民族危机时刻,将启蒙话语延伸到想象的"民间",构筑现代民族国家话语的一种实践方案,从思想渊源上看,它承续的是"五四—左翼"的实践方式。如果说 30 年代末期的"话剧民族化"的构想是对"民间"的发明,其实施必须同时依附一个"旧剧现代化"的策略,那么,在最浅显的意义层面上,可以说 50 年代中后期至 60 年代初期的"话剧民族化"借用的资源与前者相反,它是要从"旧剧"(戏曲)的"写意"性中凸显中国话剧的民族性。然而,与张厚载、余上沅等人的"写意"论述一样,中国戏曲的"写意"性只是与西方戏剧思想的历史同步的文化密码,正如这个时期的"话剧民族化"论述中的"写实"一样,它不是、也不可能是一个可以用来客观分析的艺术特性。

二、"写意"戏剧观:西方的脉络

根据黄佐临的论述,他选择梅兰芳、斯坦尼斯拉夫斯基和布莱希特各自代表的三种"绝然不同"的戏剧观进行比较,"目的是想找出他们的共同点和根本差别,探索一下三者之间的相互影响,相互借鉴、推陈出新的作用,以便打开我们目前话剧创作只认定一种戏剧观的狭隘局面"[1]。三人的同与异在于"都是现实主义大师,但三位艺人所运用的戏剧手段却各有巧妙不同"[2]。由此可以看出黄佐临在论述其"写意"戏剧观时,"推陈出新"与"现实主义"的宗旨与大前提并未改变。《漫谈"戏剧观"》一文着重介绍的是布莱希特的戏剧观。在黄佐临的论述中,"布莱希特的戏剧观是针对第一次世界大战后西欧资产阶级腐朽话剧而形成的。当时的话剧和当时所有文艺一样,都是颓废的、逃避现实的。布莱希特的戏剧观是和这些针锋相对的。……总之,当时资产阶级流行的反动的戏剧观企图麻痹人们的戏剧思想、

---

[1]　黄佐临:《漫谈"戏剧观"》,《人民日报》1962 年 4 月 25 日。

[2]　同上。

削弱人们的斗志;而布莱希特的戏剧观却要求观众开动脑筋、激动理智、认识现实、改变现实。"① 布莱希特戏剧观的"反资产阶级"性质在"十七年"的冷战语境中可谓具有相当的政治适切性,在这种情况下,布莱希特的戏剧观就获得了超越冷战阵营的阶级内涵,即立足冷战又超越冷战,其"西方"属性在此可以忽略不计。然而,正是这一修辞策略把"写意"戏剧观和"话剧民族化"纳入了西方戏剧思想脉络之中,且不为论者所觉察。

布莱希特戏剧观的这种定性描述,为评述斯坦尼斯拉夫斯基和梅兰芳的戏剧观提供了参照视野。与布莱希特的戏剧观比较,斯坦尼拉夫斯基的戏剧观和梅兰芳的戏剧观的差异体现于对待"第四堵墙"的态度上:"斯坦尼斯拉夫斯基相信第四堵墙,布莱希特要推翻这第四堵墙,而对于梅兰芳,这堵墙根本不存在,用不着推翻因为我国戏曲传统从来就是程式化的不主张在观众面前造成生活幻觉。"而中国话剧的问题就在于对"幻觉"的过分追求造成的创作观念的封闭,布莱希特破除幻觉的方法即"间离效果"。② 关于布莱希特戏剧观的思想资源,黄佐临指出,"1935 年梅先生第一次到苏联访问演出。布莱希特那时受希特勒迫害,正好在莫斯科避政治难。他看见了梅兰芳的表演艺术,不由分说,当然深深着了迷,于 1936 年写了一篇《论中国戏曲与间离效果》的文章,狂赞梅兰芳和我国戏曲艺术,兴奋地指出他多年来所朦胧追求而尚未达到的、在梅兰芳却已经发展到极高度的艺术境界。可以说梅先生的精湛表演深深影响了布莱希特戏剧观的形成,至少它起了画龙点睛的作用。他最欣赏的是梅先生的《打渔杀家》。在他的文章里作了细致的描绘,对梅的身段,特别是对桨的运用尤为惊叹不已。"③ 在这种比较的基础上,黄佐临提出了三种戏剧观,即写实、写意以及写实写意的混合,它们在文中对应的例子分别是斯坦尼斯拉夫斯基、梅兰芳、布莱希特。黄佐临的表述谨慎且含蓄,他并不轻易褒贬三种戏剧观的优劣,而是说"梅、斯、布三位大师既一致又对立的辩证关系,事实上即是艺术观上的一致,戏剧观上的对立"④。接着,黄

---

① 黄佐临:《漫谈"戏剧观"》,《人民日报》1962 年 4 月 25 日。
② 同上。
③ 同上。
④ 同上。

佐临批评了那种无视戏剧观,把话剧的戏剧观强加于戏曲的做法,并进一步指出:"纯写实的戏剧观只有七十五年历史而产生这戏剧观的自然主义戏剧可以说早已完成了它的历史的任务,寿终正寝,但我们中国话剧创作好像还受这个戏剧观的残余所约束,认为这是话剧唯一的表现方法。突破一下我们狭隘的戏剧观,从我们祖国'江山如此多娇'的澎湃气势出发,放胆尝试多种多样的戏剧手段,创造民族的演剧体系,该是繁荣话剧创作的一个重要课题。"[①] 黄佐临虽然没有明确说明"创造民族的演剧体系"的路径,但从其对不同戏剧观的评述上看,"写意"显然是不二之选。黄佐临对于话剧的戏剧观强加于戏曲的做法的批评很明显指涉着建国后的"戏曲改革",反过来,中国话剧的"民族化"却要借助戏曲"写意"的手法,突破"写实"的藩篱,这种思考其实是对当时"斯坦尼"一统天下的局面的含蓄挑战。考虑到黄佐临"推陈出新"的书写意旨,以及他对建国后"戏曲改革"的含蓄批评,可以说黄的论述巧妙地挪用政治话语声援了梅兰芳在 1949 年提出的"移步而不换形"[②]。当然,黄佐临的论述有一个中苏关系破裂的时代背景作为依托。如何能够清楚地表述自己的戏剧观念,又保证"政治正确",黄佐临可谓煞费了苦心。布莱希特的"阶级身份"与戏剧实践正好为黄佐临背离"斯坦尼",走向"梅兰芳"提供了一个话语表述的中介物。

　　然而,黄佐临根据处理"幻觉"的方式界定出来的"写意"戏剧观正暗示出"写意"的衍生性质。"幻觉与反幻觉,代表着西方戏剧传统关于剧场经验的认识的两个极端。任何对传统的否定,都是从传统中产生的,任何一个肯定都同时意识着一个否定。亚里士多德的体系是西方的,反亚里士多德体系的布莱希特的体系,也是西方的。"[③] 布莱希特对梅兰芳和中国戏曲的观

[①]　黄佐临:《漫谈"戏剧观"》,《人民日报》1962 年 4 月 25 日。

[②]　1949 年 11 月 2 日,梅兰芳对《进步日报》的记者说道:"我想京剧的思想改革和技术改革最好不必混为一谈,后者在原则上应该让它保留下来,而前者也要经过充分的准备和慎重的考虑,再行修改,才不会发生错误。因为京剧是一种古典艺术,有它几千年的传统,因此我们修改起来也就更要谨慎,改要改得天衣无缝,让大家看不出一点痕迹来,不然的话,就一定会生硬、勉强,这样,它所得到的效果也就变小了。俗语说:'移步换形',今天的戏剧改革工作却要做到'移步'而不'换形'。"张颂甲:《"移步"而不"换形":梅兰芳谈旧剧改革》,《进步日报》1949 年 11 月 3 日。

[③]　周宁:《中西戏剧的时空与剧场经验》,载周云龙编选《天地大舞台:周宁戏剧研究文选》,厦门大学出版社 2011 年版,第 118 页。

察和思考,依据的思想资源正是西方戏剧知识,因此,他对中国戏曲的论述与其说是在讨论戏曲,毋宁说是中西方戏剧文化汇流的权力结构的产物。要进一步探讨布莱希特作为黄佐临"写意"戏剧观论述中介物的性质,就不能回避布莱希特眼中的中国戏曲和梅兰芳所从属的话语谱系。

三、中国戏曲:珠玉抑或泥沙

　　由于中西文化的巨大差异,早期很多西方人接触中国戏曲首先是从一些几近成为"刻板印象"的片面文字介绍开始的,还有的也不过仅仅读了几个不高明的节译剧本,对于中国戏曲及其表演完全停留在一种混乱的"想象"状态。中国戏剧开始进入西方人的视野,目前可以追溯到公元1731年耶稣会士马若瑟对《赵氏孤儿》的翻译。[①] 当法国人读到马若瑟神父在其"《赵氏孤儿》的译本的唱词部分写下:'他们起唱了',读者的直接反应是以他们所熟悉的西方唱的观念套入中国戏剧里。如是凭着欧洲人的臆想,创造了好些稀奇古怪的东、西混合体。"[②]18世纪法国杰出的哲学家、文学家伏尔泰曾经把《赵氏孤儿》改编成不忠实于原著的《中国孤儿》,以伏尔泰为代表的文学家们一致认为:"中国文化在其他方面有很高的成就,然而在戏剧的领域里,只停留在它的婴儿幼稚时期。"认为中国的所谓"悲剧","其实只不过是堆砌一大堆不合理的情节罢了。"[③] 在19世纪末,真正看过中国戏曲的西方人仍然批评道:"所有演员的吐字都是单音节的,我从未听到他们发一个音而不从肺部挣扎吐出的,人们真要以为他们是遭遇惨杀时所发出的痛苦尖叫。其中一个演法官的演员在舞台上走着十分奇怪的台步,他首先将他的脚跟放在地上,然后慢慢放下鞋底,最后才是脚尖。相反的,另一个演员,却像

　　① 范存忠:《〈赵氏孤儿〉杂剧在启蒙时期的英国》,载张隆溪、温儒敏编选《比较文学论文集》,北京大学出版社1984年版,第84页。另,中国台湾学者、作家施叔青指出,"公元一七三六年,波摩神父翻译的《赵氏孤儿》,这是西方人对于中国戏剧介绍的开始",而中国人对于西方戏剧的接触则始于晚清。参见施叔青:《西方人看中国戏剧》,人民文学出版社1988年版,第12页。笔者在马若瑟翻译《赵氏孤儿》的时间上,采用范存忠先生的观点。
　　② 施叔青:《西方人看中国戏剧》,人民文学出版社1988年版,第6页。
　　③ 同上书,第7页。

疯子似的走来走去,手臂与腿夸张地伸动,比起我们小丑剧的表演,仍然显得太过火了。……"关于戏曲唱腔,有西方人形容道:"高到刺耳以至无以忍受的程度,那尖锐的声音让人想到一只坏了喉咙的猫叫声一样的难听。"有的西方学者比较了中西剧场后,得出这样的结论:"中国剧场依然停留于它的婴儿时期,它太早就定型成为一种极僵硬的形式,而无法从中解放自己。"① 美国戏剧《黄马褂》(The Yellow Jacket)② 极力模仿中国戏剧:"无论舞台设计,人物服装,还是故事情节,演员的台词和表演,都模仿中国古典戏剧的表现形式。"③ 这出戏的作者乔治·科奇雷恩·赫兹尔顿(George Cochrane Hazelton, Jr.)和 J. 哈利·本林默(J.Harry Benrimo)决心要超越"把一出情节剧安插在异域土地上"的做法,把剧本的副标题定为"具有中国风格的中国戏剧"。哥伦比亚大学教授布兰德·马修斯(Brander Matthews)教授在为剧本写的导言里面,也称赞这是"一出中国戏,它以中国风格处理中国人的情感"。④ 然而《黄马褂》的作者模仿中国戏剧的舞台手法的根本动机在于制造刺激观众发笑的噱头,本林默曾坦白道:"我们自己坐在中国剧场里觉得开心,并认为那种氛围值得移介。对我们来说,真正中国戏房里的搬运道具者十分可笑。我们对自己说,如果说服美国演员也能以同样的严肃性旁若无人地走过场景,那么某个西方观众不能像我们当初那样兴高采烈,就没有什么理由。"⑤ 本林默所说的"那种氛围"显然指的是西方人眼中的中国剧场的幼稚可笑与荒诞不经的原始"他性",这种极力给中国戏剧贴低等"标签"的行为,显示出西方人的审美习惯遇到挑战时,表现出的对于异己的傲慢的

①　施叔青:《西方人看中国戏剧》,人民文学出版社 1988 年版,第 9 页。

②　1912 年 11 月 4 日,《黄马褂》在纽约百老汇的弗尔敦(Fulton)剧院上演时,获得了很大的成功。在连续 16 年里,这出戏分别被译成法文、日文、德文、匈牙利文、俄文、捷克斯洛伐克文、波兰文、西班牙文、挪威文、瑞典文、丹麦文、荷兰文、佛兰德文,甚至中文,几乎在全世界上演过。在美国,它一再地被搬上舞台,一直演到 40 年代。

③　宋伟杰:《中国文学美国——美国小说戏剧中的中国形象》,花城出版社 2003 年版,第439 页。

④　Hazelton, George C. & Benrimo, The Yellow Jacket, New York: Samuel French, 1912, p.9. 转引自刘海平:《中国文化与美国:戏剧篇》,载刘海平编《中美文化的互动与互联》,上海外语教育出版社 1997 年版,第 77 页。本文用英文写就,引文为引者所译。

⑤　宋伟杰:《中国文学美国——美国小说戏剧中的中国形象》,花城出版社 2003 年版,第440—441 页。

排斥心态。而在梅兰芳访美演出引起轰动的前一年,即 1929 年,美国戏剧家
Sheldon Cheney 还这样批评中国戏曲:"它虽然有儿童似的神仙故事的清新,
却又是种四不像的诗的剧场。中国戏剧内容太过简单,缺乏深度,表现了中
国人无知的天真,这种天真只能使西方人视之为可笑的幽默。"①

　　但与这种无法欣赏中国戏曲,转而诋毁的态度相反,还存在着另一种对
于中国戏曲无限神往、着迷而不吝美辞的观点。有时候甚至在同一个人身上
同时出现两种截然不同的矛盾态度。美国作家马克·吐温曾在旧金山看了
十几套粤剧,他认为"精彩极了","很像意大利歌剧加上马戏班的杂耍、中
国功夫、奇特的服装和狂野的外来音乐"。对于《牡丹亭》的《惊梦》的感
受是"感到太有意思了"②。美国传教士丁韪良在其回忆录里面同时表达了
他对于中国戏曲的欣赏和困惑:"观众是指站着看戏的,因为寺庙里几乎没有
什么座椅。因此他们是否能够一直这么站着听下去,不仅有赖于剧团的吸引
力,也有赖于观众自身肌肉的耐久力。无论酷似歌剧的花腔女高音,还是用
怪异的方言来说的大段念白,如果没有戏装和演技的帮助,都是晦涩难懂的。
尽管如此,中国的戏曲仍具有一种奇异的魅力,而且戏曲所表现的大多是历
史题材,所以它也被用于传授历史和灌输美德,就像在古希腊那样。"他还困
惑地说:"在中国的戏院里,甚至是那些最好的戏院里,几乎不注重任何背景
效果。对于观众相像力的惟一外部辅助就是演员的换装,这往往是在观众的
眼皮底下进行的。演员每次出场都要自报身份,而且一个刚扮演了反面人物
的演员转身换上一套华丽的戏装,就大摇大摆地上台来宣布:'下官皇帝是
也。'——这难免给人以一种怪异的感觉。"③ 而俄国人叶·科瓦列夫斯基则
一方面丑化中国戏曲的演唱"像是某种动物的咆哮",另方面又认为"中国
戏剧表演还是有它所独到的、婀娜多姿的一面"④。卓别林也曾认为:"中国戏

---

　　① 施叔青:《西方人看中国戏剧》,人民文学出版社 1988 年版,第 23 页。
　　② 〔美〕多米尼克·士风·李:《晚清华洋录:美国传教士、满大人和李家的故事》,李士风译,
上海人民出版社 2004 年版,第 123—124 页。
　　③ 〔美〕丁韪良:《花甲记忆——一位美国传教士眼中的晚清帝国》,沈弘、恽文捷、郝田虎译,
广西师范大学出版社 2004 年版,第 42—43 页。
　　④ 〔俄〕叶·科瓦列夫斯基:《窥视紫禁城》,阎国栋等译,北京图书馆出版社 2004 年版,第
176—177 页。

剧是珠玉与泥沙混杂。"①

　　从以上的粗略梳理,我们可以看到西方人对于中国戏曲往往表现出两种截然相反却并行不悖的态度:一是反感厌恶,认为中国戏剧是一种低劣粗俗、幼稚可笑的戏剧形式;还有就是欣赏痴迷,认为中国戏剧精彩神秘、婀娜多姿。在西方人"看"中国戏曲时,中国戏曲正是反映西方文化系统的一面模糊不清的镜子,他们真正关注的是西方自身的问题,中国戏曲仅仅是作为一个具有参照意义的他者出现的。在这样的戏剧文化传统互动交替中反观西方人对中国戏曲的矛盾态度,就可以发现其内在的必然性:西方人在看到中国戏曲时,一方面因为中国传统戏曲固有的惯例使其审美习惯遇到了巨大的挑战,出于一种傲慢的沙文主义心态,极尽丑化、诋毁之能事;另方面,中国戏曲本身的魅力和他们深层文化心理中的"乡愁",对于这种陌生却似曾相识的戏剧形式产生了本能上的亲近感。②

四、西方主义

　　事实上,在中国戏曲表演中,布莱希特联想到的正是西方的戏剧思想传统。③布莱希特的戏剧观并非来自梅兰芳的影响,"布莱希特不是在观看梅兰芳表演之后,才使用'陌生化或间离效果'这个术语,而是在此之前就试运用它了;不是布莱希特从梅兰芳那里借过了'陌生化'表演方式,而是他已经在用'陌生化'理论来解释梅兰芳的表演艺术了"④。正是由这种相似性出发,布莱希特在文化认同中发现了可以与戏曲相印证的东西,从而赋予了"梅兰芳"以文化"他者"的意义。⑤这中间潜隐了一个文化价值转换的运作过程。从这个意义上说,黄佐临以布莱希特的戏剧观念作为中介,提

---

　　① 施叔青:《西方人看中国戏剧》,人民文学出版社 1988 年版,第 29 页。
　　② 关于该内容的详细论述,可参阅本书《东方文艺复兴思潮中的梅兰芳访美演出》部分。
　　③ [德]贝·布莱希特:《中国戏剧表演中的陌生化效果》,丁扬忠译,载《布莱希特论戏剧》,中国戏剧出版社 1990 年版,第 191—192 页。
　　④ 梁展:《也谈布莱希特与梅兰芳》,《读书》1997 年第 9 期。
　　⑤ 无独有偶,1932 年,程砚秋以南京戏曲研究院副院长的身份赴苏联、德国、法国等欧洲国家进行访问考察,最终写成《赴欧考察戏曲音乐报告书》。在该书中他也曾借用一法国戏剧家之口指出,中国戏曲"是可珍贵的写意的演剧术"。

出的"写意"戏剧观自身就包含着许多复杂、彼此矛盾的特征:一方面,"写意"戏剧观提出的初衷在于建构民族的戏剧编演体系,对抗既往单一的苏联和想象的"西方"("写实")戏剧模式,另方面它本身却又是西方戏剧思想脉络中的产物。

　　田汉在说明 50 年代中后期的"话剧民族化"理论批评浪潮兴起的原因时,曾提及:在 1956 年春天举行的话剧会演上,欧洲社会主义国家同行对中国话剧"民族传统"的匮乏进行了批评。[①] 如果把这些来自欧洲社会主义国家的同行置换为"布莱希特",就可以看到这一批评中暗含的"西方"眼光。"阶级"的大标题并不能完全遮蔽文化交流的辩证法。如果按照余上沅所说的,"写实派偏重内容,偏重理性;写意派偏重外形,偏重情感",那么,"十七年"期间的"话剧民族化"和"写意"戏剧观正是在"西方"的话语形塑中追寻一种以"情感"(审美主义)为取向的国族文化构建方案。换句话说,"话剧民族化"和"写意"戏剧观正是在一种"幻觉"中,试图对中国戏剧文化进行提纯,其目的在于借助纯粹的中国戏剧美学克服西方的资产阶级和苏联的修正主义,只是这一提纯的过程依赖了"西方"的眼睛,并将其凝视的目光内在化了。它与张庚的"话剧民族化"虽然不属于同一个话语脉络,但在逻辑前提上二者并无二致,它们都依附于西方的现代性框架,区别仅在于彼此间的思想资源不同而已,其实质是借助西方的戏剧思想资源对抗"西方"/资本主义和苏联/修正主义。"话剧民族化"和"写意"戏剧观显然继承了张厚载、余上沅等人的思想遗产,当然也包揽了他们留下的文化债务。在这里,戏剧思想传统的生产、跨文化散播、流动、挪用的时间过程被转化为东方主义和西方主义的空间关系。

　　　　原载乐黛云、[法]李比雄主编:《跨文化对话》第 29 辑,
　　　　生活·读书·新知三联书店 2012 年版,发表时有删节

---

　　① 　田汉:《看话剧〈万水千山〉后的谈话》,《田汉全集》第 16 卷,花山文艺出版社 2000 年版,第 460 页。

Ⅲ 主体的眼睛

视觉与认同:《太太万岁》的时空转译及其文化政治

中国现代知识分子的戏剧实践,在作为一种迥异于本土主流文化符码系统的"反话语"的同时,其内在的民族主义写作诉求,又潜在地与西方的"东方主义"论述达成了互渗合作的共谋关系,成为制造本土内部殖民的力量之一。这种内部殖民有一个与之相伴相生的重要副产品,就是主动地把中国的现代性叙事纳入了黑格尔式的历史哲学体系而不自觉。在这一论述体系中,"东方"是历史的起点,"西方"则是终点,"西方"创造了历史并铸造着未来,而位于"东方"的中华帝国则是一个专制、野蛮、滞后的古老国度。① 这种二元对立的"哲理化"表述的真正可怕之处在于其中的时间与空间的逻辑互渗,具体体现为一系列不无价值仲裁意味的二元对立项,如传统／现代、中国／西方、旧／新、野蛮／文明等之间的可置换关系。这种观念秩序的确立,为西方帝国主义的殖民扩张准备了意识形态基础,血腥的劫掠和暴力的入侵反而成为帮助野蛮、停滞的民族进入文明、进步的"正义"工具。② 本奈迪克特·安德森(Benedict Anderson)曾经指出:"民族所表达的

---

① [德]黑格尔:《历史哲学》,王造时译,上海书店出版社 2003 年版,第 106—136 页。
② 关于西方现代性叙事中的"中国"表述话语谱系的转化及其意义,周宁先生有过极其精彩、透彻的论述,参见周宁:《天朝遥远:西方的中国形象研究》上、下册,北京大学出版社 2006 年版。

是这样一种理念,它是一种沿着历史向下(或向上)进行稳定运动的坚实的共同体,可以被形象地比喻为一个按照历时的方式穿越同质、空洞的时间的社会有机体。"① 在这个意义上,我们可以说,在中国现代知识分子的跨文化戏剧实践中,一种迫于西方殖民压力下的现代民族国家叙事 ②,正是通过把一种历时的线性时间观念组织进了不同的空间中,从而使得进步与落后、现时与未来的二元区隔成为解释中西文化差异的唯一尺度。由于列强的侵略,这种移植来的民族国家的时空观念,在渐次展开的历史格局中成为主导的叙事模式。正如在中国本土上演的"娜拉的故事"中,尤其是在"五四——左翼"这一叙事脉络中,现时 / 本土往往意味着一种反价值,只有背弃现时 / 本土,转向一个被建构的"西方"(或有待于被动员的"大众"),才可能为本土允诺一个"光明"的未来。当然,这种现代性叙事也不能完全被视为是西方的"东方主义"论述宰制的结果,其中亦有本土经验的参与。需要强调的是,自"五四"以来,在中国处于主导位置的现代戏剧实践,如"娜拉的故事",在一种本质化的二元思维框架中,使得西方 / 本土、现代 / 传统均被表述为铁板一块。而诸如"西方"、"现代"等想象性的文化符码无论在美学层面,还是在政治层面,最终都演化为令人望而生畏的知识权力。作为符号资本的"西方"所谓的"文化霸权",在中国现代知识分子的戏剧实践中往往被落实为本土内部的权力结构。

然而,这不是问题的全部。"西方"在中国现代的叙述中的意义并非一成不变的,不同的跨文化实践主体可能拥有着不一样的"西方"与"传统",这些戏剧实践丰富了(或者说复杂化了)中西戏剧文化交流的图景,从而使一种别样的时空体验和另类(alternative)的现代性经验得以呈示,并且与主导的叙事模式进行着多重的磋商和深层次的对话。其中,张爱玲就是这些另类实践者之一,本文将以张爱玲在 1947 年为上海文华影片公司编剧的《太

---

① Benedict Anderson, *Imagined Communities: Reflections on the Origin and Spread of Nationalism*, London·New York:Verso, 1991, pp.26.

② 刘禾指出,"'五四'以来被称之为'现代文学'的东西其实是一种民族国家文学"。刘禾:《语际书写——现代思想史写作批判纲要》,上海三联书店 1999 年版,第 191—195 页。

太万岁》为个案①,探讨另一种不可忽视的另类跨文化戏剧实践的修辞策略及其意义。

一、"跨文化性":前提与问题

《太太万岁》在被洪深批评为不够重视"自己的戏剧工作的教育作用与社会效果"②之后,又被程季华等电影史家在60年代初再度定性为"消极电影",因为它"颂扬了一个充满小市民庸俗习气的女主人公,渲染了乐天安命的人生哲学"③。此后,《太太万岁》被埋藏在历史的烟尘中长达三十年之久。80年代末,海外学者郑树森从《太太万岁》对中国电影类型的开拓意义上高度评价这部影片,指出影片的"部分桥段近乎30年代好莱坞的神经喜剧","在'借鉴'好莱坞之余,《太太万岁》也羼杂一些30年代中国电影常见的题旨"④,随后,这部影片的电影史价值也得以重估⑤,研究成果多不胜数。《太太万岁》的重见天日绝非一个偶然、独立的文化事件,在它的背后纠缠着一个繁复的历史语境。张爱玲在战后极为敏感的政治身

---

① 张爱玲编剧、桑弧导演:《太太万岁》,上海文华影片公司1947年出品。本文参考的影片DVD由峨眉电影制片厂音像出版社出版发行,下文不再另注。

② 洪深:《恕我不愿领受这番盛情——一个丈夫对于〈太太万岁〉的回答》,《大公报·戏剧与电影》第64期,1948年1月7日。

③ 程季华主编,程季华、李少白、邢祖文编著:《中国电影发展史(初稿)》第2卷,中国电影出版社1980年版,第268—269页。根据版权页显示,该书初版于1963年2月,陈荒煤在"重版序言"里面说为了"还它本来的历史面貌,再次出版了",参见陈荒煤:《重版序言》,程季华主编,程季华、李少白、邢祖文编著《中国电影发展史(初稿)》第1卷,中国电影出版社1980年版,版权页、第4页。

④ 郑树森:《张爱玲的〈太太万岁〉》,台北《联合报》副刊,1989年5月25日。

⑤ 比如丁亚平著《影像中国——中国电影艺术:1945—1949》(文化艺术出版社1998年版)、陆弘石著《中国电影史1905—1949:早期中国电影的叙述与记忆》(文化艺术出版社2005年版)、丁亚平著《电影的踪迹:中国电影文化史评》(中央编译出版社2005年版)、〔日〕佐藤忠男著《中国电影百年》(上海书店出版社2005年版)、焦雄屏著《映像中国》(复旦大学出版社2005年版)、杨远婴主编的《中国电影专业史研究:电影文化卷》(中国电影出版社2006年版)、张巍主编的《中国电影专业史研究:电影编剧卷》(中国电影出版社2006年版)、李少白主编的《中国电影史》(高等教育出版社2006年版)等,对于《太太万岁》都给予了充分的肯定。

份①,赋予她在随后的冷战和后冷战叙事中一个颇为"传奇"的文化位置:她在1949年以后的中国大陆的文学史叙述中被"全面蒸发",同时却在海外华人世界的论述中被不断"放大"。然而,伴随着冷战的终结以及中国文化市场的渐次成熟,张爱玲的作品被大量引进和重印,在"重写文学史"的文化实践中,在"多重新主流建构力量的助推"下,对于张爱玲的评价不断攀升。② 最终,张爱玲及其作品不仅被"经典化",而且在商业操作下,张爱玲成为文化生产的焦点之一,"张爱玲"渐渐失去了其原有的丰富内涵,成为一个有利可图的文化符号,并且和种种社会经济因素互动,不无讽刺地形成了新的"张爱玲传奇"。在商业性的文化生产和学术研究不断互渗的情况下,张爱玲研究也被不断地庸俗化,严肃的学术研究走向了浮浅和停滞。在这样的文化格局中检视《太太万岁》既有的相关研究,会发现在"补白"与"钩沉"工作完成之后,众多标榜"重估"或"重写"的研究不过是在用一种"叙事"替换另一种"叙事"而已,因为"遮蔽"与"聚焦"在根本逻辑上毫无二致,都是主流话语建构的表征。此类研究未能从前提预设上去质疑既往的讨论。在郑树森给予《太太万岁》充分的肯定之后,有相当一部分研究仍在原地踏步,继续为"张爱玲传奇"的构筑添砖加瓦,使这个原本意义丰赡的论题被彻底地庸俗化了。对于这些后继性的研究,需要从两个方面进行反思:其一,在学理上不够严谨,其二,缺乏真正的问题意识。这两个方面的阙失共享着同一个前提预设,即张爱玲在上海期间可能看过很多好莱坞喜剧影片,而《太太万岁》正是好莱坞喜剧片影响下的产物。其实这个前提是需要被彻底加以检讨的:首先,郑树森并没有明确指出《太太万岁》是好莱坞喜剧片影响下的作品,而是非常谨慎地表述为"部分桥段近乎30年代好莱坞的神经喜剧";其次,郑树森指出,"在'借鉴'好莱坞之余,《太太万岁》也羼杂一些30年代中国电影常见的题旨",这句话是很有见地的,其中凸显着论者敏锐的问题意识,即《太太

---

① 张爱玲战后曾被认为是"文化汉奸",主要原因有两个:其一是与胡兰成的婚姻;其二是她在有日伪背景的报刊杂志上发表文章。

② 戴锦华:《时尚·焦点·身份——〈色·戒〉的文本内外》,《艺术评论》2007年第12期。

万岁》的 "跨文化性"（transculturation）①。而以上两个方面往往为后继的研究者视而不见,草率地认定《太太万岁》是好莱坞喜剧影响的产物后,就开始分析其中的 "影响成分",在笔者看来,此类研究模式未免有些不着边际。

"影响—接受" 的研究范式要面临两重麻烦:第一,必须要有实证,才能确定这种交流模式;第二,即使有了实证,所谓的 "影响" 已经成为艺术家本人意识深处的文化信息的一个组成,它们已被整合为艺术家的多重知识修养的一个部分,是一种精神性的状态,因此,"影响" 的成分是不可分析的,而 "影响" 的线索亦是无法追踪的。②据笔者观察,到目前为止,学界还没能提供任何关于《太太万岁》的 "影响源" 的确切证据;当然,亦有研究者聪明地绕开了第一重麻烦,彻底把编剧张爱玲摒弃,从导演桑弧与刘别谦的关系着手分析影片与好莱坞喜剧的关系。③桑弧的确在各种不同的场合谈到他对于好莱坞导演刘别谦的嗜爱④,但是,正如郑树森指出的那样,《太太万岁》对于好莱坞喜剧 "是否借鉴在艺术创作上原难落实"⑤,艺术创作是艺术家把积淀在其潜意识层面的种种经验、学养信息调动出来,在特殊的社会文化背景的熔炉中加以熔铸的结果,其中融合了他本人的知识结构、接受期待和历史语境的形塑,"影响" 并非一般想象的那样容易辨认。⑥兴起于现代民族主义文化背景下的影响研究,暗含着 "我施你受" 的因果链接和权力关系,它假设在一种二元对立的两极关系中,其中的一极永远处于被动、沉默

①　"跨文化性" 是 "用来描述从属的或边缘的群体如何从支配的或大都市的文化传播过来的材料中进行选择和创制。虽然被征服者不能自如地控制统治者文化所施予他们的东西,但他们确实可以在不同程度上决定他们需要什么,他们如何应用,他们赋予这些东西以什么样的意义"。See Mary Louis Pratt, *Imperial Eyes: Travel Writing and Transculturation*, Second edition, London and New York: Routledge, 2008, p.7.

②　陈思和:《20 世纪中外文学关系研究中的 "世界性因素" 的几点思考》,载严绍璗、陈思和主编《跨文化研究:什么是比较文学》,北京大学出版社 2007 年版,第 153—154 页。

③　比如张荣的论文《桑弧与刘别谦——以〈太太万岁〉为例》,载《当代电影》2008 年第 3 期。

④　陆弘石、赵梅对桑弧的访谈以及桑弧的《拍戏随笔》,均载《桑弧导演文存》,北京大学出版社 2007 年版,第 50、302 页。

⑤　郑树森:《张爱玲的〈太太万岁〉》,台北《联合报》副刊 1989 年 5 月 25 日。

⑥　陈思和:《20 世纪中外文学关系研究中的 "世界性因素" 的几点思考》,载严绍璗、陈思和主编《跨文化研究:什么是比较文学》,北京大学出版社 2007 年版,第 153—154 页。

的境地,这是我们在运用该范式进行研究时必须予以反思和超越的。实际上在"影响—接受"的文化交流模式中,处于弱势的一极并非完全处于被动状态,它面对强势文化的覆盖性冲击,往往会主动地加以判断、选择和创造,同时,它亦会给予强势文化造成回馈性影响,虽然二者间存在着明显的话语逆差。这种缺乏反思意识的研究模式依然在二元对立的思维框架中打转,对于"西方"和"中国"均进行了本质主义的处理,不具备真正的问题意识。鉴于此,本文认为,我们与其陷入混乱而徒劳的猜度与考据,不如及时地从"影响"研究的泥淖中抽身而退,以拓展新的问题域并在理论前提上另起炉灶。

　　在影片《太太万岁》上映之前,张爱玲在洪深主编的《大公报·戏剧与电影》周刊上发表了《〈太太万岁〉题记》一文,这无疑是我们理解《太太万岁》的一个前提性文本。在文章中,张爱玲指出:"John Gassnet 批评 Our Town 那出戏,说它'将人性加以肯定———一种简单的人性,只求安静地完成它的生命与恋爱与死亡的循环。'《太太万岁》的题材也属于这一类。戏的进行也应当像日光的移动,濛濛地从房间的这一个角落到那一个角落,简直看不见它动,却又是倏忽的。梅特林克一度提倡过的'静的戏剧',几乎使戏剧与图画的领域交迭,其实还是在银幕上最有实现的可能。然而我们现在暂时对于这些只能止乎向往,例如《太太万岁》就必须弄上许多情节,把几个演员忙得团团转,严格地说来,这本是不足为训的。然而,正因为如此,我倒觉得它更是中国的。我喜欢它像我喜欢街头卖的鞋样,白纸剪出的镂空花样,托在玫瑰红的纸上,那些浅显的图案。"[1]在张爱玲这段峰回路转般的文字之间,隐藏着一条通往深度阐释《太太万岁》的有效路径,即《太太万岁》作为一种跨文化的戏剧实践,其"跨文化性"在于通过挪用"西方"重新解读、审视并发现传统,对二者进行了非本质主义的创造性转换与整合,从而实现空间与时间的转译,传达出一种另类的现代性体验,进而界定自身的主体位置。

　　接下来本文将通过对于《太太万岁》的文本解读,探讨影片传达出的美学观念是如何凸显一种另类的时空经验的? 而这种时空经验又隐喻或者说注解着什么? 这种戏剧实践在中国现代的论述场域中处于什么样的文化位

---

① 　张爱玲:《〈太太万岁〉题记》,《大公报·戏剧与电影》第 59 期,1947 年 12 月 3 日。

置？它是如何与处于主导位置的戏剧实践的时空模式展开深层次的对话，并在此基础上有效地解构了中国 / 西方、传统 / 现代等一系列被建构出来的二元区隔，从而为我们提供了一种想象中国的别样方式和启示的？

二、时空转译与现代性体验

张爱玲是中国近现代最为自觉地进行跨文化书写的作家之一，读高中三年级时，她就已经开始尝试双语写作①，她在抗战期间创作的大量小说、散文以及撰写的文艺批评也都明确昭示了其写作的跨文化特质②，这种自觉的书写姿态在战后被延续下去，贯穿了她整个写作生涯。而她真正的跨文化戏剧实践则始于 1944 年，她把自己的小说《倾城之恋》改编成了舞台剧，演出时"很普遍的被喜欢"③。1947 年继影片《不了情》④的成功之后，同年，张爱玲再次为文华影片公司编剧的《太太万岁》，就当时的演出效果⑤及其后来的艺术地位而言，无疑又是一次相当出色的跨文化戏剧实践。

《太太万岁》共有 66 场戏⑥，主要讲述丈夫唐志远（张伐饰）在妻子陈

---

①　在张爱玲早期的创作中，目前可以看到的有两篇英文作品：*Sketches of Some Shepherds* 和 *My Great Expectations*，均系作者高中三年级时所作。参见来凤仪编：《张爱玲散文全编》，浙江文艺出版社 1992 年版，第 502—513 页。

②　可参见张爱玲的小说集《传奇（增订本）》（上海山河图书公司 1946 年版）以及散文集《流言》（上海五洲书报社 1944 年版）中的篇目。

③　张爱玲：《写〈倾城之恋〉的老实话》，载《张爱玲文萃》，文化艺术出版社 2003 年版，第 75 页。

④　张爱玲编剧、桑弧导演：《不了情》，上海文华影片公司 1947 年出品。本文参考的影片 DVD 由峨眉电影制片厂音像出版社出版发行，下文不再另注。

⑤　据陈子善考证，该影片于 1947 年 12 月 14 日"在上海的皇后、金城、金都、国际四大影院同时上映，引起很大轰动，整整两周，即使遇上大雪纷飞，仍然场场狂满。当时上海各报竞相报道《太太万岁》上映盛况，称其为'巨片降临'、'万众瞩目'、'精彩绝伦，回味无穷'、'本年度银坛压卷之作'"。陈子善：《围绕张爱玲〈太太万岁〉的一场论争》，载子通、亦青主编《张爱玲评说六十年》，中国华侨出版社 2001 年版，第 111 页。

⑥　最近几年公开出版的《太太万岁》的对白本错讹颇多，张爱玲本人在看到这个对白本后，在她的散文《"嘎？"？》里面表示："在我看来实在有点伤心惨目"，笔者认为该对白本最严重的错误在于把志远与思珍在杨律师那里协议离婚复又和好那一场给完全漏掉了。分别参见张爱玲：《"嘎？"？》，载《张爱玲文萃》，文化艺术出版社 2003 年版，第 412—416 页；张爱玲：《太太万岁》，载子通、亦青编《张爱玲文集·补遗》，中国华侨出版社 2002 年版，第 3—39 页。

思珍（蒋天流饰）的帮助下从岳父（石挥饰）那里借来一笔钱，创办了一家公司，而事业蒸蒸日上的志远却在外面和交际花施咪咪（上官云珠饰）混在一起，思珍伤心之余佯作不知，最后志远的公司被小人搞垮，施咪咪又假装怀孕勒索志远，思珍用计成功地为志远化解危机，并决定与志远离婚，然而思珍在最后的关头却又为志远的悔悟所打动，夫妻和好如初。《太太万岁》是一部不大容易进行"情节"复述的影片，正如当年影片公映后，一位影评人所指出的："我对张爱玲的写作技术是钦佩的，像《太太万岁》这样没有'故事性'的故事，而居然能编成一个电影剧本，诚令人感到惊奇。"[①] 因此，如果一定要像上述的那样去追踪其故事线索，将必然会以丧失影片极为丰富的细节及其隐喻意义为代价。但是，我们仅根据上述的影片内容梗概，依然可以从中感受到一种极为另类的书写姿态——显而易见，这是一出"反高潮"[②] 的戏剧，这种"反高潮"在她后来那篇已为华人导演李安搬上银幕的短篇小说《色，戒》里面，被再度成功地运用。[③] 在影片的高潮部分，即志远和思珍在杨律师办公室协议离婚那一场，观众的接受惯例与观影期待一并遭遇到了巨大的挑战——陈思珍的态度在刹那间来了一个极端的转折，无论如何也不愿与唐志远离婚。如果把《太太万岁》放进"娜拉的故事"这么一个为中国观众颇为熟悉的叙事脉络中考察，可以发现陈思珍其实是一个"欲走还留"的娜拉，因此我们可以得出这样的结论：《太太万岁》的"反高潮"的实质就是"反娜拉"。

在《〈太太万岁〉题记》里面，张爱玲提到影片与《我们的小镇》（*Our Town*）[④] 的题材属于一类的，并借用了剧评人约翰·加斯纳（John Gassnet）对《我们的小镇》的评论，那就是"将人性加以肯定——一种简单的人性，

---

① 沙易：《评〈太太万岁〉》，《中央日报·剧艺》第 509 期，1947 年 12 月 19 日。

② 张爱玲曾说过："我喜欢反高潮，艳异的空气的制造与突然的跌落，可以感到传奇中的人性呱呱啼叫起来。"张爱玲：《谈跳舞》，《天地》第 14 期，1944 年。

③ 关于《色，戒》"反高潮"的相关论述，可参见周云龙：《〈色·戒〉的戏中戏、中年危机与文化记忆》，《粤海风》2008 年第 1 期。

④ *Our Town* 是美国戏剧家桑顿·怀尔德（Thornton Wilder，1897–1975）的作品，该剧首演于1938 年，其常见的中文译名还有《小镇风光》等。本文参考作品为 Thornton Wilder, "Our Town", *Three Plays: Our Town, The Skin of Our Teeth, The Matchmaker*, New York : Harper & Row Publishers, Inc., 1957, pp.1–64. 下文不再另注。

只求安静地完成它的生命与恋爱与死亡的循环"。出于这样一种写作指向，张爱玲有意识地挪用了西方现代主义戏剧的某些手法，比如桑顿·怀尔德在《我们的小镇》中的时空处理，梅特林克的"静的戏剧"理念等。[①] 彼得·斯丛狄在描述典型的幻觉性的戏剧本质时指出，"戏剧是第一性的，它不是被表演的，而是自我展现，不是关于过去的讲述，而是当下的发生，戏剧在时间和空间上的一致性体现了戏剧的统一性"[②]。而在怀尔德与梅特林克等剧作家那里，以上原则几乎被全面颠覆：戏剧情节遭到了极大的稀释，戏剧人物的灵魂呈示成为重心，戏剧时空可以自由转换……就怀尔德与梅特林克而言，他们那不无革命性的戏剧实践有着相同的旨归，即探讨日常生活的核心价值。怀尔德指出，"《我们的小镇》既无意提供新罕舍尔（New Hampshire）村的生活图景；也无意探讨人在死亡后的存在状态（剧中的相关内容我仅仅借鉴了但丁的《炼狱》）。主要是尝试着追寻日常生活中最微不足道的细节的价值"[③]。而梅特林克则在他的经典著述《谦卑者的财富》里面，宣言般地肯定日常生活的意义："在日常生活中有一种悲剧因素存在，它远比伟大冒险中的悲剧更真实、更强烈，与我们真实的自我更相似。"[④] 日常生活的空间具有固定、狭窄和封闭的特点，而日常生活的时间则具有凝固、恒常和均匀流逝的特征。[⑤] 在《我们的小镇》的帷幕拉开以后，舞台监督告诉观众："第一幕演出的是我们小镇的一天，时间是 1901 年 5 月 7 日破晓时分"，然后开启了小镇那静如止水般的日常节奏，在这个近乎凝固的时间流程中，展示出一个世外桃源般的空间，小镇远离尘嚣，温馨舒适，文明自足。梅特林克曾经表达了他所期望的舞台实践风貌："我希望在舞台上看见某种生活场面，凭借联结起各个环节，追溯到它的根源和它的神秘，这是在我的日常事务中既无力

---

① 张爱玲：《〈太太万岁〉题记》，《大公报·戏剧与电影》第 59 期，1947 年 12 月 3 日。

② ［德］彼得·斯丛狄：《现代戏剧理论（1880—1950）·译者序》，王建译，北京大学出版社 2006 年版，第 14 页。

③ Thornton Wilder, "Preface", in Three Plays: Our Town, The Skin of Our Teeth, The Matchmaker, New York : Harper & Row Publishers, Inc., 1957, pp. XI.

④ ［比利时］莫里斯·梅特林克：《日常生活的悲剧性》，载《梅特林克随笔书系：谦卑者的财富 智慧与命运》，孙莉娜、高黎平译，哈尔滨出版社 2004 年版，第 40 页。

⑤ 衣俊卿：《现代化与日常生活批判》，人民出版社 2005 年版，第 18—24 页。

量,也无机会去研究的。我到那里去,是希望我日复一日卑微存在的美、壮观和诚挚,在某个瞬间,会向我显现,我不知道的存在、力量或者上帝始终在我的房间中与我同在。我渴望一个奇异的时刻,它属于更高的生活,但未被察觉,就倏忽飞过了我极度枯燥的时辰;然而我所看到的,几乎一成不变,只不过是一个人,让人厌倦已极地啰嗦着,他为什么嫉妒,为什么下毒,为什么杀人。"① 对于日常生活的意义的孜孜探求,使怀尔德与梅特林克的戏剧时空观念突破了幻觉性的戏剧时空 "一致性" 的限制,而获得了隽永的美学意味。值得注意的是,怀尔德明确表示他的戏剧实践借鉴了包括中国戏曲在内的东方表演艺术:"在中国戏剧里面,一个角色通过跨立在一根棍子上,就能为我们传达出他正骑在马背上。几乎在每一个日本能剧中,一个演员只需在舞台上环绕一周,我们就明白他在做长途旅行。"② 由此可见,《我们的小镇》的自由开放的时空结构以及象征性的舞台处理手法的灵感即来自于中国戏曲等东方表演艺术,而怀尔德与中国戏曲的关系渊源则可以追溯到他童年在上海和香港生活期间对于中国戏曲的接触。③ 梅特林克提出的 "静的戏剧" 理念,作为西方现代主义思潮兴起背景下的一种戏剧实践,旨在以审美现代性对抗社会现代性。④ 而《我们的小镇》则以一种平静、温馨、舒缓的风格和笔致,通过日常生活的温情展示和诗意开掘,对于功利、浮躁的美国现代都市生活进行了深刻地反思和温婉地批评。怀尔德在这部剧作里面融入了一个哲学主题:让人们意识到 "日常生活中最微不足道的细节的价值"。《我们的小镇》凸显出一种可以和现代工业文明相互参照的价值体系,其田园牧歌般的情致显现出对于自然家园、农业文明的乌托邦式地想象和渴望,整部剧作氤氲着一种淡淡的怀旧情愫。为了更好地表达剧作的哲学主题与反思、批判意识,怀尔德摒弃主流的幻觉剧场模式不用,转向东方古老的戏剧传统取法

---

① ［比利时］莫里斯·梅特林克:《日常生活的悲剧性》,载《梅特林克随笔书系:谦卑者的财富 智慧与命运》,孙莉娜、高黎平译,哈尔滨出版社 2004 年版,第 42 页。

② Thornton Wilder, "Preface", in *Three Plays: Our Town, The Skin of Our Teeth, The Matchmaker*, New York : Harper & Row Publishers, Inc., 1957, pp. XI .

③ 郑树森:《文学地球村》,上海三联书店 1999 年版,第 37 页。

④ 周宁:《导言》,载周宁主编《西方戏剧理论史》上册,厦门大学出版社 2008 年版,第 75—76 页。

就成了必然。

　　《〈太太万岁〉题记》里面,张爱玲表达了与怀尔德和梅特林克近似的戏剧观念:"这悠悠的生之负荷,大家分担着,只这一点,就应当使人与人之间感到亲切的罢?'死亡使一切人都平等',但是为什么要等死呢?生命本身不也使一切人都平等么?人之一生,所经过的事,真正使他们惊心动魄的,不都是差不多的几件么?为什么偏要那样的重视死亡呢?难道就因为死亡比较具有传奇性——而生活却显得琐碎,平凡?"① 这种近似的美学观念使张爱玲自觉地在影片中再现了一种以日常生活为核心的"浮世的悲欢"。② 正是怀尔德对于中国戏曲艺术的跨文化挪用,使张爱玲发觉了中国传统与西方现代性整合的可能。于是,中国与西方、传统与现代之间的二元区隔的界限在张爱玲那里就变得模糊起来——中国传统文化是与西方文化共时并存的另一种特殊文化,它在西方现代性话语之外亦享有其合法性,同时西方文化也不再具有唯一的普遍性。但是,怀尔德的《我们的小镇》同样属于一种跨文化的戏剧实践,它从来就没有取消其为西方代言的权力结构,其权力运作具体体现为,汲取东方表演艺术的营养以疗治西方文明的痼疾,进而完成西方现代性文化的自我建构。因此,从深层次看,在这一权力运作的过程中,同样生产出了另一个不无浪漫色彩的"东方",东方与西方的二元划分依然是清晰可见的事实。我们必须从中西戏剧文化整合的双重意义上思考张爱玲在《太太万岁》中的跨文化戏剧实践:它既是对中国/西方、传统/现代等一系列二元对立项,以及在此基础上对于中国和西方的本质化表述的有力解构,同时亦把自我的戏剧实践纳入了西方现代性的自我建构的话语脉络中去。③《太太万岁》的"跨文化性"的第二个层面的意义及其生成将在本文的后半部分详加论述,同时还会涉及张爱玲如何通过她的跨文化戏剧实践,在对于中国现代性的想象方式上,与"五四—左翼"

---

①　张爱玲:《〈太太万岁〉题记》,《大公报·戏剧与电影》第 59 期,1947 年 12 月 3 日。
②　同上。
③　本文这一论述思路受益于史书美教授对于中国的现代主义文学创作富于启发性的研究,参见〔美〕史书美:《现代的诱惑:书写半殖民地中国的现代主义(1917—1937)》,何恬译,江苏人民出版社 2007 年版。特别是该书的第六章"未曾断裂的现代性:对新全球文化的建议"。

的叙事模式展开了一次深层次的对话。接下来,本文将从《太太万岁》的文本分析出发,探讨张爱玲是如何在西方的参照系中,重新发现传统,并为自己的戏剧实践找到了新的审美资源,从而实现时空转译,呈示出别样的中国现代性体验。

张爱玲明确意识到,西方现代主义戏剧的艺术主张"还是在银幕上最有实现的可能"。张爱玲的观点是有道理的。因为戏剧艺术的发生必须在由三度空间和时间组成的四维时空中进行,而电影则是在由叙事造成的时间维度中,在二度空间的银幕平面上展示连续性的画面,如此一来,由画面暗示出来的三度空间依靠摄影机的位移和胶片剪辑,就可以被自由地呈示而不受物质条件的限制。诸如《我们的小镇》和梅特林克期望的"静的戏剧",这类意欲突破时空一致性的戏剧理念,"几乎使戏剧与图画的领域交叠",用电影作为载体最为切实有效,但问题是它们作为戏剧的基本前提也被否决了。而中国戏曲的具有象征意味的开放性时空结构则为解决这一难题提供了基本的灵感,怀尔德在《我们的小镇》里面已经成功地进行了实验。张爱玲编剧的《太太万岁》则无须顾虑太多,因为它原本就是为银幕呈现而作,蒙太奇手法可以最大程度地满足其视觉想象与时空切割。张爱玲希望《太太万岁》"的进行也应当像日光的移动,濛濛地从房间的这一个角落到那一个角落,简直看不见它动,却又是倏忽的",这句话暗示了影片《太太万岁》是在空间的转换中感知时间的匀质流逝的。但张爱玲又自觉地"弄上许多情节",因为她在意的是影片在挪用西方现代戏剧艺术的题材与时空理念之外,它是否"更是中国的"。

《太太万岁》为我们呈示了两类由社会规划的空间,即作为个人日常生活空间的家庭(私人领域)以及作为都市生产和消费空间的公司、银行、律师事务所、咖啡厅、电影院、商店等(公共领域)。在两类空间的特质与关系上,前者具有封闭、限制、依附的性质,而后者则具有开放、主导、生产的性质。在影片的前半部分,这两个空间的分野与区隔极度明晰。陈思珍显然是属于前者的,正如张爱玲所言:"上海的弄堂里,一幢房子里就可以有好几个她。"① 陈思

---

① 张爱玲:《〈太太万岁〉题记》,《大公报·戏剧与电影》第59期,1947年12月3日。

珍的生命状态也是充斥着日常的琐屑与平淡,"她的气息是我们最熟悉的,
如同楼下人家的炊烟的气味,淡淡的,午梦一般的,微微有一点窒息;从窗子
里一阵阵的透进来,随即有炒菜下锅的沙沙的清而急的流水似的声音"①。与
陈思珍所属空间相对应的,是丈夫志远所处的作为现代都市生产和消费的空
间,开始志远在一家银行上班,后来遇到机会开了公司,而他出入的消闲场
所往往是咖啡厅、电影院、商店等。亨利·列费弗尔(Henri Lefebvre)指出:
"空间从来就不是虚空的:它总是表达着某种意义。"②影片中两类空间的分
野营造出了一种"性别空间"的意味,"'性别空间'(gendered spaces)将女
性与男性藉以生产和再生产权力和特权的知识隔离开来"③。正是在"性别"
尺度的隔离下,影片清晰地把其中的角色划分在两个领域中:陈思珍、婆婆、
唐志琴(志远的妹妹)、陈母等处于以家庭为界限的私人领域中,而唐志远、
陈思瑞(思珍的弟弟)、杨律师、周先生(志远的朋友)、薛副经理等则出入
于公共的银行、公司、律师事务所、咖啡厅、电影院等场所。列费弗尔那启人
深思的理论体系,令人信服地把我们的注意力从习惯性地关注空间中的事物
转移到了空间的组织方式上,并提醒我们社会空间本身就是一种生产方式:
"空间不是诸多其他事物中的某一件,也不是诸多其他产品中的某一个,不如
说它把生产出来的事物进行了一番归类,包括了并存且共时的事物以及它们
之间的互动关系——它们相对的秩序或无序。它是一系列连续运作的产物,
因此不能被降级到简单的客观事物之列。与此同时,它根本不是一个想象
物,与诸如科学、再现、观念或梦想等相比,它是不真实的或者'理想化的'。
社会空间是自身过去的行为的产物,它允许新的行为发生,同时它还促进某
些行为并禁止另一些行为"④,因此,社会空间既是实践发生的场所,同时也
形塑着实践的基本风貌。《太太万岁》呈示的空间分割及其组织方式,不仅

---

① 张爱玲:《〈太太万岁〉题记》,《大公报·戏剧与电影》第 59 期,1947 年 12 月 3 日。

② Henri Lefebvre, *The Production of Space*, translated by Donald Nicholson-Smith, Oxford(UK),
Cambridge, Mass: Blackwell, 1991, pp.154.

③ 达夫妮·斯佩恩:《空间与地位》,雷月梅译,载汪民安、陈永国、马海良主编《城市文化读
本》,北京大学出版社 2008 年版,第 295 页。

④ Henri Lefebvre, *The Production of Space*, translated by Donald Nicholson-Smith, Oxford(UK),
Cambridge, Mass: Blackwell, 1991, p.73.

使性别区隔得以实现,反过来,两类空间中的实践又强化、巩固了这种"性别空间"的基本状况。

需要特别加以分析的是影片中另一位女主人公施咪咪,她在影片中首先以交际花的身份出现,她出入的场所亦属于公共领域,如咖啡厅、电影院等,但是她的身体节奏却不断地泄露出社会空间的组织方式的另一个秘密,即知识资源的分配与职场分工之间的相辅相成关系。在进入讨论之前,我们必须首先摒弃一种简单粗暴的道德判断,而承认施咪咪的交际花身份亦是一种谋生的职业,正如张爱玲所说的那样,"以美好的身体取悦于人,是世界上最古老的职业,也是极普遍的妇女职业。为了谋生而结婚的女人全可以归在这一项下"①。在影片的题旨中,陈思珍与施咪咪的差别仅仅在于分工的不同而已。"男性与女性的隔离方式制约了女性获取知识的机会,使女性的地位在两性关系中更加卑微"②,"性别空间"的隔离控制着知识资源的分配,进而操纵着职场的分工,因此,无论是陈思珍还是施咪咪,只能以取悦男人为生,不同的是,陈思珍用撒谎来润滑生活,而施咪咪用美貌换取金钱。施咪咪看似身处属于公共领域的社会空间中,但是因为她的生产空间却同时属于男性的消费空间,她本身就是作为消费品而存在于公共领域的,因此她实际上依然是置身在前面所论述的属于私人领域的衍生空间中,二者具有结构上的同源关系。这个衍生空间的生成、维系与强化,依靠的仍然是"性别空间"的隔离。

社会空间中的性别区隔及其成功运作从来就离不开女性的合作。由于"性别空间"的隔离与建构,"将女人置于一种永久的象征性依赖状态:她们首先通过他人并为了他人而存在,也就是说作为殷勤的、诱人的、空闲的客体而存在"③。陈思珍在影片中依靠不断撒谎,处处委屈自己、成全别人,维护了他人的尊严和家庭的短暂稳定,施咪咪则充分发挥自己的美貌优势,努力迎合职场男人们的猎艳心理而借以谋生。陈思珍和施咪咪的身体就是在划定

---

① 张爱玲:《谈女人》,《天地》第6期,1944年3月。
② 达夫妮·斯佩恩:《空间与地位》,雷月梅译,载汪民安、陈永国、马海良主编《城市文化读本》,北京大学出版社2008年版,第295页。
③ [法]皮埃尔·布尔迪厄:《男性统治》,刘晖译,海天出版社2002年版,第90页。

的社会空间中,被不证自明的性别话语结构规定为"为了他人而存在"的客体,同时也是规训自我实践的主体,而这种"主体性"反过来又强化着其作为客体的身份。她们把来自于"性别空间"的"压制自动地施加于自己身上","在权力关系中同时扮演两个角色,从而把这种权力关系铭刻在自己身上",从而她们"成为征服自己的本源"。①

英国女性主义电影理论家劳拉·穆尔维在其颇具影响力的论文《视觉快感和叙事性电影》里面指出,"在一个由性的不平衡所安排的世界中,看的快感分裂为主动的/男性和被动的/女性。起决定性作用的男人的眼光把他的幻想投射到照此风格化的女人形体上。女人在她们那传统的裸露癖角色中同时被人看和被展示,她们的外貌被编码成强烈的视觉和色情感染力,从而能够把她们说成是具有被看性的内涵"②。穆尔维在这里指出了主流叙事影片的性别表征手段,即把色情奇观编织到父权话语主导的秩序中,从而使银幕上的女性形象成为男性观众凝视(gaze)的欲望客体。但是,在《太太万岁》中,张爱玲通过挪用西方现代主义戏剧的时空观念,使穆尔维对于银幕空间与影院空间的性别话语叠合、互动现象的经典论断显得捉襟见肘——在影片的内在空间悄无声息的转换中,一种"反凝视"的美学效果逐步得以生成,渐次摧毁了那堵隐形的、用以隔离"性别空间"的铜墙铁壁,使影片中的女性挣脱了她们在象征秩序中作为"意义的承担者"的束缚,转而成为了"意义的制造者"。

列费弗尔曾经批评福柯过于强调空间的隔离与监控的无处不在,以至于忽略了"服务于权力的知识和拒绝承认权力的认知模式之间的对抗",作为主体的个人在私人领域中重新构筑自我空间及其实践的可能,而这个私人空间往往就是个人通过日常生活实践形成的。③《太太万岁》的戏在进行到第 62 场时,整个影片的叙事空间发生了不可思议的逆转,从而使列费弗尔意

①　[法]米歇尔·福柯:《规训与惩罚:监狱的诞生》,刘北成、杨远婴译,生活·读书·新知三联书店 1999 年版,第 227 页。

②　劳拉·穆尔维:《视觉快感和叙事性电影》,周传基译,载李恒基、杨远婴主编《外国电影理论文选》下册,生活·读书·新知三联书店 2006 年版,第 643—644 页。

③　Henri Lefebvre, *The Production of Space*, translated by Donald Nicholson-Smith, Oxford(UK), Cambridge, Mass: Blackwell, 1991, pp. 10–11.

义上的个人日常空间的实践得以重新建构,影片的这种建构体现在两个层面上。在施咪咪的兄弟的安排下,施咪咪佯装有了志远的孩子,到志远家里意图敲诈一大笔钱,还威胁说如果不给,就告志远诱奸。由于疏于管理,志远的公司也被薛副经理给出卖了,此时的志远四处躲债,施咪咪的勒索无异于雪上加霜。此刻,思珍挺身而出,将计就计,不仅揭穿了施咪咪的怀孕谎言,而且发现她的兄弟其实是她的丈夫。施咪咪及其丈夫的骗局被揭穿,志远也得以解围。在这场戏中,我们可以看到私人空间与公共领域界限的模糊,陈思珍从私人空间进入公共领域,并成功地为丈夫化解危机,以及施咪咪由交际花到(一个自己赚钱养活丈夫的)太太的身份置换,无疑是对影片前半部分色情编码系统的有力解构与颠覆。正如周芬伶所言,"在一个父不父、子不子的家庭中,父权体制摇摇欲坠,陈思珍的去色情化,跟男性的凝视是相对的。……陈思珍和咪咪表面上是贤女/妓女二元分化角色,但是最后她们的身份却错乱了,陈思珍失去贤妻的身份,而咪咪原来也是别人的太太。角色的互换与错置产生乖讹的效果,改写了刻板女人的形象"[1]。女性从私人空间进入公共领域的过程,在影片视觉性的隐喻层面上,是一个转身并前行的姿态,这个姿态隐含着一种"反凝视"的视觉效果——"被看"者回头去"看"并逼视偷窥者,必然会破坏影片编码的"被看"的表象结构以及影院空间的观众的视觉认同,从而达到瓦解父权秩序的意识形态的效果。值得注意的是,《太太万岁》的"反凝视"意义是双重的,我们目前的分析还停留在一个最表象的层次上。

上文已经提到这部影片具有"反高潮"的特征,如果把这种"反高潮"放在主导叙事的参照系中审视,其实质就是"反娜拉"。在影片的结局部分,思珍在受尽了委屈、伤害之后,决意与志远离婚,然而志远在律师事务所的一句"没了你,我真不知自己怎么活着",令思珍的态度发生了意想不到的转折,重新回到了太太所属的"家庭空间";同时,施咪咪的太太身份的暴露,也在有意无意地强化着影片中的女性的空间属性。这样的结局从表面看,似乎是与父权秩序的妥协并消解了第一层次的"反凝视"意义。于是,嗅觉灵

---

[1]　周芬伶:《艳异:张爱玲与中国文学》,中国华侨出版社 2003 年版,第 358 页。

敏却不敏锐的批评家们，因为没能从中听到他们预期的"娜拉"出走关门时那"砰"地一声，在失望之余愤而指出，影片的"毛病是在'高潮'变质"，"太太的本事大得很，有主意，有决断，可是一到丈夫不要她，她就毫无办法，失去主动，立刻变为一个被丈夫摆布的乏货！"① 这种男性中心的解读方式是不得要领的，其问题不在于没有注意到"妇女角色的存在，而是妇女问题没有成为爆发出另一种阅读方式的出口点。一般而言，妇女知识概括在一些'更大'的标题如历史、社会、传统等之下"②。正如影片上映后一位署名莘薤的评论者所批评的，"时代是在'方生未死'之间，反动的火焰正图烧灭新生的种子，袖手旁观的人儿是麻木无情呢还是别有用心？"③ 这种立足于民族国家的"大标题"下的批评方式有效地遮蔽了批评本身的性别政治，并渐次成为具有唯一合法性的阅读方式。本文的意图不仅仅在于指出这种批评所隐含的性别政治，还要进一步探究"发生在文化阅读中充满权力色彩的等级化和边缘化过程"④ 中，究竟遮蔽了什么？以及被遮蔽的成分与这种主流话语的关系是什么？这就涉及影片《太太万岁》"反凝视"意义的第二个层面。

　　福柯认为，"大革命所要建立的"是"透明度和可视性"，"当时不断兴起的'看法'的统治，代表了一种操作模式，通过这种模式，权力可以通过一个简单的事实来实施，即在一种集体的、匿名的注视中，人们被看见，事物得到了了解。一种权力形式，如果它主要由'看法'构成，那么，它就不能容忍黑暗区域的存在"⑤。尽管本文的论题与福柯所探讨的对象相去甚远，但是福柯那富于洞见的观点依然对我们有着深刻的启发意义。"五四"以降，无论是在虚拟的书写／表演文本层面，还是在现实的社会政治层面，无数青年男女在"娜拉"的启蒙与感召下，离家或者去国，在生活模仿艺术的过程中，

---

　　①　洪深：《恕我不愿领受这番盛情——一个丈夫对于〈太太万岁〉的回答》，《大公报·戏剧与电影》第 64 期，1948 年 1 月 7 日。

　　②　周蕾：《妇女与中国现代性：东西方之间阅读记》，台北：麦田出版社 1995 年版，第 102 页。

　　③　莘薤：《我们不乞求也不施舍廉价的怜悯——一个太太看了〈太太万岁〉》，《大公报·戏剧与电影》第 64 期，1948 年 1 月 7 日。

　　④　周蕾：《妇女与中国现代性：东西方之间阅读记》，台北：麦田出版社 1995 年版，第 105 页。

　　⑤　包亚明主编：《权力的眼睛——福柯访谈录》，严锋译，上海人民出版社 1997 年版，第 157 页。

开始了其并不十分胜任的社会角色的担当。这种被启蒙的成果却生产出了一种与启蒙自身的初衷格格不入的"窥看主义"（voyeurism）悖论 ①——当启蒙对象被召唤至有着男性气质的公共领域中时，一种"不能容忍黑暗区域的存在"的叙事正好强化了对于启蒙对象身上被本质化了的女性气质的表述，从而使虚拟的文本中建构出来的本土以及现实中"娜拉"的追随者无时不被暴露在一种被社会性的男性主体以及"西方""窥看"的客体位置上，形成"一种集体的、匿名的注视"。同时，我们还可以藉此解释"五四—左翼"话语中的现时／本土为什么总是被体现为一种具有反价值意味的"黑暗区域"，并作为未来的垫脚石被曝光、再现于文本。在这样的论述前提下，我们可以看到陈思珍最后对于私人空间的回归，实际上是否决了另一种男性气质的凝视，即以民族国家的名义而投射的"一种集体的、匿名的注视"。这种"注视"来自于启蒙与革命本身对于"敞视"的需求，这种需求"不能容忍黑暗区域的存在"。而作为交际花的施咪咪对于"太太"身份的恢复，同样否决了社会对于摩登女子凝视的目光，这种作为内在于启蒙话语的"窥看主义"畸形副产品的摩登女子，不过是"家庭玩物的变相延伸而已"②，负载着在民族主义的名义下被编码的色情意义。张爱玲在她的散文《走！走到楼上去》中，曾经以揶揄的口吻质疑了"娜拉"式的"出走"："我编了一出戏，里面有个人拖儿带女去投亲，和亲戚闹翻了，他愤然跳起来道：'我受不了这个。走！我们走！'他的妻哀恳道：'走到哪儿去呢？'他把妻儿聚在一起，道：'走！走到楼上去！'——开饭的时候，一声呼唤，他们就会下来的。"她进一步指出，"这出戏别的没有什么好处，但是很愉快，有悲哀，烦恼，吵嚷，但都是愉快的烦恼与吵嚷，还有一点：这至少是中国人的戏——而且是热热闹闹的普通人的戏。"③ 而张爱玲对于《太太万岁》的评价是："它像我喜欢街头卖的鞋样，白纸剪出的镂空花样，托在玫瑰红的纸上，那些浅显的图

---

① "窥看主义"借用自周蕾，详见周蕾：《妇女与中国现代性：东西方之间阅读记》，台北：麦田出版社 1995 年版，第 171 页。

② 许慧琦：《"娜拉"在中国：新女性形象的塑造及其演变（1900s—1930s）》，台北：政治大学历史学系 2003 年版，第 262 页。

③ 张爱玲：《走！走到楼上去》，《杂志》第 13 卷第 1 期，1944 年 4 月。

案","出现在《太太万岁》的一些人物,他们所经历的都是些注定了被遗忘的泪与笑,连自己都要忘怀的"。① 把这两种评价放在一起对读,不难发现二者间的互文性,它们在日常琐碎生活/"浮世的悲欢"中的个人实践的联结点上形成一种相互敞开的、互为印证的网状关系。正是在这个意义上,张爱玲肯定了陈思珍这个角色:"如果她有任何伟大之点,我想这样的伟大倒在于她的行为都是自动的,我们不能把她算作一个制度下的牺牲者。"② 因此,在"娜拉的故事"这样一个论述前提下,我们可以把陈思珍和施咪咪对于"太太"身份的再度认同,视为影片对于民族主义话语中的性别编码的"对抗性解码"③,影片的第二个层面的"反凝视"意义正是在这种表面的回归与迎合中得以深层次地表述,而这个层面意义也正是立足于民族主义的父权意识形态的评论家们的批评实践的盲区。

如果说"太太"对于私人日常空间的回归是一种深层次的"反凝视"意义的创制和建构的话,那么,一个随之而来的问题是,这种回归是否会在与传统父权意识形态的重新合作中将影片双重的"反凝视"意义消解殆尽呢? 对于这个问题的解析必须重新回到"反凝视"意义生成的第一个层次上。陈思珍从个人的日常空间进入公共领域,这一行为不仅超越了女性/男性、私人/公共的二元区分,而且瓦解了社会空间划分所隐含的父权意识形态,使个人日常空间的意义得以凸显并重新建构了女性的空间认同。因此,陈思珍与施咪咪对于"太太"身份的回归,是在个人通过性别实践重新组构日常生活并与社会空间的区隔形成对抗的基础上的回归。这种性别实践既不认同既往被规划的社会空间的区隔逻辑,同时也在深层次上否决了那种背离个人日常空间意义的"出走"姿态,因为"娜拉"式的"出走"姿态本身就是对另一种建基于民族主义的有着男性气质的社会空间划分逻辑的认同,其内在的性别政治与前者并无二致。这种由"日常空间"到"规划空间"再回到"日常空间"的情境(而非情节)叙事,使影片的时间流程体现出连

① 张爱玲:《〈太太万岁〉题记》,《大公报·戏剧与电影》第59期,1947年12月3日。
② 同上。
③ 斯图亚特·霍尔:《编码,解码》,王广州译,载罗钢、刘象愚主编《文化研究读本》,中国社会科学出版社2000年版,第358页。

续性和循环性的特质,而这种空间的"回归"则隐喻着一种非本质化的"传统"被"现代"的重新整合。显而易见,《太太万岁》的时空观念迥然有别于民族国家叙事中的线性时间对于差异空间的一体化组构模式。当然,影片为了实现这种"反凝视"的视觉效果,所付出的代价是在另一个层面上又强化了女性诡异、狡诈、神秘、多变的定型形象,因为"对抗性解码"实质上颠倒地重复了性别区隔的二元对立的逻辑。

"张爱玲有一种把人物活动的日常场景和日常物品随时随地转成意义的生产'场地'的本事",从而使"'中性'的外在物质世界变成了叙事意义的生产者。"[1] 影片中有一个重要的道具折扇就是在这样的意义上参与了影片的叙事。影片开始就是一把折扇,不断地打开、合拢、再打开……在折扇上依次出现片名及演职员表,而影片的最后一场,则是施咪咪在用当初欺骗志远的那套言辞欺骗另一位男性,然后施咪咪用她的折扇遮住半张脸,对着镜头/观众诡异地眨了眨眼睛。在这样一个意义"生产场地"上,折扇这一日常物品至少负载了四个层面上的隐喻意义:首先,"扇子"在中国传统文化里面往往是作为弃妇的象征[2],张爱玲通过作为现代媒体技术的电影将之加以呈现后,其传统意义发生了翻转,施咪咪用扇子遮面,恰似一张"面具",不仅使其身份极为暧昧(已不再是传统意义上的弃妇),而且施咪咪/上官云珠从折扇上面向摄影机/观众投射的诡异眼神,直接穿透了横亘在影院空间与银幕空间中的"第四堵墙",从而极大程度地干扰了男性的色情凝视;其次,片头的折扇的不断开合,与施咪咪在片尾的暧昧身份呼应,暗示了影片中不断撒谎、不断揭穿的近乎"重复"的情境段落,以及整部影片的圆形结构;再次,折扇的技术特性决定了其可以从任何一边打开,再联系影片的空间叙事的循环结构,可以看出折扇本身就是影片叙事流程的隐喻,它营造出一种非线性的时间感知经验;最后,电影作为一种舶来的现代视觉媒体,其单向

---

① 孟悦:《人·历史·家园:文化批评三调》,人民文学出版社 2006 年版,第 347 页。

② 比如,相传(学界对于《怨歌行》的作者有异议)汉成帝后妃班婕妤为赵飞燕所谮,失宠后住在长信宫,曾写过一首《怨歌行》:"新裂齐纨素。鲜洁如霜雪。裁为合欢扇。团团似明月。出入君怀袖。动摇微风发。常恐秋节至。凉风夺炎热。弃捐箧笥中。恩情中道绝。"其中的扇子意象就寄托着作者失宠后的自伤。参见(陈)徐陵编、吴兆宜注:《玉台新咏》,上海书店出版社 1988 年版,第 14—15 页。

的、不可逆的画面急速变动改变了鉴赏传统艺术时的静观（contemplation）模式,由此在观众身上就产生了一种本雅明意义上的官能"惊悚效果"[1],但是,如果把这种与现代性相关联的视觉性"惊悚"从欧洲都市移植到中国文化语境中,就具有一种与文化殖民相结合的权力指向的意味,因此,传统的折扇技术特质（如其可反复性/回味性）对于影片时空结构的介入和承担,使张爱玲对于"戏剧与图画的领域交迭"的向往在一定程度上得以落实,从而在隐喻层面纾解了这种舶来的新媒体技术所造成的视觉性暴力。再联系影片的结尾部分,在香山咖啡厅里面,施咪咪告诉对面的男人她最喜欢看电影,但是也最怕看电影,当那个男人问及原因时,施咪咪说:"因为有时候看到苦片子,我就会想起我自己的身世来。我的一生真是太不幸了,要是拍成电影,谁看了都会哭的。"施咪咪的言辞对于坐在她附近偷听的志远、思珍以及银幕空间之外的观众而言,显然是骗人的谎言,然而坐在其对面的男人却浑然不觉,于是就产生了同时指涉着银幕内外的双重的认知距离,制造出一种"戏剧性的反讽"（dramatic irony）效果。值得注意的是,影片中这类反讽手法曾被反复使用,但这里施咪咪的谎言与作为现代媒体技术的"电影"之间发生了意义关联,因此使得负载着技术现代性意义的电影及其视觉性暴力被其"谎言"本质有力地加以嘲讽并再度消解。折扇这一道具在影片《太太万岁》里面巧妙地整合了传统与现代、本土与西方两套文化符码,隐喻着影片的循环往复的空间转换中的非线性叙事流程。在个人日常空间与社会规划空间的关系演绎中,影片实现了对于时间的转译,这种非线性的时间感知经验寓言性地注解着一种想象中国现代性的另类方式。

　　张爱玲在《〈太太万岁〉题记》里面指出影片的主题与怀尔德的《我们的小镇》属于一类,即"将人性加以肯定——一种简单的人性,只求安静地完成它的生命与恋爱与死亡的循环",而"戏的进行也应当像日光的移动,濛濛地从房间的这一个角落到那一个角落,简直看不见它动,却又是倏忽的",近乎"静的戏剧"理念中的"戏剧与图画的领域交迭"。在这样的表述中,其实蕴含着一种图画与戏剧（性）、安静与倏忽、永恒与完成的辩证法。张爱

---

　　[1]　［德］瓦尔特·本雅明:《机械复制时代的艺术》,李伟、郭东编译,重庆出版社2006年版,第22—26页。

玲与影片导演桑弧在美学观念上的共鸣①,使《〈太太万岁〉题记》中的视觉想象在银幕上得以完美呈示。结合影片本身,在琐屑、静止的日常生活空间情境的展示背后,隐匿着一个急剧变动的中国大时代背景,而这个背景的变动讯息却是透过前景的日常生活得以传达的,正如著名电影学者焦雄屏所指出的,"中产社会的娱乐,未必一定与时代社会脱节,在中国面临政治体系大分裂的前夕,《太太万岁》承载了诸多除了政治/经济以外的道德/社会危机"②。张爱玲对于自己写作的时代以及个人所居的坐标点有过极为清晰的描述和认知,她说:"这时代,旧的东西在崩坏,新的在滋长中。但在时代的高潮来到之前,斩钉截铁的事物不过是例外。人们只是感觉日常的一切都有点儿不对,不对到恐怖的程度。人是生活于一个时代里的,可是这时代却在影子似地沉没下去,人觉得自己是被抛弃了。为要证实自己的存在,抓住一点真实的,最基本的东西,不能不求助于古老的记忆,人类在一切时代之中生活过的记忆,这比了望将来要更明晰、亲切。于是他对于周围的现实发生了一种奇异的感觉,疑心这是个荒唐的,古代的世界,阴暗而明亮的。回忆与现实之间时时发现尴尬的不和谐,因而产生了郑重而轻微的骚动,认真而未有名目的斗争。"③在张爱玲的笔下,中国的现代性是一种"未完成的现代性"④,

———————

①　桑弧曾经指出,"几年前看了爱得门戈亭导演的《人海冤魂》和山伍德导演的《花好月圆》,我深深地爱上了他们那种抒情的、清丽的笔触。他们所传写的全是一些日常的琐事,故事里绝对没有传奇式的英雄或美人,但通过他们的精湛的手腕,观众却尝到了一种人生的隽永的情趣,我希望我自己能做一个拙劣的学徒"。柯灵有一段评论文字非常精准地把握了桑弧的影片的美学特质:"艺术的色相是繁复的,正如人世的色相。壮阔的波澜,飞扬的血泪,冲冠的愤怒,生死的搏斗,固足以使人激动奋发;而从平凡中捕捉隽永,猥碎中摄取深长,正是一切艺术制作的本色。大多数的人生是琐琐的哀乐,细小的爱憎,善恶相摩擦,发着磷磷的光。他们几乎百分之九十九不能超凡入圣。……多平凡的'浮世的悲哀'啊!它像一面看不见的网,却几乎笼盖着无极的时空。"以上两段文字分别出自桑弧的《〈人海双珠〉题记》和柯灵的《浮世的悲哀》,均载《桑弧导演文存》,北京大学出版社 2007 年版,第 45、309 页。

②　焦雄屏:《孤岛以降的中产戏剧传统——张爱玲和〈太太万岁〉》,载焦雄屏《映像中国》,复旦大学出版社 2005 年版,第 57 页。

③　张爱玲:《自己的文章》,《苦竹》第 2 期,1944 年 11 月。

④　"未完成的现代性"这一表述借用自李欧梵,参见李欧梵:《未完成的现代性》,北京大学出版社 2005 年版。张爱玲本人也曾指出她喜欢的"苍凉"相对于"悲壮"是一种未"完成",她说:"悲壮是一种完成,而苍凉则是一种启示","我知道人们急于要求完成,不然就要求刺激来满足自己都好。他们对于仅仅是启示,似乎不耐烦。但我还是只能这样写。我以为这样写是更真实的"。张爱玲:《自己的文章》,《苦竹》第 2 期,1944 年 11 月。

其基本特征是新旧杂陈,生活在此间的人们的记忆与现实发生了严重的龃龉与暌违,"时代的车轰轰地往前开"①,"人觉得自己是被抛弃了",于是,"他们唱歌唱走了板,跟不上生命的胡琴"②,无法"挣脱时代的梦魇"③。因此,张爱玲说:"我的作品,旧派的人看了觉得还轻松,可是嫌它不够舒服。新派的人看了觉得还有些意思,可是嫌它不够严肃。但我只能做到这样,而且自信也并非折衷派。我只求自己能够写得真实些。"④ 在影片《太太万岁》里面,日常空间的陈设与生存在这一空间的人们的行为方式共同勾画出了一个"参差对照"的价值系统。比如神像,点燃的香蜡,祝寿的礼仪,扇子,嗜看苦戏的习惯,以及无线电,飞机,电影院,咖啡厅,青年男女的新型恋爱方式,金钱门第观念,还有社会道德的隐隐崩坏等等,都被并置在影片所呈示的社会空间中,更重要的是,这些新旧杂陈的空间意象与此间人们的行为方式一并参与了影片的叙事,勾画出一个"一切坚固的东西都烟消云散了"⑤的荒唐奇异且矛盾分裂的时代。

一个"急于要求完成"的时代⑥ 是"仓促的",也是充满着"破坏性"的。张爱玲认为,时代"已经在破坏中,还有更大的破坏要来。有一天我们的文明,不论是升华还是浮华都要成为过去。如果我最常用的字是'荒凉',那是因为思想背景里有这惘惘的威胁"⑦。因此,张爱玲"喜欢参差的对照的写法,因为它是较近事实的",在她眼里,"极端病态与极端觉悟的人究竟不

---

① 张爱玲:《烬余录》,《天地》第 5 期, 1944 年 2 月。
② 张爱玲:《倾城之恋》,《杂志》第 11 卷第 6 期, 1943 年 9 月。
③ 参见张爱玲:《自己的文章》,《苦竹》第 2 期, 1944 年 11 月。
④ 同上。
⑤ "一切坚固的东西都烟消云散了"(all that is solid melts into air)借用自美国社会学家马歇尔·伯曼(Marshall Berman),伯曼的表述借用自马克思,用来描述这样一种现代性经验:"发现我们自己身处这样的一种环境之中,这种环境允许我们去历险,去获得权力、快乐和成长,去改变我们自己和世界,但与此同时它又威胁要摧毁我们所拥有的一切,摧毁我们所知的一切。……这是一个含有悖论的统一,一个不统一的统一:它将我们所有人都倒进了一个不断崩溃与更新、斗争与冲突、模棱两可与痛苦的大漩涡。"[美]马歇尔·伯曼:《一切坚固的东西都烟消云散了——现代性体验》,徐大建、张辑译,商务印书馆 2003 年版,第 15 页。
⑥ 张爱玲:《自己的文章》,《苦竹》第 2 期, 1944 年 11 月。
⑦ 张爱玲:《〈传奇〉再版的话》,载《张爱玲文萃》,文化艺术出版社 2003 年版,第 167 页。

多。时代是这么沉重,不容那么容易就大彻大悟"。《太太万岁》里面的人物"不是英雄,他们可是这时代的广大的负荷者。因为他们虽然不彻底,但究竟是认真的。他们没有悲壮,只有苍凉。悲壮是一种完成,而苍凉则是一种启示。"不难看出张爱玲的"启示"中的"末世"意味,因此她极力地从琐碎的日常生活中寻找一种永恒的"简单的人性","我以为这样写是更真实的。……而且我相信,他们虽然不过是软弱的凡人,不及英雄的有力,但正是这些凡人比英雄更能代表这时代的力的总量。强调人生飞扬的一面,多少有点超人的气质。超人是生在一个时代里的。而人生安稳的一面则有着永恒的意味,虽然这种安稳常是不安全的,而且每隔多少时候就要破坏一次,但仍然是永恒的。它存在于一切时代。它是人的神性,也可以说是妇人性。"① 以一个"一切坚固的东西"都行将"烟消云散"的"未完成"/过渡的时代为隐匿性背景,张爱玲书写了现代与传统"参差对照"的日常空间中的永恒人性,以此缓解急剧变动的大时代对于个体所造成的"惊悚效果",这其实是一种"现代性"经验的隐喻性表述。由此,我们可以看到影片《太太万岁》的空间叙事与中国现代性图景之间的互文性关系——循环往复的非线性时空转喻性地传达了一种想象中国现代性的另类方式,其基本内涵就是"过渡中的永恒"。

三、与主流话语的共享基点

影片《太太万岁》在其银幕时空的转译中,对于中国现代性体验的寓言性注解,即过渡中的永恒,与法国诗人夏尔·波德莱尔为现代性所下的经典定义有着惊人的相似。波德莱尔在其美术评论集《现代生活的画家》里面指出:"现代性就是过渡、短暂、偶然,就是艺术的一半,另一半是永恒和不变。"② 波德莱尔在评论与其同时代的一位画家贡斯当丹·居伊(Constantin Guys)时写道:"他寻找我们可以称为现代性的那种东西,因为再没有更好的

---

① 张爱玲:《自己的文章》,《苦竹》第 2 期,1944 年 11 月。
② [法]波德莱尔:《现代生活的画家》,载《1846 年的沙龙:波德莱尔美学论文选》,郭宏安译,广西师范大学出版社 2002 年版,第 424 页。

词来表达我们现在谈的这种观念了。对他来说,问题在于从流行的东西中提取出它可能包含着的在历史中富有诗意的东西,从过渡中抽出永恒。"① 其实这段评论文字同样适用于张爱玲②,正如我们上文所分析的,《太太万岁》注目于一个处于过渡中的大时代背景下的日常生活片段,在传统与现代、剧变与永恒的"参差对照"中,"从流行的东西中提取出它可能包含着的在历史中富有诗意的东西,从过渡中抽出永恒",表述了作家的时空感知经验与现代性体验。福柯认为,对于波德莱尔来说,"成为现代人并不在于认识和接受这个永久的时刻;相反,它在于选择一个与这个时刻相关的态度;这个精心结构的、艰难的态度存在于重新夺回某种永恒的东西的努力之中,这种永恒之物既不在现在的瞬间之外,也不在它之后,而是在它之中"。③ 张爱玲在《太太万岁》里面,对于未完成的时代中永恒人性的关注,可以视为一种在剧变中"重新夺回某种永恒的东西的努力",并由此导致了她本人对于当下的一种紧迫感④,而这种紧迫感反过来又使她的书写极为放恣地沉醉于琐细的日常物质生活,从而放弃了对于强烈的"戏剧性"的追求。二者是一种互为因果的关系。因此,张爱玲就像波德莱尔笔下的"现代生活的画家"那样,极力捕捉并绘制着当下"中国的日夜"⑤,传达着她"过渡的"美学观念。

在散文《中国的日夜》里面,张爱玲记下了一次去小菜场买菜的所见所闻,恰似一幅中国社会的印象主义式速写,似乎是为这幅速写写下的一个注

---

① ［法］波德莱尔:《现代生活的画家》,载《1846 年的沙龙:波德莱尔美学论文选》,郭宏安译,广西师范大学出版社 2002 年版,第 424 页。

② 李欧梵教授曾指出,张爱玲"自己的生命也在模仿她的人生哲学:快乐的时间还是'短暂的,易变的,临时的',这毕竟是'现代性'艺术的一部分,而另一部分却要追求永恒"。本文的写作和观察角度深受李欧梵教授的启发。参见［美］李欧梵:《苍凉与世故》,上海三联书店 2008 年版,第 13 页。

③ 米歇尔·福科:《什么是启蒙?》,汪晖译,载汪晖、陈燕谷主编《文化与公共性》,生活·读书·新知三联书店 2005 年版, 430 页。

④ 比如,张爱玲曾经在《〈传奇〉再版的话》里面写道:"快,快,迟了来不及了,来不及了!"参见张爱玲:《〈传奇〉再版的话》,载《张爱玲文萃》,文化艺术出版社 2003 年版,第 167 页。

⑤ 张爱玲:《中国的日夜》,载《传奇(增订本)》,山河图书公司 1946 年版,第 388—394 页。

脚,她说:"我们中国本来就是补钉的国家,连天都是女娲补过的。"① 这句话暗示了《太太万岁》绘制出的时空图景与中国现代性之间的互文关系。影片中的陈思珍身处一个传统与现代参差并置的奇异氛围中,社会道德千疮百孔,她用自己世故与圆滑不断地缝缝补补,如此,影片呈示的中国普通家庭的伦理故事成为时代的隐喻。② 这种对于整个时代"缝缝补补"的"妇人性"智慧 ③,显然与具有着男性气质的民族国家宏大叙事中的革命式的线性时空演进观念格格不入,正如周蕾所指出的,"在张爱玲文字里这些'破坏'中,我们所遇到的整个世界,其实也只是一件细节,是从一个假设的'整体'脱落下来的一部分。而张爱玲处理现代性的方法的特点,也就是在于这个整体的概念。一方面,'整体'本身已是被隔离,是不完整和荒凉的,但在感官上它却同时是迫切和局部的。张爱玲这个'整体'的理念,跟那些如'人'、'自我'或'中国'等整体的理念不一样"④。然而,要有效地把握张爱玲的跨文化戏剧实践的意义,仅仅停留在对其美学观念及其隐喻意义的分析是远远不够的,我们必须把它回归到一个想象中国现代性的坐标系中,继续考察它究竟处于一个什么样的文化位置。

接下来,本文将在跨文化语境中论证张爱玲的写作与"五四—左翼"之间如何展开了一次深层次的对话,以及这种对话何以发生? 同是跨文化戏剧实践,在二者的歧异之外,它们是否有可能共享着某种同样的逻辑前提? 这种共享又意味着什么?

---

① 　该句中的"补钉"二字原文如此,其他地方同样写作"补钉",可能应作动词理解,也可能是用字习惯,后来的选本往往把它改为"补丁",似乎有失严谨。张爱玲:《中国的日夜》,载《传奇(增订本)》,山河图书公司 1946 年版,第 389—390 页。

② 　李欧梵教授认为,"《太太万岁》中几个非常细微的场景,可以看出张爱玲颇有用心。……比如一开始为什么女工把碗打碎之后,这个太太要把碎片掩饰起来,藏在沙发垫子下面。这个时候我们不知道太太的性格是什么,只知道这个女工不小心打碎了花瓶。这个里面有一个小的主题显示出来:或许东西碎了,这个太太要修补一下。由此联想到她的婚姻整个过程就是贴补,贴家用,然后补足她丈夫的不足"。[美]李欧梵:《苍凉与世故》,上海三联书店 2008 年版,第 135 页。

③ 　张爱玲指出:"超人是生在一个时代里的。而人生安稳的一面则有着永恒的意味,虽然这种安稳常是不安全的,而且每隔多少时候就要破坏一次,但仍然是永恒的。它存在于一切时代。它是人的神性,也可以说是妇人性。"张爱玲:《自己的文章》,《苦竹》第 2 期,1944 年 11 月。

④ 　周蕾:《妇女与中国现代性:东西方之间阅读记》,台北:麦田出版社 1995 年版,第 105 页。

　　张爱玲"过渡的"美学观念寓言性地注解着她的中国经验和想象方式。对于当下的一种紧迫感,使她很容易与西方的审美现代性（反"现代性"）而不是社会现代性产生共鸣,因此,张爱玲在西方现代主义戏剧创作中看到了表述她的中国经验的依据与资源。于是,《太太万岁》对于梅特林克和怀尔德的戏剧实践经验的借鉴,使影片表达出近乎波德莱尔的"过渡中的永恒"这样的另类现代性想象。影片的叙事流程犹如一幅可以从任何一端缓缓展开的卷轴图画,从而把传统与现代进行了"参差对照"的诗意整合。由于张爱玲很少对于自己的思考进行直白地剖析,无疑这增加了我们探讨其思想轨迹的难度,但是,从其感性迷人的笔触中,我们依然能够追踪出她本人对当下的紧迫感的一个最重要的催生因素,那就是战争。

　　张爱玲的一生与战争有着不解之缘。中学毕业,张爱玲考取了英国伦敦大学,因为太平洋战争的爆发,改入香港大学, 1942 年 12 月,日本人轰炸香港,彻底中断了她的学生生涯,回到上海,上海早已沦陷,形同"孤岛"。① 对于现代性的线性进程的巨大破坏性及其冥顽凶险、阴晴难测的历史语法,张爱玲有着切身的体验,在一篇描写港战的散文《烬余录》里面,背景是"漫天火光",前景却是"饮食男女"。在这个期间,张爱玲发现:"去掉了一切的浮文,剩下的仿佛只有饮食男女这两项。人类的文明努力要想跳出单纯的兽性生活的圈子,几千年来的努力竟是枉费精神么? 事实是如此。香港的外埠学生困在那里没事做,成天就只买菜,烧菜,调情——不是普通的学生式的调情,温和而带一点感伤气息的。"② 于是,"围城的十八天里,谁都有那种清晨四点钟的难挨的感觉——寒噤的黎明,什么都是模糊,瑟缩,靠不住。回不了家,等回去了,也许家已经不存在了。房子可以毁掉,钱转眼可以成废纸,人可以死,自己更是朝不保暮。像唐诗上的'凄凄去亲爱,泛泛入烟雾',可是那到底不像这里的无牵无挂的虚空与绝望。人们受不了这个,急于攀住一点踏实的东西,因而结婚了"。然而,张爱玲并非一个虚无主义者,面对历

---

① 　余斌:《张爱玲传》,海南国际新闻出版中心 1995 年版,第 36—48 页。

② 　张爱玲:《烬余录》,《天地》第 5 期, 1944 年 2 月。以下引文均出自该篇,不再另注。

史的直线型破坏,她极力放大日常生活细节,并努力从中发现意义:"倒底仗打完了。乍一停,很有点弄不惯;和平反而使人心乱,像喝醉酒似的。看见青天上的飞机,知道我们尽管仰着脸欣赏它而不至于有炸弹落在头上,单为这一点便觉得它很可爱,冬天的树,凄迷稀薄像淡黄的云;自来水管子里流出来的清水,电灯光,街头的热闹,这些又是我们的了。第一,时间又是我们的了——白云,黑夜,一年四季——我们暂时可以活下去了,怎不叫人欢喜得发疯呢? 就是因为这种特殊的战后精神状态,一九二〇年在欧洲号称'发烧的一九二〇年'。"正是这种丝毫不加掩饰的真切经验的铺垫下,张爱玲凸显了当下的紧迫和日常的意义,她说:"想做什么,立刻去做,都许来不及了。'人'是最拿不准的东西","清坚决绝的宇宙观,不论是政治上的还是哲学上的,总未免使人嫌烦。人生的所谓'生趣'全在那些不相干的事。"《烬余录》可以看做是张爱玲全部作品的一个总起——"烬余"的意象暗示了她在现代性的"废墟"重构文明的愿景和努力,这导致了其作品背景中那无处不在的"惘惘的威胁",前景却又是恒常的"浮世的悲欢",而其中国经验正是在二者的张力结构中形成的。战争的破坏造成的幻灭感,使她转向稍纵即逝的当下,也就是过渡中的永恒。张爱玲在《太太万岁》里面对于西方现代主义戏剧理念的共鸣与参考,使她与"五四—左翼"在叙事策略上分道扬镳。

在"五四"新文化运动先驱那里,中国的"现代"主要意味着一种时间价值,中国走向"现代"的途径只能以一整套全新的价值体系取代原有的基础;这一现代观藉由五四新文化运动的传播,并在左翼文艺实践中得以承续,形成了对于文化实践极具左右力的话语;而这一话语往往把"现代"绝对化为一个不可分的时间单位,从而把中国与西方"现代社会"的文化差异表述为时间问题。① 这一话语对于现代文艺中的中国经验的表述方式有着两个方面的影响:"其一,中国社会与'现代'之间的关系被想

---

　　① 　孟悦:《人·历史·家园:文化批评三调》,人民文学出版社 2006 年版,第 341—342 页。亦可参见陈独秀的《法兰西人与近世文明》、汪淑潜的《新旧问题》、李大钊的《东西文明根本之异点》、毛子水的《国故和科学的精神》等文章,均载陈崧编:《五四前后东西文化问题论战文选》,中国社会科学出版社 1989 年版。

象成某种时间与空间的'错位',后来甚至形成了一种特定的'现实观'",
"其二,由于'时代'成了'现实'的单位,'时代'的不可分无形中决定了
'现实'也不可分"。① 这种想象中国现代性的叙事特征,也突出地体现在
"五四—左翼"作家的跨文化戏剧实践中。"娜拉的故事"② 的叙事焦点在于
其时间性,其"出走"即意味着对于传统/"旧"的背离和对于现代/"新"
的追寻,"现时"意味着一片"黑暗区域","未来"才可能是光明的"现
代"社会。在一种时间叙事中,其现代性的体验主要被呈示为"空间化"了
的"时间经验",其中隐含着传统/现代与本土/西方之间的对等关系。在线
性时间中感知空间中国的方式,不经意间把自我的论述纳入了萨义德意义上
的"东方主义"③ 叙事脉络中去,这种移植自西方的现代观在中国本土的宰
制意味着中国知识分子在知识层面对于欧洲中心主义的臣服。但是,我们
又不能不加反思地批评这种现代性想象方式完全就是毫无主体意义的"自
我东方化",换句话说,这种中国经验的表述模式不能被完全视为是西方现
代性影响下的产物。具体到中国经验表述的问题,我们不能忽略的是自近
代以来中国为列强殖民的历史。如果说上述线性时间叙事作为一种西方现
代性的产物,其实质就是民族国家的叙事模式的话,那么它被移植到中国语
境,既具有其合理性,也具有其必然性——民族主义与殖民主义从来就是一
体两面的。正是因为这种历史的合理性及其解放性意义,在渐次展开的文化
格局中,它被赋予了唯一的合法性,转而成为一种压抑性的力量。近代以来
中国所面临的民族危机,使民族国家叙事像一个可以释放出无比能量的星
球,中国现代知识分子纷纷被吸聚其下或改道易辙,形成了一个类似于福柯
所说的"话语社团"(the society of discourse),"它保存或制造话语,但其
目的是令话语在一封闭的空间流传,且根据严格的规则来分配它们,言语主
体却不会因此种分配而被剥夺了权力"。④ "五四—左翼"的民族国家叙事

---

① 孟悦:《人·历史·家园:文化批评三调》,人民文学出版社 2006 年版,第 341—342 页。
② 可参阅拙文:《娜拉在现代中国:一项知识的考掘》,《戏剧艺术》2014 年第 4 期。
③ [美]爱德华·W. 萨义德:《东方学》,王宇根译,生活·读书·新知三联书店 1999 年版。
④ 米歇尔·福柯:《话语的秩序》,肖涛译,载许宝强、袁伟选编《语言与翻译的政治》,中央编
译出版社 2001 年版,第 15 页。

既具有雄厚的文化资本（"西方"作为知识依据），又拥有着显在的社会资本（本土的历史合理性），在社会的不断演进和运作中这些资本被不断积聚，最终成为一种象征资本，从而在文化场域中具备了无以匹敌的符号动员力量与区隔功能。这是张爱玲的跨文化戏剧实践所面临的一个基本事实和强大背景。

1944 年 5 月，著名法国文学翻译家傅雷化名"迅雨"，在柯灵时任主编的《万象》杂志第 3 卷第 11 期上发表了评论文章《论张爱玲的小说》，该文在褒扬了张爱玲的写作技巧与才华后，进而对其题材批评道："我不责备作者的题材只限于男女问题，但除了男女以外，世界究竟还辽阔得很。人类的情欲也不仅仅限于一二种。假如作者的视线改换一下角度的话，也许会摆脱那种淡漠的贫血的感伤情调；或者痛快成为一个彻底的悲观主义者，把人生剥出一个血淋淋的面目来。我不是鼓励悲观。但心灵的窗子不会嫌开得太多，因为可以免除单调与闭塞。"① 同年，张爱玲写下了《自己的文章》，未必是针对傅雷的批评所做的回应，但是其中与民族国家的宏大叙述事的"对话"意味极其明显，她说："我发现弄文学的人向来是注重人生飞扬的一面，而忽视人生安稳的一面。其实，后者正是前者的底子。又如，他们多是注重人生的斗争，而忽略和谐的一面。而人是为了要求和谐的一面才斗争的"，"文学史上素朴地歌咏人生的安稳的作品很少，倒是强调人生的飞扬的作品多，但好的作品，还是在于它是以人生的安稳做底子来描写人生的飞扬的。没有这底子，飞扬只能是浮沫，许多强有力的作品只予人以兴奋，不能予人以启示，就是失败在不知道把握这底子"，"斗争是动人的，因为它是强大的，而同时是酸楚的。斗争者失去了人生的和谐，寻求着新的和谐。倘使为斗争而斗争，便缺少回味，写了出来也不能成为好的作品"。② 接着，张爱玲以米开朗琪罗的雕塑"黎明"为例，说明在当下的中国，不可能产生那种"大气磅涌"的作品："Michael Angel 的一个未完工的石像，题名'黎明'的，只是一个粗糙的人形，面目都不清楚，却正是大气磅涌的，象征一个

---

① 　迅雨：《论张爱玲的小说》，载子通、亦青主编《张爱玲评说六十年》，中国华侨出版社 2001 年版，第 69 页。

② 　张爱玲：《自己的文章》，《苦竹》第 2 期，1944 年 11 月。以下引文均出自该篇，不再另注。

将要到的新时代。倘若现在也有那样的作品,自然是使人神往的,可是没有,也不能有,因为人们现在还不能挣脱时代的梦魇。"我们依据福柯对于波德莱尔的评论,如果说"现代性"不是某种简单的"认识"或"接受",而是体现为一种"态度"和"努力"①,那么,我们可以看到,在张爱玲对于其潜在"对话者"的言说中,所表述的正是她本人对于当下的"态度"和"努力"——她要完成一种对于现实的"启示",也就是她的另类现代性想象。

影片《太太万岁》的第二场里面有一个意味深长的细节:婆婆过生日,仆人张妈和思珍在准备祝寿的香蜡和酒菜,婆婆想知道最近袁雪芬在演什么戏,思珍告诉她在演祥林嫂,婆婆的反应是"祥林嫂?没听说过嘛",思珍告诉婆婆说这是一出"苦戏",婆婆接着说"啊,苦戏,越苦越好,我就爱看苦戏"。从这个不无反讽意义的细节,我们可以看出宏大的"启蒙"叙事是如何在琐碎的市民日常生活空间中被解构的。更有意味的是,影片在接下来的场景中对于《祝福》里面的情节的"戏仿"(parody):祥林嫂的"祝福"与《太太万岁》里面的仆人张妈的"祝寿"被影片巧妙地并置在一起,构成一种文本内外的互文性效果。在家庭中张妈虽然身价卑微,但是为了整个家庭考虑,太太思珍仍然要百般地"讨好"她(每月悄悄地用私房钱给张妈作补贴),以免张妈总是对婆婆抱怨。这种"戏仿"潜在地颠覆了启蒙叙事通过发明、敌视"底层",把"现时"建构为"黑暗区域"的模式。值得注意的是,西方城市物质文明与殖民凝视②在张爱玲那里被两种截然相反却并行不悖的态度,即放恣与警觉区分地异常清晰。张爱玲既会放恣地沉醉于现代物

---

① 米歇尔·福科:《什么是启蒙?》,汪晖译,载汪晖、陈燕谷主编《文化与公共性》,生活·读书·新知三联书店2005年版,第430页。

② 这里的论述受到了史书美教授对于"都市西方"和"殖民西方"概念分化研究的启发。参见[美]史书美:《现代的诱惑:书写半殖民地中国的现代主义(1917—1937)》,何恬译,江苏人民出版社2007年版,第43页。

质文明的官能享受中①，同时也会犀利深刻地讽刺西方的殖民文化对于"东方"的凝视。② 这种对于西方现代文明并行不悖的态度，使"传统"在西方现代文明的参照下，被重新赋予了"现代性"的意义，同时这种本土现代性的表述框架本身又不会受到来自主体自身的文化身份的质疑。就像"太太"陈思珍最终的"回来"所隐喻的那样，张爱玲并非要回归一种本质主义的传统，而是肯定了那个可以被纳入其本土"现代性"表述框架的"传统"。从《太太万岁》想象中国的方式中，我们可以看到，张爱玲既非一个维护传统的

---

① 比如，散文《我看苏青》（载《天地》1945 年 4 月第 19 期，"生在现在，要继续活下去而且活得开心，真是难：所以我们这一代人对于物质生活，生命的本身，能够多一点明了和爱悦，也是应当的"）、《烬余录》（载《天地》1944 年 2 月第 5 期，"我记得香港陷落后我们怎样满街的找寻冰淇淋和嘴唇膏。我们撞进每一家吃食店去问可有冰淇淋。只有一家答应说明天下午或许有，于是我们第二天步行十来里路去践约，吃到一盘昂贵的冰淇淋，里面吱格吱格全是冰屑子。街上摆满了摊子，卖胭脂，西药、罐头牛羊肉，抢来的西装，绒线衫，素丝窗帘，雕花玻璃器皿，整匹的呢绒。我们天天上城买东西，名为买，其实不过是看看而已。从那时候起我学会了怎样以东西当作一件消遣"）、《公寓生活记趣》（载《天地》1943 年 12 月第 3 期，"我喜欢听市声。比我较有诗意的人在枕上听松涛，听海啸，我是非得听见电车响才睡得着觉的。在香港山上，只有冬季里，北风彻夜吹着常青树，还有一点电车的韵味。长年住在闹市里的人大约非得出了城之后的才知道他离不了一些什么。城里人的思想，背景是条纹布的幔子，淡淡的白条子便是行驰着的电车——平行的，匀净的，声响的河流，汩汩流入下意识里去。""我们的公寓邻近电车厂，可是我始终没弄清楚电车是几点钟回家。'电车回家'这句子仿佛不很合适——大家公认电车为没有灵魂的机械，而'回家'两个字有着无数的情感洋溢的联系。但是你没看见过电车进厂的特殊情形罢？一辆衔接一辆，像排了队的小孩，嘈杂，叫器，愉快地打着哑嗓子的铃：'克林，克赖，克赖，克赖！'吵闹之中又带着一点由疲乏而生的驯服，是快上床的孩子，等着母亲来刷洗他们。车里的灯点得雪亮。专做下班的售票员的生意的小贩们曼声兜售着面包。有时候，电车全进厂了，单剩下一辆，神秘地，像被遗弃了似的，停在街心。从上面望下去，只见它在半夜的月光中坦露着白肚皮。"）等篇。

② 比如，《桂花蒸 阿小悲秋》（载《传奇》增订本，上海山河图书公司 1946 年版，"榻床上有散乱的彩绸垫子，床头有无线电，画报杂志，床前有拖鞋，北京红蓝小地毯，宫灯式的字纸篓。大小红木雕花几，一个套着一个。墙角挂一只京戏的鬼脸子。桌上一对锡蜡台。房间里充塞着小趣味，有点像个上等白俄妓女的妆阁，把中国一些枝枝叶叶衔了来筑成她的一个安乐窝"）、《沉香屑 第一炉香》（载《紫罗兰》1943 年 5 月第 2 期，"也有几件雅俗共赏的中国摆设，炉台上陈列着翡翠鼻烟壶与象牙观音像，沙发前围着斑竹小屏风，可是这一点东方色彩的存在，显然是看在外国朋友们的面上。英国人老远的来看看中国，不能不把些中国给他们瞧瞧。但是这里的中国，是西方人心目中的中国，荒诞，精巧，滑稽"）、《鸿鸾禧》（载《新东方》1944 年 6 月第 9 卷第 6 期，"广大的厅堂里立着朱红大柱，盘着青绿的龙；黑玻璃的墙，黑玻璃壁龛里坐着的小金佛，外国老太太的东方，全部在这里了"）、散文《道路以目》（载《天地》1944 年 1 月第 4 期，"有个外国姑娘，到中国来了两年"，"她特别赏识中国小孩，说'真美呀，尤其是在冬天，棉袄、棉裤、棉袍、罩袍，一个个穿得矮而肥，蹒跚地走来走去。东方人的眼睛本就生得好，孩子的小黄脸上尤其显出那一双神奇的吊梢眼的神奇。真想带一个回欧洲去'"，"我们听了她这话，虽有不同的反应，总不免回过头来向中国孩子看这么一眼"）等篇。

保守主义或虚无主义者,更不是一个社会达尔文主义者,而是意欲"努力"地"选择一个与这个时刻相关的态度",并"在现在的瞬间"之中"重新夺回某种永恒的东西"。

正是秉持着对于中国这个"未完成"的时代的这种"态度"与"努力",她选择了完全不同于主流书写的"参差对照"的写法,而放弃了尝试写作"时代的纪念碑":"我写作的题材便是这么一个时代,我以为用参差的对照的手法是比较适宜的。我用这手法描写人类在一切时代之中生活下来的记忆,而以此给予周围的现实一个启示。我存着这个心,可不知道做得好做不好。一般所说'时代的纪念碑'那样的作品,我是写不出来的,也不打算尝试,因为现在似乎还没有这样集中的客观题材。我甚至只是写些男女间的小事情,我的作品里没有战争,也没有革命。我以为人在恋爱的时候,是比在战争或革命的时候更素朴,也更放恣的。战争与革命,由于事件本身的性质,往往要求才智比要求感情的支持更迫切,而描写战争与革命的作品也往往失败在技术的成份大于艺术的成份。和恋爱的放恣相比,战争是被驱使的,而革命则有时候多少有点强迫自己。真的革命与革命的战争,在情调上我想应当和恋爱是近亲,和恋爱一样是放恣的渗透于人生的全面,而对于自己是和谐。"① 在这一论证基础上,张爱玲面对潜在的"对话者",把自己的美学观念和盘托出,鲜明地表达了自己的写作立场:

> 我喜欢素朴,可是我只能从描写现代人的机智与装饰中去衬出人生的素朴的底子。因此我的文章容易被人看做过于华靡,但我以为用《旧约》那样单纯的写法是做不通的,托尔斯泰晚年就是被这两个牺牲了。我也并不赞成唯美派。但我以为唯美派的缺点不在于它的美,而在于它的美没有底子。溪涧之水的浪花是轻佻的,但倘是海水,则看来虽似一般的微波粼粼,也仍然饱蓄着洪涛大浪的气象的。美的东西不一定伟大,但伟大的东西总是美的。只是我不把虚伪与真实写成强烈的对照,却是用参差的对照的手法写出现代人的虚伪之中有真实,浮华之中有素朴,因此容易被人看做我是有所耽溺,流连忘返了。虽然如此,我还是保

① 张爱玲:《自己的文章》,《苦竹》第 2 期,1944 年 11 月。以下引文均出自该篇,不在另注。

持我的作风，只是自己惭愧写得不到家，而我也不过是一个文学的习
作者。

这种对于"人生的素朴的底子"进行"参差对照"的书写，以给中国的现实
一个"启示"，完全在《太太万岁》里面被实现了。

《太太万岁》呈示的市民社会的日常生活场景，正是一个新旧混杂、中西
并置的空间，张爱玲借助摄影机放大了生存在这个空间的琐细的平凡人生百
态，记录下了一个急剧动荡的"戏剧性"时代中那恒常的一幕，让它"安静
地完成它的生命与恋爱与死亡的循环"。在《太太万岁》里面，"空间"成
为分割当下的基本单位，任何一个空间都被赋予了与众不同的意义，它们共
同地绘制着一个中国"未完成"的现代性图景，而个人空间与社会规划空间
的关系，则隐喻着时代过渡的讯息以及个体对于时代变迁的微妙感应，这其
实就是一种现代性的体验。因此，不同于"五四—左翼"的线性时间叙事，
张爱玲的《太太万岁》是一种空间叙事：个体由社会规划的"私人空间"到
"公共领域"，再返回超越意义上的"个人空间"，这种叙事本身就意味着线
性时间逻辑的崩溃，它不仅传达了一种另类的想象中国现代性的方式，而且
极大的拓展了中国现代文学艺术的美学视野。

张爱玲的《太太万岁》作为一次跨文化戏剧实践，在书写姿态上与
"五四—左翼"的民族国家叙事的深层次对话，至少蕴含了以下四个层次上
的意义。首先，《太太万岁》对于新旧杂陈的琐屑日常生活的放大，凸显了
一个为宏大叙事所刻意遗忘 / 否定的区域 / 空间，而且这种零散、去中心的叙
事使传统与现代并置的日常生活空间被重新赋予了"现代"的意义；其次，
《太太万岁》的空间叙事有效地传达了一种不同的本土时空经验，以及由其
美学观念所暗示的另类中国现代性想象，对于"五四—左翼"的叙事主导的
想象中国的方式是一种补充和拓展；再次，从"性别空间"的社会规划以及
中国现代文化场域格局的角度看，《太太万岁》的跨文化戏剧实践具有"反
话语"的解放性和制衡性意义；最后，把《太太万岁》的书写方式放置在全
球语境中审视，无疑是对黑格尔式的历史哲学框架的一次有力地拆解和批
判，从而有效地界定了书写者自身的主体位置。以上分析是立足于《太太万

岁》与"五四—左翼"叙事对于中国经验表述之间的歧异这样一个前提之上的,这种分析只能解释张爱玲的跨文化戏剧实践的一个层面的意义;然而,问题远非表象所呈示的这么简单,它还有其更复杂、深刻的一面,即张爱玲在《太太万岁》中的跨文化戏剧实践与"五四—左翼"叙事也可能共享着某种逻辑前提。

张爱玲在《〈太太万岁〉题记》里面明确指出她对于西方现代主义戏剧实践(诸如梅特林克、桑顿·怀尔德)的借鉴和挪用,其中的相伴相生的西方想象与本土建构使得《太太万岁》在跨文化挪用"西方"的同时,影片本身"更是中国的",因此,《太太万岁》的美学观念所暗示的文化政治意义与西方现代主义戏剧有着根本的差异。这种跨文化挪用使传统与现代、本土与西方被有效地整合,人为建构的二元对立在影片中不复存在,同时被赋予了独特的中国"现代性"意义。特别是本土"传统"文化在西方现代性话语之外亦获得其合法性位置,《太太万岁》的跨文化戏剧实践对于西方文化的普遍性既是一次深度的质疑,也是一次有力的解构。在西方现代文明的进程中,民主政体、都市化、普遍主义的进步观以及现代科学技术等,在欧洲陆续地得到完成与印证之后,人们对于"技术文化"的乐观逐渐为人类文化记忆消失的恐惧所代替[1],而第一次世界大战带来的巨大破坏更使西方社会蔓延着一种幻灭的情绪。[2] 于是,以审美现代性对抗社会现代性的现代主义文艺思潮应运而生。本雅明曾经指出,波德莱尔在其十四行诗《致一位交臂而过的妇女》里面书写的是这样一种情愫:"使城市诗人愉快的是爱情——不是在第一瞥中,而是在最后一瞥中。这是在着迷的一瞬间契合于诗中永远的告别。"[3] 其实,现代主义艺术家们的艺术实践就是在对于行将被摧毁的记忆、文化、传统的"最后一瞥的着迷"中,书写着他们的伤逝情怀。在这样的文化背景下审视诸如梅特林克、怀尔德等西方现代主义戏剧实践,可以看到这

① 〔美〕安德鲁·芬伯格:《可选择的现代性》,陆俊、严耕等译,中国社会科学出版社 2003 年版,第 1 页。

② 可参见梁启超:《欧游心影录(节录)》,载陈崧编《五四前后东西文化问题论战文选》,中国社会科学出版社 1989 年版,第 349—390 页。

③ 〔德〕本雅明:《发达资本主义时代的抒情诗人:论波德莱尔》,张旭东、魏文生译,生活·读书·新知三联书店 1989 年版,第 139—140 页。

种非主流的、先锋性的戏剧实验,不仅是美学上的革命,还是对流行意识形态的颠覆,这里的流行意识形态主要体现为资本主义社会现代性。张爱玲对于线性历史进程的破坏力量的"惊悚"体验,使她很容易与之发生共鸣,然而,正如我们在前面所分析的,这些戏剧理念在中国本土语境的挪用,使二者的意义有着本质的区别,作为与主导叙事在美学观念上的一次深层次对话,《太太万岁》的话语制衡性意义自不待言。但是,《太太万岁》的叙述策略依然极为生动地体现着这个权力运作中介的代言性质。

诸如梅特林克、怀尔德等西方现代主义戏剧实践,在颠覆作为资本主义社会现代性的主导意识形态的同时,在本质上仍然是对西方文明的痼疾的疗治行为,进而完成西方现代性文化的自我建构,它与主导的西方现代性进程只是在形式与途径上存在差别而已,根本上属于西方文化的一种内省意识。西方现代主义艺术作品在其教育系统中,经常被讲授为暴露西方资产阶级社会矫揉造作以及呼吁重返人性本能的创造性努力,而这些作品的灵感往往来自非西方艺术,其形式创新亦是对非西方"原初化"的过程,西方现代艺术的追求实际上可以与人类学的学科基础互相印证。[1] 特别是桑顿·怀尔德的《我们的小镇》对于中国戏曲美学的发现和挪用,在这种中西两种异质戏剧文化的碰撞与汇流中,依然制造出了另一个浪漫、神秘的"东方",中西方之间的二元对立的认识论前提并没有得到颠覆,"东方"依然是作为"西方"的知识客体而存在的。因此,当《太太万岁》以西方的审美现代性作为重新发现传统的意义的依据和前提时,在中西文化汇流的起点上就把"中国"他者化了。张爱玲在《太太万岁》中的跨文化戏剧实践固然有效地解构了西方现代性的线性历史哲学体系,但并不拒绝现代性本身,她建基于传统与现代的整合之上的本土现代性表述框架依然来自于西方。所以,张爱玲与"五四—左翼"的主导叙事在表面的歧异背后,实际上分享着同一个逻辑前提,毋宁说他们的区别仅仅在于因为二者挪用的文化资源的背景的差异,进而导致了彼此对于中国现代性的感知方式发生了龃龉而已。当然,如果说这种龃龉的本质在于用一种"西方"质疑或补充另一种"西方",那么,这种

---

① 周蕾:《原初的激情:视觉、性欲、民族志与中国当代电影》,孙绍谊译,台北:远流出版事业股份有限公司 2001 年版,第 39—40 页。

龃龉本身在一定程度上就打破了那个作为普遍价值的合法承担者的被本质化了的"西方"幻象;然而,不无悖论的是,这两种不同的西方想象以及对于本土经验的把握与再现,同时又如此鲜明地表征着中国作为西方现代性的文化他者的事实。这一跨文化戏剧实践的困境,正是影片中陈思珍和施咪咪的"视觉造反"/"对抗性解码"所产生出的悖论的隐喻意义所在,即东方/女性的主体意义凸显,是以潜在地强化自我作为西方/男性所构建的他者的刻板形象为代价的。因为这种"反凝视"的视觉性隐喻意义的生成复制并吸纳了父权意识形态/"东方主义"的二元对立的思维模式。

张爱玲的跨文化书写与"五四—左翼"的民族国家叙事之间,在挪用西方文化资源上的差异,不仅是促成二者进行深层次对话的契机,同时也是终止他们进一步对话的根源。

"20世纪20年代中后期革命文学运动兴起以后,一直到抗战爆发,上海作为中国现代文学中心的历史地位从未受到过怀疑。抗战结束后,上海恢复其中国现代文学中心地位的运作也非常引人注目,历史地看效果也特别明显。"① 也就是说,因为抗战的爆发,大批文人离开上海,导致了上海作为中国现代文学"中心地位"的失去,因此,在上海沦陷时期,上海文坛的"非中心"状况是"荒芜"的,正如傅雷所感受到的:"在一个低气压的时代,水土特别不相宜的地方,谁也不存在什么幻想,期待文艺园地里有奇花异卉。"② 文艺期刊的盛衰是衡量文艺创作繁荣与否的重要指标。从日军进入租界到1942年年底,上海文坛一度沉寂——凡带有抗战色彩的文艺报刊都经历了被查抄、停刊或改造,"继续出版的仅有《小说月报》、《万象》和《乐观》三四种。在1942年间,上海出版的文学期刊不过五六种:《古今》创刊于3月,《万象十日刊》出版于5月,8月是《杂志》复刊,年底则有《大众》、

---

① 朱寿桐:《论作为中国现代文学中心的上海》,《学术月刊》2004年第6期。

② 迅雨:《论张爱玲的小说》,载子通、亦清主编《张爱玲评说六十年》,中国华侨出版社2001年版,第55页。

《绿茶》露面"①。这种情况从 1943 年起开始改观。② 在文学场域中,作为媒体的期刊是联系文艺作品生产和消费的纽带,因此它们在文学场域中势必要背向作家,面向读者 / 市场,此时上海文艺期刊的创办者大多"在精神与物质日益艰难的条件下极力挣扎,只求生存而已"③。在面对"真实的是不带理想主义的生存至上"、"不是罗曼蒂克的"沦陷了的上海的读者大众时,她的作品"除了""那点苍凉的人生情义","此外""人家要什么有什么"④——既满足了"象牙塔中的读者",包含了知识分子的现代性思考,又迎合了"十字街头上的读者",尊重市民社会的趣味。因此,张爱玲能够"把虚拟的都市民间场景:衰败的旧家族、没落贵族、小奸小坏的小市民日常生活,与新文学传统中作家对人性的深切关注和对时代变动中道德精神的准确把握,成功地结合起来,再现出都市民间的文化精神。……她不是直接描写都市市民的生活细节,而是抓住了社会大变动给一部分市民阶层带来的精神惶恐,提升出一个时代的特征'乱世'。那些乱世男女的故事,深深打动了都市动荡环境下的市民们"⑤。总之,张爱玲的世界里面的"拘拘束束的苦乐是属于小资产阶级的"⑥,"既是通俗的,又是先锋的",具有"雅俗共赏"的特点。⑦ 张爱玲的书写姿态使其在这个时期的文学场域中"如鱼得水",她的文化习性与场域的内在规则取得了高度的一致性,张爱玲的创作几乎成了此时期的文

---

① 陈青生:《抗战时期的上海文学》,上海人民出版社 1995 年版,第 358 页。

② 陈青生指出,"1943 年先后出版的有《春风》、《万岁》、《中艺》、《紫罗兰》、《风雨谈》、《人间》、《文友》、《全面》、《碧流》、《天地》、《春秋》、《文协》、《天下》等十余种。1944 年间相继问世的有《文艺生活》、《文潮》、《众论》、《一般》、《诗领土》、《千秋》、《小天地》、《文艺世纪》、《飙》、《光化》、《文史》、《语林》等十余种;还有《新地》、《第二代》、《潮流》、《文艺春秋》等几种丛刊。此外,一些电影、戏剧杂志和各种兼载文学作品的青年、妇女读物、政治时事或学术性刊物,也纷纷出现","显示出纷至沓来的繁杂景象"。陈青生:《抗战时期的上海文学》,上海人民出版社 1995 年版,第 358 页。

③ 〔法〕白吉尔:《上海史:走向现代之路》,王菊、赵念国译,上海社会科学院出版社 2005 年版,第 321 页。

④ 张爱玲:《写〈倾城之恋〉的老实话》,载《张爱玲文萃》,文化艺术出版社 2003 年版,第 76 页。

⑤ 陈思和:《民间和现代都市文化——兼论张爱玲现象》,载杨泽编《阅读张爱玲》,广西师范大学出版社 2003 年版,第 238—239 页。

⑥ 张爱玲:《童言无忌》,《天地》第 7、8 期合刊,1944 年 5 月。

⑦ 钱理群、温儒敏、吴福辉:《中国现代文学三十年(修订本)》,北京大学出版社 2005 年版,第 397 页。

学场域的"游戏规则"的最佳体现者而处于场域的中心位置,她因此也获得了相应的社会资本和文化资本,不仅"自食其力",而且成为上海滩的耀眼明星,就连一些演艺界名流也为之侧目。① 更重要的是,张爱玲也因此获得了"符号资本",她很快成为一个"品牌"与"象征"。随便涉猎一下当时发行的几种较重要的文学、文化期刊,几乎都能毫不费力的看到"张爱玲"这三个醒目的汉字／"符号",这些期刊也不失时机地强化着"张爱玲"的"品牌效应"。

　　抗日战争结束以后,上海由国民党接管,大批抗战时离开的文化人又重新返回上海。大批新的文化力量的加入,不仅使原有的作家的队伍得以重组,同时也意味着战后的文学场域也将面临着新的区隔逻辑和"游戏规则"的重新设定。

　　由于"当权国民党政府的上层的极端腐败、内战的硝烟及其造成的低层次百姓的幻灭感。于是,厌倦战乱、渴望和平的人们不约而同地把希望的目光投向了代表着时代进步方向、意味着新生的共产党。这时,中共不失时机地以她的清明形象、民主的政治理念、高度的统一战线的智慧,以及虽然政治气息较浓重但泥土的清新更为浓重的文学、艺术、文化,深刻地影响了中国、上海的作家、文艺家和他们的创作","大批抗战时期离开上海的著名作家郭沫若、茅盾、叶圣陶、夏衍、巴金、胡风、戈保权、葛一虹、吴祖光、叶以群等相继回归;抗战时迁入内地的大量文学期刊也陆续迁回。无论在还是不在上海的作家,重新开始充满信任地把他们的新作送到上海发表、出版。上海一度又成为全国瞩目地文学中心"。② 上海作为中国现代文学"中心"的回归,预示着战后上海文学场域将要重新"洗牌",刷新其原有的"游戏规则"。张爱玲除了要面对来自其极度敏感的政治身份的压力,还将面临新的区隔逻辑对她在文学场域中的固有文化位置的边缘化。行动者在场域中的位置是由其所拥有的资本决定的。张爱玲在上海沦陷时期的文学场域里面是最大量资本的拥有者,处于场域的中心位置;战后,原来发表她的作品的期刊大部分停办,再加上她敏感的政治身份,以及文学场域的规则的刷新和重新设定,

---

① 　如当时的电影明星李香兰、明星电影公司的巨头周剑云就曾慕名约见。

② 　陈伯海主编:《上海文化通史》下卷,上海文艺出版社 2001 年版,第 1327 页。

使她原有的种种资本顷刻失去,其文化习性与新的文学场域显得格格不入,处于文学场域的边缘位置。张爱玲很快在上海文艺界销声匿迹,从而她与"五四—左翼"的叙事在想象现代中国的方式之间的不无精彩的潜在对话也变得缄默下来。

搁笔逾年之后,继改编舞台剧《倾城之恋》,张爱玲在 1947 年再次开始了其跨文化戏剧实践。她为文华影片公司编剧的"《不了情》和《太太万岁》的接连成功,显示张爱玲已经找到另一种艺术媒介来表现自己"①,更重要的是,张爱玲的跨文化戏剧实践使得她与左翼叙事之间的对话再次成为可能。

《太太万岁》对于个人日常生活空间的视觉呈现,以及由其空间叙事所注解的"过渡中的永恒"的现代性体验,对于中西戏剧文化交流图景的丰富以及想象中国的方式的多元化格局的促成,无疑有着无法忽视的意义。然而,影片上映之后,"上海《大公报》、《新民晚报》、《中央日报》等连篇累牍发表评论《太太万岁》的文章,虽然那些作者身份各异,观点也不尽相同,但大都注重其历史和主题方面,注重其社会意义和教化作用,并且不同程度地联系作者本人的生活经历,以至对影片基本上持否定态度"②。特别是在当时的戏剧电影界有着重要地位的洪深,在其主编的《大公报·戏剧与电影》上发表的《恕我不愿领受这番盛情——一个丈夫对于〈太太万岁〉的回答》一文中,批评《太太万岁》"作为'生的门答尔'作品,又打了自己的嘴巴,且把人们的道德生活,开上玩笑了"③ 之后,"围绕《太太万岁》的这场论争"也落下了帷幕,同时也意味着影片"结论性"的文化定位的形成,从而为随后的电影史叙述提供了一个基本的参照框架。此时,国家民族主义叙事对于张爱玲而言,已经由作为其跨文化戏剧实践时所面临的背景和潜在对话对象,转变为将她裹挟其中的话语激流。"围绕《太太万岁》的这场论争"恰似张爱玲眼中的大规模的交响乐演奏,"那是浩浩荡荡,五四运动一般地

---

①　陈子善:《围绕张爱玲〈太太万岁〉的一场论争》,载子通、亦青主编《张爱玲评说六十年》,中国华侨出版社 2001 年版,第 111 页。

②　同上书,第 113 页。

③　洪深:《恕我不愿领受这番盛情——一个丈夫对于〈太太万岁〉的回答》,《大公报·戏剧与电影》第 64 期,1948 年 1 月 7 日。

冲了来,把每一个人的声音都变了它的声音。人一开口就震惊于自己的声音的深宏远大;又像是初睡醒的时候听见人向你说话,不大知道是自己说的还是人家说的,感到模糊的恐怖"①。体验着大时代急剧变迁的阵痛和恐惧,张爱玲最后认同了"太太"陈思珍的选择——"回去",而不是"出走"②,注目于"现在",而不是"了望将来"。任何"符号"化了的资本对于他人而言都带有"幻象"的性质,张爱玲却在其固守的希冀中,对于周围的批评不置一词,保持了令人难以置信的沉默。立足于国家民族主义立场的批评家把"教育作用"和"社会效果"作为衡量文艺创作价值的唯一尺度,以追求可置换为权力的符号资本的增值,这种不无"独白"意味的话语运作,其实已经在挑战着文艺场域的基本游戏规则(即文艺场域的相对自律性),而其所属的"话语社团"内部的精心部署也将面临着自我解构的危险。

原载《文艺研究》2010 年第 11 期,发表时有删节

---

① 张爱玲:《谈音乐》,《苦竹》第 1 期,1944 年 10 月。
② 戴锦华教授在论述抗战结束后为官修电影史指称为"中间路线"的影片(如文华影片公司出品的《太太万岁》、《小城之春》等)中的"太太"形象时,深刻地指出,"在影片的意义结构中,女主角最终在出走与留守间选择了后者,与其说是出自对父权的依赖和信仰,不如说,是出自某种认可中的抗拒:抗拒大时代的裹挟,以个人宿命的消极,抗拒选择已被选定的社会宿命。核心家庭,同样被用作最后的个人空间的指称,对婚姻的最后选择与认可,成为某种面对大时代,无力而无奈的固守"。戴锦华:《性别中国》,台北:麦田出版社 2006 年版,第 49—50 页。

《色,戒》的戏中戏、中年危机与文化记忆

一、从小说到电影

影片《色,戒》改编自张爱玲的同名短篇小说。张爱玲在1950年就完成了《色,戒》的写作,直到1979年才在《中国时报》上刊载,1983年这篇小说收入作品集《惘然记》,由台湾皇冠出版社出版。这个短篇经过三十年的沉淀与淘洗才与读者见面,可以说是到了微言大义、字字珠玑的境界——我们今天看到的小说《色,戒》仅一万三千多字,它表达的却是一个女性眼中的中国抗日战争,其中还含蕴着张爱玲对于男女关系的独到注解。阅读张爱玲的小说很容易让人产生看电影的感觉,这个感觉主要来自于张爱玲对于细节的留恋及超凡的刻绘能力,还有她在写作时经常有意识地向电影技巧借鉴。然而,这往往是个陷阱,很多导演受其作品误导,十分诚恳地运用电影语言翻译其文字,结果都被戏谑为"相见不如怀念",这颇具讽刺意味。其中不乏电影界的佼佼者,如许鞍华(《倾城之恋》1984、《半生缘》1997)、但汉章(《怨女》1988)、关锦鹏(《红玫瑰与白玫瑰》1994)等。于是,改编、拍摄"张爱玲"既是一种诱惑,也成为一种挑战。

李安将短短的小说《色,戒》拍成了一部长达两个半小时的影片,而且前所未有地改写了拍摄"张爱玲"的尴尬局面,颇受好评。影片《色,戒》既得小说的神髓,又寄托了李安个人的情怀。李安在接受一次采访时谈到

他创作《色,戒》的过程:"很多云淡风轻的东西必须翻江倒海去做,因为电影是落实的一个媒体,经过这个阶段,发现有些地方并不是很适用;第二个阶段,变动情节添加文字后,有些变动比较大,但也是为了忠于小说,最后当看到实景、人以后,我知道我不像张爱玲了。"① 李安的这段话正是影片《色,戒》成功的奥秘所在:为了忠于小说,必须"不忠于"小说。在"忠"和"不忠"的辩证关系里面,体现的是李安对于纸质媒体和电影媒体的差异的深刻理解和尊重。李安也曾在另一场合说过这样的话:"我一直提醒我自己,也鼓励我的工作人员,张爱玲的这部小说是我们的起点,不是我们的终点,我要用我的电影来表达对她小说的忠诚,把这些隐喻的手法表现出来,所以改动是需要的。"② 诚如李安所言,影片《色,戒》不同于以往改编自张爱玲作品的影片那种拘谨和亦步亦趋式的"忠诚",而是像改编《断背山》一样,把一个短篇发展成内涵丰满得几乎要溢出银幕的细腻之作,实现了对原著最好的"忠诚"。

本文拟从电影媒体对于小说《色,戒》进行转化后,新意义的诞生及其诞生方式的角度切入,来探讨李安是如何运用电影解读张爱玲的《色,戒》的,以及李安的解读里面融入了怎样的个人经验和文化意义。

二、舞台空间与身份(体)表演

李安在改编《色,戒》时,主要的着力点在于挖掘张爱玲在《色,戒》的字里行间的"藏笔"。其实这也是李安选择《色,戒》的原因之一,这种洗尽铅华的短篇小说留给导演可发挥的自由空间更大。影片的"内部"结构与小说基本一致:从麻将桌开始,中间用倒叙手法,让王佳芝(汤唯饰)回顾她在香港及上海的一段生活,回顾结束后,一切继续发展,到影片结尾处,叙事视角由王佳芝转换为易先生(梁朝伟饰),回到麻将桌基本结束。就主体内容而言,无论小说还是影片,除了结尾叙事视角转换后那一段,其实都是由几出"戏"组成:小说是两出,电影是三出。电影多出的是对小

---

① 姚尧:《云霞明灭或可睹——李安谈〈色戒〉》,《电影》2007 年第 8 期。
② 《看电影》杂志对李安的采访《色戒是一种人生》,《看电影》2007 年第 18 期。

说里面"在学校里演的也都是慷慨激昂的爱国历史剧"① 的发挥,加了一场王佳芝和邝裕民(王力宏饰)在香港参加募捐义演的话剧。张爱玲在小说里面一再强调王佳芝后来在执行扮"麦太太"诱杀易先生的任务时,仍时时唤起此前演话剧的经验。事实上,王佳芝也的确是在演戏。张爱玲正是要通过把"革命行动""戏剧化",或者说是模糊"革命"与"演戏"的界限,来消解那种宏大叙事,凸显其女性和人性的角度和立意。但是,这些"募捐义演"和"戏剧化"了的"革命行为"再经李安用电影这一媒体来表现,就成就了一个"戏中戏"的结构。在影片中,三出戏分别是:邝裕民和王佳芝在香港演出的那场爱国历史剧,邝裕民和王佳芝一伙同学在香港诱杀易先生未遂,以及回到上海,在重庆方面的地下组织派出的老吴(庹宗华饰)的指使下,王佳芝再次扮"麦太太"诱杀易先生。在这三出戏里面,虚拟的第一场戏成功地达到了预想的效果,在"中国不能亡"的声浪里面,达到了高潮,让这群青年学生对于"演戏"充满了热情。但在后两出落到实处的"演出"里面,偏偏都是"反高潮"② 的。一次是因为易先生的突然离港返沪,一次是因为王佳芝的"表演"背叛了"导演"和"剧本"。其实,后两出戏也可以视为一个整体,不同的是,戏剧的时空有了变化:三年前的香港和三年后的上海。当李安用电影来表现这个时空横亘的"双城"故事的时候,影片内外种种因素编织而成的"戏中戏"结构就成为一种权力关系的隐喻。

在小说里面没有的那场话剧演出,在电影里面与王佳芝后来扮"麦太太"的两次演出构成了互为镜像的关系。邝裕民在话剧开幕前,对王佳芝说:"上台前紧张,幕一开就好!"③ 在小说里面,张爱玲借叙事者的口也说过类似的话:"上场慌,一上去就好了。"④ 不过这句话出现在邝裕民在上海找到王佳芝,鼓动她再扮"麦太太"的那一刻。但这句话不是出自邝裕民之口,反倒是王佳芝的心理写照。影片的改动暗示了邝裕民在这出戏排练中的优

---

① 张爱玲:《色,戒》,载《张爱玲典藏全集》第14册,哈尔滨出版社2003年版,第180页。

② 张爱玲曾说过:"我喜欢反高潮,艳异的空气的制造与突然的跌落,可以感到传奇中的人性呱呱啼叫起来。"张爱玲:《谈跳舞》,《天地》第14期,1944年。

③ 影片《色,戒》的对白。

④ 张爱玲:《色,戒》,载《张爱玲典藏全集》第14册,哈尔滨出版社2003年版,第184页。

势地位和邝裕民本人面对戏剧演出的"现场性"的焦虑和矛盾。影片中的那场话剧演出前邝裕民的安慰和戏剧中邝裕民饰演的军官和王佳芝饰演的小红之间的温存,使得话剧演出的意义在幕前幕后发生了些许扭转。本来这场演出是爱国的募捐义演,结果王佳芝对邝裕民产生了一种朦胧的感情,邝裕民亦是如此。其实从邝裕民对王佳芝说的话里面,就可以看出,在戏剧演出中,"上台前"和"幕一开"之间的关系远非我们和演员本人想象得那样简单。"上台前"可能以"再现"剧本或复制导演的意图为目的,可是在"幕一开"的一刹那,表演的当下性所"呈现"的演出往往会使先前的"摹仿"预设永远成为一种美好的想象。就像王佳芝和邝裕民之间,他们在舞台上下的演出和生活的目的和意义变得微妙而模糊。影片运用几个特写镜头刻画了二人之间的眼神交流,含蓄地交代了台上的意图和台下的意义之间的混淆和彼此颠覆的关系。当然,在香港这段学生时光是美好的却又虚幻的,就像"霓虹灯的广告"①一样,以至于他们很快就要扮演另一出"爱国剧",只是他们都没有想到即将上演的这出戏竟是他们步入成人的残酷仪式,他们更没有想到戏剧演出中"再现"与"呈现"的矛盾,使他们美好的"青春"自此一去不返。

在接下来的这出在香港上演的诱杀易先生的戏的幕前幕后,邝裕民仍然掌控着一切,从"创意"、"策划"到"选角"、"分工",都由他主持。也许正是邝裕民意识到了在那次募捐义演中,自己的"表演"在一定程度上消解了话剧演出本身的意图,为了缓解这种焦虑,他和其他几个同学商议由王佳芝扮"麦太太"。表面上看是王佳芝上次塑造"小红"太出色了,那么这次这个角色就理所当然地由王佳芝来负责,其实,邝裕民是在潜在地补偿"过失"。对于"小红"和"军官"的感情,假戏成真,溢出舞台,令邝裕民既惊喜莫名又沮丧不已。那么,这次爱国"行动"将是一个弥补的机会——"大都是学生最激烈"②。影片中,邝裕民在布置"行动"时,慷慨激昂地说:"这回不是演话剧!我们赚观众的眼泪,把嗓子喊哑,也不比杀一

---

① 张爱玲:《色,戒》,载《张爱玲典藏全集》第14册,哈尔滨出版社2003年版,第180页。
② 同上。

个货真价实的汉奸来得实惠!"① 这句话暗示了他对于话剧演出的意义的质疑和否定。而对于王佳芝而言,那次话剧演出却使她找到了演出的意义和生活的意义,就是"邝裕民",抑或青春的美好。在她接到新"角色"之前,她一个人忘我地在话剧舞台上顾盼留恋,突然一个沉重的声音使她回到现实——是邝裕民在叫她。影片用的是俯角主观镜头,以邝裕民和其他几个同学为视点的,在大伙的"凝视"下,王佳芝带着困惑的表情加入其中。在邝裕民布置完新的"行动"后,大伙都群情振奋地加入,唯有王佳芝有些迟疑,此时邝裕民失望地说:"我不是要勉强大家。"② 王佳芝才伸出手说:"我愿意和大家一起。"③ 邝裕民终于如释重负,有了一丝欣慰。其实,王佳芝的角色早就定好了,甚至是这伙同学的预谋。王佳芝的加入也不过是为了戏外那点意义而已。后来为了使王佳芝在性经验上更像少奶奶,大伙让同学里面有过嫖妓经历的梁闰生来教她,王佳芝失了身;很快,邝裕民也失了身——他杀了前来敲诈他们的老曹(钱嘉乐饰),"杀人是男人失身的过程"④。这次演出完成了两个人的成人礼,从此青春成为了一种遥远的回忆。

　　第三出戏的舞台转到了上海,这出戏由地下工作者老吴"执导",老吴设想的结局有两个,成功或失败。成功的话,许诺送王佳芝去英国,失败的话,用他给的毒药丸自决。老吴对于王佳芝很有信心,有一次邝裕民担心王佳芝没有受过正规训练,承受不了长期的压力,他对邝裕民说:"你低估她了。王佳芝的优点就是在于她只当自己是麦太太,不是弄情报的。……"⑤ 邝裕民和老吴对于王佳芝扮"麦太太"的不同看法,正反映了戏剧表演中"再现"与"呈现"的矛盾。邝裕民认为王佳芝扮"麦太太"是在"摹仿",吴先生则发现演技稚嫩的王佳芝反而容易和角色融合,她不是在扮"麦太太",而是在成为"麦太太"。邝裕民认定王佳芝再次担任这个戏份吃重的角色,是在爱国的意图和爱情的意义的双重驱使下才发生的,因此他一方面为王佳芝担心,另方面又不断鼓励她。吴先生显然更懂得演员与角色的关系,但是

① 影片《色,戒》对白。
② 同上。
③ 同上。
④ 李安语,见《色戒》,《看电影》2007 年第 18 期。
⑤ 影片《色,戒》对白。

他对于整出戏的设计过于简单,也许是受了以前的几个"版本"的影响——"……我们前后有两个受过严格训练的女同志,吊了他一阵子,结果都让他摸了底,被弄死了不算,还供出了一批名单。"① 其实,作为整出戏的"导演"的老吴犯了一个危险的错误:因为戏剧表演本身的"在场"性质和王佳芝的非专业,她的表演(或行动)未必会按着上级的设计进行。其实王佳芝已经警告/暗示过老吴,她已经在设计好的"动作"边缘徘徊,可是他们不明白这出戏对于王佳芝的意义和目的之间的分裂,轻易地放过了这个细节。老吴告诉王佳芝:"好,很好,你现在只要继续的,把他拴进陷阱里面,如果有任何需要……"② 王佳芝接着说:"你以为这个陷阱是什么? 我的身子么? 你当他是谁?! 他比你们还要懂得戏假情真这一套。他不但要往我身体里钻,还要像条蛇一样的,往我心里面越钻越深,我得像奴隶一样的让他钻进来,只有忠诚地待在这个角色里面,我才能够钻到他的心里。……"③ "戏假情真"是王佳芝在台前幕后的所有"行动"的意义,而邝裕民却不知道或不愿知道。诱杀易先生的目的不过是"摹仿"层面的,而演出的现场呈现的"情"才是真理或者是终极意义。易先生是个生存在恐惧里面的虚弱男人,他需要杀戮、暴虐甚至是变态的残忍来确认自己的存在感和真实感,因此,对于他和"麦太太"之间的偷情,他真的做到了"戏假情真"。他不仅获取了或者是摧残了王佳芝的身体,还形塑了她的"行动",没有任何强制的成分,就在最为纯粹的"猎人与猎物"般的关系中,王佳芝改写了剧本,背叛了导演的意图,寻获到了扮"麦太太"的真理所在。在香港上演的话剧对于这出戏而言,是一个镜像,它完全再现了那出话剧的意义,只不过是转换了角色而已;但是,对于邝裕民等人而言,两出戏的目的和效果的巨大差异,使眼前这出诱杀易先生的戏更加显得虚幻,一点也不"实惠"。对于影片中的邝裕民、老吴而言,在上海上演的这出戏可能是"反高潮"的,可是对于王佳芝而言,它是存在高潮的,只是她的观众们看不懂或者是不愿看到。影片展示的这三出戏之间的镜像往复又充满张力的关系,构成了银幕内外的权力之间的关系隐喻。

① 影片《色,戒》中老吴的台词。
② 影片《色,戒》对白。
③ 同上。

三、"人生呀，谁不，惜呀惜青春"

李安说："拍电影这回事，与王佳芝，演戏，动情是一回事。"① 电影本身作为一种媒体，它展示戏剧表演的本身就具有象征意味。张爱玲在小说中，运用女性和人性的角度，和"革命"的宏大叙事抗衡，并且成功地消解了其超越一切的话语霸权优势。在《谈音乐》里面，张爱玲借音乐言其志道："大规模的交响乐自然又不同，那是浩浩荡荡五四运动一般地冲了来，把每一个人的声音都变了它的声音，前后左右呼啸喊嚓的都是自己的声音，人一开口就震惊于自己的声音的深宏远大；又像在初睡醒的时候听见人向你说话，不大知道是自己说的还是人家说的，感到模糊的恐怖。"② 张爱玲不无揶揄的笔调下的思想和她的《色，戒》毫无二致。"和恋爱的放恣相比，战争是被驱使的，而革命则有时候多少有点强迫自己。真的革命与革命的战争，在情调上我想应该和恋爱是近亲，和恋爱一样是放恣的渗透于人生的全面，而对于自己是和谐。"③ 这便是一个女性眼中的战争和革命，王佳芝最后的一刻选择了"对于自己是和谐"的结局。李安是深谙电影的媒体本性的，他的《色，戒》对于张爱玲的"本意"没有丝毫的损伤，但是他也没有停留在复制"张爱玲"的层次上，他运用电影重新解读了小说《色，戒》，把电影的媒体功能发挥到了极致。

在影片的"戏中戏"结构框架内，存在两重相互对应的权力关系：一重是银幕外的，李安/汤唯/王佳芝，另一重是银幕内的邝裕民、老吴/王佳芝/麦太太。当然还有其他的，如李安/王力宏、庹宗华/邝裕民、老吴，还有李安/梁朝伟/易先生等，只是没有上面的两重典型。这些关系都是导演或者编剧和演员及角色之间的关系。我们虽然确立了这样两组银幕内外具有"互文性"的关系，但是并非就是说，我们可以像解读银幕内的关系那样来解读银幕之外的关系。因为在影片的创作中，如果没有导演的合理控制，影片就无法产生意义，可能仅沦为一个空有躯壳的实验品，这显然是不可能的。我们

① 马戎戎：《李安的色与戒》，《三联生活周刊》2007 年第 36 期。
② 张爱玲：《谈音乐》，载《张爱玲文萃》，文化艺术出版社 2003 年版，第 193 页。
③ 张爱玲：《自己的文章》，载《张爱玲文萃》，文化艺术出版社 2003 年版，第 109 页。

无法知晓汤唯在饰演王佳芝时，和剧本及导演的控制之间产生了多大程度的分歧，即便可以像王佳芝饰演"麦太太"那样量化，这种分析也没有意义，因为我们的论述建立在这样的基础上，即假设影片《色，戒》是完全在李安的意图下完成的完整作品。所以，我们要避开这个论述陷阱，反而我们要关照的是李安的价值认同和文化情怀是如何投射在影片中的，还有，他认同的是哪个（些）角色，从而进一步发掘银幕内外这两重关系的"互文性"。

"……我对这个女主角是非常认同的，因为我跟她一样是话剧出身，但是人生不一样。透过一个角色，她才能触摸到真正的自我，这个主题对我来说非常认同。我第一次演完话剧，也是跟同学一起去吃宵夜，他们在前面唱歌，也是下着毛毛雨，和小说里一模一样，真的是很害怕。"[①] 李安的这段颇具宿命意味的表白，其实也有很多"藏笔"。李安本人的"话剧出身"其实只是一个象征，还有李安认同的"这个主题"，如何被他本人借用，都语焉不详。与其说李安认同的是"王佳芝"和《色，戒》的主题，不如说是李安与它们产生了共鸣，找到了表达自我的出口。张爱玲在她的《到底是上海人》里面说道："我为上海人写了一本香港传奇，包括《沉香屑》、《一炉香》、《二炉香》、《茉莉香片》、《心经》、《琉璃瓦》、《封锁》、《倾城之恋》七篇。写它的时候，无时无刻不想到上海人，因为我是试着用上海人的观点来察看香港的。只有上海人能够懂得我的文不达意的地方。"[②] "用上海人的观点来察看香港"暗示了"双城"之间的"看与被看"的关系。李欧梵发觉："很清楚在她[③]的生活和艺术中，香港一直是上海的一个补充，她小说世界中的一个'她者'。"[④] 在小说《色，戒》里面，"香港"也是张爱玲确认"上海"的一个"她者"。在"香港"的王佳芝，不过是一场似乎存在着预谋的闹剧的牺牲品，扮演的是要么是"慷慨激昂的爱国历史剧"[⑤]，要么就是失身于一个具有嫖妓经验的男同学的"麦太太"，完全是在一种浩浩荡荡的"为国捐躯"

①　见《看电影》杂志对李安的采访《色戒是一种人生》，《看电影》2007年第18期。
②　张爱玲：《到底是上海人》，载《张爱玲文萃》，文化艺术出版社2003年版，第14页。
③　即张爱玲。——引者
④　［美］李欧梵：《上海摩登——一种新的都市文化在中国，1930—1945》，毛尖译，北京大学出版社2005年版，第317页。
⑤　张爱玲：《色，戒》，载《张爱玲典藏全集》第14册，哈尔滨出版社2003年版，第182页。

的潮流中压抑了自我;等她意识到"我傻。反正就是我傻"①的时候,每个人都感觉到这次在香港诱杀易先生不过是一场荒诞的闹剧。神圣的目的与结局的荒诞形成了强烈的对照——每个参与的同学都"狼狈万分"。而到了上海,王佳芝与"原班人马"再次上演这出戏时,王佳芝选择了背叛,成全了自我。和在"香港"的战争的、革命的主流话语不同,在"上海"是个人的、女性的话语占了上风。这就是"香港"在小说《色,戒》里面的意义。李安改编小说时,没有改变"香港"的"她者"地位,但是赋予了其新的意义。在影片中,王佳芝对于戏剧演出的热情来自对于邝裕民的朦胧情感,这在小说里面是不存在的,严格地说,李安的改编仍符合张爱玲认为的"真的革命与革命的战争,在情调上我想应该和恋爱是近亲,和恋爱一样是放恣的渗透于人生的全面,而对于自己是和谐",但是李安又赋予了影片新的意义——影片存在一个成长的主题。以王佳芝和邝裕民的"失身"为分界线,"香港"作为"上海"的"她者",暗示的是"青春",而"上海"则是一个残酷的成人世界。李安看到小说就想起自己的"话剧出身",其潜台词就是"青春"。

　　李安曾经说道这部影片跟他的中年危机有关系。②在影片中,李安加了一场小说里面没有的戏:王佳芝为易先生唱《天涯歌女》。对于这场戏,李安有过详尽的解释:"当中国的文人、男人,他最没有办法的时候,他会把自己当一个少妇来写,他对男人的眷恋,对青春的眷恋,就是对他祖国的一个永远的哀思,这是中国的一个传统,所以这首歌我觉得非常贴切的,她用传统唱法的发声法,用小调的表演去讲一个说不尽的青春,然后去跟他敬酒,他真的是潸然泪下。"③这段话可以说是李安的"夫子自道"。不仅《天涯歌女》的歌词里面包含了对于青春、家国和爱情的眷恋和哀思,这首歌本身也代表了对于一个时代的文化记忆。这首歌在影片中,表达了王佳芝(包括易先生)对于青春的无限哀思,"香港"在影片中的"她者"意义也在此彰显。李安认同的"王佳芝"这个角色,也成了他本人在人到中年的情感寄托与和对自我的触摸。但是,李安的意图不仅限于此,他的"中年危机"还包含了另一

---

① 张爱玲:《色,戒》,载《张爱玲典藏全集》第14册,哈尔滨出版社2003年版,第182页。
② 见《看电影》杂志对李安的采访《色戒是一种人生》,载《看电影》2007年第18期。
③ 同上。

个层次——对于一种民族文化记忆的追寻。

四、北望家山

除了对于"青春"的回眸，李安对于自己的"中年危机"还有一种关乎文化责任的意义上的解释："到了中年以后，你才知道人生有尽头，不可能什么东西都要，于是有选择性的，要把握最想做的，再不做就没有机会了。中年以后我的 career 以自然状态发展，也比较有权有势，可以做到一些别人做不到的事情，要珍惜这种资源，有的东西我不做就没有人做，以后人们就看不到，在历史上就没有这样的事情了。不管是一种情愫，一种态度，还是生活的方式，描述的方式，或者就是具体的一草一木，现在已是人事全非了，如果不靠记忆把它整理一下的话，会消失得很快。这是跟中年有关系的，我觉得有责任有兴趣来完成它。"[1] 李安的好友赖声川认为，李安作为台湾的外省人的第二代，对于上海，对于 30 年代的中国普遍有一种情结。[2] 李安的弟弟李岗也说过，李安拍《色，戒》，给自己身上压了一种责任："他身上有一个关于文化中国的梦想。"[3] 面对今天的都市生活的快速变化，李安作为一个在中西文化间"推手"的导演和台湾外省人的第二代，通过电影这个媒体来帮助健忘的时代恢复民族的历史"记忆"，似乎是义不容辞。李安于 1978 年就离开台湾去美国学习戏剧和电影，直到今天仍在好莱坞挣扎求存。对于美国人而言，李安是一个具有着文化意义的"他者"，相反，西方文化对于华人导演李安而言亦是界定与认识自身的"他者"。处于中西这种既排斥又依存的文化关系中的李安获得了一个观察中西文化的完整视角，他在《色，戒》里面想给世界展示另一种华人文化。其实李安在电影里面极力表达的那种消失多年的精致的世俗文化，是流散在世界各个角落的华人"共同体"确认自身的一个标示和中介。李安多年的海外生存经验，使这种非主流文化在他的影片中成为一种具有"怀旧"色彩的情愫，这种追溯文化记忆的行为不仅是一种文化建构和

---

[1]　见《看电影》杂志对李安的采访《色戒是一种人生》，载《看电影》2007 年第 18 期。

[2]　马戎戎：《李安的色与戒》，《三联生活周刊》2007 年第 36 期。

[3]　同上。

"再现",它还关乎到对于民族认同的确立,同时还有抗拒主流文化的意识形态意义。身份混杂的李安通过影片《色,戒》自我构述的同时,与当下形成了一种话语反抗的张力,从这个角度看影片《色,戒》,不难发现李安用电影媒体成就"戏中戏"结构的美学 / 文化 / 政治意义。银幕上王佳芝对于"导演"或"剧本"的反叛以及话语权的争夺,是银幕外李安对历史进行"重写"和对失落的文化记忆进行追寻的隐喻,其中对于话语权力的争夺完全是同构的。《天涯歌女》在影片中是一个文化符码,它代表着那个逝去的年代和一种文化传统。

　　李安在美国伊利诺大学学习戏剧时,发现性是西方戏剧的一个重要渊源,戏剧不是靠平衡、和谐,而是相反的东西,他说:"性是家庭的根源,家庭营造了合法的性关系,有了孩子,才能代代相传。但在中国家庭里,性是一个禁忌,父母从来不和孩子讨论。"① 正是有了这种文化参照和思考,李安在影片里面把张爱玲虚写的情欲场面在电影里面进行了还原。李安对他的动机做过这样的说明:"……不管对自己的探索和了解,还是透过对观众的反应,对社会的反应,对世界的了解,我觉得意义都像是在剥洋葱,一层一层往下剥;另外一方面我也可能有一些中年危机,过去没尝试过的,可以用既有的权力和资源去面对一下。"② 当然,李安也有现实诉求:"……我们坚持把《色戒》推至所谓的'底线',就是想扭转人们的一种惯性思维,那就是把 NC-17 和色情电影轻易地划上等号。我希望《色戒》这部电影能够给好莱坞一个信息,NC-17 和其它电影一样,也是值得尊敬的一个级别,《色戒》不是色情片,只是少儿不宜。……"③ 其实,"NC-17"影片作为一种级别,背后体现的是一种权力的文化逻辑,其暗含的政治意味不言自明。"NC-17"影片在好莱坞是被歧视的,李安大胆地在《色,戒》里面表现"性",也是对于弱势文化的自我构述和对主流文化的偏见的一种抗衡。如果和李安本人的"中年危机"结合起来,"性"在影片中与"青春"一样,都是对于一种约定俗成的文化禁忌的反叛。

　　李安出生在一个书香门第,家教极严,中国式的"严父"形象一直是李安的生活和电影里面不可或缺的。10 岁前的李安在花莲读小学,后来到了

---

① 　马戎戎:《李安的色与戒》,《三联生活周刊》2007 年第 36 期。
② 　见《看电影》杂志对李安的采访《色戒是一种人生》,载《看电影》2007 年第 18 期。
③ 　同上。

台南，教育方式和语言习惯（国语——台语）的不同，使年少的李安初次体验了"文化冲击"，接着到了美国，文化之间的拉扯永远是他影片的主题。也许是出于一种心理补偿，这种家庭的压抑和文化敏感使李安从事了具有"逆反"色彩的、可以"海阔天空"的电影职业，为此李安的父亲几乎耿耿于怀了一生。① 纵观李安的影片，从1994年的《饮食男女》到如今的《色，戒》，几乎都在讲同一个话题——"逆反"/"情感"/"色"与"压抑"/"理智"/"戒"之间的拉锯战。不同的是，王佳芝不再像玉娇龙那样，以投崖殉道去实现对于李慕白和俞秀莲所恪守的价值观的皈依，也不像那两个可怜的西部牛仔，在强大的主流文化的压力下，把一座冰冷的山峰看作寄托他们全部希望的"乌托邦"，而最终还是免不了阴阳相隔的可悲下场，王佳芝以她稚嫩的演技，在其表演的"在场"性里，成全了自己，实现了整出戏对自我的意义。虽然不免一死，但她面对邝裕民那复杂的眼神时释然和淡然的表情告诉我们，临死前她的情感是完整的。当然，王佳芝也不是没有令人窒息的挣扎，影片运用了大量的俯角镜头刻画王佳芝内心的复杂和惊心动魄的心理转折。在王佳芝轻轻地告诉易先生的两个"走吧""走吧"中，明显可以听到她心底的万顷波涛，这两个"走吧"也是说给她自己的。李安曾坦言在影片拍摄中，他几乎精神崩溃，可以想到李安在出入于银幕内外时，内心经历了丝毫不亚于王佳芝的挣扎。李安对于片名做过这样的解释："色，不光是色情，它还有色相的意思；王佳芝动了真情，也就是着了色相；戒，……有一种警戒的意味。"② 人到中年的李安在影片里面对抗主流禁忌，其骨子里面的中原文化和士大夫理念又可能会使他不断地给心中的"严父"致歉；另方面，李安身处的文化语境的多元，也使他的身份与认同体现出一种混杂性和相对性。影片在"色"与"戒"之间回旋、挣扎的分裂症候中，显示了李安的艺术勇气。

原载《粤海风》2008年第1期

---

① 王宝民：《李安的电影生活》，《南方人物周刊》2006年第5期。
② 马戎戎：《李安的色与戒》，《三联生活周刊》2007年第36期。

表演"中国":美国舞台上的中国戏剧与中国形象

中国戏剧第一次真正在美国出现,是和 19 世纪中期登陆美国的华工一起的。伴随着大批华工的"淘金梦"出现在美国的中国戏剧演出,作为一种社区文化活动,基本功能在于缓解离恨乡愁和构建族群认同,但是,它们在客观上也促成了最初的中美戏剧交流。这些华人社区的戏剧活动的波及面虽然极为有限,但毕竟让美国人看到了真正的中国戏剧。这些早期的中国戏剧表演,对于后来出现在美国舞台上的"准中国戏剧"和借鉴戏曲手法的实验戏剧的形成,提供了部分重要的灵感。

"中国"因素在美国舞台上出现,可以追溯到1767年1月16日,亚瑟·墨菲(Arthur Murphy)翻译自伏尔泰(Voltaire,1694–1778)的《中国孤儿》的英文版本在费城的索斯沃剧院(Southwark Theatre)上演,其中含混的"东方"异域风情,此后便以各种不同的形式在涉及中国题材的美国戏剧中承续下来。早期美国舞台上搬演的综艺节目对"中国性"的展示,成为美国人认知"中国"的重要途径。这种认知途径使美国人在远早于他们亲眼看到真实的中国人之前,对所谓的"中国情调"就相当地熟悉了,并且在美国人关于"中国"的"知识和想象的地图"上一再地被复印。

一、剧场：他乡中的故乡

在中国戏剧真正登陆美国之前的 18 世纪最后几十年里，中国的皮影、杂技等表演就已经在美国舞台上频频出现，而且颇为流行。到了 19 世纪中期，准确地说是在 1848 年，美国在加利福尼亚州发现了金矿，许多国家的移民来到美国"淘金"。其中也有成批的华工身处其中，最初被视为开发美国西部的有价值的劳动力。伴随着大批华工进入美国的，是中国戏院和中国戏剧演出。[①] 在美国国土上中国戏剧的演出是随着华人社区的出现而出现的，并且和华人群体的社区生活紧密相连，或者可以这么说，华人聚居的社区为中国戏剧提供了生存的基本土壤和产生意义的主要语境，而在美国的中国戏剧活动也成为了这些背井离乡的华人重要的精神慰藉。

"戏剧作为表演，有模仿与仪式双重功能。模仿功能强调的是戏剧表演模仿一段故事，台上所有的人与物都是指涉性符号，指向舞台之外想象之中的故事空间。仪式功能强调的是戏剧表演作为一个公共事件的社会效果，犹如巫术、体育比赛，表演是自指涉的，指向表演空间本身。"[②] 美国华人社区的中国戏剧表演活动，也同样具有这样的双重功能。这些流散海外的华人，在结束每天繁重的体力劳动之后，成群结队地涌入戏院，听一听熟悉的故乡小调，不仅可以缓解身体的疲惫，更重要的是，他们可以在戏院这个别样的空间里缓解家国之思，并寻找到"自我"的归属感。于是，那种难以排遣的乡愁在戏剧舞台所搬演的熟悉场景／空间中，得以"想象性"地满足。虽然这个时期到美国演出的中国剧团的根本动机是要赢利，具有非官方的特质，而且想象中预设的受众也不仅限于华人，但这毕竟是一种"跨种族"、"跨语种"演出行为，一旦进入由少数华人建立的社区这样一个接受语境，毫无意识却又不可避免地就具有了意识形态意义。华人群落在剧院里观看戏剧演出的

---

① 吴戈先生在其著作《中美戏剧交流的文化解读》里面，对于作为"移民文化"的中国戏剧早期在美国的情形有着详细、深入的论述。吴戈：《中美戏剧交流的文化解读》，云南人民出版社 2006 年版，第 31—68 页。

② 周宁：《想象与权力：戏剧意识形态研究》，厦门大学出版社 2003 年版，第 177 页。

同时,能够体验到族群的归属感和同胞之爱。此时,华人社区成为联结戏剧演出与社区意识形态的中介。从这个意义上看,当时美国的中国戏剧演出可以视为一种族群认同的仪式。在接踵而至的排华浪潮中,中国戏剧演出遭到毁灭性的禁止;而美国具有反叛意识的先锋艺术家在进行戏剧实验时,则会转向中国戏曲寻找思想资源。这两种截然相反的态度,其深层的文化心理可能都同样源自美国华人社区中的戏剧演出的这种"仪式"性质。不同的是,前者在中国戏院里面感到莫名的恐惧,而后者则发觉了反叛的灵感。

　　本奈迪克·安德森(Benedict Anderson)在《想象的共同体:对民族主义的起源与分布的反思》(*Imagined Communities:Reflections on the Origin and Spread of Nationallism*)中指出:"民族国家可以定义为一个想象的政治共同体——本质上是一种有限的、自主的想象。"[①] 他进一步解释道,"之所以说它想象的,是因为即使在最小的民族国家里面,其大多数成员之间也不可能认识、相遇,甚至从未听说过对方,但是每个人都想象着他们同属一个共同体","而它被想象成为共同体,是因为尽管在每个民族国家内部可能存在着不公平和剥削,但它总是被看成是复杂的关系缔结体。正是这种亲缘关系,使在过去的两个多世纪里,成千上万的人为了这种有限的想象做出牺牲成为可能"。[②] 在安德森的著作里面,16世纪以后的欧洲的民族国家"想象"来自于纸质媒体,即小说和报纸。正是在一群人阅读的过程中,感受到一种抽象的共时性,以及共时性下的共同生活,从而形成了共同的社群,也就是民族的想象共同体的胚胎。尽管研究对象具有很大的差异,但是安德森的思路对我们思考此时的中国戏剧演出,仍然有着一定的启发性。虽然这个时期到美国演出的中国剧团具有非官方的性质,但中国剧团在美国华人社区的戏剧演出活动,具有公开化、社群化的特征,此时的戏剧演出也成为一个重要的媒介——美国华人通过共同观看戏剧演出,促成了对于"共同体"的抽象想象,产生了根植于中国戏剧文化的民族凝聚力。这个"想象的共同体"可

---

① 　Benedict Anderson:*Imagined Communities:Reflections on the Origin and Spread of Nationallism*, London·New York:Verso, 1991, p.6.

② 　Benedict Anderson:*Imagined Communities:Reflections on the Origin and Spread of Nationallism*, London·New York:Verso, 1991, pp.6-7.

能是后来的"华裔美国"（Chinese America）的前身。当然,看戏的受众也不可能是仅仅被动地接受,他们的反应也会对这些戏剧演出形成一种"形塑"作用,使演出进行相应的调适。但是,从现有的资料只能看到这些剧团为适应美国观众所做的改变,这个"双向互动"的问题将在下面探讨;至于这些剧团的演出受到华人社区的"形塑"的情况,无从知道。当然,这个时期的中国剧团的演出活动的纯赢利动机和民间性,可能或多或少地遮蔽了其毫无自觉的意识形态意味。

　　美国华工的隐忍、勤劳,赢得了最初的礼遇和尊敬。但是,好景不长,到了 19 世纪 70 年代,伴随着美国经济的萧条,华工成为稀有的工作机会的竞争者。"于是从 1871 年开始,反华白人开始了针对华人的疯狂暴力行动,他们捣毁财产,杀人放火,无所不用其极。"[1] 自 1895 年,德国皇帝威廉二世提出"黄祸"（die gelbe Gefahr）的说法,并命令宫廷画家赫尔曼·奈克法斯画了一幅名为《黄祸》的版画以来,伴随着这幅画在欧洲的流传,"黄祸"恐慌也开始像瘟疫一样在西方的知识与想象中蔓延。"黄祸"恐慌大致可以分为两种:一是对中国曾经的军事侵略与经济掠夺的隐忧和恐惧,二是移民海外的华人不声不响地流溢于西方世界,引起西方人对于自身安全的幻灭感。其实"黄祸"恐慌根本来自于西方人对他者的忧虑、对异族的紧张与恐惧。[2] 从这个意义上看,美国自 19 世纪 70 年代开始的排华浪潮并不是偶然的,其经济萧条不过是根导火线,根本的文化心理上的原因在于美国 / 西方对于他性的恐惧,而最初的礼遇,也不过是现实性需求把内心的恐惧给暂时地转嫁了而已。当时在美华工的处境和遭遇,从阿英编的《反美华工禁约文学集·中国近代反侵略文学集之五》[3] 所收入的作品中,可见一斑。

　　随着排华浪潮的汹涌,美国华人的各种权力被剥夺、生存受到威胁的同

---

　　① 姜智芹:《傅满洲与陈查理:美国大众文化中的中国形象》,南京大学出版社 2007 年版,第 25 页。

　　② 周宁:《天朝遥远:西方的中国形象研究》上卷,北京大学出版社 2006 年版,第 354—359 页。

　　③ 参见阿英编:《反美华工禁约文学集·中国近代反侵略文学集之五》,中华书局 1962 年版。该书共包括诗歌、小说、戏曲、事略、散文 5 卷,"补编"部分包括诗歌、讲唱、戏曲和散文 4 个部分。这本书的编辑和出版虽然带着冷战时期的意识形态目的,但其中收入的作品为我们了解当时华工的遭遇留下了珍贵的资料。

时,美国的中国戏剧演出也遭到极大的破坏。——不难想象,当美国人看到华人成群地聚集在黑暗的角落里面,为怪诞的"戏剧"齐声叫好时,内心所感受到的震动与威胁,美国人在想象中会把中国戏剧演出变为败坏基督徒心智与宁静的"异教徒仪式"。但这还不是问题的全部。其实,就在排华声浪很高的时期,一些观看中国戏剧的白人政府官员及其他白人名流,也会流露出对中国戏剧的赞美。当然,这种"赞美"不无对"异域情调"的好奇,但也泄露了美国人破坏中国戏剧演出的真实动机——美国人很明显地看到戏剧演出对于华人社区的凝聚意义,破坏中国戏剧演出无疑是驱逐华人的最好办法。破坏活动开始后,白人社区与政府联合,限制、关闭、逮捕中国戏院经理,甚至是暴力砸场,在许多城市的中国戏院都时有发生。① 与此同时,华人也被暴力骚扰、屠杀或者驱逐。但是,中国戏剧并没有绝迹,其顽强的生命力来自于其作为一种族群认同仪式的强大的凝聚功能。美国的中国戏剧演出的盛衰与华人在美国的命运是紧密相连的,越是在华人遭受歧视、排挤的时候,中国戏剧演出的意识形态功能就越明显,华人社区对它的需求也就更加强烈。

随着时代的变迁,美国的中国戏剧的生存语境也发生了重大的变化。早期的美国华人,精神生活十分匮乏,而且落叶归根的乡土观念很强,观看戏剧演出在各个层面上都是他们的迫切需要,尤其是中国戏剧给他们提供了一个类似于本雅明所说的"空洞的共时性"(empty time),使他们通过戏剧获得了强烈的归属感和认同感。进入 20 世纪以后,华人社区渐趋稳定,现代传媒也开始介入其中,华人"想象的共同体"赖以产生的媒介也多了起来,比如一些华人知识分子主办的以广东方言为主的中文报纸,还有传教士办的中英文双语报纸,华人作家的文艺创作,还有电影、电视等。值得注意的是,美国媒体介入华人社区的日常生活后,对于华人的价值观的形塑作用不可小觑,使这个时期以后的华人的文化身份逐渐具有了混杂性(hybridity)的特征,甚至在文化认同的范畴内已经无法对某些问题作出有效的阐释。这样

---

① 这个时期的美国白人对于中国戏剧的暧昧态度,吴戈先生在其著作《中美戏剧交流的文化解读》里面有曾过精彩的论述。参见吴戈:《中美戏剧交流的文化解读》,云南人民出版社 2006 年版,第 44 页。

的文化语境中的中国戏剧的存在方式与功能自然会有所变化。以旧金山的粤剧演出为例,"1940 年以来,旧金山职业粤剧演出不再经常举行,唐人街(Chinatown)转向内部寻找其音乐创造力和娱乐活动的来源","战后粤剧社活动的逐渐减少,在某种程度上是由于 1945、46 年间移民法的松动,数千名中国妇女因此作为移民进入美国。戏曲社的会员结婚并有了家庭生活,对乐社这种聚会场所的需求减弱了,会员的妻子和孩子在乐社中的存在也改变了乐社的特点"。① 这些松散的、业余的华人剧社,是这个时代中的典型产物。在这些剧社的戏剧演出活动,只对本社的会员开放,其主要的功能在于社交。很多时候,戏剧演出常常处于半停止的状态,剧社主要是作为一个消遣和谈话的非正式场所而存在的。这些剧社具有社会融合的一面,同时也具有明显的封闭性,社会融合的程度非常有限。影视等娱乐方式的冲击使这些剧社的发展前途十分渺茫,更主要的问题在于,在美国出生的华人认同的是美国的主流价值观,与美国社会同化的速度越来越快,有的人根本就不懂汉语或其他中国方言,这样的剧社演出对他们没有任何吸引力。② 美国华人的后裔(甚至包括长期生活在美国的华人)的想象中的"共同体"与他们的先辈具有很大的差异,不再是族群和文化身份的构述,而是对多元文化的美国的建构,或者说是对华裔美国的国家身份的建构。从这个意义上说,他们的"想象的共同体"倒是更接近安德森的本意。③

在今天的全球化时代,在美国上演的中国戏剧又被赋予了新的意义,具有了跨国生产与消费的特征。以 2006 年春季在厄湾(Irvine)上演的《壮丽的长城》(the Splendor of the Great Wall)和秋季在伯克利(Berkeley)、厄湾、洛杉矶(Los Angeles)、圣·芭芭拉(Santa Barbara)等地巡演的《牡丹亭》为例,都是由加州、香港、台湾的华人投资,大陆的剧团演出。这些戏剧

---

① [美]罗纳德·里德尔:《美国旧金山华人社会中的业余戏曲团体》(海震节译自《飞龙与流水——旧金山华人生活中的音乐》,美国绿林出版社 1983 年版),载《戏曲研究》第 38 辑,文化艺术出版社 1991 年版,第 207、212 页。

② 同上书,第 207—217 页。

③ 安德森在 *Imagined Communities: Reflections on the Origin and Spread of Nationallism*(London·New York: Verso, 1991)一书中没有涉及少数族裔对于国家身份的认同,本文是在延伸意义上使用"想象的共同体"这个概念的。

演出都具有一种"怀旧"（nostalgia）的色彩，它激起了流散在海外的华人中原本比较淡漠的民族主义和爱国主义情感。这种对于"怀旧"和民族主义的生产和消费可以视为对于全球化和国家疆界消失的一种强烈反应。《壮丽的长城》的背景是日本侵略下的中国，里面穿插了很多那个时期的爱国歌曲，歌词都是战争中流浪在外的中国人的悲哀心理写照，这些歌曲在华人中唤起一种"怀旧"情愫——对于在场观看演出的中国人来说，对于异族侵略和失去家园的痛苦都是非常明显的。这种对于想象的"家""国"的渴望，满足了在每天的平淡生活中所没有的浪漫情感。而《牡丹亭》则把观众拉回到更遥远的时代，它通过展示中国的精致的古典文化、经典诗词和浪漫的爱情——与当下的政治形成鲜明的对照——这个古典剧目唤起了华人的文化国家主义情感。这种对于国家文化的自豪展示面向的不仅是海外华人，也是展示给美国观众和戏剧机构的。这种汇集华人的人力、物力的跨国戏剧生产和消费，在美国的戏剧和学术机构中，为自己挣得了政治资本和文化资本。在这个全球化的时代，这种华人跨国戏剧使自身成为了美国当地戏剧的一部分。这些演出也希望能够通过学术，对于操纵着教育机构和符号领域的"东方主义"话语进行一次反转，同时，这种世俗的距离也有助于创造一个在当前的政治气候和全球文化中不可能存在的国家空间。①

中国戏剧最初登陆美国时，预设的观众群体不仅仅局限于华人。剧团赢利的动机必然会使其表演对于观众市场有一个价值预期。中国戏剧表演能够取得多大的价值，将取决于美国接受市场的审美形塑法则。为了实现剧团演出的利益最大化，中国戏剧的演出必定要与接受市场发生有效的互动，要受到接受市场的审美法则的形塑。中国戏剧表演在美国这样一个异质文化氛围中发生，将引起一种"双向互渗"的戏剧文化交流的最初局面——尽管这种交流还没有文化上的自觉，更多是出于一种图存的策略。早期中国戏剧在接受市场的形塑下，所发生的变化是多方面的。

中国戏剧最初在美国演出时，还没有自己的剧场，演出要在租用的西式剧场进行。最初要面对的演出场地难题反而成了后来改造、丰富传统中国戏

---

① Daphne Lei, *Transnational Production and Consumption of Chinese "National" Nostalgia*, Abstract for the MRG Paper, University of California, Irvine, 2007.

院的契机。中国戏剧在美国演出时,从剧场格局、设备、灯光、音乐到女演员的启用等方面的革新成为了近现代中国戏曲开始向现代转型的先声。① 梅兰芳在 1930 年访美演出的时候,也曾根据西方观众的审美趣味对自己的表演进行了调适,而且 1936 年在国内排演《生死恨》时,运用灯光加强舞台效果,这可能是受到了西方舞台美术的启发。②

二、戏曲作为意识形态反叛的美学资源

自 19 世纪中期真正的中国戏剧在美国演出以来,中国戏剧演出引起了相当一部分非华人观众的注意,其中也不乏热烈的赞誉,中国戏剧对于美国人的吸引力在 1930 年梅兰芳访美演出时,达到了一个高峰。但是,中国戏曲对美国／西方戏剧的影响,是微乎其微的,远不像在近代以来在中国社会剧烈转型中扮演了一定角色的中国戏剧那样,受到了西方戏剧文化的覆盖性冲击。中国戏曲在美国／西方的影响,主要体现于旨在颠覆现代价值的先锋戏剧试验上。就其戏剧主流而言,很难看到中国戏剧的影响。在美国主流文化中,中国戏剧仍然是一种少数族裔的边缘艺术形式,在好奇与欣赏的同时,也不无误解和偏见。

在 20 世纪初,最早登陆美国的粤剧演出就引起了一些评论家的注目,并在报刊上做了评论。有资料显示,在 1903 年,一个名叫亨利·蒂瑞尔(Henry Tyrrell)在《戏剧杂志》(*The Theatre Magazine*)上撰文,评述纽约华人社区的中国戏剧。他的评论涉及中国戏剧的题材来源、舞台和表现手法,蒂瑞尔认为:"至今为止,中国戏剧实际的标准剧目包括元朝期间或早于莎士比亚 200 多年前创作的约 550 出剧作。据说,如今杜瓦耶尔街上的外来戏班还经常从中挑选节目。"关于中国戏剧的舞台,蒂瑞尔指出:"舞台是小型的,没有脚灯、前台、幕布、侧门,除了可由道具员在演出过程中搬上搬下的道具外,没有任何布景。舞台后部被腾空成凹形,以安置包括锣、鼓、琴、笛、号、喇叭的

---

① 这个时期在美国上演的中国戏剧对于西方戏剧艺术的借鉴和转化,吴戈先生曾有过详尽的论述。参见吴戈:《中美戏剧交流的文化解读》,云南人民出版社 2006 年版,第 58—59 页。

② 梅绍武:《我的父亲梅兰芳》上册,中华书局 2006 年版,第 176 页。

乐队。这一凹壁的两边是门,分别用于演员上、下场,有时它们的使用顺序会有所调整。"对于中国戏剧的表演,蒂瑞尔的描述中似乎也带有些困惑:"一个即将上路的角色会做出上马或踏上船跳板的动作。酒后的几个典型动作或姿势就代表了醉酒的场面。害羞的新娘要回房时,会有两个道剧①员抬上一个帐篷状带有丝绸门帘的道具。观众们目睹女演员穿过这道帘子,若无其事地退场,随后道具也被抬下场。"②

蒂瑞尔的评述显然可以代表大多数美国人对于中国戏曲的最初打量。——在对中国戏剧表层特征的描述中不无新鲜、好奇与困惑。随着时间的推移,美国人对中国戏剧的观察和认识也逐渐有所深化,能够深入到中国戏剧深层的美学原理的分析。在 1921 年 4 月 10 日的《纽约时报书评杂志》上,发表了署名威尔·欧文(Will Irwin)的"曾在唐人街的戏剧"(The Drama That Was in Chinatown)。欧文从观众接受心理的角度,对中国戏剧的特征做了这样的分析:"你见到的只是表面现象。要发现并理解中国观众的态度,还需要长时间的研究。你必须发挥想象,一旦你做到了这一点,那些在舞台上的观众,脚下的孩童,道具管理员都变得看不见了。隐形的道具管理员在桌上铺上一块黄色台布,那黄色就代表着皇帝。你的想象力立刻就可以建造出一座帝王的宫殿,远比贝拉斯科或莱因哈德特(Rhinehardt)在画布上能画出的要宏伟得多。两张椅子堆在桌子上就成了山:演员登高,遮阳,目光越过平原,注视着远方的战斗。没有哪一位布景画师能像我们的想象力那样,用远处几根蜿蜒如蛇的蓝黄线条就构建出高而远的空间感。"欧文认为中国戏剧的基本原则是:"中国戏剧家不受舞台的一般限制,在时间和空间的架构上,他们可以随心所欲。"③欧文频繁出入唐人街的中国戏院,经过长期的观摩,他对中国戏剧的表演、舞台布置、服饰、化妆等评价很高,认为"中国戏剧表演是一门比我们通常在美国舞台上所见到的更为完美的艺

---

① 疑为"道具"。——引者注

② 引文资料出自亨利·蒂瑞尔:《纽约唐人街的戏剧》,《戏剧杂志》第 3 期, 1903 年, 转引自都文伟:《百老汇的中国题材与中国戏曲》,上海三联书店 2002 年版, 第 141 页。

③ 威尔·欧文:《曾经的唐人街戏剧》,《纽约时报书评杂志》1921 年 4 月 10 日,转引自都文伟:《百老汇的中国题材与中国戏曲》,上海三联书店 2002 年版, 第 142 页。

术。"① 后来,他与西德尼·霍华德合作,把中国的《琵琶记》改编后搬上了百老汇的舞台。② 像欧文这样早期的美国戏剧工作者,对于中国戏剧的美学原则的深层次研究和评论,以及他们的舞台实践,成为随后的美国实验戏剧借鉴中国戏剧的良好开端。

"美国现代戏剧之父"尤金·奥尼尔(Eugene O'Neill, 1888 — 1953)在他创作生涯的第二个阶段,大胆尝试各种艺术技巧,他的戏剧实验了包括面具、独白、舞台分割等在内的处理手法,其中某些手法可能就是来自于中国戏剧的启示。比如,在创作于 1926 年的四幕剧《拉撒路笑了》里面,四个主要人物米莉亚姆、蒂比罗、卡利古拉和庞培阿都带着半个面具,来表现他们的双重性格,令人想到中国京剧的脸谱。1927 年的九幕剧《奇异的插曲》,于1928 年在百老汇上演,时间长达 5 个小时以上,演出的中间有一段长长的间歇,让观众去吃过晚餐后再返回剧场看下半部分的演出。这部剧作的形式可能来自于中国戏剧的启发。而后期创作的《作为讣告》和《一个放弃占有的占有者们的故事》中的插曲和循环的形式,在结构模式上与传统的中国戏曲也有很大的相似之处。

另一位从中国戏剧中汲取了大量养分的美国戏剧家是桑顿·怀尔德(Thornton Wilder, 1897–1975)。怀尔德是美国最早向"幻觉剧场"质疑并发难的剧作家之一,这些剧作家在自己的创作实践中,纷纷转向东西方的古老戏剧传统中寻找思想资源。怀尔德在他的 1957 年出版的《三部剧集:〈小镇风光〉、〈九死一生〉、〈媒人〉》(*Three Plays:Our Town, The Skin of Our Teeth, The Matchmaker*)的前言里,谈到了自己早年对舞台上的拟真厢型布景的批评:"到二十年代末我开始失去了看戏的乐趣。我不再相信我看到的故事……我感到在我那个年代里戏剧出了点问题,它只发挥出了很小一部分的潜能……这种不满困扰着我……富于想象力的叙述是在舞台上变得不真实的。最后,我的不满发展成一种怨恨。我开始感觉到戏剧不仅存在不足,而且还在逃避;它并不想挖掘它自己的深层潜力……我不能再听信这样幼稚

---

　　① 　威尔·欧文:《曾经的唐人街戏剧》,《纽约时报书评杂志》1921 年 4 月 10 日,转引自都文伟:《百老汇的中国题材与中国戏曲》,上海三联书店 2002 年版,第 142 页。

　　② 　都文伟:《百老汇的中国题材与中国戏曲》,上海三联书店 2002 年版,第 142 页。

的求'真'。我着手写一些独幕剧试图捕捉真实而不是逼真。"① 正是有了这种追求,怀尔德在他的剧作里面致力于"消灭舞台剧的第四堵墙,从而将观众溶进表演中去,并且使人们意识到'日常生活中最微不足道的事件的价值'"②。

与其他美国剧作家相比,在接触中国传统文化、文学、戏剧方面,怀尔德有着得天独厚的优势。怀尔德的父亲阿莫斯·帕克·怀尔德是西奥多·罗斯福执政期间的外交官,在 1906 到 1909 年间,任香港总领事,怀尔德随父母在中国度过了他的少年时代,曾经在香港教会学校和山东曲阜侨民学校读小学。辛亥革命发生后,怀尔德的父亲转任美国驻上海总领事,并携全家到上海居住,怀尔德又跟随父亲来到上海生活了一段时期。少年时期为时不长的中国文化熏陶,对他后来的思想却有着显著的影响,正如怀尔德的哥哥阿莫斯·尼文·怀尔德所言,怀尔德本人把他的作品"一贯偏爱描写大众的生死世情"归因于他小时候在中国的经历。③ 怀尔德的中国生活经验不仅为他的文学艺术创作提供了素材,还直接给予了他戏剧实验的灵感。1930 年,梅兰芳到美国访问演出,怀尔德观看后深受启发,找到了革新风靡西方舞台的写实戏剧的出口。

1931 年,怀尔德写下了《到特伦顿和卡姆登的愉快旅行》(*The Happy Journey to Trenton and Camden*)、《漫长的圣诞晚餐》(*The Long Christmas Dinner*)和《海华沙号普尔曼客车》(*In Pullman Car Hiawatha*)等几部独幕剧,在这些早期剧作里面,怀尔德就借鉴了中国戏剧、日本能剧和莎士比亚剧作中的一些手法和程式。怀尔德本人曾经坦言他的早期作品与东西方古老的戏剧传统的渊源:"在《到特伦顿和卡姆登的愉快旅行》中,四张餐椅代表汽车,一家人在二十分钟里旅行了七十里路。《漫长的圣诞晚餐》一剧中

① 桑顿·怀尔德:《三部剧集:〈小镇风光〉、〈九死一生〉、〈媒人〉》前言,纽约:哈珀与罗出版公司(Haper & Row, Publishers)1957 年版,第Ⅶ—Ⅻ页;转引自都文伟:《百老汇的中国题材与中国戏曲》,上海三联书店 2002 年版,第 174 页。

② 阿莫斯·尼文·怀尔德(Amos Niven Wilder):《桑顿·怀尔德和他的大众》(*Thornton Wilder and His Public*),费城:堡垒出版公司(Fortress)1980 年版,第 70 页;转引自都文伟:《百老汇的中国题材与中国戏曲》,上海三联书店 2002 年版,第 174 页。

③ 都文伟:《百老汇的中国题材与中国戏曲》,上海三联书店 2002 年版,第 174 页。

时间跨度达九十年。在《海华沙号普尔曼客车》中,一些更简单的椅子充当
卧铺,我们听到了关于沿途城镇乡村最重要的消息;我们听到了他们的思想;
我们甚至听到了他们头顶上宇宙行星的运行。在中国戏曲中,人物跨坐在一
根竹竿上就表明他在骑马。几乎在所有的日本能剧中,如果演员在台上绕
一圈,我们就明白他正在做一次长途旅行。想想莎士比亚在《尤利乌斯·恺
撒》(*Julius Caesar*)和《安东尼和克娄巴特拉》(*Antony and Cleopatra*)剧
尾独创的战争场面吧。"[1] 这些早期的实验性剧作对于中国戏剧元素的借鉴,
为他 1938 年获得普利策奖的代表作《小镇风光》(*Our Town*)对中国戏剧
手法的创造性吸收奠定了基础。

　　《小镇风光》的故事背景是新罕布什尔州的一个名为格洛弗斯·考尼斯
的小镇,剧作运用白描手法展现了小镇的生活风貌,以及医生杰布斯和报馆
编辑韦伯两家人的日常生活。流行戏剧的生动的情节和激烈的冲突全没有
了,剧作中代之而来的是平淡无奇、田园牧歌式的小镇生活。剧作表现人们
的生活节奏、人际关系,甚至是婚丧嫁娶,都体现出一种平静、温馨、舒缓的风
格和笔致。"小镇"犹如远离尘嚣的世外桃源,而又不拒绝现代文明的介入,
这暗示了怀尔德对于功利、浮躁的美国现代都市生活的反思和温婉的批评。
怀尔德在这部剧作里面融入了一个哲学主题:让人们意识到"生活中最不重
要的事情的价值"[2]。

　　1938 年 2 月 4 日,《小镇风光》首演于百老汇的亨利·米勒剧院(Henry
Miller Theatre),杰德·哈里斯(Jed Harris)任导演和监制。展示在观众面
前的舞台在当时是令人吃惊的:没有幕布和布景,一张桌子、一个小凳和几把
椅子。演出时,利用桌椅的移动,来制造想象中的民房、教堂、商店、马路和公
墓。这出戏还设置了一个舞台监督,他是贯穿全剧的叙述人,不仅要介绍小
镇的基本情况和出场人物的性格、职业及其最后的归宿,还要对戏剧中的人
事进行评说,其实是作者发表其思想的代言人。除了这些重要的叙述功能,

　　① 桑顿·怀尔德:《三部剧集:〈小镇风光〉、〈九死一生〉、〈媒人〉》前言,纽约:哈珀与罗出
版公司(Haper & Row, Publishers)1957 年版,第Ⅻ页;转引自都文伟《百老汇的中国题材与中国
戏曲》,上海三联书店 2002 年版,第 177 页。
　　② 都文伟:《百老汇的中国题材与中国戏曲》,上海三联书店 2002 年版,第 180 页。

他还负责整个剧场人物的调度,甚至可以随时转换身份,扮演剧中的角色。这些令当时的观众耳目一新的表现手法,不仅实现了怀尔德"剧中要有像传统的中国戏曲那样程式化的布景和道具"① 的设想,而且和剧作的主题相得益彰。

但是,《小镇风光》最初在普林斯顿和波士顿试演时,相当一部分观众和评论家对于这种陌生的舞台效果并不能接受,甚至认为舞台没有布景和灯光是因为制片人太吝啬而不肯提供布景。② 对于观众的审美习惯的巨大挑战,正显示出这出戏的先锋性质,正如评论家约瑟夫·伍德·克鲁奇(Joseph Wood Krutch)在为《国家》(Nation)杂志撰文时,对《小镇风光》的评价:这出戏的手法"放在任何地方都是极端地反传统的"③。

另一位受益于中国戏剧的表现手法的美国剧作家是亚瑟·米勒(Arthur Miller,1915–2005)。他曾自言读了很多中国古典戏曲剧本,发觉中国古典戏剧的许多表现手法与当代欧美文学现代派的写作技巧相似。他说他写于1949年的《推销员之死》中的表现手法,中国剧作家在三四百年前就用过了。他对于中国戏曲中的时空观念非常推崇,并在此启发下,写出了《时间的弯曲》一书。④

怀尔德在1979年版的《小镇风光》"前言"里面说道:"戏剧渴望表现的是事物的象征,而不是事物本身……戏剧要求传统最大限度地介入。所谓传统就是一种得到承认的虚假,一种被接受了的谎言。如果戏剧假装要用帆布,木头和金属的道具来创造真实,那么它就失去了某些它应该创造的更

---

① 玛丽·亨德森:《美国戏剧》,纽约:哈利·亚伯拉罕出版公司(Harry N. Abrams, Inc., Publishers)1986年版,第112页;转引自都文伟:《百老汇的中国题材与中国戏曲》,上海三联书店2002年版,第180页。

② 乔治·科诺德尔、波西娅·科诺德尔:《戏剧入门》第2版,纽约:哈考特·布雷斯·卓瓦诺维奇出版公司1978年版,第12页,转引自都文伟:《百老汇的中国题材与中国戏曲》,上海三联书店2002年版,第181页。

③ 约瑟夫·伍德·克鲁奇:《戏剧》,《国家》1938年2月19日;转引自都文伟:《百老汇的中国题材与中国戏曲》,上海三联书店2002年版,第181页。

④ 郑怀兴:《从太平洋彼岸带回的焦虑》,《戏曲研究》第26辑,文化艺术出版社1988年版,第165—166页。

真实的东西。"① 这句话正说明了以他的创作为代表的美国现代戏剧实验的基本观念：主流的幻觉戏剧制造幻觉，其中的资产阶级意识形态作为剧场幻觉，在不受质疑的情况下被大众接受、强化；而先锋戏剧实验则以美学革命的方式质疑了幻觉剧场从不被质疑的"真理"。在《小镇风光》里面，怀尔德设计了坐在观众席上的人物，向剧中的舞台监督/叙述人发问，其中，有一位男士问了一个现实指涉性非常强的敏感话题："小镇上没有意识到社会的不公平和工业的不平均吗？"怀尔德的戏剧实验的意识形态批判意义在此彰显无遗。同样，奥尼尔借鉴东方思想讽刺西方的物质主义，米勒则尖锐地揭露"美国神话"的欺骗性……美国这些严肃的剧作家借鉴中国戏剧的美学原则，不是为了在创作中展示一种"异域色彩"，而是要借助中国戏剧表现手法，反思西方文化自身，完成西方现代性文化的自我建构。但是，当西方的知识精英在东方文化中找到了反思西方现代性的灵感，这些灵感再被现代传媒给放大、美化之后，就会演变成为一种庸俗化了的"美好想象"。这种西方社会的想象，对于中国（包括其他非西方）知识界来说，是需要警惕的，因为它可能是一个思想陷阱——似乎东方的意义要等待西方的折射才能彰显。

与这类睿智的美学思想借鉴不同，在中国戏剧非常有限的影响下，美国还出现了另一种"准中国戏剧"。这类戏剧往往会用涉及"中国"的人事作为题材，在其带有"傲慢与偏见"的叙事中，有意无意地展示出一种含混驳杂的"中国情调"，来迎合大众贪婪的"凝视"。

三、主体的眼睛：美国戏剧中的中国形象

在 19 世纪后期的西方文艺创作中，资产阶级的帝国梦幻是一个为大多数作家所热衷表达的主题。这种向外扩张的野心，通过当时的文化生产和消费，披上了一层不受质疑的、理所当然的合法外衣，彻底地渗透在西方人的心

---

① 桑顿·怀尔德：《〈小镇风光〉前言》（A Preface for Our Town），文见唐纳德·盖洛普（Donald Gallup）编的怀尔德的文集《美国特色和其他文章》（*American Characteristics and Other Essays*），纽约：哈珀与罗出版公司（Haper & Row, Publishers）1979 年版，第 102 页；转引自都文伟：《百老汇的中国题材与中国戏曲》，上海三联书店 2002 年版，第 176 页。

智中。在这样的背景下，"人类学"应运而生，通过这门"知识"，在白色人种里面掀起了一股风气——到世界的其他地方去观察、研究有色人种。① 正如亚里士多德所言，那能够脱离城邦生活的，不是神祇就是野兽，显然，这些越出了西方人认知范围的种族不是神祇，那么就只能成为野兽。在这里，把"城邦"（state）置换为西方，也是完全适用的。因为，以西方为中心，以进步、自由、文明为价值尺度的东西方二元对立的世界观念秩序，是一种知识秩序，也是一种价值等级秩序，还是一种权力秩序。这种观念秩序的确立，为西方资本主义经济政治扩张准备了意识形态基础，血腥的劫掠和野蛮的入侵反而成为帮助野蛮、停滞的民族进入文明、进步的"正义"工具。② 这种对其他种族的人类学式的"凝视"，常常通过种种有效的生产方式（如博物馆展览、文学艺术创作等）得以实现，使普通人也能够轻而易举地参与到构筑帝国的梦幻中来。曾经是英属北美殖民地的美国继承了西欧的这种扩张心态和统治传统。19世纪后期，其内部日益严重的种族问题最终诉诸于战争的手段加以解决。战争过后，美国社会出现了严重的劳动力短缺，于是大量的移民相继登陆，也包括大量的华人在内。作为一个年轻的移民国家，美国极力地需要确认其国家身份，在这个动机的驱使下，有相当一部分美国作家常常在作品中大力渲染移民的异域特征，和美国的白人进行对比，从而表达他们对于美国的认同感；而美国对其他种族的表述方式，与其从欧洲殖民者那里继承来的扩张心态之间也存在着不可忽视的联系。这个文化心理传统，为美国戏剧表述中国形象提供了根本的意义和动机，也为我们思考此种表述提供了一个基本的文化语境。

　　19世纪中期以后，大批华工到达美国西部，同时携带去了作为他们主要的公共生活方式的中国戏剧③，这为美国戏剧表述中国形象提供了重要的

<hr>

① James S. Moy, *Marginal Sights--Staging the Chinese in America*, Iowa City: University of Iowa Press, 1993, p.7.

② 周宁：《天朝遥远：西方的中国形象研究》上卷，北京大学出版社2006年版，第341页。

③ 关于中国戏剧在中国前现代社会的乡民的日常生活中的重要性，可参见周宁先生在其著作《想象与权力：戏剧意识形态研究》（厦门大学出版社2003年版）的第一、二章里面的相关论述。本文中"中国戏剧作为19世纪到达美国的华工的一种主要的公共生活方式"的观点，亦是受到了周宁先生著作的启发。

素材和灵感。然而,在真正的华人出现在美国之前,"中国性"已经提前了一个世纪被展示并建构起了美国公众对于"真实"的中国的想象和认知。继 1767 年 1 月 16 日英译自伏尔泰的《中国孤儿》在费城上演,1781 年、1789 年,美国舞台上出现了所谓的"中国皮影戏"表演,从其宣传广告就可以看出,其中展示的"奇观"与混乱的"东方情调"与《中国孤儿》是一脉相承的。这个时期的"中国性"展示所依赖的手段主要是博物馆展览、综艺节目、马戏团和旅行见闻录等,其基本功能在于取悦大众,而其种族表述功能则是潜在的,也是重要的。其潜在意义的生产方式是通过把表述对象进行真实可信的组织包装,然后展示在公众的面前,这种以博物馆展览的方式出现的展示,披着"科学"、"真实"和"权威"的外衣,能够巧妙地滤去叙述时间,提供给观众一种上帝般的视角和优越感。而被表述的"他者"则是不在场的,喑哑的,是被"文物化"的,永远被钉死在某个停滞的时间点上,有效地把"空间"(中国 / 东方)给"时间化"(落后、停滞),从而使这些作为无需亲自出门的游客 / 观众对其野蛮、低劣、边缘与停滞的"事实"深信不疑,最终成功地巩固了其帝国扩张的意识形态基础。

　　1796 年 7 月 13 日,纽约的一家名为利克茨(Ricketts's Circus)的马戏团在其宣传中说,在终场时,将有 6 个演员扮演中国人,为观众奉献上一台"大中华神殿"(Grand Chinese Temple)的节目。而实际上,这 6 个演员没有一个是亚洲籍的。1808 年,纽约另一家名为佩宾与布莱斯查德的马戏团(the Pepin and Breschard circus troupe)宣称将有"中国青年"(the Chinese Youth)在飞速向前的马背上表演种种高难度的滑稽动作。值得注意的是,这个所谓的"中国青年"的表演者实际上是一个"非裔青年"。非亚裔演员制造出来的混乱的中国"奇观"成为美国大众娱乐的重要内容之一。为了更好地制造帝国梦幻,这类杂耍性质的表述逐渐为博物馆展览所替代,后者往往被认为是经过认真研究而得出的科学知识,对于观众的吸引力和迷惑性更大。1834 年到 1837 年,一位名叫阿芳妹(Afong Moy)的"中国夫人"穿着中国的本土服装,分别在美国博物馆(American Museum)、皮尔氏博物馆(Peal's Museum)、一个位于"第八停车场"(8 Park Place)的无名场所、布鲁克林研究院(Brooklyn Istitute)和莎伦城(the Saloon City)巡回展示其"中国性"。

1850 年在纽约市博物馆又展出了"中国家庭"（A Chinese Family）。① 通过这种展示，让观众领略了其新奇的"异域性"，这种由博物馆提供的"恋物"式展示，意味着对于中国的种族表述开始体制化。因为博物馆展示假设立足于一种人类学的"科学"立场，不同于"看"马戏团的杂要，观众来到这里，还要进一步研究、认知，并参与到对于这些精心组织起来的"真实"物件的知识的交流中。在此过程中，观众成为居高临下的上帝，而被表述的对象则是原始的、沉默的"他者"。在 1884 年，一个名为巴南与伦敦的娱乐机构（Barnum and London Shows）宣传其将展示"一个叫张（Chang）的中国巨人"，伴随着"张"一并展览的，还包括"40 头训练过的大象，50 笼稀有动物，16 栏野兽……"。鉴于巴南与伦敦娱乐机构展示了"中国巨人"，另外一个名叫罗宾森·曼莫斯·丁的博物馆（Robinson's Mammoth Dim Museum）和新奥林斯剧院（Theater of New Orleans）则要展示"一个名叫柴马（Che-Mah）的中国小矮人"，将伴随"柴马"在博物馆部门一起展示的也有各种稀奇古怪的动物和蛮族。② 这种"人类学"式的凝视，刻意地夸大种族的差异，使得居高临下的观众在"真实"与"科学"的幻象中，把自我（人）与观看对象（非人 / 野蛮人 / 野兽）区分开来，竭力控制在想象中的"他者"的野蛮特质，从而建构起自己的优越身份。这种博物馆展览提供的对于"中国性"的视觉表述（包括对其他种族的视觉表述），根本目的在于让观众认同自身并把帝国的扩张美化成"开化野蛮"的神圣使命。而被表述的"中国"，则是一种视觉编码和权力运作的结果，是被抽空了实体的幻象，观众在"观看"的同时，他们自身也被作为机构和装置的符号化了的"博物馆"所建构，他们对于"中国"的认知与想象建立在误识的基础上。

　　除了这类博物馆式的展示，在 19 世纪后期，提供给美国观众的关于对"中国性"的表述开始在戏剧创作中出现，逐渐大行其道并最终取代了前者，而此时华人和中国戏剧的登陆也为之提供了"真实"的素材。这类戏剧往

---

　　①　James S. Moy, *Marginal Sights--Staging the Chinese in America*, Iowa City: University of Iowa Press, 1993, pp.10–14.

　　②　James S. Moy, *Marginal Sights--Staging the Chinese in America*, Iowa City: University of Iowa Press, 1993, pp.14–15.

往通过对叙述的控制,设置一个近乎中性的、滑稽可笑的中国男子,在笔端对"他"进行漫画化,在表演中对"他"进行丑化,以产生"喜剧"效果,进而取悦并引导观众。虽然与"博物馆展览"的生产方式不同,但在对其生产的中国形象的"真实性"的强调、其传播与大众消费的互动共享和最终的文化功能指归等方面,二者异曲同工。值得注意的是,虽然博物馆式的展示逐渐被取代,但是"博物馆"的运作策略在后来兴起的戏剧创作中再次借尸还魂,被很多剧作家一再地采用,形成了一种可以称之为"博物馆美学"的创作模式。1877 年,马克·吐温(Mark Twain, 1835–1910)和布莱·哈特合作完成的剧作《阿信》(Ah Sin)就是这种创作的典型代表。

1877 年 5 月 7 日,《阿信》首演于华盛顿,7 月 31 日在纽约的戴利第五大街剧院(Daly's Fifth Avenue Theatre)再次公演。这出戏是典型的通俗剧,迎合这个时期的美国观众的口味的倾向十分明显。

从剧作的的题目看,中国人"阿信"应该是这出戏的主角,但实际上在整出戏里,他出场的时间相当短暂,在整个叙述中,他是缺席的,其出场仅仅是作为一个情节推动因素而已。在《阿信》中,其"博物馆美学"体现在剧作对这个"不在场"的中国人的"异域特征"的列举与展示中,在展示与对照的同时,凸显了"中国人"与"美国人"的巨大差异。当然,"中国人"代表的是一种反价值。其实,"阿信"是美国人想象中的"他者"——中国文化的化身,这个剧作最终要表述的是"低劣、幼稚、阴柔"的中国 / 东方文化,从而实现对于"文明、发达、强大"的美国 / 西方文化的自我认同。在这出戏里面,我们可以不断地听到阿信遭受的侮辱,在男主人公的眼里,阿信是这样一个可怕的怪物:"你这个患黄疸病者的斜眼儿子……你这个口吃的傻瓜……你这个道德的毒瘤,你这个未解决的政治麻烦。"[①] 阿信那"像装茶叶的箱子一样令人费解"的东方面孔使剧中另一位男主人公感受到这个洗衣工人的潜在威胁,剧作通过这个情景突出了"中国佬"神秘、费解的一面。其实,布莱·哈特对阿信的"不可理解"的一面的塑造,可以追溯到他早期的小说《中国佬约翰》(John Chinaman)中的一段描述:"持久的卑微意

---

① 本文描述"阿信"形象的材料均引自 James S. Moy: *Marginal Sights--Staging the Chinese in America*(Iowa City: University of Iowa Press, 1993),不再另注。

识——一种在嘴和眼睛的线条中隐藏着的自卑和痛苦……他们很少微笑,他们的大笑带有超乎寻常的、嘲笑的性质——纯粹是一种机械性的痉挛,毫无任何欢乐的成分——以至于到今天为止,我还怀疑自己是否曾经见到过一个中国人笑。"① 阿信的怪异与不可理解,是诡秘的"中国佬约翰"套话能量的再释放。而女主人公则用一种描述惹人喜欢的小宠物的口气那样描述阿信:"别管他——不必担心……可怜的阿信没有任何攻击性——不过有些无知和可笑而已","这个让人怜惜的小动物,他的尾巴长在头顶,而不是长在该长的地方"。阿信在女主人眼里,除了会像猴子一样模仿外,完全是一个思想真空:"按我说,中国佬整个就是智力真空——除了能像猴子一样地模仿别人。"剧中专门设置了一个闹剧情景,来为这个评价作注脚,证明中国人不具备美国人的思维能力:一次邓配斯特夫人(Mrs. Tempest)布置桌子时不小心弄掉一个盘子,阿信竟以此为榜样,打碎了整套餐具。而阿信对于美国英语的错误理解,也制造了一个滑稽的戏剧情景:一次阿信看戏回来,被人问起看了戏学到(pick up)了什么东西,阿信把他从戏院地板上捡到(pick up)的小饰物拿出来给人看。不熟练的英语一直是美国人取笑中国人的主要内容之一,并被广泛地征用在各种文本里面,对于满口"洋泾浜"英语发音的华人形象的描述则成为一种"套话"。

出现在戏剧舞台上的"阿信"是这样的:身穿一个宽大的、不合身的袍子,头戴一个圆锥形的帽子,头发按照剧本描述的样子,梳成"一条长在头顶的尾巴"。这种展示在观众眼前的形象既迎合了观众的期待,也突出了中国人的"异域特征"——滑稽、无知、神秘、柔弱。这种关于"中国人"的形象描述与展示,把文化之间的差异凸显在观众面前。这种差异的产生,来自于把不在场的"阿信"作为一个不协调的"零件",嵌入整个叙述"机器",在多重的二元对立中对比"中国性"与"美国性"。哲学家雅克·德里达认为,几乎不存在中性的二元对立组,二元中的一极通常处于支配地位,是把另一极纳入自己操作领域中的一极,二元对立的各极中始终存在着一种权力关

---

① [美]哈罗德·伊罗生:《美国的中国形象》,于殿利、陆日宇译,中华书局 2006 年版,第 99—100 页。

系。① 在剧作的多重二元对立之间,不在场的阿信始终处于被支配的一极,在整个叙述中几乎是没有任何声音的,而剧中的美国人,则处在支配的一极,掌握着所有的话语权。比如,阿信在剧中人眼里,完全代表着一种反价值,愚蠢、柔弱、诡秘。特别是白皮肤的"女"主人把阿信"宠物化"的描述,可以看做是对中国男性的刻意"去势",中国男性是温顺、柔弱、没有任何威胁性的。而出现在舞台上的阿信那宽大的袍子更是中和其男性特征的巧妙设计。剧作征用"博物馆美学"策略展示的"中国性"不仅仅是低劣与愚蠢,"女"主人对阿信"宠物"般的爱恋态度,还体现出一种带有人文色彩的"同情"、"爱抚"和"保护",暗示着美国"帮助"中国走向"文明、开化"的强烈欲望。在整出戏里面,阿信是一个"被看"的客体,当观众看到戏剧场景时,他们就会认同其中"看"的主体的一极。在这种双重"凝视"中,"阿信"完全是消极被动、女性化的,"他"既是野蛮的动物,又是由种种碎片组合而成的"恋物",既是威胁,又是欲望。"意义借助于对立者的差异而产生"②,在整出戏设置的美国/中国、白/黄、阳刚/阴柔、聪慧/愚蠢等对立组的差异中,观众实现了自我认同和对"中国人"在文化和种族上的优越感。整个文本建构起来的、类似种族"标签"似的"阿信"/中国形象,泄露了美国/西方对"他者"的焦虑、恐惧和隐秘欲望。

马克·吐温和布莱·哈特的创作一向以严肃、忠实地描绘美国西部边境的生活而著称,而且马克·吐温和布莱·哈特一再地宣称他们创作的"阿信"将和人们在旧金山看到的"中国佬"完全一致,是非常真实的,甚至可以作为公众获得相关知识的"舞台教科书"。但不幸的是,他们塑造的"阿信"的形象仍然是一个迎合大众消费的关于中国人的"套话"组合,所谓的"真实"不过是在强化美国人关于"中国性"的集体记忆而已。

文艺创作领域是非常缺乏自足性的,戏剧创作更是如此,因为其生产需

---

① Stuart Hall, "The Spectacle of the Other", Stuart Hall (ed.), *Representation: Cultural Representations and Signifying Practices*, London · Thousand Oaks · New Delhi: Sage Publications & Open University, 1997, p.235.

② Stuart Hall, "The Spectacle of the Other", Stuart Hall (ed.), *Representation: Cultural Representations and Signifying Practices*, London · Thousand Oaks · New Delhi: Sage Publications & Open University, 1997, p.236.

要经济的支持,与观众的消费是紧密联系的,也就是说,它的生产要受制于政治和商业逻辑。而政治权力和经济权力把自己的逻辑往创作领域渗透时,依靠的是意识形态宣传和传媒的评论这个中介,培养起大众的审美趣味,从而把自己的需求变成创作领域的游戏规则。剧作家和他的观众及评论家都生活在特定的文化语境中,都有其特定的文化储存,而用于表述某个具象的"套话"就是其中的一种。"套话"能够"渗透进一个民族的深层心理结构中,并不断释放能量,潜移默化地影响着后人对他者的看法"①。那么,"套话"也就会成为剧作家、观众和评论家的文化习性的一部分。同时,为了延续自己的创作生命,剧作家必须获得观众和评论界的认可,只有这样,剧作家才能获得名誉、地位和金钱等社会、经济、文化资本,以及被社会认可了的符号资本,以便在创作领域的竞争中立于不败之地,于是对于创作领域的游戏规则的认可和追逐则成为剧作家的文化习性的另一重要组成部分。当剧作家的创作受制于社会需求支配的时候,为了在整个创作领域占据中心位置,指导其创作实践的,可能就是一种保守的策略,服从于观众和评论家的口味,对主流不构成任何挑战或颠覆。从这个意义上说,观众不仅是接受者,同时又是创造者,在和观众的互动中,剧作家和观众一道,主动地通过作品,为帝国梦幻的构筑增砖添瓦。马克·吐温和布莱·哈特当时所处的戏剧领域"伴随着资本主义工商业和社会文化的发展,开始走向规模经营和娱乐商业化的道路。戏剧辛迪加或剧院托拉斯出现了,剧作家、导演、演员和其他戏剧工作者的联谊会、工会组织也相应成立。以迎合观众口味,以票房价值决定剧目优劣的商业化戏剧成为 19 世纪后期美国舞台的主要特点"②。同时,这个时段也正是大量中国移民大批登陆美国的时期,对一些美国白人而言,中国人遍布他们掌控下的西部,是一件令人不快的事情,因为中国人被证明为一群颇具竞争力的劳动群体,很快,种种白人社会问题的出现都被归结为中国人的侵入。这时候,那些用于描述中国人形象的套话,如愚蠢、狡诈、肮脏、野蛮等,就大行其道,成为社会的共识。在这样的社会文化背景和创作机

① 孟华:《试论他者"套话"的实时间性》,载孟华主编《比较文学形象学》,北京大学出版社 2001 年版,第 190 页。
② 周维培:《现代美国戏剧史,1900—1950》,江苏文艺出版社 1997 年版,第 5 页。

制下,马克·吐温和布莱·哈特笔端的"阿信"形象,再次落入"真实"的套话陷阱,就是必然的了。而马克·吐温和布莱·哈特对于"阿信"形象的"真实"的强调,则没有任何不真诚或勉强的成分,因为他们(包括观众、评论界)确信,"中国人"的"真实"形象就是如此。从这个分析,我们可以看出,美国的中国形象的幻象性质,它根本上是在创作者和受众共同误识的基础上,彼此互动合作、共享强化的一种"想象物"。从《阿信》的例子,不难看出美国戏剧中的中国形象生产的全部秘密——在政治、经济权力的成功干预下,美国戏剧不仅有效地生产了中国形象,还生产了再生产中国形象的方式。稍后于《阿信》,亨利·格林(Henry Grimm)写于 1879 年的 4 幕剧《中国人必须滚蛋》(*The Chinese Must Go*)也是这种情形下的产物。"这出戏把中国人刻画成为狡诈、欺骗、腐败和意欲排挤白人劳动者的形象。这出剧作说明了美国白人是如何变得开始依赖于那些从正在衰落的白人家庭身上诈取钱财的中国劳动力的。中国人的形象往往是或者抽鸦片,说着蹩脚的英语,或者积极地从事贩卖奴隶和妓女,服务于'中华帝国的图谋'。这出戏反映了那个时代美国对中国移民的敌对情绪,成为了 1883 年颁布的'排华法案'的先声……"① 重大的社会抉择不是某个(些)人可以作出的。就连迷恋"中国"文化的奥尼尔也未能完全脱离表述中国的套话的影响,其剧作中的中国形象依然是矛盾混乱的,像桑顿·怀尔德在《小镇风光》② 中的实验也只能出现在他的笔下和他生活的那个年代——美国的中国形象的改善和梅兰芳的访美演出,以及他本人的中国生活经验都是不可或缺的重要因素。

　　真正的中国戏剧在 19 世纪中期开始在美国出现,其演出和影响间接地促生了一种美国戏剧类型:以中国戏剧的部分样式搬演中国题材。实际上,这种准中国戏剧也是美国人想象中国的一种方式,其传达的形象信息,则是美国的中国形象的一个组成部分。

---

　　① 　刘海平:《中国文化与美国:戏剧篇》,刘海平编《中美文化的互动与互联》,上海外语教育出版社 1997 年版,第 72 页。本文用英文写就,引文为引者所译,后面不再另作说明。
　　② 　桑顿·怀尔德的《小镇风光》是美国题材,仅仅借鉴了中国戏剧的表现手法,即便如此,这出戏在首演中,仍然被观众误解为制作方过于寒酸吝啬,而采取了偷工减料的做法。后经专业评论的引导,才逐渐为观众认可。

"回溯美国戏剧史这一独特支脉,在纽约舞台公演的以中国为布景的第一出戏,从英国输入的音乐喜剧《三多》(*San Toy*),时间为 1900 年秋天,两年后的夏季有《中国蜜月》(*A Chinese Honey Moon*)。"[①] 其实,早在 1767 年 1 月 16 日,译自伏尔泰的《中国孤儿》的英文版本就在费城上演过,但具体演出情况无从知道。1912 年春,从法文翻译的《汉宫秋》在纽约上演,反响很一般。该年秋,英译自法文的《上天的女儿》(*The Daughter of Heaven*)公演,获得了商业上的成功。

《上天的女儿》背景设置在社会动荡的明末清初,男女主人公分别是清朝的皇帝和明朝皇后,二人之间演绎了一场乱世悲情,剧中混合了中国戏剧和从古希腊到莎士比亚时期的悲剧元素。实际上,《上天的女儿》与中国戏剧的美学精神相去甚远,因为其舞台完全是按照流行于欧美的幻觉剧场的模式设计的。"剧场的豪华或者说是'现实性'远远超出了中国剧场的情形,更多地体现出一种欧美的气息。这出戏的舞台费用高达 10 万美元,对于戏剧制作而言,这是一笔庞大的数目。为了给戏中壮观的场景增添地方色彩,纽约的舞台经理特地到这出戏的发生地南京和北京旅游了一趟,并为他的华丽的舞台带回了一些细节的东西。这出戏共 8 场,开幕时,有一艘奢华的小船在舞台上划动,上面挂着点亮的灯笼,为这曲恋歌创造了一个浪漫的氛围。第 2 场发生在满族皇帝的北京的宫殿里面,第 3 场发生在明朝皇后南京的花园里面。为了制造现实效果,也或者为了让戏中的场景符合大多西方人想象中的中国,成群的活白鹤和孔雀在舞台上自由地走来走去。第 4 场让观众看到了南京明王室的豪华场景,第 5 场则是发生在南京的一个昏暗的战场上,这一场中,舞台经理运用了所有的现代艺术手段,制造出激动人心的战争场景。第 7 场发生在北京的城门外,在这里战俘被处死,而且当地的每天的生活状况被展示出来了,使观众沉迷于其真实的效果中。"[②]

在这里我们似乎再次看到了"博物馆"策略的幽灵。为了取得"真

---

① 　宋伟杰:《中国·文学·美国——美国小说戏剧中的中国形象》,花城出版社 2003 年版,第 438 页。

② 　刘海平:《中国文化与美国:戏剧篇》,载刘海平编《中美文化的互动与互联》,上海外语教育出版社 1997 年版,第 75—76 页。

实"、"科学"的效果,除了投入巨资在细节上下功夫外,制作经理甚至不远万里来到中国进行了"田野调查",并把中国细小的枝枝叶叶"衔"回美国,像晾衣服一样,把"中国"展示给那些饥饿的"眼睛"。"博物馆美学"的征用,只是为了展示神秘、荒诞、华丽、富足、精致、阴柔的老中华帝国的"异域情调",而被表述的"中国"仍然是不在场的,这些展示本身是在整个戏剧的叙述之外的。《上天的女儿》中被展示的"中国",是西方想象中的"中国"。剧中最荒诞的场面,就是满族皇帝公开地吻皇后,显然这是西方人的礼仪。完全在意料之中,"博物馆美学"的功能的极致发挥,迷倒了美国观众,使投资巨大的《上天的女儿》在美国上演时,取得了巨额的票房回报。

不同于《上天的女儿》,另一出大获成功的准中国戏剧《黄马褂》(*The Yellow Jacket*)①,不再着力展示"中国"元素,而是极力模仿中国戏剧:"无论舞台设计,人物服装,还是故事情节,演员的台词和表演,都模仿中国古典戏剧的表现形式。"② 这出戏的作者乔治·科奇雷恩·赫兹尔顿(George Cochrane Hazelton,Jr.)和 J. 哈利·本林默(J. Harry Benrimo)决心要超越"把一出情节剧安插在异域土地上"的做法,把剧本的副标题定为"具有中国风格的中国戏剧"。哥伦比亚大学教授布兰德·马修斯(Brander Matthews)教授在为剧本写的导言里面,也称赞这是"一出中国戏,它以中国风格处理中国人的情感"③。

这出戏的基本情节可以概括为:在中国古代某个朝代,皇帝有一后一妃。皇后及其儿子被妃子母子迫害,皇后饮恨而死,太子流落民间。等太子长大成人,明白身世,经过和妃子母子恶斗,最终夺得黄袍,成为皇帝的继承人。从情节中,不难看出《赵氏孤儿》、《狸猫换太子》等中国传统故事的影子。

---

① 1912 年 11 月 4 日,《黄马褂》在纽约百老汇的富尔通(Fulton)剧院上演时,获得了很大的成功。在连续 16 年里,这出戏分别被译成法文、日文、德文、匈牙利文、俄文、捷克斯洛伐克文、波兰文、西班牙文、挪威文、瑞典文、丹麦文、荷兰文、佛兰德文,甚至中文,几乎在全世界上演过。在美国,它一再地被搬上舞台,一直演到 40 年代。

② 宋伟杰:《中国·文学·美国——美国小说戏剧中的中国形象》,花城出版社 2003 年版,第 439 页。

③ Hazelton, George C. & Benrimo: *The Yellow Jacket*, New York: Samuel French, 1912, p.9. 转引自刘海平:《中国文化与美国:戏剧篇》,载刘海平编《中美文化的互动与互联》,上海外语教育出版社 1997 年版,第 77 页。

但是,其中夸张和造作的"中国风格"与中国戏剧的实质有着很大的差异,特别是剧作对"爱情"与"复仇"的关系的处理(对"爱情"的渲染高于一切),也不符合中国传统文化精神。"因此从主题内涵来看,《黄马褂》是中美文化混合的产物,美国文化的成分又多于中国文化。"①

值得注意的是,《黄马褂》在戏剧舞台处理方式上极力地与中国戏剧的靠拢的倾向。最早登陆美国的中国戏剧主要是粤剧,可能受其影响,《黄马褂》中人物的名字全部采用粤语的谐音,比如皇帝叫武心音(Wu Sin Yin),王后叫慈母(Chee Moo),王妃叫杜鹃花(Due Jung Fah),太子叫武豪杰(Wu Hoo Git)等。剧中人物的出场全部采用"自报家门"的方式,直接对观众讲述剧情,而且,一些哲理也通过对话直接表达给观众。最重要的是,该剧利用了根本不存在的门窗、花园等想象的空间,管理道具的人可以随时走上舞台做搬运的工作。

但是,与后来桑顿·怀尔德通过对中国戏剧的借鉴,进行戏剧实验不同,《黄马褂》的作者模仿中国戏剧的舞台手法的根本动机在于制造刺激观众发笑的噱头。本林默曾坦白道:"我们自己坐在中国剧场里觉得开心,并认为那种氛围值得移介。对我们来说,真正中国戏房里的搬运道具者十分可笑。我们对自己说,如果说服美国演员也能以同样的严肃性旁若无人地走过场景,那么某个西方观众不能像我们当初那样兴高采烈,就没有什么理由。"②本林默所说的"那种氛围"显然指的是西方人眼中的中国剧场的幼稚可笑与荒诞不经的原始"他性",这种极力给中国戏剧贴低等"标签"的行为,显示出美国人的审美习惯遇到挑战时,表现出的对于异己的傲慢的排斥心态。不同于以往那种把中国元素罗列在舞台上的做法,《黄马褂》通过极力模仿中国戏剧的表现方式,把这种"仿造品"本身作为一种不可理喻的"真实奇观"加以展示,可以视为"博物馆美学"的升级版本。

中国,包括东方,在奥尼尔的个人生活和戏剧创作中,都占据着举足轻重的地位。在对中国历史、风俗、宗教、艺术等方面的资料进行大量的研

---

① 都文伟:《百老汇的中国题材与中国戏曲》,上海三联书店2002年版,第77页。
② 宋伟杰:《中国·文学·美国——美国小说戏剧中的中国形象》,花城出版社2003年版,第440—441页。

读后，奥尼尔于 1927 年创作了以中国元朝为背景的《马可百万》（Marco Millions）。在剧作中，奥尼尔设置了两个具有强烈对比意味的主要人物，马可·波罗和阔阔真，"奥尼尔分别赋予马可·波罗和阔阔真'阳'与'阴'的不同特点。马可·波罗是一个追求物质利益的男人，阔阔真则是一个美丽纯洁、精神化的女性；马可渴求财富，阔阔真却不屑一顾；马可注重实际利益而忽略了人的美好情感，阔阔真却向所爱的人奉献自己的挚情；马可因过于理性而失去对事物的判断力，阔阔真却充满活力和激情，满怀宽厚的友爱之心。一个是西方的商人，一位是东方的公主，奥尼尔以他们之间的矛盾冲突和爱情结合为基础，寄托了自己对东西方文化冲突的思考。他以马可象征积极进取、注重行动、物欲横流的西方社会，以阔阔真象征着忍耐等待、三思而行、感性智慧的东方文明。但剧本的结局却是智慧化的东方文明不敌物质化的西方文明，为其摧残和破坏"①。

在阔阔真和马可的对比中，奥尼尔笔下的中国 / 东方是恬静、纯洁、脆弱的，而西方则是雄强、理性、贪婪的。《马可百万》的创作意旨在于通过东西方的对比，反思西方的物质主义。剧作中被想象、美化了的"中国"形象，是一种乌托邦化的文化他者，仍然是用于自我认同的。很明显，奥尼尔在剧作中极力美化他想象中的中国的时候，他笔下的中国形象仍部分地重复了以往的套话，比如神秘、富足、阴柔等。对此，我们不能视而不见，但是也不可以用静止的眼光来看待这些再度浮现的语汇。奥尼尔笔下出现的用以描述中国形象的套话，说明了"套话具有极强的渗透力和继承性"②，很明显，奥尼尔在想象中国形象时，显示出"对精神和推理的惊人的省略"③，不由自主地就沿用了用以界定美国文化的凝固成分。但是，中美文化的不同源性，会使美国人描述中国形象的套话不似描述其他西方国家那样持久，会随着国家、权

---

① 张弘等：《跨越太平洋的雨虹——美国作家与中国文化》，宁夏人民出版社 2002 年版，第 189 页。

② 孟华：《试论他者"套话"的实时间性》，载孟华主编《比较文学形象学》，北京大学出版社 2001 年版，第 191 页。

③ ［法］达尼埃尔－亨利·巴柔：《形象》，孟华译，载孟华主编《比较文学形象学》，北京大学出版社 2001 年版，第 161 页。

力关系及心态史等因素的变化而具有时间性。[①] 也就是说,在套话的"能指"不变的情况下,其"所指"的情感色彩与内涵会发生微妙的变迁。奥尼尔对中国/东方文化的向往与渴慕,产生在第一次世界大战摧毁了西方人对于资本主义意识形态的自信的年代,此时的西方知识精英普遍开始以东方文化为参照,反思、批判西方文化,体现出一种睿智的怀疑精神和危机意识。[②] 此时西方人的想象中的中国形象,是宁静、淳朴、智慧的乡土田园,奥尼尔的创作正是这个时代的社会心态的反映。其笔下浮现的关于中国形象的套话,其内涵与感情色彩与以往的不同,更多的是一种正面的、褒义的表述。当然,正因为奥尼尔笔下的"中国"是想象的他者,他的创作无意中又复写了"旅行见闻录"的模式——那群意大利"旅行者",来到东方,看到了他们梦想的"中国"。这种模式,也是在追求一种"真实",当《马可百万》出现在西方的观众眼前的时候,他们认同的是那群"旅行者",将和"旅行者"们一起到"中国"观光,一起凝视"中国"。——奥尼尔在表述一种积极、正面的中国形象的同时,其中也混杂着一种文化优越感,无意识地就和现实政治中的殖民扩张心态达成了"共谋"。

华裔戏剧创作是美国戏剧史上的重要一脉。在美国出生、成长起来的华人后裔,后天接受的教育和文化熏陶使他们认同美国主流文化,其创作建构的也是华裔美国人的国家身份。但是,因为他们文化身份的混杂性,这种认同又会与意识深处的中国文化记忆相冲突。除此之外,他们笔端的中国形象与美国主流文化的表述之间复杂的"互文"关系,往往使他们的创作在受众市场和文化记忆之间回旋、协商、拉扯。无论他们的出发点多么叛逆,最终体现的仍然是一种美国属性,无法超越其身处的文化语境。华裔作家黄哲伦(David Henry Hwang,1957–　)创作于 1988 年的《蝴蝶君》(*M. Butterfly*)[③]

---

①　参见孟华:《试论他者"套话"的实时间性》一文的相关论述,载孟华三编《比较文学形象学》,北京大学出版社 2001 年版。

②　周宁:《天朝遥远:西方的中国形象研究》上卷,北京大学出版社 2006 年版,特别是第四章的论述。

③　《蝴蝶君》(参见［美］黄哲伦:《蝴蝶君》,张生译,上海译文出版社 2010 年版)于 1988 年在纽约百老汇上演,并在同年获得美国主流喜剧大奖托尼(Toni)奖。1993 年,加拿大导演大卫·柯南伯格(David Cronenberg)将其拍成同名影片,编剧仍然是黄哲伦,其中,宋丽玲由华裔美国演员尊龙(John Lone)饰演。

中的宋丽玲（Song Li Ling）的形象就很具有代表性。

《蝴蝶君》是对意大利作曲家普契尼（Giacomo Puccini，1858–1924）的歌剧《蝴蝶夫人》（*Madame Butterfly*）[①]的模拟与解构。该剧的主要内容是，法国外交官加利马（Rene Gallimard）爱上了富于东方气息的中国京剧"女"演员宋丽玲。加利马的任务是为法国政府搜集中国情报，而宋丽玲则是中国男扮女装的间谍。两人"深爱"二十年。当他们再次见面是在法庭上，加利马被指控泄露情报，而指控他的正是他深爱的宋丽玲。此时，他才发觉宋丽玲是一个男子，加利马在明白一切后，绝望地自尽了。

《蝴蝶君》狠狠地扇了自大自恋、一厢情愿的西方（白人男子）一记耳光，有力地印证了萨义德的著名论断，即东方主义并不是原本就存在的现实，而是人们创造出来的现实。《蝴蝶君》成功地消解了西方关于"蝴蝶夫人"的神话，并让沉默、温顺的"属下"（subaltern）发出了自己的声音。但是，我们对于《蝴蝶君》中的"西方主义"倾向也不能视而不见——这出戏远没有超越"苦大仇深"的层次，再度制造了新的"东—西"二元对立，在另一个层面上又强化了东方/中国人（如宋丽玲）诡异、狡诈、阴柔的定型形象。从死去的"蝴蝶夫人"蜕变成"男性间谍"，《蝴蝶君》在进行"视觉造反"的同时，又为观众的眼睛提供了他们渴望中的"中国形象"，暗示了东方/中国的意义只有在成为西方/美国的"他者"时才能得以实现。具有着混杂的文化身份的华裔戏剧家（如黄哲伦）的戏剧创作实践，"处在观众的需求、作家本人对于表述'真正'的中国形象的渴望及其对市场的预期之间，体现出一种令人尴尬的紧张状态。当他们有意识地对抗主流文化中那些表述中国形象的套话时，为了取得社会的认可，他们的创作最终只不过是在复写那些表述而已。受制于市场的需求，他们创作中的对抗不仅显得软弱无

---

① 《蝴蝶夫人》（参见普契尼：《蝴蝶夫人》，载《西洋著名歌剧剧作集》下册，丁毅译著，国际文化出版公司 1995 年版，第 1687—1770 页）首演于 1904 年，至今仍为西方观众着迷，成为世界十大歌剧之一。其基本内容是，美国海军军官平克尔顿在日本和一位艺伎巧巧桑（又名"蝴蝶夫人"）结婚。巧巧桑怀孕时，平克尔顿离开日本并承诺如更鸟下次筑巢时归来。巧巧桑等了三年，平克尔顿却带着他的白人妻子回来了，并要妻子向巧巧桑要回他和巧巧桑生的孩子，巧巧桑绝望自杀。《蝴蝶夫人》表现出西方自恋和傲慢的种族主义态度，它建构了东方对于西方在文化、种族、性别上的弱者形象，"蝴蝶夫人"成为西方人（白人男性）想象东方（女性）时的刻板印象。

力,反而被证明是在为那些套话增砖添瓦"①。这些持有着第三世界和第一世界的双重视角的华裔作家的戏剧创作,与西方的大多数后殖民主义文化批评一样,往往带着一种反抗压迫的情结。就像《蝴蝶君》,虽然"批判东方主义的文化霸权,却同时又在同一的东西方二元对立的框架内思考问题,不仅认同了这个框架,也认同了这个框架内所包含的对立与敌意"②。

自 18 世纪中期,"中国"因素就开始在美国舞台上出现。美国戏剧中出现的中国形象是多面、驳杂的,但总体上看,一直徘徊在低劣或美好的两极之间。美国戏剧中的中国形象都在不同的尺度上强调其"真实",但它们与现实的中国没有直接的必然联系,是美国文化对于他者的想象和表述,是"美国之中国"。在观众的参与、选择、共享与创造中,美国戏剧通过表述、展示有关中国形象的种种"奇观",并凸显与美国的差异,履行了对美国文化主体自身认同的功能,也暗示了西方对于中国的焦虑和欲望。

因此,主控了形象的不是客体本身,而是主体的眼睛。

该文分别以《差异与表述:美国戏剧中的中国形象》和
《表演"中国":美国舞台上的中国戏剧及其影响》为题,
发表于澳门《中西文化研究》2009 年第 2 期及《福建
师范大学学报》(哲学社会科学版)2011 年第 5 期

---

① 　James S. Moy, *Marginal Sights--Staging the Chinese in America*, Iowa City: University of Iowa Press, 1993, pp.21-22.

② 　周宁:《"文本与文化:跨语际研究"丛书》总序,载周宁《异想天开:西洋镜里看中国》,南京大学出版社 2007 年版,第 8 页。

《木乃伊3》的中国显影及其跨国消费

在全球进程开启的原点,人类跨文化交流的历史也就同时开启了,尤其是随着冷战的终结以及全球进程的全面启动,各个领域间的越界渗透无论在深度还是在广度上,每时每刻都在以一种势不可挡的姿态不断延展。就电影的生产与消费而言,亦是如此。一部影片从投资、制作到发行等任何一个环节,都可能同时糅合了相异文化传统的因子,从而使影片从生产到消费的整个过程显得不再那么"纯粹",成为了一次彻头彻尾的跨文化(cross-culture)之旅。在这样的全球氛围中,讨论一部身份和意义均颇为混杂的影片,既往的后殖民主义论述所提供的批判性思想资源在许多方面都显得捉襟见肘。本文将以在中国内地热映的好莱坞影片《木乃伊3:龙帝之墓》为个案,解析其中的中国元素设置及其意义如何在中国受众的参与下得以生成,从而尝试一种另类的批评视野。

《木乃伊3:龙帝之墓》在中国内地首映以来,各界反应不一,总体来说是"鸡蛋"多于"鲜花"。检视其中的否定性意见,可以看到其主要问题在于,大多数中国观众并不买影片中的"中国"账,认为其中存在大量的硬伤:历史知识混乱,李连杰饰演的龙帝在影片中几度易身,尤其是变成一只三头火龙令中国观众大惑不解,还有"兵马俑"何以被称作"木乃伊"……① 但

---

① http://ent.sina.com.cn/f/m/mummy3/ 中的"新闻列表"与"精彩评论"栏目。

这部影片在中国内地的票房却是一路飙升,公映约两周后,该影片在中国内地票房已经过亿。① 就影片本身的质量而言,这部耗资一亿五千万美金的大片乏善可陈——剧情老套,表演生硬,有明显拼凑堆砌的痕迹。值得一看的也许是其中炫目的特效场面,但在这个"大片"已司空见惯的时代,《木乃伊3》中的特效并不具备可以胜出其他影片的绝对优势。因此,中国观众在无限憋屈地掷"鸡蛋"的同时,又心甘情愿地掷钞票的根本原因,笔者认为除了该影片有广为中国观众熟知喜爱的李连杰(饰龙帝)、杨紫琼(饰紫媛)等参演外,故事的中国背景(或者说其中大量的中国元素)亦是吸引中国观众的重要因素。如果把李连杰、杨紫琼这样的功夫明星也视为一种"中国元素",那么该影片真正吸引中国观众的,就是好莱坞特效下的"中国"奇观了,如中华帝国、功夫、老上海,以及隐藏于雪域高原中的香格里拉……从这个意义上看,《木乃伊3》的中国显影就远非萨义德意义上的"东方主义"②论述框架所能够阐释。在这里至少有两个层面上的新问题需要提出:《木乃伊3》的中国显影除了呈述一个魔域般的专制、邪恶的中华帝国之外,又何以提供了一个桃源般的圣洁、美好的香格里拉? 中国观众在对《木乃伊3》的中国显影的跨国消费中,如何参与了其意义的生成?

一、中国显影

从知识的角度去审视这部影片,就像大多数观众所指出的那样,的确是硬伤累累,荒诞无稽。根据后结构主义的观点,历史亦是一种叙事,而作为影片的《木乃伊3》既非历史更无意描述历史。正如主演李连杰在接受新浪网专访时所言:"导演把能够卖钱的东西都拼凑在一起拍成商业大片,希望大家开开心心去看,很多人说元素、背景,其实都是想象出来的,我跟欧洲记者这么说,中国从来没有木乃伊,都是创作出来的世界,跟历史、真实完全没关

---

① http://ent.sina.com.cn/f/m/mummy3/ 中的《木乃伊3》质疑声中票房强势夺冠"、《木乃伊3》上映叫座不叫好"等报道。

② [美]爱德华·W. 萨义德:《东方学》,王宇根译,生活·读书·新知三联书店1999年版。

系。"① 从影片的荒诞本质看,中国观众的本土知识优越感及其前理解把他们带进了一个观影误区,即错以为想象 ② 就是知识。因此,我们需要搁置对于《木乃伊3》的中国显影,或者说中国想象的真伪判断,因为想象无所谓正误,相反应该探讨其中的中国元素作为一种文化隐喻的意义所在。

影片开头设置了一位西方女性作为叙事者,用英文娓娓道来一个古老帝国从诞生到终结的故事:很久以前,传说在古代中国,一个残暴且野心勃勃的君王用武力统一了中国,并以无数人的生命为代价修筑了万里长城,因此民怨沸腾。为求长生不老之秘方,皇帝派大将郭明找到美丽的女巫紫嫒,并企图占有她,紫嫒暗中对皇帝及其士兵施以诅咒。紫嫒与郭明相爱,郭明被皇帝分尸,就在皇帝要杀紫嫒时,诅咒生效,皇帝及其士兵全部变成陶俑,紫嫒得以逃脱。故事结尾处,叙事者警示"我们":如果诅咒被解除,皇帝及其帝国将卷土重来,奴役整个世界,那时,我们将万劫不复。这种暧昧的叙事姿态使这个关于中华帝国的传说给所有听故事的人内心都投射下一片阴影,即龙帝的潜在威胁无时不在。片头的画面色调与情感基调都是极为阴郁的,战争的阴云,遍野的死尸,鬼魅的皇宫,残暴的皇帝,刻画出这位西方女叙事者想象中魔域般的中华帝国。而叙事者最后的警示,则暗示着古老的帝国完全可以再生,自然时间观念的逻辑在影片中全线崩溃,帝国可能在中国的任何时代复活,或者说,帝国的威胁是永恒的。很不幸,被叙事者言中了,1946年,皇帝在一个叫杨的中国军阀的帮助下,获得了再生,影片由此展开了一个在好莱坞早已被沿用过无数次的探险/夺宝/"获美"故事套路。

影片照例有一个孤胆英雄式的白种男人担任探险家和救世主的角色,他就是在"木乃伊"影片系列的前两集里面,曾在埃及大战木乃伊的男主角里克。如今和妻子伊夫琳在英国牛津郡过着悠闲舒适却又不安于现状的隐居生活,一天受外交部委托,归还在1940年被偷走的中国宝物"香格里拉之眼"。而里克夫妇的儿子阿历克斯,原本是一个在读的学生,却对考古有着

① "李连杰专访:《木乃伊3》纯属商业片与历史无关",见 http://ent.sina.com.cn/m/f/2008-08-27/23022147489.shtml。
② "想象"的概念来自路易·阿尔都塞。[法]路易·阿尔都塞:《意识形态和意识形态国家机器》(续),李迅译,《当代电影》1987年第4期。

强烈的兴趣,此刻他正在中国宁夏挖掘龙帝之墓。这里,两位白种男性都担当了富于象征意味的任务,里克前往中国的动力来自政府,政府官员告诉里克,如今的中国形势险峻,多方势力对于"香格里拉之眼"都虎视眈眈,万一落到他们手里对于世界就是一个威胁。里克即将护送的宝物原本是中性的,无所谓正义与邪恶,但是其价值将由其占有者仲裁。影片在这里闪烁其词,始终未能告诉观众宝物该归还到中国的谁人手中,最终还是被伊夫琳的哥哥乔纳森带走了。而中国,在影片的修辞中,始终是暧昧不明,神秘鬼魅,险象环生,于是,里克的中国之行就被赋予了探险和拯救世界的双重意义。影片有一个镜头段落最能彰显里克的"光辉业绩":当伊夫琳带着自己写作的木乃伊的故事给读者见面时,先是伊夫琳朗读时的特写,然后是一个过肩反打镜头,一束强烈的阳光透过玻璃窗,照射在伊夫琳手中的书本上,那描写战胜木乃伊的书页,顿时耀眼夺目,而远景则是一群青少年读者崇拜、神往的表情——无疑是对里克夫妇的事业的最高褒扬,同时,影片似乎也暗示着片头的叙事者可能和伊夫琳是重合的。而有着儒雅气质的阿历克斯,同时也是里克事业的继承人,则到野蛮荒芜的中国西北进行其考古工作,并获得了成功——他挖掘了龙帝之墓并得到了其陶俑,将之带到了上海。于是里克一家人团聚在乔纳森开的酒吧"仙乐都"里,而看管龙帝陵墓的紫嫒的女儿林也跟踪陶俑到了上海。值得注意的是,里克一家的探险工作虽然不在上海,但是上海在影片的修辞中仍然是一个被凝视的客体。在上海开酒吧的乔纳森担任了一个类似"导游"的中介性角色,各种中国元素以一种博物馆美学的方式,在银幕上被次第展出:除了老上海的某些符号如教堂、酒吧、舞厅、人力车等街景,还有中国的春节、灯笼、春联、爆竹、戏曲、青岛啤酒和杂技等。如果说上海的显影是以里克一家人及乔纳森/西方的视角展开的,那么根据影像语言暗示,上海完全是一个道德堕落的欲望之都。上海在影片中全是夜景,高楼林立,灯红酒绿,华洋杂处。当镜头进入"仙乐都"酒吧,用一连串的特写镜头展示了一个个舞女裸露的背部和大腿,当然这些被展示的舞女都是黄种人;而中国军阀杨贿赂威尔森教授,夺取"香格里拉之眼"也是发生在夜幕下的上海。正是在这个欲望丛生的罪恶之地,龙帝再生了,一场宝物的争夺战也由此开始。

　　由于"香格里拉之眼"能够指明通往永生池之路,龙帝为了获得永生,就前往香格里拉,获取永生之水,并企图唤醒其军队,统治世界。为了阻止事情的发生,里克一家在紫媛的女儿林的提醒下,乘坐飞机来到了位于中国西部高原的茫茫雪域中。在和军阀杨的军队辛苦周旋后,里克一家在林的引导下,终于看到了传说中的香格里拉,那是一个梦境般的空间:连绵的青山,潺潺的流水,无垠的草地,丰饶的绿野,山水间是上下翻飞的白鹭。至此,影片通过呈示桃源般的香格里拉,在与魔域般的帝国以及堕落的上海对照中,基本完成了对于中国的显影。当然,《木乃伊 3》的中国显影绝不仅限于两类空间的对照,而是由大量的象征性符码经过化合而组成的形象系列。从这些形象系列中,我们可以发现《木乃伊 3》是如何在编织种族与性别的神话的同时,又隐喻了西方对于东方的焦虑和欲望。

　　在影片的所有主要角色中,除了紫媛母女,邪恶的一方基本上都是中国人,如龙帝、军阀杨及其女侍从,而威尔森教授的通敌行为也是在上海这个欲望之都,在军阀杨的诱惑下发生的。龙帝和军阀杨的帝国梦想,以及他们的残暴愚蠢是和魔域联系在一起,组成了一个负面的意义序列。与此相对照的,是上文已分析过的白种人里克一家的英雄形象。至于乔纳森这个庸俗的市侩,其插科打诨的丑角形象的意义稍后再论。从这种对照可以看出影片的寓意所在:东方的魔域,正是由龙帝及军阀杨这样的邪恶、残暴之徒所造成的,而白色人种(尤其是白人男性)则是拯救东方于魔域的唯一希望。这正如影片最后所呈示的,在一场正义与邪恶的殊死较量中,不是紫媛母女,而是里克父子成功地杀死了龙帝,而军阀杨(中国男性)则间接地死于伊夫琳(白人女性)之手,临死前还有其女侍从心甘情愿地陪葬。当里克为儿子挡住龙帝的刀,生命垂危之时,是紫媛(中国女性)救了里克(白人男性),而里克的行为也感化了多少有些叛逆的儿子阿历克斯,父权的威信也由此再度得以确立。最后紫媛几乎是自杀式地不自量力地前往战场与龙帝决斗,惨死于龙帝的刀下。

　　据说两位功夫巨星沙漠对决的段落是为中西观众期待已久的,那么紫媛这个不理智的行为,与其说是制作方的商业考虑,毋宁说是一种"去势"修辞——紫媛此前救了白人男子里克一命,所以紫媛必须被邪恶之徒杀死。杨紫琼是西方观众熟悉的中国功夫演员，1998年她在和皮尔斯·布鲁斯南主演的《007之明日帝国》以一身过硬的中国功夫，改写了既往"邦女郎"的"花瓶"宿命，在2000年的《卧虎藏龙》中，她饰演的俞秀莲更是巩固了她在西方观众心目中的东方功夫女星形象。紫嫒其实也可以放进这个形象序列，在片头那段叙述中，紫嫒作为一个美丽的女巫，她一出场就成为郭明及龙帝的欲望对象。当她被招进宫殿时，摄影机俯视着紫嫒，然后仰拍注视着紫嫒的龙帝，龙帝的视点对于画面的控制，既象征着其无所不在的权力，也凸显出其邪恶的本质，而摄影机/龙帝凝视下的紫嫒，同时也成为了观众的欲望对象。紫嫒的女儿林有着一张东方少女的清秀甜美的脸庞，当她与里克一家初次遭遇时，便介入了阿历克斯及其母亲伊夫琳的尴尬关系中。伊夫琳看到儿子和林在一起时，她凭一种母亲的直觉，知道儿子对这个神秘的东方少女已经情愫暗生。伊夫琳对林很不信任，因为害怕儿子受到伤害，一再提醒儿子多了解林。从精神分析的角度看，伊夫琳是一个有着强烈的护犊情结的母亲，对儿子有着强烈的占有欲，在她心目中，阿历克斯永远是个长不大的孩子。在前往香格里拉的途中，作为向导的林，同时也是里克一家跟踪/观察/凝视的对象，在这种看与被看的二元对立项中，林再度被转换为欲望的对象。至于伊夫琳对于儿子阿历克斯的母权压抑，在一个夜晚，遭遇了儿子的有力反击：阿历克斯直接告诉母亲，他已经有过多次异性经验了，伊夫琳的母权彻底溃败，仓皇而走。当林被龙帝化身的火龙带走后，阿历克斯不顾父母的阻止，前往敌方拯救林，这一行为既是儿子对于母权的彻底背叛，也是对白人男性拯救东方女性的经典模式的重温。影片最后告诉我们，林和阿历克斯终成眷属，林在"仙乐都"酒吧里面，换上了旗袍，和阿历克斯翩翩起舞。至此，宝物与女人都在正义和浪漫的包装下为白人男子所获得、占有。影片通过一系列修辞方式，成功地编织了一套关于性别与种族的符码系统，在相互冲突、彼此涵化的过程中，隐喻了西方对于东方的文化想象。

二、魔域桃源之外

　　《木乃伊3》的中国显影体现为两类截然不同的性质：一类是魔域，邪恶、残暴;一类是桃源,圣洁、美好。正如前文所言,影片的荒诞本质使这两类显影与中国的现实都没有关系,是西方对中国的文化想象。无论是魔域,还是桃源,都不过是西方自身投射的他者空间而已。如果把《木乃伊3》的中国显影放置在西方想象中国的谱系中加以审视,就可以发现截然相对的魔域和桃源自有各自的传统。与邪恶、暴虐、专制的东方魔域相联结的是西方以进步、自由、文明为价值尺度的东西方二元对立的世界观念秩序。这既是一种知识秩序,也是一种价值等级秩序,还是一种权力秩序。这种观念秩序的确立,为西方资本主义经济政治扩张准备了意识形态基础,血腥的劫掠和野蛮的入侵反而成为帮助野蛮、停滞的民族进入文明、进步的"正义"工具。而圣洁、美好、富饶的东方桃源则联结着西方对现代理性的自我怀疑、自我批判和自我超越,反映出一种深刻的自我反思精神。[1] 好莱坞作为美国国家意识形态的一个有效部件,其对于中国的想象无疑与美国主流社会的东方想象同声同气。影片曾借里克之口,将其殖民掠夺的霸主心态表露无遗:当乔纳森问及里克的战斗计划时,里克胸有成竹地回答,打碎它,像打碎明朝花瓶一样打碎它! 其中充满了对于西方掠夺东方的殖民历史的自豪回忆。龙帝化身的火龙,正是西方文化无意识深处对于东方的恐惧,即"黄祸"幻境。[2] 影片中乔纳森那小丑般的角色设置,主要体现为他金钱至上的庸俗作风,特别是他看到桃源般的香格里拉时,甚至想在那里开一家赌场,这正是影片在东方乌托邦想象对照下,对于西方物质主义的温婉嘲讽和有限度的批评。桃源般的香格里拉,在影片中对于西方的物质主义几乎没有提供任何的救赎或启示,相反,"她"是白人男性英雄从东方魔域中拯救出来的欲望客体。《木乃伊3》的中国两类显影最终统一于西方文化主体的自身认同功能,也暗示了西方对于中国的焦虑和欲望。然而,由于影片本身生产与消费的跨文化性,

---

① 周宁:《天朝遥远:西方的中国形象研究》上卷,北京大学出版社2006年版,第342—344页。

② 1895年,德国皇帝威廉二世提出"黄祸"(die gelbe Gefahr)的说法,并命令宫廷画家赫尔曼·奈克法斯画了一幅名为《黄祸》的版画,版画的背景是一团火焰,其中有一个骑在一条恶龙身上的佛陀。伴随着这幅画在欧洲的流传,"黄祸"恐慌也开始像瘟疫一样在西方的知识与想象中蔓延。"黄祸"恐慌大致可以分为两种:一是对中国曾经的军事侵略与经济掠夺的隐忧和恐惧,二是移民海外的华人不声不响地流溢于西方世界,引起西方人对于自身安全的幻灭感。其实"黄祸"恐慌根本来自于西方人对他者的忧虑、对异族的紧张与恐惧。周宁:《天朝遥远:西方的中国形象研究》上卷,北京大学出版社2006年版,第354—359页。

其中的中国显影的意义生成就不能只考虑西方观众,而忽略其他文化圈的观众的参与。限于能力与题旨,本文仅讨论中国观众在观影过程中,对于《木乃伊 3》的中国显影的意义生成的参与、选择、共享与创造。

正如前文所描述的,中国观众在抱怨《木乃伊 3》对于中国元素的简单、粗暴地挪用的同时,又对其中的中国元素以及高科技奇观无限迷恋,结果造成了《木乃伊 3》在一片质疑声中票房依然强势夺冠的现象。中国观众这种集两种截然相反的态度于一体的文化心态耐人寻味。姑且搁置中国观众相对于美国影片的中国显影的知识优越感所带来的观影误区,即把影片当作历史知识的载体不论,当中国观众在对影片的中国元素的荒唐挪用愤愤不平时,其背后必然有另一个"中国"在做参照。这个"中国"就是中国观众心目中的更真实的"中国",这其实是一种建构和发明。从这个角度而言,中国观众的内心经历了一个"自我本质化"的过程,其中忽略的是中国文化本身的多样性与复杂性。如果说西方人无法正确地呈示中国,那么中国人就能够表述一个"真正"的中国吗?中国观众对于影片的否定性反应,在一定程度上有助于抵制影片的意识形态渗透,但同时也吸纳或复制了影片的中国显影的内在逻辑前提,反向地巩固了影片的意识形态;同时,中国观众的否定性反应也粗暴地否定了中国自身的内在差异。而中国观众对于影片展示的中国奇观的欣赏和迷恋,在观影过程中会无意识地与摄影机的视点认同,从而获得一种视觉上的餍足感,最终被作为编码机器的电影的符号指令所建构,其中的价值观就被无形地内化于观影者。中国观众对于《木乃伊 3》的中国显影的复杂态度实际上是从正反向对于西方文化霸权的潜在认同,从根本上说是在一种"自我本质化"的优越幻觉中,参与了《木乃伊 3》的中国显影的意义生成,即西方文化霸权意识形态的构筑。因此,作为跨国消费的中国观众,在面对这样一部含有中国文化因子的好莱坞影片时,应采取一种批判反思的立场,既能够看到其中的意识形态霸权因素,更去有意识地借鉴西方文化中那种开放与包容性,以及自我反思与批判的活力,也许将是迈向全球时代文明间对话的第一步。

原载《文艺争鸣》2009 年第 7 期

娜拉在现代中国：一项知识的考掘

一、问题与脉络

　　作为一个西方文化符码,娜拉在近代被引介到中国本土以后,从一般的戏剧艺术形象范畴无法清晰地讨论娜拉的跨文化意义,因为它往往会流溢到知识分子心态史的层面。中国现代知识分子不但在文本中译介、生产"娜拉",更在身体上践行、表演"娜拉"。娜拉在现代中国是一个意蕴丰赡的话题,其中既暗隐着一代知识分子的精神密码,同时还可以视为近现代中西(戏剧)文化关系图式的一个缩影和前沿场域。对"娜拉"在现代中国进行福柯意义上的知识考古,可以从(戏剧)专业角度打开一个回应当代中国文化自觉问题的切口。

　　在知识考古的立场上,本文将不再比较易卜生的娜拉与中国的娜拉间的异同,因为该比较暗含着一个不证自明的预设:存在一个血脉纯正的娜拉,其跨文化挪用过程是完全透明的。与该预设相反,本文将在横向的跨文化传播和纵向的近现代中国历史进程中,追问复数的娜拉的意义是如何通过戏剧这一艺术载体再生产的? 它作为一个现代的中国文化他者暗示着中国知识分子怎样的西方想象或本土建构? 要探讨上述问题,本文首先需要探讨娜拉被引介到中国本土以后,如何透过一系列文化体制、文化文本和艺术形象,获得其意义的延衍再生的过程。

　　根据目前可见的资料,第一次在中国译介易卜生的是林纾和毛文忠,最后由林纾把《群鬼》改写为小说《梅孽》①,而最早介绍娜拉的是戏剧界。原春柳社成员陆镜若②,他在《俳优杂志》的创刊号上发表《伊蒲生之剧》,介绍了包括《人形之家》(即《玩偶之家》)等十一部剧作,称"其文章魄力亦足以惊人传世已"③。这些前期的译介实践在当时的中国并未引起真正的思想激荡,这一切需要等到"五四"时期《新青年》杂志"易卜生号"的编辑出版之后。

　　目睹了辛亥革命、二次革命的失败,以及袁世凯称帝、张勋复辟、军阀混战等一幕幕政治"闹剧"在内忧外患的中国舞台上渐次上演之后,新一代知识分子在继承了前辈"借思想文化以解决问题的途径"的同时,在对待传统文化的态度上毅然与他们的前辈分道扬镳——不同于梁启超等人寄希望于上层的立宪改革,而是从社会底层着手致力于旧制度的摧毁,掀起了"全盘性反传统主义"的激进思潮④,声称"不但要引进西方的科学技术、法律和政治制度,对中国的哲学、伦理、自然科学、社会理论和制度也要彻底重新审查,模仿西方同类的东西"⑤。

　　因此,1918 年 6 月 15 日的《新青年》杂志 4 卷 6 号,即"易卜生号"的出刊就不是一个独立的、偶然的文化事件,它是在西方文化进入中国本土,与中国本土文化碰撞、互渗、化合之后,现代知识分子以西方戏剧形式为载体,想象和运用西方知识,培植新的国民主体的一个文化表征。胡适在 1919年曾写下这样一段文字,发表在《新青年》杂志的"通信"栏里面:"我们的宗旨在于借戏剧输入这些戏剧里的思想。足下试看我们那本'易卜生号'

---

　　① 严格地说,林纾和毛文忠对易卜生的《群鬼》的翻译、改写并不能视为最早的,因为《梅孽》由上海商务印书馆首次出版是在 1921 年 11 月。

　　② 欧阳予倩在《自我演戏以来》里面,指出该年"新剧同志会"曾演出《娜拉》一剧(欧阳予倩:《自我演戏以来》,台北:龙文出版社 1990 年版,第 56 页),但亦有研究者指出当时陆镜若曾有意搬演,但后来因病去世,终未能实现(英溪:《易卜生剧在中国何时开始上演》,《中国现代文学研究丛刊》2003 年第 2 期)。

　　③ 镜若口述、叔鸾达旨:《伊蒲生之剧》,《俳优杂志》创刊号,1914 年 9 月 20 日。

　　④ [美]林毓生:《中国意识的危机:"五四"时期激烈的反传统主义》,穆善培译,贵州人民出版社 1986 年版,第 16—90 页。

　　⑤ [美]周策纵:《五四运动:现代中国的思想革命》,周子平等译,江苏人民出版社 1999 年版,第 14 页。

便知道，我们注意的易卜生并不是艺术家的易卜生，乃是社会改革家的易卜生。"① 这段文字明确地告诉我们，从西方译介的"娜拉"以及中国本土"娜拉的故事"，最初是中国现代知识分子在想象和运用西方的基础上的一种建构与发明。这将是我们讨论娜拉在现代中国的逻辑起点。

《新青年》杂志以其独特的编辑策略和庞杂的内容，在当时的出版界有着极其特殊的地位，吸引了大量的中国青年知识分子，拥有着极大的销量和广泛的支持，自梁启超的《新民丛报》以来，还没有哪个杂志能够享此殊荣。② 这种载体的优势，使得以娜拉出走为价值核心的个体意识迅速延展，并成为西方强势文化在中国以改头换面的方式，再生产知识、权力关系的有效中介。这期"易卜生号"相对系统地介绍了易卜生的生平、剧作与思想，其中包括胡适的论文《易卜生主义》，胡适和罗家伦合译的《娜拉》，陶履恭翻译的《国民之敌》，吴弱男翻译的《小爱友夫》，以及袁振英的文章《易卜生传》，而《娜拉》是三部剧作中唯一被完整译出的，由此可见其重要性。《娜拉》之外的节译剧作与文章为我们提供了理解"娜拉"的"副文本"。③

作为一种提供基本阅读氛围的副文本，我们不能不提"易卜生号"中袁振英的《易卜生传》对于《娜拉》的意义延伸。袁振英在文中指出："娜拉……本其天真烂漫之机能，以打破名分之羁绊，得纯粹之自由，正当之交际，男女之爱情，庶几维系于永久，且能真挚！处今日家族婚姻制度之下，男女爱情，必无永久纯一之希望；徒增社会之罪恶耳！且家庭中之恶浊空气，青年子女，日夕所呼吸；其不日趋下流者鲜矣！易氏此剧真足为现代社会之当头棒，为将来社会之先导也。"④ 袁振英的策略是先将娜拉树为正面典型，瞬

① T.E.C.、胡适：《通信：论译戏剧》，《新青年》第 6 卷第 3 号，1919 年 3 月 15 日。

② ［美］杰罗姆·B. 格里德尔：《知识分子与现代中国》，单正平译，南开大学出版社 2002 年版，第 256—260 页。

③ "副文本"这一概念由法国文艺理论家热奈特提出："副文本如标题、副标题、互联型标题；前言、跋、告读者、前边的话等；插图；请予刊登类插页、磁带、护封以及其它许多附属标志，包括作者亲笔留下的还是他人留下的标志，它们为文本提供了一种（变化的）氛围，有时甚至提供了一种官方或半官方的评论，最单纯的、对外围知识最不感兴趣的读者难以像他想象的或宣称的那样总是轻而易举地占有上述材料。"［法］热拉尔·热奈特：《热奈特论文集》，史忠义译，百花文艺出版社 2001 年版，第 71 页。

④ 袁振英：《易卜生传》，《新青年》第 4 卷第 6 号，1918 年 6 月 15 日。

息间把想象中的中国现状与之对比,从而凸显"娜拉"的当下意义,而且近指"今日家族婚姻制度",远涉"将来社会"。

这些先在的"导读"所营造的阅读氛围,将使娜拉的衍生意义通过《新青年》这一有着极高威望的印刷媒介,在其受众群体中不断被复制、传播。当然,我们不应刻意夸大戏剧在"娜拉"的传播以及推进中国现代化进程中所起的作用,因为搬演"娜拉的故事"的还有文学、电影等,戏剧并非其唯一的载体。但是,在现代中国,其他载体中的"娜拉的故事"在很大程度上都是由胡适译介的《娜拉》所产生的持久影响的结果 [1],因此,与中国现代戏剧相关的"娜拉"依然可以作为最有效的考察对象。

二、《终身大事》作为叙事"原型"

1919年3月,胡适在《新青年》6卷3号上发表了剧作《终身大事》[2],自此,娜拉正式登上近现代中国的历史舞台。在《终身大事》的"跋"里面,胡适讽刺道:"因为这戏里的田女士跟人跑了,这几位女学生竟没有人敢扮演田女士,况且女学堂似乎不便演这种不道德的戏!"这意味着胡适那一代知识分子与本土主导意识形态对立。称自己创作的西式戏剧为"不道德的戏",言外之意就是宣告《终身大事》是一种"反话语"(counter-discourse),其精神实质与中国主导的伦理道德和价值观念是背道而驰的。鲁迅在1929年8月回想起"五四"时期译介易卜生的原因时指出:"也还因为 Ibsen 敢于攻击社会,敢于独战多数,当时的绍介者,恐怕是颇有以孤军而被包围于旧垒之感的罢,现在细看墓碣,还可以觉到悲凉,然而意气是壮盛的。"[3]鲁迅强调的那种"以孤军而被包围于旧垒之感"的"悲凉"体验,说明了中国的"娜拉"所极力建构的正是一种与西方强势文化和本土主流文

---

① Xiaomei Chen, *Occidentalism: A Theory of Counter-Discourse in Post-Mao China* (Second Edition, Revised and Expanded), New York: Rowman & Littlefield Publishers, Inc., 2002, p.124.

② 胡适:《终身大事》,《新青年》第6卷第3号,1919年3月15日。后面出自该篇的引文不再另注。

③ 鲁迅:《集外集·〈奔流〉编校后记(三)》,《鲁迅全集》第7卷,人民文学出版社1981年版,第163页。

化符码系统异质的边缘意识。这种边缘意识在剧作《终身大事》里面就有着极为鲜明的表述。

《终身大事》发生的场景是田宅,田宅的会客室的陈设有一处细节:"墙上挂的是中国字画,夹着两块西洋荷兰派的风景画。这种中西合璧的陈设,很可表示这家人半新半旧的风气。"这出戏的故事就是在这种"半新半旧"的氛围中展开,可以说"半新半旧"是整出戏的基调与戏剧性所在。开幕便是田太太,一个负载着沉重的传统旧观念的母亲,请来一个算命先生为女儿田亚梅及其恋人陈先生的婚姻测八字,结果与田太太在观音娘娘那里求的签十分吻合:"婚姻不到头。"而"出洋长久",受到现代教育影响的田亚梅女士对此自然十分反感,这构成了剧作的第一重冲突。田先生的出现,使冲突似乎有和解的可能,因为他是反对烧香拜佛、求签算命之类的迷信行为的。但意外的是,田先生同样反对田女士与陈先生的婚姻,他的出发点虽与田太太不一样,但在实质上却无甚区别:他依据的是"中国的风俗规矩","祖宗定下的祠规",即陈田本是一家,"中国风俗不准同姓的结婚"。于是,该剧的第二重冲突形成了。田女士指责父亲:"你一生要打破迷信的风俗,到底还打不破迷信的祠规!"这句台词暗示出田先生亦是受过现代思想影响的,但是很不彻底,田先生的思想正是"半新半旧的风气"的绝佳写照。从第一重冲突的形成与暂时和解,再到第二重冲突的形成,凸显的全是"新"与"旧"之间的协商与撞击,两重巨浪堆叠在一起,把田女士冲上了绝望的巅峰,也把该剧的戏剧性冲到了顶点。在这个过程中,田女士由失望而希望,再由希望而绝望,在这种情绪的酝酿和层层铺垫中,剧作的高潮接踵而至。该剧的结尾有着古希腊戏剧般的"结"与"解"模式[①],那个始终不在场的、神祇般的

---

① 亚里斯多德(现译为亚里士多德,下同)在《诗学》第 15 章里面援引《美狄亚》和《伊利亚特》批评了"借用'机械上的神'的力量"为戏剧求"解"的做法:"布局的'解'显然应该是布局中安排下来的,而不应该像《美狄亚》一剧那样,借用'机械上的神'的力量,或者像《伊利亚特》中的归航一景那样,借用'机械上的神'的力量,'机械上的神'只应请来说明局外的事,例如以前发生的、凡人不能知道的事,或未来的、须由神来预言或宣告的事;因为我们承认神是无所不知的。情节中不应有不近情理的事,如果要它有,也应把这种事摆在剧外,例如索福克勒斯的《俄狄浦斯王》剧中的不近情理的事。"关于悲剧的"解"与"结"主要在《诗学》的第 18 章得以探讨。参见亚里斯多德、贺拉斯:《诗学·诗艺》,罗念生、杨周翰译,人民文学出版社 1982 年版,第 49—50、60—65 页。

"陈先生"的一张字条,使田亚梅幡然醒悟:"我该自己决断!"于是她坐了陈先生的汽车,像易卜生笔下的娜拉一样离家出走了。这场"新"与"旧"的角力可以看做是当时中国思想界状况的一个缩影,在"田宅"这个"半新半旧"的角力场上,无所谓胜负,被着力凸显的乃是一个自我放逐的边缘姿态。

　　这个始终不在场的陈先生是我们深层次解读该剧作的一个核心符码。显而易见,陈先生是田亚梅离家出走的关键所在,他既是"出走"这一行为的根本目的,亦是这一动作的幕后推手。从剧作内容看,这是一个中国男性知识分子对于中国旧家庭女性进行成功启蒙的故事,其中暗含的性别政治不言而喻。①这样的解读不能说没有道理,因为这是剧作告诉我们的清晰可见的事实,但是,这种观点仅停留在表层描述的阶段,未能提供一种令人满意的深度阐释。该观点无法解释那个导致女性"出走"的男性不在场的修辞策略意义何在。也就是说,上述解读的缺陷在于,它仅仅关注了胡适写了什么,而忘记了胡适是怎样去写这样一出关于中国"娜拉"的戏剧的。

　　田亚梅作为一个身处具有全新的价值系统的陈先生和背负着陈旧观念的田宅之间的边缘角色,如果说其出走行为是一个"被启蒙"的结果,那么,这个"启蒙"的任务也只能由陈先生担当。而田亚梅出走时留下的来自陈先生的"个人主义"宣言式的字条,正好履行了这一启迪中国民众(如田父母)蒙昧的任务。从这个意义上说,"娜拉"式人物田亚梅在文本之外指涉的正是中国现代启蒙者自身,其中投射了中国现代知识分子的自我经验,而始终不在场如神祇般的陈先生则是中国现代知识分子想象中的西方文化的一个表征。剧中的人物关系编织着"西方—中国知识分子—(想象中的)启蒙对象"之间的话语关系链条。在《终身大事》里面,陈先生仅仅出现在田太太、女仆李妈和田亚梅的对话中,他"留过学"、"很懂礼",而且总是开着"汽车",除此之外,陈先生完全是面目模糊的。从极为有限的几个特征来看,陈先生是一个理想的"新人",但同时,他似乎又是飘忽不定的,没有人能够确定陈先生究竟是一个怎样的人。陈先生不是不能在场,而是无法在场,因为他是一个想象的文化他者,是一种反叛停滞、愚昧的中国传统的思想资

---

　　① 周慧玲:《表演中国:女明星,表演文化,视觉政治, 1910—1945》,台北:麦田出版社 2004年版,第 270—271 页。

源和文化理想。田亚梅在结尾随陈先生而去,便意味着对于一种既有的价值系统的背弃,同时对另一种文化符码系统的接受,而接受后者正是背弃前者的动机与目的,当然,剧作也强调了这只是一种"暂时告辞",这种离开的姿态背后依然隐隐承担着家国的责任。

如果说田亚梅的经验隐喻了中国现代知识分子自身的精神困境与认同危机,那么其内涵是强势的西方文化和本土主导价值系统的双重压抑。不无悖论的是,他们偏偏需要从对西方文化的挪用里面去汲取用于建构本土"反话语"的思想资源,这种情形在《终身大事》里面有着典型地表述。那个面目模糊的陈先生既隐喻着一个先进的价值系统,同时又投射着中国现代知识分子那不无乌托邦色彩的中国现代性想象,比如他的留洋经历、对仆人的尊重,还有他拥有的象征着现代物质文明的汽车,提供给"田宅"的完全是一种极具冲击力的异质的文化符码系统。而"半新半旧"的"田宅"则弥漫着一股陈腐的味道,种种可笑、刻板的事件和观念在这里以一种博物馆美学的方式被次第展出,拼制出一幅衰败、停滞的中国图景。

当中国现代知识分子从西方戏剧知识里面寻求反抗本土压抑性话语的资源时,正是一个挪用异域强势文化祛除本土父权压抑的过程,然而同时又移植了其中的霸权因素,不经意间使自身再度处于另一种象征性的父亲("易卜生")的淫威之下。这种结构性的西强中弱的不平衡权力关系在中国现代知识分子的跨文化戏剧实践中被转化为一种"中女西男"的性别表述,此时的中国/女性成为西方/男性的知识对象,正如田亚梅之于陈先生。因此,胡适在《终身大事》里面借田亚梅隐喻知识分子自身,而以陈先生作为一种西方的价值系统,田亚梅的"离家"正是中国现代知识分子"去国"的形象表述。

但是,叙事者在剧终时提醒我们,生长在"半新半旧"的"田宅"的田亚梅那种娜拉式的出走背后,只是一种"暂时告辞",也就是说,"娜拉"的"回来"将是必然的。傅孟真(斯年)曾经对胡适说过这样的话:"我们思想新,信仰新;我们在思想方面完全是西洋化了;但在安身立命之处,我们仍旧是中国人。"① 既然"在安身立命之处""仍旧是中国人",那么"全盘反传

---

① 胡适著、曹伯言整理:《胡适日记全集·第五册(1928—1929)》,台北:联经出版事业股份有限公司 2004 年版,第 581 页。

统主义"的背后必然将是一种"感时忧国"的精神在作为支撑①,从这种文化心态中我们不难发觉现代知识分子与传统文人的内在精神联系。因此,在中国现代知识分子的疏离传统和面向西方之间,不仅仅是表面上的互为借重,更多的是深层次的悖论冲突。"五四"启蒙运动正是在二者的张力结构中进行的。这种不无矛盾的心态背后,将是一种认同的危机。"娜拉"在离去与回来之间的纠葛正暗示出中国现代知识分子的身份焦虑和悖论处境,如反传统与立足传统,西方主义与民族主义,个性解放与家国关怀等。田亚梅在出走前后几乎要面对以上所有的尴尬情形。面目模糊的陈先生的不在场,正是缓解这种压力的一种有效的修辞手段——西方在《终身大事》里面幻化为一种飘忽的价值理想,而不再是君临当下的威胁性压力。

三、娜拉在现代中国

《终身大事》的叙事策略似乎成为一种原型,其中的修辞在后来的由一系列"娜拉"剧组构的叙事脉络中就反复地再现。在陈大悲的《幽兰女士》②里面,丁幽兰和田亚梅一样,生活在土洋杂陈的丁公馆,不同于田亚梅的地方在于她没有留过洋,但已经受到新思想的影响,内心一直向往着美国的教育,而这种理想在剧作中被一位教英文的大学教授汪慧卿给具象化了。汪慧卿在剧作第四幕即将结束时有过极为短暂的出场,但是他仍然和《终身大事》里面的陈先生一样,面目极为模糊,我们只能从舞台指示和丁幽兰的台词里面了解到他的年龄、职业,以及与丁幽兰的关系(教过她英文)。在《幽兰女士》里面,有过短暂出场的汪慧卿对于整部剧作的戏剧动作没有任何的实质性的推动和影响,整个人是作为一个文化符号,即西方教育的理想化身而存在的,更谈不上对于丁公馆,这个道德堕落的罪恶滋生场所有任何启蒙和救赎意义。

与之形成对照的是,有着新思想的丁幽兰,反而对于丁公馆的上上下下,

① 夏志清:《现代中国文学感时忧国的精神》,载叶维廉主编《中国现代文学批评选集》,台北:联经出版事业公司1979年版,第201—223页。

② 陈大悲:《幽兰女士》,中国话剧艺术研究会编《中国话剧百年剧作选·第1卷(1907—1929年)》,中国对外翻译出版公司2007年版,第213—264页。后面出自该篇的引文不再另注。

从父亲、弟弟到仆人都有一定的思想启蒙。剧作结尾她的死更是直接呈现出与丁公馆的价值系统势不两立的姿态,她临死前"狂喊":"爸爸! 女儿死得好苦呀! 但愿——爸爸把女儿牺牲了以后,能够得到一种觉悟。"讽刺的是,丁幽兰的父亲丁褒元在短暂的伤心之后,说出这样的台词:"哈哈! 且不要儿女情长,反使我英雄气短! 古人说得好,(高声慢诵)……'天下无不是的父母!'"尽管剧作中丁幽兰的启蒙效果是不令人乐观的,甚至可以说是失败的,但是剧作真正指涉的社会启蒙意义可能会有相反的效果,因为它以丁幽兰的惨死和刘凤冈的身体受虐把一种血淋淋的本土形象(丁公馆)展示了出来。剧作中的丁幽兰所象征的启蒙者的命运正应了鲁迅所指出的《新青年》的"易卜生号"刊出之后的情形:"……戏剧还是那样旧,旧垒还是那样坚;当时的《时事新报》所斥为'新偶像'者,终于也并没有打动一点中国的旧家子的心。"[1] 启蒙者再次由一位身处新旧之间的知识女性扮演,体现出一种"性别暧昧"(gender-ambiguous)[2] 的书写倾向。丁幽兰在剧终时亦是娜拉式地"离开"了,但她的离开仍然有着启蒙并拯救"丁公馆"的潜在目的。代表着西方文明的汪慧卿依然是飘忽的,他的存在只是为启蒙者丁幽兰树立一种价值理想。丁幽兰身处腐败堕落的"丁公馆",内心却向往着理想化的西方教育,这样一种不无分裂的生存状态正隐喻着中国现代知识分子的某种边缘身份。在郭沫若的《卓文君》[3] 里面,在卓文君对父亲和程郑进行一番启蒙教育以后,最终投奔了剧终才现身的、面目模糊却意义并不空洞("我所渴望着的太阳! 我的生命! 我的光!")的司马相如。

欧阳予倩的《泼妇》[4] 没有把一种完全异质的价值系统具象化为某一未

---

[1]　鲁迅:《集外集·〈奔流〉编校后记(三)》,《鲁迅全集》第 7 卷,人民文学出版社 1981 年版,第 163 页。

[2]　陈小眉指出,"'五四'时期由男性剧作家主导的戏剧创作,虽然关心妇女的问题,但最终还是把它作为反抗儒家传统文化和价值观念的反官方话语,因此这些剧作具有'性别暧昧'的特征"。See Xiaomei Chen, *Occidentalism: A Theory of Counter-Discourse in Post-Mao China* (Second Edition, Revised and Expanded), New York: Rowman & Littlefield Publishers, Inc., 2002, p. 123.

[3]　郭沫若:《卓文君》,《郭沫若全集·文学编》第 6 卷,人民文学出版社 1986 年版,第 17—58 页。后面出自该篇的引文不再另注。

[4]　欧阳予倩:《泼妇》,《欧阳予倩文集》第 1 卷,中国戏剧出版社 1980 年版,第 1—20 页。后面出自该篇的引文不再另注。

出场的男性,而是通过家长陈以礼、吴氏诋毁儿媳于素心的言辞,描述出一种与陈家人敌对的一个全新的价值观念体系。于素心在得知丈夫陈慎之"讨小"之后,不但救出了王姑娘,而且离开了夫家,离开前狠狠地抨击了"罪恶的家庭"。卓文君和于素心一样,都是身处"新""旧"两种价值观念的夹缝中,经过一番努力,最终都背弃了原有的传统秩序,以其实际行动对身边的"旧人"进行启蒙教育,奔向一种全新的理想环境,当然,这种表面的决绝背后依然存在着与传统秩序间微妙的精神联系。在《幽兰女士》开幕时有这样一句舞台指示描述丁幽兰出场时的心境:"在方寸中辘轳不定",这种描述正是身处中西文化边界的"娜拉"自我放逐之后的边缘身份与认同危机的绝佳写照。

到了20世纪三四十年代,伴随着新的历史、文化格局的渐次展开,"娜拉的故事"也出现了新的因素,但这些因素在"五四"时期的"娜拉"身上就已经埋下了种子,后来的社会格局无非是为它们的破土而出提供了适宜的气候而已。因此,这一阶段的"娜拉的故事"实际上依然是继承了早期的内在演变理路,作为中国现代知识分子的自我精神镜像被编织进中国"娜拉"的意义脉络中去的。

1936年寒冬,夏衍在上海写下了一部三幕剧《秋瑾传》(原名《自由魂》)①。这次作为娜拉的秋瑾不是从父家逃离的,而是在与丈夫进行一番争执后,离家去国,到另一个"东方的西方"日本去学习强国之道。在朋友吴兰石与秋瑾的谈话中,我们可以看到"娜拉"的转变,吴兰石得知秋瑾的救国志向时说:"(多少有点感叹)那么您的志向太大了,您主张的已经不单是家庭革命。"秋瑾的理想正是中国现代知识分子告别"五四"时代个人主义,进而融入30年代的左翼论述的宣言。丈夫王廷均和朋友吴兰石与秋瑾在第一幕的对话,其实是个人主义与左翼论述间的话语交锋的隐喻——"五四"时期"个人"议题里面暗含的冲突,终于在新的历史格局中被鲜明地曝光,并且渐次解构了其中"个人"的一极,义无反顾地步向社会国家。

似乎是作为对夏衍《秋瑾传》的一个强有力的注脚,亦是对鲁迅关

---

① 夏衍:《秋瑾传》,会林、绍武编《夏衍剧作集》第1卷,中国戏剧出版社1984年版,第109—171页。后面出自该篇的引文不再另注。

于"娜拉"去向问题的一个不甚遥远的回音,郭沫若在 1942 年盛夏,写下了《〈娜拉〉的答案》一文。文章开始就设问:娜拉离开"玩偶之家",究竟到哪里去了? 郭沫若指出:"关于这个问题的答案,易卜生并没有写出什么。但我们的先烈秋瑾是用生命来替他写出了。"[1] 郭沫若笔下的娜拉与鲁迅已经不同,郭沫若的"娜拉"是经过二度反叛,即反父和反夫之后的"娜拉",亦是指代大时代中告别了布尔乔亚式的个人主义却不无迷惘的一代知识分子。在这个意义上,郭沫若的文章不啻为一篇召唤知识分子介入"社会的总解放"这一公共领域的行动指南,而"秋瑾"则具备了符号动员的功能。为救国而牺牲的"秋瑾"作为一个具有多重意义的文化符码,被夏衍和郭沫若不约而同地编织进"娜拉"的意义脉络,正是中国现代知识分子对自身曾经秉持的价值观念所采取的最严厉的检讨。而写就于 1947 年春的田汉的《丽人行》,则直接呈示了"秋瑾"的召唤成果,那已不再是《获虎之夜》里面为了自由恋爱与家庭奋力抗争的莲姑,而是新一代的"娜拉"李新群,她的新思想不仅再次"启蒙"并拯救了处于苦难社会底层、身心备受摧残的刘金妹,更教育了有着小资产阶级情调的梁若英。在鲁迅的提问与郭沫若的答案之间的一呼一应中,被再度印证的是:置身边界的"娜拉"的悖论处境,是他们一开始就无可逃避的文化宿命。

四、"窥看主义"悖论

在《终身大事》里面,胡适对本土的想象力完全投射在"半新半旧"的"田宅"这个隐喻的空间内。田亚梅的父母愚昧可笑的行为举止与思想观念完全成为中国封建传统的压抑性力量的代言人。他们在叙事者的操纵下,基本上沦为一个指涉旧中国的符号,其自身的主体经验完全被掏空。田亚梅则比较活跃,她在剧作里面担任着一个启蒙者的角色,是知识的主体,而其父母和女仆李妈则是知识的对象,但是,他们无一例外地处于不在场的陈先生那上帝般的凝视之下。陈大悲的《幽兰女士》里面的丁公馆完全是行将崩溃

---

[1] 　郭沫若:《〈娜拉〉的答案》,《郭沫若全集·文学编》第 19 卷,人民文学出版社 1992 年版,第 215 页。

的中国的隐喻,各色人物轮番登场,网织了一个巨大的社会黑幕。丁公馆在文本中的叙事功能还不仅仅是要为受众提供一个展示"旧"中国的罪恶腐败的"博物馆",它更是一个隐喻着符号暴力的肉体施虐和窥探女体的场所与舞台。不同于《终身大事》里面的女仆李妈的意义的空洞与苍白,《幽兰女士》里面,叙事者对于丁公馆的仆人的身体受虐的关注和窥视,使得一种阶级议题隐隐浮现。比如第二幕结尾时,丁幽兰对刘凤冈的精神爱抚和知识启蒙,使刘凤冈跪在丁幽兰面前说:"我谢您的恩典。你就胜如救了我的命。"

剧作里面的丁幽兰对刘凤冈的(文化)态度是非常暧昧的。刘凤冈作为身处底层的"下等人",他是丁幽兰的知识对象和爱抚客体。在一种不无自恋的文化想象里面,刘凤冈使身处道德堕落的丁公馆的丁幽兰的无力感得以缓解。表面上看是丁幽兰在抚慰刘凤冈,而实际上则是刘凤冈抚慰了丁幽兰。但不同于丁幽兰对于刘凤冈的抚慰,是一种施动式的,刘凤冈是被动地作为丁幽兰的中国想象的投射客体的。喜儿、珍儿,以及张升、刘妈等丫鬟仆人,此刻正扮演了一个本土想象的载体的角色。不同于田亚梅成功地"暂时"离家,投奔陈先生,在《幽兰女士》的叙事罅隙里面我们时时可以读出丁幽兰/启蒙者的无力感,她的西方教育梦想最终也没法实现。丁幽兰的这种无力的抗争实际上是中国现代知识分子文化身份的隐喻。"二十世纪初的中国知识分子,给两种无能感压迫着:一是意识到他所熟悉的'文学'已不能再维护他的权力;二是作为一个'中国人',目睹自己的'文化'在西方的冲击下,变得支离破碎,他却爱莫能助。"[①] 因此,一种"在结构上是自恋和自我意识性的"文化创制必然会将这种无力感导向自身或自身的"变体"。于是,身处底层遭受压迫的"他者"开始进入现代文艺创作,并被中国知识分子引导向话语渠道,用于符号动员。此时的"自我的他者",正如田太太、田先生、刘凤冈、喜儿等,这些蒙昧、孱弱、病态的本土符号成为中国传统文化中的反价值成分的承受载体和罪恶见证。同时,这些"自我的他者"的另一面却又是中国现代知识分子克服自身的无力感的想象资源。

田汉的《丽人行》里面的刘金妹,一个柔弱的纱厂女工,在叙事者的操

---

① [美]周蕾:《妇女与中国现代性:东西方之间阅读记》,张京媛等译,台北:麦田出版社1995年版,第208页。

控下,几乎负载了所有可能的时代性灾难:被日本兵强奸,愤而自杀,被救起后又被丈夫嫌弃,不时地被流氓调戏,丈夫的双眼也被流氓用石灰弄瞎,夫妻双双失业,用借高利贷的钱摆的小摊子也被没收,为了活着她只好卖身,又被丈夫赶出家门,只好再度投江自杀⋯⋯这梦魇般的生存遭际足以令剧作的每一个接受者不寒而栗。作者田汉为剧作接受者解释在刘金妹的悲剧发生时,为何竟没有地下工作者帮助她的原因时,无意中道出了其把"刘金妹"用于控诉社会罪恶的符号动员的目的:"由于要抓住当时人民对两案的愤慨情绪,不能不把苦难集中在金妹身上。"① 尽管"刘金妹"这一本土想象的文化符号被用于反帝动员,但是其修辞方式却将"刘金妹"这一女性身体/底层被压迫者置于一个受虐与被展示、观看的位置。而剧作中的梁若英,一个美丽的多愁善感的知识女性和过气的"娜拉",在某种程度上也被放置在一个被展示、被召唤的客体位置上,在李新群、章玉良等新型"娜拉"们的再度"启蒙"下,她最终放弃了曾经的"小资产阶级"情调,融入了社会斗争的洪流,这正象征着"个人主义"话语的隐退,而她的矛盾与彷徨似乎又暗示着叙事者对于"个人主义"话语并不十分真诚的忏悔。这种"自我的他者"的发明里面包含的符号动员力量使得中国知识分子找回了失落的话语权力。

　　"娜拉"跨文化旅行至近现代中国,通过启蒙叙事在现实层面发挥了一定的符号动员的力量,从而使"他者"由私人领域进入公共领域,成为反殖力量的重要组成部分。但一个不无悖论的情境却又在此浮现:无论在虚拟(文本)的起点,还是在现实(社会)的终点,一种被称之为"窥看主义"(voyeurism)的现代性困境都无处不在。"窥看主义"是这样产生的:"中国的现代性以一种英雄式的姿态出现,但与此同时,⋯⋯人们兴致勃勃地探索女性、精神和肉体,一种新的窥看主义出现了⋯⋯对于严肃的现代的国家民族观念来说,却显得格格不入。"② 具有女性气质的"自我的他者"被召唤至

---

　　① 田汉:《〈丽人行〉的重演》,《田汉文集》第6卷,中国戏剧出版社1983年版,第400页。这句话中的"两案"指的是当时的北平美军强奸北京大学女生的"沈崇案"和上海当局制造的"摊贩案"(参见田汉:《关于〈丽人行〉的演出》,《田汉文集》第6卷,中国戏剧出版社1983年版,第395页)。

　　② [美]周蕾:《妇女与中国现代性:东西方之间阅读记》,张京媛等译,台北:麦田出版社1995年版,第171页。

有着男性气质的公共领域中时，一种"厌女"叙事正好强化了对于他者身上被本质化了的女性气质的表述，从而使虚拟的文本中建构出来的本土以及现实中"娜拉"的追随者无时不被暴露在一种被社会性的男性主体"窥看"的客体位置上。鲁迅在作于1933的杂文《关于妇女解放》里面就尖锐地讽刺了"五四运动后""提倡了妇女解放以来的成绩"："新式女子……从闺阁走出，到了社会上，其实是又成为给大家开玩笑，发议论的新资料了。"①鲁迅的这段描述极为犀利地捕捉到了"五四"启蒙话语的内在悖论。就虚拟的书写层面而言，田太太（《终身大事》）、王姑娘（《泼妇》）、刘凤冈、喜儿、珍儿（《幽兰女士》）、刘金妹夫妇、梁若英（《丽人行》）等都处于被窥看的位置。在"娜拉"的感召下以实际行动反叛传统的青年男女们的现实"社会表演"亦是如此——自1920年代始，在中国像上海那样的都市中出现的作为物质主义廉价消费品的"摩登狗儿"（modern girl）②，则是这种"窥看主义"的畸形副产品，这个现象同时也暴露了"性别暧昧"的"娜拉"的启蒙盲点。

中国现代知识分子通过表演娜拉的跨文化戏剧实践，挪用西方知识以反抗传统父权文化，建构出一种立足边缘的文化意识，这种边缘处境主要来自他们同时承受着的传统父权文化和西方强势文化的压力。因此，娜拉在中国现代始终处于一种边缘化的位置，这种边缘处境所导致的无力感，使"娜拉"们极力追寻失落的话语权力。于是，他们把想象力投向本土，借助其西方知识的权威性，将知识转换为象征资本，发明并征用身处底层的不无女性气质的"自我的他者"，将他们引向话语渠道，从而实现其符号动员的民族主义写作诉求。此刻的本土建构，就成为知识和权力的对象和被"窥看"的客体，无论是其衰败、黑暗的一面，还是其古老、辉煌的一面，都为"帝国的眼睛"及其"东方主义"论述那无餍的"窥看"欲望提供了充足的材料。

原载《戏剧艺术（上海戏剧学院学报）》2014年第4期

---

① 　鲁迅：《南腔北调集·关于妇女解放》，《鲁迅全集》第4卷，人民文学出版社1981年版，第597—598页。

② 　关于"摩登女子"的相关论述，详见许慧琦：《"娜拉"在中国：新女性形象的塑造及其演变（1900s—1930s）》，台北：政治大学历史学系2003年版，第262—286页；亦见周慧玲：《表演中国：女明星，表演文化，视觉政治，1910—1945》，台北：麦田出版社2004年版，第56—94页。

IV　普适性的建构

普适性的建构：新、旧剧观念论争中的西方知识状况

由 20 世纪初的戏曲改良运动与西方戏剧译介推动的中国现代戏剧理论与批评，已经有一个世纪的历史。作为中国现代戏剧在理论上自觉的标志，"五四"时期的新、旧剧观念论争对于重大理论问题的提出、戏剧基本理论的译介与建设、围绕着时代精神命题展开的戏剧批评，以及对艺术形式的持续不断的探索，赋予 20 世纪中国戏剧理论批评以独特的思想轨迹与特色，直接指向中国现代戏剧理论体系的建立与现代戏剧批评传统的形成。新、旧剧观念论争涉及的是西方戏剧在本土移植的合法性问题。在中国现代戏剧理论与批评史上，后来的诸多重大理论问题和困扰都能在其中找到其根源或原型。因此，重审新、旧剧观念论争中的西方知识状况，对于系统清理并批判反思 20 世纪中国戏剧理论批评和建设中国现代戏剧理论体系，具有奠基性意义。

一、激进与保守：系统残缺或结构问题？

关于新、旧剧观念论争，既往的研究中，"激进"与"保守"的二元解

析框架似乎别具魅力。① 诚然,这种划分不仅极大地便利了研究本身,而且两种指称也有可靠的来源,因为"激进"与"保守"正是论争双方为对手贴的标签②,还有就是宋春舫当年也用"激烈派"和"保守派"来指称论争双方。③ 采用这一二元指称如果仅仅为了表述的便利,亦无不可,但问题似乎没这么简单。沿用这一定性描述,不仅遮蔽了论争双方内在的多样动态和暧昧地带,我们还可能落入论争者为对手布置好的修辞陷阱。如果不去尝试着超越论争双方的论述立场及思维模式,"激进"与"保守"就不再仅仅是纯粹的描述性指称,会成为探讨该论争的预设前提,我们的研究也将被论争者的修辞诱入一种表象的描述,而无法达到深度的阐释。

　　本文指出既往的研究通过一组二元指称,把复杂问题化约的做法,并非就意味着本文将试图"回到现场"并"还原历史"。④ 因为"回到现场"本身就已经假设了一种赋予史料以意义的叙述结构,因此"现场"能否被复原十分可疑。根本问题在于:如果有待被"还原"的"历史"叙事本身未受到任何检讨,那么,"返回"与"还原"就只能沿着既往的叙述逻辑往回走,仍然无法超越"激进"/"保守"的论述框架。正如有研究者在批评新文化倡导者"根本不顾不同类的文化及其与之相应艺术的特殊性,用普遍的'进化论'来套用类比"之后,仍把戏曲在戏剧史中的边缘处境归因于"对固有传统始终抱持过分偏激与片面的态度"。⑤ 该论述忽略了真正的问题,即这种"态度"与戏剧史叙事之间的互动关系——如果预设了戏剧史的叙事模式,

　　① 比如,王永生主编的《中国现代文学理论批评史》上册,贵州人民出版社1986年,第277—289页;陈白尘、董健主编的《中国现代戏剧史稿》,中国戏剧出版社1989年版,第92—93页;胡星亮著《二十世纪中国戏剧思潮》,江苏文艺出版社1995年版,第77—82页;施旭升主编的《中国现代戏剧重大现象研究》,北京广播学院出版社2003年版,第18页;王良成的论文《"五四"时期的新、旧戏剧观论争及其现代性追求述论》,《戏剧(中央戏剧学院学报)》2006年第3期;张婷婷的论文《回到"五四"戏剧论争的现场》,《戏剧(中央戏剧学院学报)》2008年第2期,等等。

　　② 如傅斯年:《再论戏剧改良》,《新青年》第5卷第4号,1918年;张厚载:《我的中国旧戏观》,《新青年》第5卷第4号,1918年。

　　③ 宋春舫:《戏剧改良平议》,载周靖波主编:《中国现代戏剧论》上册,北京广播学院出版社2003年版,第83—85页。

　　④ 如论文《回到"五四"戏剧论争的现场》的研究尝试,笔者援引该文仅仅是为了举出例证,实际上这种研究思路相当普遍。

　　⑤ 张婷婷:《回到"五四"戏剧论争的现场》,《戏剧(中央戏剧学院学报)》2008年第2期。

无论我们在其中增补何种"被边缘化"的内容（如戏曲），永远都是在同情式的纠偏中强化该叙事逻辑，只能导致"被边缘化"的内容更加"边缘"。该研究思路的纰漏在于把叙述结构的问题误以为叙事系统的残缺，它在深层次上复制了原本属于中心的运作机制，其本身就是否定边缘的。

　　本文将在此基点上，摈弃从史料中"复原历史"的努力，从解读论争双方采用的修辞策略入手，探讨彼此对立的表象下，是否可能共享着某种思想资源？被共享的资源如何成为论争的意识形态基础？这一资源合法性为何竟未受到论争双方的质疑？本文将在尝试回答以上问题的过程中，解析既往的研究与戏剧史叙事的二元对立思维模式及其被遮蔽的意识形态基础。

二、本体之外的诱惑

　　囿于上述"激进"／"保守"的二元阐释框架，既往的研究似乎总是摆脱不了这样的套路：努力地探讨"新、旧剧"观念论争双方所表述的观点中的合理与荒谬的成分[①]，以期表达一个中肯的"后见之明"，从而轻易地放过了论争双方之间不无暧昧的模糊地带和互渗层面，无力把问题的探讨再继续深入下去。在本文看来，局限在这个套路中所得出的结论永远都像是在隔靴搔痒，无法进入实质性的讨论，因为其关注的焦点一直落实在论争者说了什么，而不去解读他们是怎么说的，无论如何也摆脱不了研究者自身先入为主的价值判断。

　　事实上，此次论争其中的一方，即倡导西式"真正的新剧"的代表人物傅斯年在《戏剧改良各面观》里面，曾说过这样一段话："十日前，同学张豂子君和胡适之先生辩论废唱问题，我见了，就情不自禁了。但是我在开宗明义之前，有两件情形，要预先声明的：第一，我对于社会上所谓旧戏、新戏，都是门外汉。第二，我对于中国固有的音乐和歌曲，都是门外汉。"[②] 在毫不伪

---

　　① 比如论文《"五四"时期的新、旧戏剧观论争及其现代性追求述论》的研究模式，这种研究思路在当前相当普遍。详见王良成：《"五四"时期的新、旧戏剧观论争及其现代性追求述论》，《戏剧（中央戏剧学院学报）》2006 年第 3 期。

　　② 傅斯年：《戏剧改良各面观》，《新青年》第 5 卷第 4 号，1918 年 10 月 15 日。

饰的"开宗明义"之后,傅斯年进一步说明了他参与戏剧论争的理由:"据我个人观察而论,中国人熟于戏剧音乐一道的,什么是思想牢固的了? 不客气说来,就是陷溺深的了,和这些'门内汉'讨论'改良'、'创造',绝对不可容纳的。我这门外汉,却是不曾陷溺之人。我这篇文章,就以耳目所及为材料,以直觉为判断,既不是'随其成心而师之',也就不能说我不配开口。"①而周作人也表述过类似的言论:"我于中国旧戏也全是门外汉,所以技工上的好坏,无话可说。"②傅斯年等人那惊人的坦诚不无讽刺地把今天的诸多研究置于一个极为尴尬的境地——他们似乎预见到了"门内汉"将会从本体层面有力地质疑其观点,一开始就把自己的立场设置在一个非戏剧本体的层面上,这种以退为进的论争策略将会使所有专业性的反批评论述自动无效。当然,傅斯年等人以"门外汉"的身份参与论争,并非就是绝对纯粹的无所"陷溺",只是他们志不在戏剧,在为自我塑造的论述戏剧的客观立场的表象下,其实他们心有旁骛;而这种评判戏剧时看似客观的外在立场不但极有效地掩饰了其参与论争的内在动机,同时也为潜在的论争对手设置好了言说陷阱:"门内汉"因其专业,陷溺太深,故只有"门外汉"的观点才有可能是公允的。那么,无论在当时还是现在,再去探讨傅斯年、张厚载等人关于"新、旧剧"观念的论争,如果仅从戏剧美学或历史的角度去判断双方的观点是否合理,就正好步入了论争者设置好的言说圈套。其实论争的参与者所表达的观点已经是一目了然的了,无须我们再去做描述性的重复,真正需要做的是对"可见的"表象进行一种深度的阐释。

如果从就事论事的角度看,这次论争的挑起者是张厚载。在 1917 年刊出的《新青年》杂志 3 卷 1 号和 3 号上,新文化的倡导者钱玄同、刘半农和胡适分别撰文,对于作为"旧文化"的中国戏曲进行了严苛的批评。③ 这引起了"梅党""中坚"人物,被时人目为梅兰芳"左右史"④ 的北京大学法科

---

①　傅斯年:《戏剧改良各面观》,《新青年》第 5 卷第 4 号,1918 年 10 月 15 日。

②　周作人:《论中国旧戏之应废》,《新青年》第 5 卷第 5 号,1918 年 11 月 15 日。

③　钱玄同与独秀的通信,《新青年》第 3 卷第 1 号,1917 年 3 月 1 日;刘半农:《我之文学改良观》,《新青年》第 3 卷第 3 号,1917 年 5 月 1 日;胡适:《历史的文学观念论》,《新青年》第 3 卷第 3 号,1917 年 5 月 1 日。

④　《中国戏曲志》编辑委员会编:《中国戏曲志·天津卷》,文化艺术出版社 1990 年版,第 452 页。

政治系学生张厚载的异议。张厚载在次年 6 月刊出的《新青年》4 卷 6 号的"通信栏"撰文,对陈独秀、胡适、钱玄同和刘半农的"文学改良说"进行了正面的评价后,对新诗创作（特别是胡适的《尝试集》）"一味效法西洋式"的"矫枉过正"则持保留意见,最后,张厚载重点批驳了钱玄同、刘半农和胡适对于戏曲的苛评。他分别指出了胡适提出的"'高腔'起而代'昆曲'"的常识性错误和戏曲"废唱而归于说白"的不可能,刘半农对中国戏曲的"十六字"概括的粗率,以及钱玄同对于脸谱的极大误解与蔑视。[①] 不幸的是,张厚载一开始的言论就预示了这场即将开启的论争的论题的虚假性。因为张厚载是以一种专业的立场参与这场论争的,再反观新文化倡导者的对于他的批评的反馈,就可以看出他们之间论争的真正内容并不是什么戏剧,而可能是其他更为隐秘、虚幻、也更具诱惑性的东西。

可能对于来自张厚载从戏剧本体层面的专业批评是始料未及的,某些新文化倡导者的最初的回应文章表现出震惊、急躁甚至极端憎恶的情绪,对中国戏曲的抨击言辞演化为低级嘲骂,当然,这种论调完全是建立在经验层面上的。钱玄同指出,"旧戏索性把这种'《阳秋》笔法'画到脸上来了,这真和张家猪肆记卍形于猪鬣,李家马坊烙圆印于马蹄一样的办法。哈哈！此即所谓中国旧戏之'真精神'乎？"[②] 而刘半农则依据"个人经验",谈到"平时进了戏场,每见一大伙穿脏衣服的,盘着辫子的,打花脸的,裸上体的跳虫们,挤在台上打个不止,衬着极喧闹的锣鼓,总觉眼花缭乱,头昏欲晕"。[③] 新文化倡导者的这种非专业性的回应把最初对中国戏曲进行专业知识辨析的可能性引向了另一个层面,于是,"新、旧剧"观念的论争就出现了阶段性。在这次初步的论争中,双方仅仅标示出了各自迥异的立场,而 1918 年 10 月 15 日由胡适主编的《新青年》5 卷 4 号的刊出,则标志着这次论争真正进入了一个实质性的阶段。

---

① 张厚载在"通信栏"发表的文字,《新青年》第 4 卷第 6 号, 1918 年 6 月 15 日。
② 钱玄同在"通信栏"发表的文字,《新青年》第 4 卷第 6 号, 1918 年 6 月 15 日。
③ 刘半农在"通信栏"发表的文字,《新青年》第 4 卷第 6 号, 1918 年 6 月 15 日。

三、合法的"西方"阐释者？

胡适在其《文学进化观念与戏剧改良》一文中说道："这一期有了这许多关于戏剧的文章,真成了一本'戏剧改良号'了!"① 这一期上除了主编胡适本人的文章,还有张厚载的《我的中国旧戏观》,欧阳予倩的《予之戏剧改良观》,更重要的还有傅斯年的两篇长文《戏剧改良各面观》和《再论戏剧改良》等。在《我的中国旧戏观》里面,张厚载没有继续他曾经在"通信栏"里面那样的做法,即逐条把对方的常识性错误一一指正,而是在胡适的稿约和命题下②,跳出对方的论述框架,从宏观角度对"中国旧戏"的"好处"加以辨析,即"中国旧戏是假像的","有一定的规律",以及"音乐上的感触和唱功上的感情"。值得注意的是,张厚载在论证"中国旧戏"的三大"好处"时,其理论支点几乎完全来自西方的戏剧知识。在论述"中国旧戏是假像的"时,张厚载指出,"而且戏剧本来就是起源于摹仿(亚里士多德就这么说),中国古时优孟摹仿孙叔敖便是一个证据。摹仿是假的摹仿真的,因为他是假的摹仿真的,这才有游戏的趣味,才有美术的价值。上回曾看见钱稻孙先生在北京大学画法研究会讲演的纪录,说:'美之目的不在生,故与游戏近似,鲜令斯宾塞所以唱为游戏说也。'又说:'哈德门之假像说曰,画中风景,胜于实在,以其假像,而非实也。'可见游戏的兴味,和美术的价值,全在一个假字。要是真的,那就毫无趣味,毫无价值。中国旧戏形容一切事情和物件,多用假像来摹仿,所以很有游戏的兴味,和美术的价值";对于中国旧戏的"规律",张厚载在西方戏剧的"三种的联合"里面找到了其"好"的依据:"我看见《百科全书》的戏剧部说外国戏最讲究三种的联合,(Three Unities)就是做作的联合,地方的联合,时间的联合,(Unity of action,

---

① 胡适:《文学进化观念与戏剧改良》,《新青年》第5卷第4号,1918年10月15日。
② 张厚载在其文章开始交代了写作的缘起,"前天胡适之先生写信来要我写一篇文字,把中国旧戏的好处,跟废唱用白不可能的理由,详细再说一说。我因此就先在《晨钟》报上略略说些,跟胡先生颇有一番辩论。现在胡先生仍旧要我做一篇文字,来辩护旧戏,预备大家讨论。我也很赞成这件事……"当然,胡适的稿约与命题包含着一定的论争策略,后文将对这个方面的问题详加论述。张厚载:《我的中国旧戏观》,《新青年》第5卷第4号,1918年10月15日。

Unity of flae, Unity of time)①'中国跟印度的戏剧,都没有这种规律。地方跟时间的联合,更是向来没有。'还有身手上的动作,可以表示意思的,(譬如,Gesture)也有种种的法律来整理伶人身体面貌上的做法。这岂不是跟中国旧戏上的'身段''台步'都有一定规律,是一样的道理吗";关于中国戏曲的"音乐"的"好处",张厚载有一个权威性的证据:"何一雁先生《求幸福斋》随笔里面,说过有一善吹唢呐的中国人跟某人到西洋去,在船上吹唢呐,西洋人多大加叹赏。有一个德国人就拜他为师,学会了之后,就以善吹军笛出名,而且把中国《风入松》、《破阵乐》等曲牌,翻到德国军乐谱里头去。就这一节,已可见中国旧戏上音乐的价值了。"② 从张厚载的立论逻辑看,他丝毫不怀疑西方戏剧知识的优越性和权威性,无论他对西方戏剧知识的挪用有多大的刻意成分,但从"西方戏剧"知识中寻找中国戏曲存在的价值依据,这一修辞策略是确定无疑的。

　　有趣的是,在同期刊登的回应文章《再论戏剧改良》里面,傅斯年对于张厚载挪用西方戏剧知识这一点似乎特别敏感。在文章的前半部分,傅斯年调动了其大量的西方美学理论的知识储存,用来批驳张厚载对于西方戏剧知识的"误解"。比如,傅斯年通过指出张厚载对"抽像"与"假像"的"混做一谈",提出"中国旧戏"采用的不是"摹仿",而是"代替";傅斯年还指出中国旧戏的确存在其"一定的规律",但"仅仅是习惯罢了",无法与西方戏剧"时间、地位的齐一(Unities of time and place)"相比……③ 胡适也指出,"西洋的戏剧最讲究经济的方法"的最佳例证就是张厚载所挪用的"三种联合",而张厚载用它来类比中国旧戏中繁琐、冗赘的做作,"便大错了"。④ 从傅斯年和胡适的文章来看,他们与张厚载之间的论争核心似乎并不是戏剧本身,而是对于"西方戏剧"知识的阐释的"正确性"或"权威性"问题。因为对他们而言,既然双方都用"西方"戏剧知识作为立论的依据,只要在这个问题上决出了高下,那么,诸如旧戏改良、旧戏存废、新剧创制等一系列问

---

　　① Unity of flae 原文如此,疑为 Unity of place 的误植。——引者注
　　② 张厚载:《我的中国旧戏观》,《新青年》第 5 卷第 4 号,1918 年 10 月 15 日。
　　③ 傅斯年:《再论戏剧改良》,《新青年》第 5 卷第 4 号,1918 年 10 月 15 日。
　　④ 胡适:《文学进化观念与戏剧改良》,《新青年》第 5 卷第 4 号,1918 年 10 月 15 日。

题自然也就无须争辩了。真正吸引笔者的兴趣的是,为什么同样的"西方"戏剧知识可以被论争的双方同时挪用为攻击对手的理论武器? 而且在被双方挪用时,"西方"的戏剧知识的意义为什么会在不同的论述立场间来回地滑动? 在"西方"的戏剧知识的意义的滑移中,被泄露出来的问题又是什么?

如果抛开既往的粗疏成见,再去细读论争双方的论述性文字,就会发现双方在观点与立场上并非我们想象的那样,呈现为绝对的对立,而是存在着大量的交叉地带和暧昧层面;同时,在某一方内部的不同论争者之间其实也存在着严重的龃龉。胡适在《文学进化观念与戏剧改良》一文中,通过参照"西洋的戏剧""自由发展的进化",指出"中国的戏剧便是只有局部自由的结果","未能完全达到自由与自然的地位",还带着诸如脸谱、嗓子、台步、武把子、唱工、锣鼓、马鞭子、跑龙套等"许多无用的纪念品"。在胡适看来,"局部自由"的"中国旧戏"正是中国黑暗、专制的统治下的产物,而"自由与自然"的"西洋戏剧"对应的则是西方自由、进步的社会理念。"中国旧戏"不是没有进化,而是因为没能从"西洋戏剧"中取长补短,"便停住不进步了"。因此,在胡适的进化的文学观念中,"中国旧戏"可以说是"西洋戏剧"的低级阶段,其未来前景正是废掉了其负载的沉重的"遗形物"之后的中国的"西式戏剧"。① 而傅斯年则认为,"未来的新剧,唱工废了,做法一概变了,完全是模仿人生真动作,没有玩把戏的意味了,——拿来和旧戏比较,简直是两件事。所以说旧戏改良,变成新剧,是句不通的话,我们只能说创造新剧","所以旧戏不能不推翻,新戏不能不创造"。② 也就是说,傅斯年根本就不承认"旧戏"存在的合法性,在他看来,"旧戏"是不可能进化成"新戏"的,"新戏"的产生必须另行创造,而不是寄希望于"旧戏"的进化。于是,一个非常微妙的论争局面在此出现了。张厚载在最初的"通信"中就已经表明自己并不反对"旧戏"改良和文学的进化观念,只是不主张某种过于理想化的改良。③ 从这个意义上说,胡适关于"旧戏"可以进化

---

① 胡适:《文学进化观念与戏剧改良》,《新青年》第 5 卷第 4 号, 1918 年 10 月 15 日。
② 傅斯年:《戏剧改良各面观》,《新青年》第 5 卷第 4 号, 1918 年 10 月 15 日。
③ 张厚载在"通信栏"发表的文字,《新青年》第 4 卷第 6 号, 1918 年 6 月 15 日。

到"新戏"的论述更接近张厚载，而不是傅斯年。

张厚载又进一步指出，"社会急进派必定要如何如何的改良，多是不可能，除非竭力提倡纯粹新戏，和旧戏来对抗"①，也就是说"旧戏"与"纯粹新戏"是可以并行不悖的。反过来再看傅斯年的观点，他固然口头上不承认"旧戏"的存在价值，他却潜在地证明了二者并非属于同一体系的必然性，无意中表述了"旧戏"与"新戏"是两种不同的、可并列的（而非阶段性的）戏剧类型。因为"旧戏"的存在已经是不争的事实（否则他们的论争又从何而来），但是傅斯年又认为它不能够进化成"新戏"，因此，在这个层面上他的观点反向地支持了张厚载的"中国旧戏""可以完全保存"② 之说。胡适与傅斯年虽然都反对"旧戏"且主张"进化"，但在这个基本立场趋同的外衣的掩盖下，二人实质上对于"旧戏"和"新戏"的关系认识和操作方案的设想极不一致，只是在张厚载这个相当专业的"论敌"面前，暂时把他们之间的分歧给转嫁了。这个问题稍后似乎为钱玄同部分地（当然也是极浅层次地）所察觉，并且使得钱玄同与胡适之间的初步摩擦进一步加深。③ 然而，这些观念与认识上的趋同或交叉根本上源自于他们参与论争时所采取的修辞策略的完全一致，这一点使他们自己都没有意识到彼此间实际上是何等地接近，而这种接近也成为他们彼此间的意识形态互渗的基础。

同样的西方戏剧知识如何在论争双方的挪用中，伴随着不同的论述立场，其意义来回滑动并悄悄地获得了论争核心的地位的情形。这种情形为我们昭示了这样一个基本的事实：无论"新、旧剧"观念论争的参与者对于中国戏曲的优劣存废持何观点，都是在"西方戏剧"这本巨大的参考书中寻找各自的权威性的理论支持与言说依据。胡适在其进化的文学观念中，把中国戏曲放置在起点，视进步、自由、文明的"西洋戏剧"为"中国旧戏"的进化方向和未来目标；钱玄同批评对手"必须保存野蛮人之品物，断不肯进化

---

① 张厚载：《我的中国旧戏观》，《新青年》第 5 卷第 4 号，1918 年 10 月 15 日。

② 同上。

③ 关于钱玄同对胡适的不满，以及后来又因为《新青年》杂志刊登了张厚载的文章而与胡适之间的芥蒂进一步深化的过程，倪斯霆曾有专文详述。详见倪斯霆：《张厚载与现代中国文坛第一公案》，《纵横》2000 年第 8 期。

为文明人而已"。① 从而使他们的论述为西方中心主义思想所左右,中国戏曲成为停滞、愚昧、丑恶、野蛮的本土传统文化的载体之一。周作人更为明确地从世界戏剧史的角度指出中国戏曲在"文化程序"上的滞后性,他说:"我们从世界戏曲发达上看来,不能不说中国戏是野蛮。但先要说明,这野蛮两个字,并非骂人的话;不过是文化程序上的一个区别词,还不含着恶意。……野蛮是尚未文明的民族,正同尚未成长的小孩一般;文明国的古代,就同少壮的人经过的儿时一般,也是野蛮社会时代:中国的戏,因此也免不得一个野蛮的名称。"② 而傅斯年等人根本就否认中国戏曲存在的合法性,在他们看来,"中国旧戏"作为中国"旧社会的教育机关","不能不推翻"③,因此,"旧戏本没一驳的价值;新剧主义,原是'天经地义',根本上决不待别人匡正的"④。尽管胡适与傅斯年、周作人等人的改良方案不尽相同,但他们那种由中国到西方、从传统到现代的一元戏剧进化图式却毫无二致。

需要指出的是,新文化倡导者对于西方戏剧知识的挪用,背后是一种民族主义情感在做支撑。胡适在其《文学进化观念与戏剧改良》一文的最后指出,"大凡一国的文化最忌的就是'老性','老性'便是'暮气'。一犯了这种死症,几乎无药可医。百死之中,止有一条生路:赶快用打针法,打一些新鲜的'少年血性'进去,或者还可望却老还童的功效。现在的中国文学已到了暮气攻心、奄奄断气的时候! 赶紧灌下西方的'少年血性汤',还恐怕已经太迟了。不料这位病人家中的不肖子孙还要禁止医生,不许他下药,说道:'中国人何必吃外国药!'……哼!"显然,胡适的这段文字是在为他前面的戏剧进化观念陈述其文化主体性的根据,但这种陈述本身就意味着戏剧改良者内在的矛盾、焦虑的文化心态。近代以来的中国知识分子的民族主义与世界主义往往是水乳交融、一体两面的,而胡适本人信奉的世界主义就是以民族平等为基准的。⑤ 如此一来,胡适等人的戏剧进化观念事实上表达

---

① 钱玄同回复刘半农的信件《今日之所谓"评剧家"》,《新青年》第5卷第2号,1918年8月15日。

② 周作人:《论中国旧戏之应废》,《新青年》第5卷第5号,1918年11月15日。

③ 傅斯年:《戏剧改良各面观》,《新青年》第5卷第4号,1918年10月15日。

④ 傅斯年:《再论戏剧改良》,《新青年》第5卷第4号,1918年10月15日。

⑤ 罗志田:《再造文明的尝试:胡适传(1891—1929)》,中华书局2006年版,第85—109页。

了他们对于（有待于中国现代知识分子创制的）本土文化与西方现代文化分庭抗礼的期望与想象。然而，胡适等人规划的戏剧进化路径，事实上可能是一条不问收获的单程道——它在很大程度上也是一个以"西方戏剧"文化审判"中国旧戏"文化的单向过程。按照胡适等人对于戏剧改良意图的自我陈述，其民族文化的主体性既是破坏"中国旧戏"的依据，同时又是建设"西式新剧"的指归，那么，这种单向的批判很可能使其原本相当在意的"主体性"找不到其容身之地。因为如果"中国旧戏"的未来前景只能是"西式戏剧"，那么这种戏剧进化观念也就意味着中国本土文化的未来除了接受西方现代性设计好的世界文化秩序之外，别无选择。这一潜在的文化困境可能是新文化倡导者所始料未及的。周作人就曾经乐观地说："其实将他国的文学艺术运到本国，决不是被别国征服的意思。……既然拿到本国，便是我的东西，没有什么欧化不欧化了。"① 显而易见，新文化倡导者最初对于"不含着恶意"的文化进化"程序"以及西方戏剧知识中可能隐含有的话语殖民因素是估计不足的。

　　上文已经指出，张厚载并不反对文学、戏剧的进化，亦不否认中国戏曲"劣点固甚多"，但他反对"因噎废食"式的"极端的主张"。在不同于胡适等人对中国戏曲的态度中，张厚载曾触及到了一个为论争的另一方所忽略的问题，即中国戏剧文化具备着一种对于西方艺术反向评估的潜力。在《我的中国旧戏观》里面，张厚载在谈到中国戏曲"音乐上的感触"时，援引了何一雁的《求幸福斋》随笔里面，中国的唢呐受到西洋人的叹赏，以及后来很多曲牌被"翻到德国军乐谱里头去"这一记载。② 张厚载在这一事件中发现中国戏曲的音乐并非就是"轻躁"得"毫无价值可言"③，在西洋人对于唢呐的叹赏与化用中，暗示出中西戏剧文化可能各有所长，中国戏剧文化未必就是野蛮的代名词，它在某些方面完全可以与西方戏剧文化互为借用，而不是为"西式新剧"取代。张厚载援引这一事例实际上隐含了一种不同于胡适、傅斯年等人用西方戏剧单向审判中国戏曲的思路，而且，中国戏曲对于

---

①　周作人：《论中国旧戏之应废》，《新青年》第 5 卷第 5 号，1918 年 11 月 15 日。
②　张厚载：《我的中国旧戏观》，《新青年》第 5 卷第 4 号，1918 年 10 月 15 日。
③　傅斯年：《戏剧改良各面观》，《新青年》第 5 卷第 4 号，1918 年 10 月 15 日。

西方戏剧的意义呈述极大地挑战了由中国戏曲到西方戏剧这样的一元进化图式,凸显出一种反向的、多元的、动态的中西戏剧文化交流图景。但是,值得注意的是,张厚载对于中国戏曲的价值的论证依然是以西方的认可为前提的,换句话说,如果缺少了"西方"这个权威性的肯定与支撑,张厚载很有可能就会在论争中理屈词穷,甘拜下风,因此,他的论述在逻辑前提上与其论争对手并没有根本的区别。

有一种观点认为,"新、旧剧"观念论争的参与者之间的根本问题在于双方所"使用的概念术语的模糊性,造成一种表面的针锋相对,事实上又有些风马牛不相及。张厚载所说的'戏剧'指的是戏曲,新文学倡导者心目中的'戏剧'指的是话剧;戏曲废唱,当然不可能,话剧废唱又是自然而然的事"①。这一结论的得出显然是受到了该论争参与者钱玄同的启发,钱玄同在一篇《随感录》里面指出,"如其要中国有真戏,这真戏自然是西洋派的戏,决不是那'脸谱'派的戏。……如其因为'脸谱'派的戏,其名叫做'戏',西洋派的戏,其名也叫做'戏',所以讲求西洋派的戏的人,不可推翻'脸谱'派的戏"②。该观点实际上是基于这样一个假设,即论争的双方可以被截然划分为两个完全规整且对立的派别。这一假设在论争参与者那里是不言自明的,然而,对于研究者而言,依赖这一假设进行的论述则极不可靠,因为该论争的参与者的论述之间是一种复杂的、动态的、交错的构成。忽略了这一相当重要的论争状况,就会相应地极大简化论争参与者的论述立场,从而把论争中涉及的对于中国戏曲与"西式新剧"之间的关系想象排除在研究视野之外,该论述看似一针见血地抓住了问题的实质,但实际上却步入了自说自话的论证误区。在前面本文已经论证了该论争的参与者之间的论述思路所存在的模糊区域,在这些交叉的地带使他们的趋同并不比歧异要少。特别是努力地为中国戏曲的存在价值辩护的张厚载,他对于"西方戏剧"知识毫不犹豫地挪用和臣服,使他本人在整个论争中的文化态度显得异常暧昧。张厚载虽然站在另一立场为中国戏曲辩护,但是他的立场绝非"保守",他不但不反对戏剧(文学)的进化,而且亦不反对"西式新剧",需要注意的是,张厚

---

① 袁国兴:《中国话剧的孕育与生成》,台北:文津出版社1993年版,第199页。
② 玄同:《随感录》,《新青年》第5卷第1号,1918年7月15日。

载在论争过程中,丝毫不避讳使用"旧戏"来指称中国戏曲。在前面我们已经分析了论争双方的真正论题是谁对于"西方戏剧"知识的阐释更具"权威性",而其他显在的论题都是由这一论题衍生并潜在地决定着其也许根本就不存在的"答案"。因此,我们应该把论争参与者之间的趋同因素与模糊区域作出进一步的解析,才有可能更为清晰地辨认他们之间的论争的问题究竟是如何生成的,以及它在该论争中的意义何在。

三、作为知识幻象的"西方"

　　法国社会学家皮埃尔·布尔迪厄曾经用"游戏"的概念来类比并分析社会场域的微观互动机制,他认为,"卷入游戏的游戏者彼此敌对,有时甚至残酷无情,但只有在他们都对游戏及其胜负关键深信不疑、达成共识时,这一切才有可能发生;他们公认这些问题是毋庸置疑的。游戏者都同意游戏是值得参加的,是划得来的;这种同意的基础并非一份'契约',而就是他们参加游戏的事实本身。游戏者之间的这种'勾结关系'正是他们竞争的基础"[1]。布尔迪厄的思路为我们考量"新、旧剧"观念论争提供了方法论上的启示,我们也可以把该论争视为一场"游戏",而该论争的参与者的身份就是"游戏者"。近代以来西学东渐,西方戏剧知识借助中国近现代渐次展开的历史文化格局,明显地谋得了其宰制性的文化位置。由于中国现代知识分子的身份担当,使他们必须在西方戏剧这一文化他者的参照系下,对中国戏剧文化进行反思重构,进而确认自身并获得意义。于是,西方戏剧知识在某种程度上就会成为中国知识分子跨文化戏剧实践的唯一"航标"。当西方戏剧知识在中国本土语境中取得了宰制性的文化位置时,作为"航标"的它所放射出的意识形态光芒对于举目皆是"黑暗"的本土知识分子而言,就会变得虚幻起来,从而"知识"就渗透进了"想象"的成分。这种介于知识与想象之间的西方戏剧知识本身就成为一种可以再生产其含蕴的权力因素的神圣符号和文化资本,而其被建构出来的职能及其履行正是由参与该论争"游戏"

---

　　[1]　[法]皮埃尔·布尔迪厄、[美]华康德:《实践与反思:反思社会学导引》,李猛、李康译,中央编译出版社1998年版,第135页。

的"游戏者"所赋予的。

在关于"新、旧剧"观念论争的游戏中,每一位游戏者的论述都力图证明自己才是"合法"的西方戏剧知识的阐释者,换句话说,他们的论争其实是在争夺一种"命名"西方戏剧的权力,即自身作为西方戏剧知识的权威代言人的身份,因为是西方戏剧知识规范着中国戏剧。藉此,游戏者便拥有了一种"立法权",可以用自己的权威身份仲裁、判决其他游戏者对于"中国旧戏"与"西式新戏"间的关系论述的是非对错,从而在文化生产场中占据一个有利的言说位置。胡适、傅斯年等人发现张厚载挪用西方戏剧知识作为其观点的理论支撑时,极力地要维护自己的合法阐释者的角色,从而使该论争的核心悄悄置换为对于西方戏剧知识的权威解读。布尔迪厄曾经借用并进一步发展了马克斯·韦伯在其宗教社会学研究中对于牧师和预言家的不同功能的区分,提出了社会场域中的两种角色的担当,即牧师和预言家。牧师往往扮演着现有秩序的捍卫者和得益者的角色,而预言家则担当着秩序的颠覆者与重构者的角色。① 然而,把这一思路借用在"五四"时期的中国语境,布尔迪厄的两种角色的界说与区分就需要加以延伸和补充。在"新、旧剧"观念论争的游戏中,牧师与预言家的身份是互相混淆的,界限亦是模糊不清的,而且还存在着一种以此角色的扮演巩固或捍卫彼角色的担当的复杂情形。就西方戏剧知识而言,在表象层面上,胡适等新文化倡导者似乎扮演着牧师的角色,他们几乎都有着西学背景,俨然以西学权威的身份自居;而张厚载等人似乎并不具备论争对手的西方知识优势,因此在其挪用西方戏剧知识的过程中就扮演了一个预言家的角色。② 但是,从双方对于"中国旧戏"的态度看,张厚载似乎拥有着强大坚实的社会基础(社会资本),正如他本人所明确意识到的,"但是纯粹的新戏,如今狠不发达。拿现在的社会

---

① 包亚明主编:《文化资本与社会炼金术——布尔迪厄访谈录》,包亚明译,上海人民出版社1997年版,第129页。关于二者关系的研究例证,详见〔法〕布迪厄:《艺术的法则:文学场的生成和结构》,刘晖译,中央编译出版社2001年版,第82—83页。

② 比如胡适曾批评张厚载对于"西洋戏剧"是"外行":"张镏子君说:'外国演陆军剧,必须另筑大戏馆。'这是极外行的话。西洋戏剧从没有什么'陆军剧',古代虽偶有战斗的戏,也不过在戏台后面呐喊作战斗之声罢了。近代的戏剧连这种笨法都用不着,只隔着一幕,用几句补叙的话,便够了。"胡适:《文学进化观念与戏剧改良》,《新青年》第5卷第4号,1918年10月15日。

情形看来,恐怕旧戏的精神,终究是不能破坏或消灭的了"①,此时为中国戏剧的存在价值辩护的张厚载似乎扮演着牧师的角色;而胡适、傅斯年等人面对着强大的中国戏剧传统以及浸淫其中的中国民众,在大力引进西方戏剧知识时,使自我——本土的现代性文化创制者显得势单力薄。傅斯年的《戏剧改良各面观》的第三部分的标题就是"新剧能为现在的社会容受否?"②这一标题本身就暗示了"新剧"在当时是否能够拥有一定的"语言市场"(linguistic market)③是值得怀疑的。傅斯年曾经不无愤懑地说:"中国最没有的是理想家。然而一般的人,每逢有人稍发新鲜议论,便批评道,'理想的狠'。"④其实傅斯年所谓的"理想家"正是"预言家"的一个本土代名词。每一个"新、旧剧"观念论争的参与者都同时扮演着牧师与预言家的两种角色,而且两种角色在游戏过程中互相渗透、互为借重,从而使"中心"与"边缘"、"激进"与"保守"的二元文化位置划分框架也在此"游戏"进行的过程中轰然崩塌。

　　游戏者对于西方戏剧知识的"命名"权力的争夺,事实上也就意味着赋予了西方戏剧知识"存在的权力","这是最典型的证实行为之一"。⑤因为想象因素对于西方戏剧知识的介入,使其演化为一种符号化了的资本,任何对于该知识的不同的阐释都可以直接威胁到对手的逻辑依据,因此论争的双方都极力地对其加以挪用并作为攻击对手的理论武器。然而,在游戏进行的过程中,这一被符号化了的知识就不仅成功地逃避了游戏者的质疑,而且在论争过程中得以不断增值,成为一个神圣的知识标签。因为参与论争的游戏者"都对游戏及其胜负关键深信不疑、达成共识时,这一切才有可能发生",所以这一标签的宰制力量就会无限扩大,使每一个游戏者都自动地卷入其搅

　　①　张厚载:《我的中国旧戏观》,《新青年》第5卷第4号,1918年10月15日。
　　②　傅斯年:《戏剧改良各面观》,《新青年》第5卷第4号,1918年10月15日。
　　③　"语言市场"(linguistic market)这一概念来自布尔迪厄。See Pierre Bourdieu, *Language and Symbolic Power*, Edited and Introduced by John B. Thompson, Translated by Gino Raymond and Matthew Adamson, Cambridge: Harvard University Press, 1999, pp. 37–42.
　　④　傅斯年:《再论戏剧改良》,《新青年》第5卷第4号,1918年10月15日。
　　⑤　布尔迪厄指出,"命名一个事物,也就意味着赋予了这一事物存在的权力,这是最典型的证实行为之一",包亚明主编:《文化资本与社会炼金术:布尔迪厄访谈录》,包亚明译,上海人民出版社1997年版,第138页。

动的权力漩涡之中,共同效力于这一光芒万丈的虚幻论题,并不断巩固其神圣的地位。西方的戏剧知识此时已经成为论争参与者追逐的一个知识幻象,在所有游戏者的共同效力中使其具备了强大的权力生产和再生产能力,这一西方戏剧知识的幻象"就是他们参加游戏的事实本身","游戏者之间的这种'勾结关系'正是他们竞争的基础"。正是在这样的建构过程和运作机制中,"新、旧剧"观念论争的核心论题,即谁才是"合法"的西方戏剧知识的阐释者得以生成并不断强化,它有效地遮蔽了论题本身的虚假性和不证自明性。

当这一极具诱惑力的虚幻论题,成为了该论争中的牧师与预言家共享的终极目标时,它就获得了唯一的"合法性",成为永远不会受到质疑的问题真空。钱玄同曾经因为胡适在《新青年》杂志发表张厚载的文章,扬言"要脱离《新青年》"。胡适在回应钱玄同对他的不满时的信件中说道:"我请他做文章,也不过是替我自己找做文章的材料。我以为这种材料,无论如何,总比凭空闭户造出一个王敬轩的材料要值得辩论些。老兄肯造王敬轩,却不许我找张缪子做文章,未免太不公了。"① 限于本文的论题,笔者将不去评述钱玄同与胡适之间的纠葛,在这里要强调的是,这段文字说明胡适更懂得论争之道——只有找到了另一个意义对立的"个体",才能组成游戏借以发生的"剧班",因为在一场游戏中,"剧班"的表演会比"个体"的表演更具价值。只有组成了"剧班",在"剧班"成员的齐心协力下,互相配合成为一个有机整体,按照心照不宣的"情景定义"共同展开这场"新、旧剧"观念论争的游戏②,胡适及其同道才可以更好地传达他们文学进化与戏剧改良的倡导意见,同时他们的戏剧文化实践的意识形态基础也可以被有效地掩饰,从而实现其游戏利益的最大化。

需要指出的是,我们不能因为胡适的论争技巧和编辑策略就把张厚载视

---

① 胡适"致钱玄同"的书信,欧阳哲生、耿云志整理:《胡适全集·书信(1907—1928)》第23卷,安徽教育出版社2003年版,第271页。

② "剧班"、"情景定义"的概念来自美国社会学家欧文·戈夫曼(Erving Goffman),他曾经把戏剧表演原理引入其"形象互动"的社会学理论体系,借以分析个体行动与社会结构的互动关系。详见〔美〕欧文·戈夫曼:《日常生活中的自我呈现》,冯钢译,北京大学出版社2008年版,第二章"剧班"、第五章"角色外的沟通"以及第七章"结束语"。

为一个被动的受害者的角色。① 实际上这是一种充斥着外部决定论色彩的观点,主观与客观、学术与政治、知识与权力之间的虚假二元对立正是其立论的逻辑前提,这种论述逻辑的可怕之处在于它轻而易举地遮蔽了真正具有宰制性的力量的话语运作机制,从而沦为游戏者的共谋,无法获得一种超越于游戏本身的批判眼光。张厚载同样不否认挪用西方戏剧知识的修辞效果和辩论威力,事实上,在对待中西戏剧文化的态度上,他与论争对手的共性是深层次的,正是这些深层的共性决定着他们表面的歧异,即由对于西方戏剧知识的不同阐释到对于中国戏曲与西方戏剧的关系的不同理解。否则,这场论争的游戏规则就无法达成共识,从而也失去了其论争发生的基础。在该论争中,双方都积极地为对手贴诸如"急进"或"守旧"之类的标签,其实这些标签都是由论争背后的那个不可见的游戏规则操纵并生产出来的,这些意义空洞的能指在论争中成为游戏者为其对手设置的修辞陷阱,其中渗透着中国知识分子对于西方与本土的戏剧文化关系的想象与塑造。因此,张厚载在论争过程中,对于作为符号资本的西方戏剧知识的"命名"权力的争夺热情丝毫不亚于其对手,他也同样地为促成西方戏剧知识幻象的文化宰制功能而不遗余力,进而把自己和对手悉数封闭在由双方共同编织的权力之网中。

宋春舫以其开阔的"世界戏剧"知识视野,居高临下地指出论争双方各自存在的偏颇:"激烈派""大抵对于吾国戏剧毫无门径,又受欧美物质文明之感触,遂致因噎废食,创言破坏。不知白话剧不能独立,必恃歌剧以为后盾,世界各国皆然,吾国宁能免乎?"而"旧剧保守派""对于世界戏剧之沿革、之进化、之效果,均属茫然,亦为有识者所不取也"。② 这种看似公允的论调背后的逻辑,与其批评对象实际上如出一辙。在宋春舫对于论争双方进行的归纳中,"世界戏剧"是其评判双方观点属于"激烈"还是"保守"的唯

---

① 有研究指出,"以胡适为代表的'新青年'派极力推行西方戏剧的目的,乃是要借戏剧来解决政治问题,而以张厚载为代表的保守派,从审美的角度为戏曲辩护,则更具有内在学术理路的合理性,却被'新青年'派诱迫引入论争,形成'学术争鸣'的热点,变为政治攻诘的工具"。需要指出的是,这是目前颇具代表性和影响力的论述方式。张婷婷:《回到"五四"戏剧论争的现场》,《戏剧(中央戏剧学院学报)》2008年第2期。

② 宋春舫:《戏剧改良平议》,载周靖波主编《中国现代戏剧论 上卷:建设民族戏剧之路》,北京广播学院出版社2003年版,第84—85页。

一尺度。在宋春舫的论述框架中,中国戏剧(包括戏曲和"西式新剧")的文化主体性彻底消弭在它对西方戏剧文化的从属中。如此,所谓的"激烈"与"保守"在真正所指上都与中国本土戏剧文化实践无关,被置换为一种臣属关系与文化等级。宋春舫借助自己专业且全面的戏剧知识优势,诚心诚意地履行着西方戏剧知识代理人(agent)或合法阐释者所应承担的权力职能。与此同时,他本人则可能占据了一个为本土知识分子所艳羡的文化位置,而中国本土戏剧文化主体的前景却依然渺茫,因为他的论述框架再度有力地证明了"西方"戏剧知识作为凌驾于中西方戏剧文化之上的普遍性和作为评判其优劣的唯一尺度的有效性。西方戏剧知识的优越性位置,成为有着"感时忧国"精神的中国现代知识分子眼中极具诱惑的幻象,他们在挪用"西方"时,不可避免地成为其霸权因素的共谋。中国知识分子也正是在牧师与预言家的双重身份交错中,与西方戏剧文化的霸权因素积极地合作并不断巩固其权威性,成功地扮演了"特洛伊木马"[①]的角色。当前仍然存在着相当一部分研究,刻意夸大"新、旧剧"观念论争参与者之间的歧异,而对于他们深层次的趋同忽略不计,在笔者看来,这种研究思路正是当前的中国戏剧史叙事的政治的绝佳体现。在一种本土反思意识的阙失下,它有效地遮蔽了论争双方的意识形态基础并毫无质疑地认同了新文化倡导者进步的线性的历史观念。如此,中国戏剧文化的主体性在这种文类进化式的戏剧史叙述结构中永远付诸阙如。

四、普适性的建构(或瓦解)

当知识渗透进了想象的成分,并被作为一种符号权力激烈争夺之时,这种知识权威的幻象性质就会日益明晰。伴随着游戏者的争夺进程,这种游戏规则在不断强化的同时,其内涵的空洞性亦在不断加剧,这似乎是一个悖论——某种象征性的神圣符号最强大的时候,也正是它最不堪一击的时候。西方戏剧知识的权威性在该论争的参与者的论述中被不断强化,但是这种不

---

① "特洛伊木马"借用自布尔迪厄。关于其论述详见［法］皮埃尔·布尔迪厄:《关于电视》,许钧译,南京大学出版社 2011 年版,第 88 页。

同的阐释立场恰恰在证明着其非同质性的一面。此时的"西方"其实也是极端脆弱的，它根本就不是一个意义稳固的知识实体，而是一个其意义可以在不同的论述立场之间来回滑动的想象物，此时，所谓的"西方"戏剧知识的权威性正面临着被解构的命运。遗憾的是，置身游戏"之外"的宋春舫当时却未能意识到这个问题，反而进一步延续了论争者们秉持的文化权力的逻辑，通过自己的论述体系创制了一种新的权威姿态，继续巩固了所谓的"世界戏剧"知识的话语权力，而且，他看似中立的姿态极好地掩饰了与论争参与者之间的逻辑前提的一致性，为后来的研究者发展出新的二元论述框架树立了榜样。然而，不可否认的是，这种发生于本土知识分子之间的论争核心的存在本身就蕴含着一种解构西方戏剧知识的权力话语的潜力的性质。在该论争的参与者的不同论述中，呈示出了不同论述立场中的"西方"与"本土"，在这种意义的滑移中，泄露出了所谓的"西方"与"本土"，根本不是什么非历史的、本质化的文化范畴，而是一个动态历史进程的建构物这一基本事实。

　　在此次论争的初始阶段，陈独秀也在"通信栏"撰文回应张厚载对于新文化倡导者的戏曲改良方案的批评。与其他文章相比，陈独秀避开了一味就事论事的言说方式，而是从另一个角度说出了每个论争参与者似乎都想说的话："且旧剧如《珍珠衫》、《战宛城》、《杀子报》、《战蒲关》、《九更天》等，其助长淫杀心理于稠人广众之中，诚世界所独有。文明国人观之，不知作何感想？至于'打脸'、'打把子'二法，尤为完全暴露我国人野蛮暴戾之真相，而与美感的技术立于绝对相反之地位。"[1] 陈独秀的这段文字似乎可以视为主张废掉"中国旧戏"的论争者的民族主义与世界主义依据：首先，因为这种"助长淫杀心理"的戏剧是"世界"上"独有"的，所以要实现中国本土文化与"世界"先进文化的零距离就必须罢黜这种戏剧；其次，这种"完全暴露我国人野蛮暴戾之真相"的戏剧有损民族形象，特别是不能给"文明国人观之"，因此"旧剧应废"。这是全球语境下的中国现代知识分子面对强势的西方文明时那种自卑且自尊、焦虑又困顿的复杂心态的典型表征，特

---

[1]　独秀在"通信栏"发表的文字，《新青年》第 4 卷第 6 号，1918 年 6 月 15 日。

别是在"文明国人"的凝视与睥睨之下那种极度恐惧却又无力回天的文化处境表述令人过目难忘。如果说倡导"西式新剧"要以废掉"中国旧戏"为基础,那么反过来,废掉"中国旧戏"又必须以倡导"西式新剧"为指归。为了使"西式新剧"能够在传统文化势力强大中国本土获得生存的机会,置身边缘的新文化倡导者不得不极力攻讦中国戏曲,于是,野蛮、丑恶、陈旧、落后、"非人"等一系列负面评价犹如排山倒海般地覆盖在中国戏曲上,而其背后却是一种强烈的民族认同感。悖谬的是,这种原本意在对抗"文明国人"东方主义式的凝视的文化实践,同时却必须付出"自我东方化"的代价,与之相反,这种反价值的本土建构的另一面则是自由、进步的美好西方想象。

需要强调指出的是,我们不能认为这种"自我东方化"式的本土建构完全是西方的中国想象的复制,或者说完全是西方的殖民话语形塑的成果,循此思路很容易得出这样的结论:中国知识分子的本土建构不过是一种为西方的东方主义论述代言的毫无主体性的、完全脱离本土的虚假文化实践。如此,"自我东方化"就被简化为"东方化",原本与"东方化"胶着在一起的"自我"的那部分意义就被轻易地割裂,遗忘,直至删除。事实上自全球进程开启那一刻,这一假设就不再成立了,所谓的"本土"与"西方"都具有了混杂的关系特质,使用这一称谓必须摒弃本质主义思维,才可能有继续讨论问题的余地。上述观点正是基于这种(在批判西方殖民话语时所制造出的新的)二元对立的思维框架,忽略了"自我东方化"其实内在地包涵着本土的非语言性经验及其历史依据的事实,并由此陷入了话语决定论的泥淖,虽然我们不能否认"自我东方化"与西方的东方主义论述之间是一种(非完全的)合作的关系。

中国知识分子同时面临着双重的压抑性因素,即西方强势文化与本土主导的价值系统,他们的跨文化戏剧实践必须同时包括西方想象与本土建构这两种彼此关联的意义面向。中国知识分子在反抗本土压抑性力量的时候,借助"自我东方化"的同时对于西方戏剧知识进行跨文化挪用,并重新进行意义创制的过程本身就包含着本土的主体意识;同时,西方列强自近代以来对于中国的殖民掠夺是不争的历史事实,本土知识分子把自我的跨文化戏剧实践纳入到了民族国家的现代性规划中去,在这种西方想象的横向移植过程中,可以被清晰辨认的本土主体性依据却正是殖民主义本身,因为民族国家和民族主义话语与殖民主义是共生的。正是因为这种与殖民主义共生的民族主义话语吸纳了前者的二元对立的逻辑前提,产生了这种本土语境中不无悖论的跨文化戏剧实践图景:在对抗殖民话语的过程中,却把西方的殖民话语落实在本土的权力结构中,并且再生产了其中的知识权力,实现了与之最好的合作。本土知识分子的现代文化实践中,对抗本身就已经包含着合作,合作亦同时是另一层面的对抗。因此,我们在评估诸如"新、旧剧"观念论争这样的跨文化(戏剧)实践所处的文化位置时,必须彻底摒弃既有的陈词滥调,重新思考相关具体文本的复杂性,深入解析其中包含的西方想象、本土建构与西方戏剧知识及其隐含的殖民话语之间的关系图式。如此可以发现,不同文化实践之间的对抗与合作、消解与重构是如此地繁复交错、互为借重。它们相伴相生、互为因果,彼此间既不是绝对的支配与被支配关系,亦非一组相互无涉的绝对文化主体的实践行为,而是一种近似于几何学中的"外切"关系。而参与"新、旧剧"观念论争的中国现代知识分子文化主体性,就是在这种"外切"关系图式中得以若隐若现。

原载《福建师范大学学报》(哲学社会科学版)2013 年第 6 期,发表时有删节

从书写符号拯救主体：重审"五四"时期的"戏剧文学"

一、"文学"的浮现

"五四"时期发生在新文化倡导者与张厚载等人之间的那场关于"新、旧剧"观念的论争，已经成为每一位志在梳理中国现代戏剧史的研究者无法回避的话题。胡适与傅斯年等人在批判中国戏曲时，彼此间最大的重合之处就在于：他们不约而同地把苛责压倒性地集中于中国戏曲的"杂耍"特点上。① 胡适在《文学进化观念与戏剧改良》一文中主要阐述了"文学进化观念"的四层意义，其中第二、三、四层意义都是在论述中国戏曲的进化，要"扫除一切枷锁镣铐"，"扫除旧日种种'遗形物'"，达到"自由"、"经济"的发展状态。② 傅斯年认为"中国旧戏"的动作是"下等把戏的遗传"，是"非人类精神的表现"，"不脱'百衲'的本质"。③ 钱玄同也曾指出中国

---

① 详见胡适的《文学进化观念与戏剧改良》、傅斯年的《戏剧改良各面观》以及周作人的《论中国旧戏之应废》等文章，均载《新青年》第5卷第4号，1918年10月15日。
② 胡适：《文学进化观念与戏剧改良》，《新青年》第5卷第4号，1918年10月15日。
③ 傅斯年：《戏剧改良各面观》，《新青年》第5卷第4号，1918年10月15日。

戏曲是一种"'百兽率舞'的怪相"①。更为意味深长的是,周作人毫不犹豫地引用了 Ridgeway 对于"东方"戏剧的评价,以支持他的"中国旧戏没有存在的价值"的观点:"中国戏多含原始的宗教的分子,是识者所共见的;我们只要翻开 Ridgeway 所著《非欧罗巴民族的演剧舞蹈》,就能看出这些五光十色的脸,舞蹈般的动作,夸张的象征的科白:凡中国戏上的精华,在野蛮民族的戏中,无不全备"②。与此同时,在新文化倡导者中,无论是主张由"中国旧戏"进化到"西式新剧",还是主张"废掉旧戏"并"创造新剧",包括剧本、剧评和剧论在内的"戏剧之文学"均成为了思路各异的改良方案的首要突破口和重中之重。陈独秀在回应张厚载最初对于胡适、钱玄同等人的批评时指出,"剧之为物,所以见重于欧洲者,以其为文学、美术、科学之结晶耳。吾国之剧,在文学上、美术上、科学上果有丝毫价值邪? 尊谓刘筱珊先生颇知中国剧曲固有之优点,愚诚不识其优点何在也。欲以'隐寓褒贬'当之邪? 夫褒贬作用,新史家尚鄙弃之,更何论于文学、美术"③。胡适认为补救中国戏曲的方法,就是"养成一种文学经济的观念",其途径"别无他道,止有研究世界的戏剧文学"④。在傅斯年的"新剧创造"规划中,"第一是编剧问题",他"希望将来的戏剧,是批评社会的戏剧,不是专形容社会的戏剧;是主观为意思,客观为文笔的戏剧,不是纯粹客观的戏剧",对于剧评,傅斯年亦很重视,他说:"痛快说来,要想改良戏剧",必"先改良剧评",否则就是"空口说白话"。⑤ 在另一篇文章中,傅斯年把"剧本文学"上升到决定"新剧"成败的高度:"十年以前,已经有新剧的萌芽。到了现在被人摧残,没法振作,最大的原因,正为着没有剧本文学,作个先导。所以编制剧本是刻不容缓的事业。"⑥ 欧阳予倩批评"中国无戏剧"的主要依据就是"旧戏者,一种之技艺。昆戏者,曲也",他认为真正的戏剧"必综文学、美术、音乐及人身之语言

①　钱玄同回复刘半农的信件《今日之所谓"评剧家"》,《新青年》第 5 卷第 2 号,1918 年 8 月 15 日。

②　周作人:《论中国旧戏之应废》,《新青年》第 5 卷第 5 号,1918 年 11 月 15 日。

③　独秀在"通信栏"发表的文字,《新青年》第 4 卷第 6 号,1918 年 6 月 15 日。

④　胡适:《文学进化观念与戏剧改良》,《新青年》第 5 卷第 4 号,1918 年 10 月 15 日。

⑤　傅斯年:《戏剧改良各面观》,《新青年》第 5 卷第 4 号,1918 年 10 月 15 日。

⑥　傅斯年:《再论戏剧改良》,《新青年》第 5 卷第 4 号,1918 年 10 月 15 日。

动作组织而成。有其所本焉,剧本是也。剧本文学既为中国从来所未有,则戏剧自无从依附而生"。①

　　在基本言说立场近似的前提下,这种论述细节上的巨大重合发人深思。从上文对于"新剧"倡导者的思路梳理,可以明显看出,在论者的论述指向里面,"中国旧戏"肩上因袭的"遗形物"减轻了,而亟待创造的"西式新剧"承载的文字符号的分量却加重了。关于该论争中"新剧"倡导者对于"戏剧之文字"的重要性的强调是否合理,以及此后的中国现代戏剧文学创作的实绩如何,都不是本文将要关注的问题。接下来,本文将在这一现象描述的基础上,结合"新、旧剧"观念论争发生的全球语境,进一步阐释这种加减法的律动的隐喻涵义及其在中西文化关系上的发生依据。

二、从舞台表演到文字符号:脉络与意义

　　在"新剧"倡导者的论述里面,"中国旧戏"的进化过程就是减去或摆脱其"遗形物"与"百衲体"的性质的过程。这些需要减去的"遗形物"主要包括脸谱、嗓子、台步、武把子、唱工、锣鼓、马鞭子、跑龙套等元素②,然而这些需要罢黜的"旧戏"因子,如果要在戏剧舞台上呈示,演员的表演显然是不可或缺的。比如常见的"武把子"有"打筋斗、爬杠子、舞刀耍枪"等,而"下等戏"如"碰碰"、"秧歌"、"高跷"等都"不离乎把戏的精神"。③ 然而,正是这种"杂耍"与"把戏"的"精神",使当时的中国戏曲的"表演"(而不是"文字")被凸显到首要的位置。如果把这些倚重于演员的表演的因素从中国戏曲的文类系统中清除以后,那么剩下的可能就是为"新剧"倡导者所极力追寻的"文学"、"美术"、"社会学"了。从后者着眼,被"新剧"倡导者的论述所凸显的实质性内容正是文字符号。当然,这种文字符号绝非真正地贯彻了其表面所体现的价值中立的姿态,用傅斯年的话说,它是一种非"纯粹客观的戏剧"文字,旨在创造"批评社会的戏剧,

---

① 欧阳予倩:《予之戏剧改良观》,《新青年》第 5 卷第 4 号,1918 年 10 月 15 日。
② 胡适:《文学进化观念与戏剧改良》,《新青年》第 5 卷第 4 号,1918 年 10 月 15 日。
③ 傅斯年:《戏剧改良各面观》,《新青年》第 5 卷第 4 号,1918 年 10 月 15 日。

不是专形容社会的戏剧；是主观为意思，客观为文笔的戏剧"。欧阳予倩也曾经直言不讳地宣示了他所倡导的"剧本文学"指导社会的功能："盖戏剧者，社会之雏形、而思想之影像也。剧本者，即此雏形之模型，而此影像之玻璃版也。剧本有其作法，有其系统。一剧本之作用，必能代表一种社会，或发挥一种思想，以解决人生之难题，转移谬误之思潮。"① "戏剧之文字"砝码的加重，使未来"新剧"的天平由舞台表演开始向文字符号的书写倾斜。于是，中国戏剧在抛却了其累赘、陈旧的附属物之后，却是为了再次承载更为沉重、艰巨的历史任务——参与现代民族国家的规划进程。正如傅斯年所言："旧戏的做法，只可就戏论戏，戏外的意义，一概没有的。就是勉强说有，也都浅陋得狠。编制新剧本，应当在这里注意，务必使得看的人觉得戏里的动作言语以外，有一番真切道理做个主宰。"② 在这一时段，中国知识分子为了实现两种戏剧形式的更替所付出的努力，实质上隐喻着一种对于个人与国族的双重拯救过程，因为在中国知识分子看来，文字符号不仅可以用以动员社会，而且可以赋予其"培植社会的导师"③ 的身份。然而在这一过程中，戏剧形式更替间的符号运动潜在地重复了他们真正要反抗的压抑性力量的生成逻辑。

　　要解释这一相当诡异而悖谬的运作程序，我们需要再次回到"新、旧剧"观念论争的初始阶段。陈独秀在回应张厚载对于批评"中国旧戏"的反批评时，所指出的"中国剧"完全是在"文明国人"面前"暴露我国人野蛮暴戾之真相"，而与之相对的是"域外"的"欧洲"戏剧，则是"文学、美术、科学之结晶"。④ 陈独秀的这篇短章可以视为中国戏剧的现代转型正式开启的一个象征：一方面它是我们上文已经分析的，"我国人"（中国知识分子）在"文明国人"的凝视下产生的那种自卑与焦灼，并由此引发的民族主义情绪与世界主义想象的表述。从这个短章的表述来看，这种"凝视"未必就是现实，但这里的表现在中国戏曲上的"自我东方化"的确是东方主义论述的成果之一。另方面，如果说"文明国人"睥睨"我国人"的"野蛮暴戾之真

　　① 欧阳予倩：《予之戏剧改良观》，《新青年》第 5 卷第 4 号，1918 年 10 月 15 日。
　　② 傅斯年：《再论戏剧改良》，《新青年》第 5 卷第 4 号，1918 年 10 月 15 日。
　　③ 这是傅斯年在讨论"戏评"时的表述。详见傅斯年：《戏剧改良各面观》，《新青年》第 5 卷第 4 号，1918 年 10 月 15 日。
　　④ 独秀在"通信栏"发表的文字，《新青年》第 4 卷第 6 号，1918 年 6 月 15 日。

相"的途径之一就是公开演出的"中国旧戏",那么授予"文明国人"这种凝视主体的资格的就是在价值维度上互为对立的野蛮的"中国旧戏"和文明的"西洋戏剧"。作为一种被凝视的客体,在民族主义意识被激发出来的同时,"文明国人"的戏剧的知识优越性与规范意义也同时被意识到了,于是,西方戏剧作为一种诱人的文化实践的社会学价值就被凸显在中国知识分子的意识层面。

在前现代社会,文字符号的书写与阅读能力作为一种稀缺的文化资源往往被垄断在少数的权贵阶层和知识精英的手中,对于文学和艺术的消费也同样被限制在这一特定的圈子里面。布尔迪厄曾经深刻地指出,"消费是交流过程的一个阶段,在此阶段中破译、解码的行为要以娴熟地掌握密码或编码的实际能力为先决条件。在一定程度上,可以说'看'的能力就是一种知识或概念的功能,亦是一种语词的功能,这种能力可以命名可见的事物,同时赋予其认知的框架"[1]。而"用来划分存在境况的主要阶级的根本差异就来源于资本总量,即被看作是一系列切实可用的资源与权力——经济资本、文化资本和社会资本"[2]。在这样的前提下,"对于艺术、文化的消费就被预先有意识地赋予了使社会差异合法化的区隔功能"[3]。在中国,正统的儒家学说通过与据统治地位的意识形态之间的全面合作,几乎完全操控了前现代社会的符号系统,纵使存在着对抗性的话语,亦是"身在山林,而'心存魏阙'"[4]。"文以载道"是文人的书写所秉持的不证自明的铁律,通过与主流话语的合作,文人就可以获得仕进的机会,从而实现其"治国、平天下"的社会抱负。这种对于表征系统的垄断使文人成为传统社会结构中一个拥有符号特权的阶层,他们可以借助政治权力发挥自我的符号权力,扮演着主流话语

---

①　Pierre Bourdieu, *Distinction: A Social Critique of the Judgement of Taste*. Translated by Richard Nice, Cambridge, Massachusetts. Harvard University Press, 1984, p.2.

②　Pierre Bourdieu, *Distinction: A Social Critique of the Judgement of Taste*. Translated by Richard Nice, Cambridge, Massachusetts. Harvard University Press, 1984, p.114.

③　Pierre Bourdieu, *Distinction: A Social Critique of the Judgement of Taste*. Translated by Richard Nice, Cambridge, Massachusetts. Harvard University Press, 1984, p.7.

④　鲁迅:《集外集拾遗·帮忙文学与帮闲文学》,《鲁迅全集》第7卷,人民文学出版社1981年版,第383页。

的代言人的角色①，从而上升到由"士农工商"组成的"四民"所结构而成
的中国传统社会中的"士"所占据的"重心"位置，"这一社会重心的制度
基础就是从汉代发端到唐宋成熟的通过考试选官的科举制"②。然而，近代中
国在西方文明的冲击下，发生了诸多影响巨大的体制变动，科举制度的废除
就是其中之一。

　　科举制度的废除，给传统中国社会结构带来了无可逆转的破坏。传统中
国社会结构的基本要素为士农工商四大社会群体，"而在此社会变迁中受冲
击最大的，则是四民之首的士这一社群。废科举兴学堂的直接社会意义就是
从根本上改变了人的上升性社会变动取向，切断了士的社会来源，使士的存
在成为一个历史范畴，而新教育制度培养出来的已是在社会上'自由浮动'
的现代知识分子。士的逐渐消失和知识分子社群的出现是中国近代社会区
别于传统社会的最主要特征之一。四民社会的解体使一些原处边缘的社群
（如商人和军人）逐渐进据中心，……而知识分子在中国社会中则处于一种
日益边缘化的境地"③。这一社会结构的变动，使新近出现的中国知识分子意
识到自己掌握的书写与阅读文字符号的权力不再有效，亦同时失去了其阶级
区隔的社会功能；此刻，传统的中国文化在西方文明的强势冲击下，也似乎显
得脆弱、陈旧、野蛮，这种双重的权力剥夺使新兴的知识分子群体在社会文化
场域中获得一种预言家的身份。与传统的"士"所拥有的知识结构不同，新
兴的知识分子更为尊崇、熟知西学，并以此作为向社会场域中心移动的文化
资本。正如布尔迪厄所言："社会行动者并不是'粒子'，并不是被外力机械
地推来拉去的。他们更是资本承受者，根据他们的轨迹，根据他们通过资本
（数量和结构）的捐赠而在场内占据的地位，他们要么倾向于积极地把自己
引向对资本分布的维护，要么就是颠覆这种分布。"④ 作为"社会行动者"的
中国现代知识分子运用西学与作为牧师的传统维护者在文化场域展开竞争，

----

① 关于这个问题朱国华有过详细、深入的论述，可参见朱国华：《文学与权力：文学合法性的
批判性考察》，华东师范大学出版社 2006 年版，第 23—37、105—123 页。

② 罗志田：《权势转移：近代中国的思想、社会与学术》，湖北人民出版社 1999 年版，第 192 页。

③ 同上书，第 193 页。

④ ［法］布尔迪厄：《文化资本与社会炼金术——布尔迪厄访谈录》，包亚明译，上海人民出版
社 1997 年版，第 154 页。

就必然地要颠覆传统的知识系统;而近代以来西方的殖民入侵和文化冲击,客观上也推动了这种中西学的竞争,在某种程度上甚至决定了其格局与后果。

"西式新剧"倡导者为了实现两种戏剧形式的更替所付出的努力,在隐喻层面意味着一种对于个人与国族的双重拯救,那么这一戏剧形式的更替就不仅仅是一个找回失落的权力的过程;"中国旧戏"的应废与"西式新剧"的倡导同时也是中国现代知识分子在面对强势西方的殖民入侵时,想象现代性的民族国家的一种方式,因为中国知识分子的权力的失落与西方文化的冲击之间明显存在着不可分割的联系,个人与国族的双重拯救是极为复杂地纠结在一起的。因此,这种由戏剧形式的变迁所体现出来的符号运动,实际上潜在地宣告了"中国旧戏"的乖丑的"表演"特质已无力担此重任,必须找到一种行之有效的"新"形式。而且,这种"新"的戏剧形式需要具备两个功能:其一,在价值维度上,(相对于"中国旧戏"的野蛮)它必须是"文明"的,"自由"的,"进步"的,最关键是现代知识分子可以参与并掌控的,那么伴随着西方殖民的开启而出现在部分国人眼中的作为"文学、美术、科学之结晶"的"西洋戏剧"无疑为之提供了可仿效的资源;其二,(相对于"中国旧戏"的误导民众)它必须能够担当其引领社会、建构现代国族话语的职能,而高雅、含蓄的文字符号的表征力量自古以来就被传统文人证实了,那么对于文字符号书写的回归也就成为必然。这二者组合在一起对于身处社会文化场域边缘,扮演着预言家的角色的中国知识分子而言,不啻为反抗主导意识形态话语以及为之代言的牧师和"文明国人"的东方主义凝视的最佳选择。这种符号运动在社会学的意义层面,完全体现为一种"激烈的反传统主义"① 和现代国族意识,然而,在"反传统"的背后,预言家与牧师再度共享了某种资源,并且又同时成就了拥有着知识的优越性的"文明国人"的凝视。

---

① 该表述借用自林毓生。详见 [美] 林毓生:《中国意识的危机:"五四"时期激烈的反传统主义》,穆善培译,贵州人民出版社 1986 年版。

三、双重拯救或双重暴力

任何意义上的"反传统"都必须以立足"传统"为前提。发生在本土语境中的"新剧倡导者"提出"废唱而归于说白"，实际上是中国知识分子在西方强势文化冲击下对于本土"传统"的反向表述与再度确认，这种"传统"就是在西方戏剧形式中所重新发现的文字符号（相对于优伶的"表演"）所拥有的知识正统性和普遍权威性。中国现代知识分子面临着双重压抑，即西方强势的戏剧文化和本土占主导位置的戏剧文化，这种处境所建构出的边缘身份以及对于西方戏剧的符号效力的认知，使挪用西方戏剧知识作为建构本土的"反话语"资源成为理所当然。在这个前提之下，把西方戏剧视为"文学、美术、科学之结晶"，毋宁说是困扰于无力感的中国知识分子渴望寻回既往的权力的潜意识在文化他者上面的投射。中国现代知识分子正是在对行将消失的传统文人所享有的文化权力的迷恋中，以及对于和西方国家平起平坐的民族主义／世界主义的期望与想象中，把说白与演唱看作西方戏剧和中国戏曲在形式上的最大分野，而西方戏剧的说白所暗含的文字符号的力量恰好可以被挪用来对抗"中国旧戏"的"表演性"。依据上文的分析，可以说这些预言家们所反抗的两种压抑性力量，即本土的主导价值系统与西方文化的强势表征系统，在中国本土所具备的符号效力，正是意欲寻回失落的权力的中国知识分子所渴念的。在"新剧"倡导者的意识层面，"中国旧戏"在形式上因其"杂耍"特质是丑陋、落后的，而对应的"西式新剧"则因其"书写"特质是文雅、含蓄的，为了对抗"文明国人"东方主义式的凝视，公开演出的戏剧就必须采取"文明"的形式，摒弃令人嫌恶的"旧"形式。这种论述从表面解读似乎是在阐明"旧戏应废"的起因，然而在深层次则暗示了"旧戏应废"的目的，因为在他们的潜意识层面，这种观念则意味着对于权力的渴慕，是中国知识分子"行动轨迹"的自然延伸。这种心态使得"西式新剧"的形式被想象成为一种干预社会政治和拯救国族的有效书写符号，它不仅悄悄地复活了"传统"的儒家意识形态的幽灵，而且使中国现代戏剧文学在"文明"与"现代"的外衣中,更为有力地创制着虚拟的本土,从而更为隐秘且有效地复制了"东方主义"的叙述逻辑,迎合着"文明国人"的凝视。如此,"文明国人"凝视"我国人"的资格就被中国现代知识分子分享了,而"西式新剧"的倡导者就在一种借来的虚幻荣耀中再次强化了这种(可以授予凝视主体以资格的)"文明"戏剧形式的先进性。

需要指出的是,在"新、旧剧"观念论争中,"西式新剧"的倡导者并非完全无视戏剧文学要具备可上演性的舞台需求。傅斯年就强调有待于编制的剧本如果"文学的价值虽有,却不能适用在舞台上,可又要被人摧残了。再经一度摧残,新剧的发达,更没望了。我极盼望有心改良戏剧的人,在编剧方法上,格外注意!"[①] 欧阳予倩也呼吁"务使剧本与演者之精神一致表现于舞台之上,乃可利用于今日鱼龙曼衍之舞台也"[②]。但是我们考虑到这种"戏剧之文字"的社会意义指向以及有待于创造的"新剧"被赋予的(个人与国族的)双重拯救意义就不难理解,这种对于可上演性的重视,实质上仍然是为了更好地服务于文字符号的权力运作。正是在这个意义上,有研究者在探讨抗战时期"沦陷区"的演剧活动时指出,"此期话剧表演体系的确立和表演技艺的'打磨'","在某种程度上给了它一个面对自身的机会,使它回复本体,修复自身,得到一种偏移的复位。五四以来话剧的两个缺陷——过强的政治倾向性和文人气在此期得到弥合"[③]。这种论述客观上印证了"新剧"倡导者在"文学"先于"表演"的"新剧"创制规划中,"新剧"的"舞台性"难于真正得以落实,而不得不在稍后新的历史格局下重新补课的窘境。

指出新文化倡导者与其反抗的本土主导的压抑性价值系统之间的内在

① 傅斯年:《再论戏剧改良》,《新青年》第 5 卷第 4 号,1918 年 10 月 15 日。
② 欧阳予倩:《予之戏剧改良观》,《新青年》第 5 卷第 4 号,1918 年 10 月 15 日。
③ 朱伟华:《抗战时期沦陷区话剧初探》,《贵州社会科学》1995 年第 4 期。

精神联系,早已不是什么新鲜的见解①,进一步论证其发生的内因亦不是特别困难的事情。问题的关键在于,把这种中国本土的预言家与牧师之间的资源共享状况,放在全球语境和中西文化竞争的背景下考量,它究竟意味着什么? 以及它的生成机制与西方文化的话语殖民之间有着什么样的逻辑关联? "新、旧剧"观念的论争正好为我们提供了一个可以切入这些问题的言说场域,接下来本文将在对论争参与者的相关论述的解析中,尝试回答这些问题。

　　傅斯年在《戏剧改良各面观》里面批评中国戏曲的"意态动作的粗鄙"时,说道:"唱戏人的举动,固然聪明的人,也能处处用心。若就大多数而论,可就粗率非常,全不脱下等人的贱样,美术的技艺,是谈不到的。看他四周围的神气,尤其恶浊鄙陋,全无刻意求精、情态超逸的气概。这总是下等人心理的暴露,平素没有美术上训练的缘故。"在接下来探讨的"戏评问题"中,傅斯年批评中国的"戏评界":"评伶和评妓一样。以前的人,都以为优倡一类(文人也夹在里头),就新人生观念说来,娼妓是没有人格的,优伶却是一种正当职业。不特是正当职业,并且做好了是美术、文学的化神,培植社会的导师。所以古代的莎士比亚、近代的易卜生,都曾经现身说法。更有许多女伶,被人崇拜为艺术大家。然而,中国人依然用亵视人格的办法,去评戏子,恭维旦角,竟和恭维婊子一样。请问是恭维他还是骂他? ——凡亵视别人的人格,就是亵视自己的人格;待别人当婊子,就是先以婊子自待。然则婊子

---

　　① 比如,林毓生早就指出,"中国第一代和第二代知识分子的借思想文化作为解决问题的途径,是被根基深厚的中国传统的倾向,即一元论和唯智论的思想模式所塑造的,而且是决定性的。当这种具有一元论性质的借思想文化以解决问题途径,在辛亥革命后中国社会政治现实的压力下被推向极端的时候,它便演变成一种以思想为根本的整体观思想模式。五四时期的反传统主义者,根据这种思想模式把中国传统视为一个有机整体而予以全部否定。既然传统的整体性被认为是由它的根本思想有机地形成的,因此五四时期反传统主义的形式,便是全盘性的思想上的反传统主义"。[美]林毓生:《中国意识的危机:"五四"时期激烈的反传统主义》,穆善培译,贵州人民出版社1986年版,第81—82页。
　　再如,罗志田也曾经指出,"清季民初读书人在社会学意义上从士转化为知识分子似乎比其心态转变要来得彻底。士与知识分子在社会意义上已截然两分,在思想上却仍蝉联而未断。民初的知识分子虽然有意识要扮演新型的社会角色,却在无意识中传承了士以天下为己任的精神及其对国是的当下关怀"。罗志田:《权势转移:近代中国的思想、社会与学术》,湖北人民出版社1999年版,第206页。

评戏,还有甚话可说。"① 在傅斯年的这段文字里面,我们可以看出他根本没有、也不可能超越他所批判的"旧戏"所负载的意识形态偏见。"下等人"、"娼妓"或"婊子"等与文人的阶级区隔在他的表述中依然在在可见,"优伶"虽然被纠正为"一种正当的职业",但那也是"做好了是美术、文学的化神",演出由知识分子创造的"西式新剧"的优伶,才能"被人崇拜为艺术大家",才有资格被称为"培植社会的导师"。否则,即便是"优伶",他们依然是"裸上体的跳虫","不脱下等人的贱样",是充当"文明国人"窥看"我国人""野蛮暴戾之真相"的材料。傅斯年的论述与陈独秀一样,把中国戏曲的部分表演成分视为控诉中国落后、野蛮的证据,以此来对抗本土主导的意识形态,并意欲通过戏剧改良改变"我国人"在"文明国人"眼中的旧形象。可是,"新剧"倡导者的修辞效果与其根本意图似乎有些格格不入。新文化倡导者想通过对传统文字符号的解放,以实现其走向"引车卖浆者流"的"大众化"想象,可是进入其叙事的"大众"却再次被编码为"自我的他者",大量征用在叙事文本中,作为被展示、控诉和施虐的客体;与此同时,这种本土的"自我的他者"也悄无声息地与西方的"中国"论述叠印在一起,反而强化了西方的东方主义叙事。

在陈独秀等人的民族主义情绪与世界主义想象中,固然不乏对于民族文化的强烈认同感和主体意识,但是在另一方面,他们的民族主义写作诉求把叙事焦点汇聚于"文明国人"对于"我国人"的凝视上,无形中就把戏剧形式的改良演化成为"东方主义"知识在本土的再生产。这一过程既是对"文明国人"对于"我国人"的凝视的反抗,同时更是对这一凝视的合作。问题的复杂之处在于,这一既是反抗亦是合作的叙事,同时又和中国知识分子对于本土压抑性符号系统的对抗纠结在一起,从而使戏剧形式改良所涉及的符号运动与文化权力之间的关系也暧昧起来。上文已经提到,从"中国旧戏"到"西式新剧"的形式改良对于中国本土知识分子而言具有双重意义,即个人与国族的双重拯救。傅斯年那不无偏见的论述无意中泄露出了现代知识分子对于文字符号的社会区隔功能的迷恋,这种潜在的迷恋为我们提供

---

① 傅斯年:《戏剧改良各面观》,《新青年》第5卷第4号,1918年10月15日。

了阐释戏剧改良中的符号运动的意义生成机制的一个途径。

　　曾经为知识精英垄断的中国传统的文字表征系统已经无法为新兴的知识群体提供符号特权,但是这种表征系统所承载的意识形态功能及其社会基础依然是强大的,它似乎成为一种集体记忆般地挥之不去。现代知识分子面对强大的本土文化系统,在建构出一种边缘身份和对抗姿态的同时,亦是再度挪用西方戏剧知识与中国戏曲展开竞争并藉此向中心移动的过程。这种由边缘向中心的移动所依据的文化资本就是近代以来进入中国的"文明"、"进步"的西方戏剧知识。本土知识分子在嫌恶"中国旧戏"的丑陋与野蛮的形式的同时,却极为艳羡它在社会文化场域中占据的位置。这种艳羡在表面体现为憎恨,潜在地却是一种对于符号记忆的迷恋与渴念。在这种对于文字符号的动员效力与社会功能的念念不忘中,被挪用"文明"、"进步"的西方戏剧知识只能作为一种用于重构其文化位置的资本,亦是攻击以知识分子无法掌控的"表演"为特质的"中国旧戏"的有力武器。因此,"西洋戏剧"与"中国旧戏"的最大区别就被表述为说白与演唱,而"西式新剧"的创制规划的首要问题和重中之重就是"戏剧之文字"。面对近代以来西方的殖民侵略,这种"戏剧之文字"的意义则被设定为现代民族国家话语的建构,借此可以实现其民族主义的写作诉求。这其实是一个在借助西方戏剧知识权威对抗本土强大传统的同时,复活行将消逝的传统的表征系统的威力和知识分子自身的符号权力的过程,这一过程同时又被用于知识分子的民族主义的话语实践,但它也同样强化了被挪用的西方戏剧知识的话语殖民因素。"戏剧之文字"的凸显作为一种跨文化的戏剧实践,它必然要同时面对着和本土知识分子一样的双重压抑,即强势的西方文化和本土主导价值系统,那么它就必然要承担起通过西方想象与本土建构这样双重的戏剧实践指向,最终导向一种抵制西方侵略和反抗本土主导意识形态压抑这种双重的力所不逮的拯救任务。

　　在履行个人与国族的双重的拯救任务的过程中,有待于被创制的"西式新剧"的符号书写就会刻意地回避它所面临的双重压抑,然而它所要承担的(几乎是无法胜任的)重任早已宿命般地为之设置好了叙述圈套,因为一种立志于从边缘到中心移动的书写姿态无法拒绝宰制与对抗这样的二元对

立的逻辑前提。于是,悖论就出现了,有待于创制的"西式新剧"的符号书
写所对抗(或规避)的东西就像水里的皮球一样,总是要通过其他的方式在
同一文本中不断浮现。正如傅斯年和陈独秀等人在倡导"西式新剧"时的
论述所体现的,他们的叙事总是不断地在重复着他们所要反抗的事物的运作
逻辑。我们不妨以"五四"时期作为社会问题的"妇女解放"为例加以分
析。在这里姑且搁置新文化倡导者提出的"妇女解放"的诸多深层次的局
限性不论,这里仅考量这些男性启蒙者所呼吁的"妇女解放"中的"妇女"
的意义范围,就可以看出他们实际上把"妇女"严格限定在像"娜拉"那样
的知识女性群体里面。中国台湾学者刘人鹏曾经借用庄子的"魍魉问景"
的寓言,犀利地诘问:在"男女平等"的宣言中,被忽略的因其他价值阶序而
被排逐的女人的位置究竟何在。在此基础上,她进而深刻地指出,"以晚清
至五四为例,在提出'男女平权'的同时,娼妓算不算'男女平权'的女性
主体? 仆婢妾与缠足女算不算'男女平权'的女性主体? 女同性恋算不算
'男女平权'的女性主体? 考察历史,我们发现,当现代化迈向进步的国族主
体呼召着男女平权时,各种阶序体系其实同时构筑了许许多多的身份标记,
使得许多的女体既不是形,也不是影,而是影外的微阴众魍魉,众魍魉在迈
向进步的论述中,已然因着被进步论述标记为'落后'或'变态',而先行
排除于进步的'男女平等'的女性主体可能之外"[1]。傅斯年的"戏剧改良"
论述正是一种"洁净"、"文明"的"进步论述",这种"进步性"无疑是由
西方单线的进化文学观念所赋予的,它不仅在"娼妓"和"婊子"身上"构
筑了许许多多的身份标记",亦同时在中国戏曲的文类系统中(继西方的文
学进化叙事之后再)铭刻下了其落后、野蛮的"身分标记"。

权力话语在中国现代知识分子参与的"新、旧剧"观念论争所体现的
符号运动中的交错纠葛,昭示出了全球进程中的中西戏剧文化汇流的复杂图
景。我们所论述的身份暧昧的牧师与预言家的资源共享的两个层面,即对
于西方戏剧知识的权威和传统表征系统的符号效力的争夺,使二者的意义
总是处于不断滑动之中的。它们可以为利益对立的集团同时争夺和挪用的

———
[1] 刘人鹏:《近代中国女权论述——国族、翻译与性别政治》,台北:学生书局 2000 年版,第210—211 页。

特征的前提,正如布尔迪厄在《信仰的生产:为符号商品经济而作》里面论述"共同的误识"时,所引述的马歇尔·毛斯(Marcel Mauss)对于魔术的分析时指出的,"魔术问题并不在于知道魔术家表演中的特殊道具是什么,而是基于共同信仰的发现,或者更准确地说,是共同的误识,共同的生产和维护,这正是魔术家所窃取的力量的源泉"①。这就揭示了传统的符号宰制性力量与西方知识的话语殖民的实施,正是通过这种牧师与预言家之间的资源共享,达到了一种不在场的在场性。被共享的资源是隐匿的,透明的,也是不证自明的,似乎是作为一种普遍的真理为论争的双方达成共识,并在共识中形成了论争游戏赖以发生的基础。然而布尔迪厄提醒我们——这是一种"共同的误识",被"误识"的内容就是统治逻辑本身。如果说这个被误识的统治逻辑本身是"形"的话,那么伴随着权力欲望追逐的对抗中的主体就有可能是"影子式的'本土主体'","如果只在这个影子的位置上对抗所谓西方霸权,对抗'东方主义'而建构更理想的'中国'印象,可能成就的仍然是如影随形,是在'西方'之眼的凝视下,对于卑贱、'弱'与'小'的厌弃或含括"。② 由此,中国现代知识分子的跨文化戏剧实践总是在重重悖论中展开的,其对抗的逻辑潜在地构成了形成西方和本土压抑性力量的统治基础的理智前提,因此其对抗往往与合作共生,其文化主体性的浮现也总是与其沉没的命运相伴随。"新剧"倡导者在借用西方戏剧知识权威追逐传统的文字表征系统的符号效力时,实际上是以承认和复制西方和本土压抑性力量的统治逻辑为代价和前提的,他们在获得一种不无虚幻的符号权力的同时,也把这种双重的压抑施加在自己身上,并内化为自我的"惯习"③,再通过文化实践为之代言。"新剧"倡导者通过其跨文化戏剧实践中的符号运动,借以对抗来自西方和本土的双重压抑的同时,也引进了双重的符号暴力:其一是借

---

① 〔法〕彼埃尔·布尔迪尔:《信仰的生产:为符号商品经济而作》,曾军译,载陆扬、王毅编选《大众文化研究》,上海三联书店 2001 年版,第 104 页。

② 刘人鹏:《近代中国女权论述——国族、翻译与性别政治》,台北:学生书局 2000 年版,第 214 页。

③ "惯习"的概念来自皮埃尔·布尔迪厄,布尔迪厄指出"惯习就是一种社会化了的主观性"。〔法〕皮埃尔·布尔迪厄、〔美〕华康德:《实践与反思:反思社会学导引》,李猛、李康译,中央编译出版社 1998 年版,第 170 页。

助文雅、含蓄的"戏剧之文字"对"优伶"的所谓的野蛮、粗鄙、低贱的"表演"进行的展示和符号施虐;其二是把西方"进步"、"文明"、"自由"的戏剧形式和传统的文字表征系统的符号效力结合起来,建构自我"社会的导师"的身份并创制本土具有"女性气质"的"自我的他者"。

四、话剧史叙事的政治

在既往的中国现代戏剧史写作和研究中,总是把"五四"时期戏剧创作对于"文学"的倚重及其"繁荣"归因于西方的"影响"①,以及"对早期话剧过于依重'传统'而遭到失败的经验总结"的结果②,在笔者看来,这种论述未免有些不着边际。在"新、旧剧"论争中,体现在戏剧形式变迁中的符号运动提示了"戏剧之文字"的兴起,是本土知识分子在作为文化他者的西方戏剧文类特质中重新感知传统的知识载体的力量的表征。因此,与其说"戏剧之文字"的兴起是来自西方戏剧的"影响"和对于"传统"的疏远,不如说它是一个借用异域的知识结构,再度赋予了传统的文字符号系统以想象中国的现代性的载体功能的过程。在这种对于"新、旧剧"观念论争的解读方式的背后,本文真正要凸显的一个主要写作意图是对于西方进步的文类进化观念神话进行解构。在这种观念的表述里面,正如诸多的"西式新剧"倡导者所极力认同的那样,中国戏曲是西洋戏剧的初级阶段,或者说它是一种未能完全进化的戏剧形式。这种进化观念的宰制力量是如此之强大,至今我们依然习惯于在"西方"的文类规范之下,把"新、旧剧"论争的双方划定在"激进"与"保守"的二元框架内,依然习惯于运用"传统"、"表

---

① 比如,有论者在探讨"五四"时期的"戏剧文学创作"时指出,"思想解放运动的活跃与戏剧思潮的开放,形成了'五四'时期和二十年代戏剧创作在艺术上的丰富多样性。那是一个敢于思考、敢于探索的时代。对种种外来的戏剧新观念和创作手法,有模仿,也有突破和创新。话剧的各种体裁、样式,如现实剧、历史剧,悲剧、喜剧、正剧,独幕剧、多幕剧,诗剧、散文剧、活报剧等等,都有不同程度的发展"。陈白尘、董健主编:《中国现代戏剧史稿》,中国戏剧出版社1989年版,第117页。

② 比如,还有研究者指出,"话剧活动重心从流行演出,转移到文学上来,是中国人对这种'舶来品'由表及里的艺术把握过程。新文学戏剧热的出现和'爱美剧'的提倡,具有相同的含义……这是对早期话剧过于依重'传统'而遭到失败的经验总结,也是话剧传入我国在当时所能走的'最佳途径'"。袁国兴:《中国话剧的孕育与生成》,台北:文津出版社1993年版,第208页。

演"来解释戏曲,再运用"传统"的戏曲来解释"话剧"那内含着进化意义的"孕育与生成"①的过程。本文在论述中国现代戏剧形式变迁中所体现出的符号运动时,有意识地从一种互渗的、(相对于习惯性的解释模式而言)甚至是颠倒思维程序来解释中国现代戏剧的这次转型,即作为文化他者的西方戏剧形式以其"进步"、"文明"的外在强势符号效力,引发了本土现代知识分子对于中国传统的由文字符号主宰的表征系统的意义的重新认知。

福柯曾言:"每一个被考虑的成分都被作为某种总体性的表现接受下来,这成分属于这种总体性,并被这种总体性所超越。因而,人们用一种划一的从不曾说出的大文本替代那些被说出的事物的多样性,而这种大文本第一次把人们以前不仅在他们的言语和本文、话语和叙述中,而且还在他们创出的制度、实践、技术和物品中,'曾想要说的'东西加以阐明。同这个内含的、主宰的和共同的'意义'相比,陈述在激增中显得过剩,因为所有的陈述都归到这种意义,而且只有这种意义构成它们的真实性,即:同这个独一的所指相比,能指成分是过剩的。"②既往的中国现代戏剧史的写作和研究在西方进步的文类进化观念的覆盖性冲击下,从不曾试图去反思这种戏剧史叙述结构的政治,一再地使中国戏剧的历史"陈述"成为此一文类进化的"总体性""大文本"的例证和印证,而无法(也许是不愿)去寻找这个"主宰的意义"之外的东西。既然连篇累牍的"陈述"在不断激增中已经显得是如此"过剩",我们为什么还要继续让它"激增"呢?

原载《东南学术》2010 年第 3 期

---

① "孕育与生成"借用自袁国兴。详见袁国兴:《中国话剧的孕育与生成》,台北:文津出版社1993 年版。

② [法]米歇尔·福柯:《知识考古学》,谢强、马月译,生活·读书·新知三联书店 2007 年版,第 130—131 页。

赶超"当下":"十七年"史剧论争的时代命题及历史根源

1944年1月9日,毛泽东在观看了延安平剧院演出的京剧《逼上梁山》后,连夜给该剧的编导杨绍萱、齐燕铭写信:"历史是人民创造的,但在旧戏舞台上(在一切离开人民的旧文学旧艺术上)人民却成了渣滓,由老爷太太少爷小姐们统治着舞台,这种历史的颠倒,现在由你们再颠倒过来,恢复了历史的面目,从此旧剧开了新生面,所以值得庆贺。郭沫若在历史话剧方面做了很好的工作,你们则在旧剧方面做了此种工作。你们这个开端将是旧剧革命的划时期的开端,我想到这一点就十分高兴,希望你们多编多演,蔚成风气,推向全国去。"①毛泽东对《逼上梁山》的表扬的要点在于这出戏的开创性,即这部戏曲历史剧对于既往历史观念的有力颠覆。在戏剧理论批评"史"的层面上,这封书信有四个方面的问题值得注意:其一,由于戏曲题材的古典性质,毛泽东的评论无意中把戏曲历史剧的"历史"外延扩大到无边,似乎所有戏曲扮演的"非现代"故事都可以视为"历史";其二,毛泽东对于郭沫若的历史话剧的褒扬,意味着他对既往历史剧创作传统的主动接续,京剧《逼上梁山》就此被纳入这一脉络之中,同时被赋予了创造性和过渡性,于是,这封信就像一种"蒙太奇"手

---

① 毛泽东:《致杨绍萱、齐燕铭》,载中共中央文献研究室编《毛泽东书信选集》,中央文献出版社2003年版,第199页。

法,把 20 世纪上半叶中国历史剧创作与 1949 年后的历史剧创作进行了跨越时空的剪辑、对接;其三,毛泽东对于戏曲历史剧的遗憾与期望,暗示了"历史"不过是一种"故事"(叙事),其"面目"可以在不同的言说主体之间发生变化;其四,毛泽东对戏曲历史剧的思考正是其"推陈出新"理论指示的一种具体落实。这四个问题在很大程度上框范了"十七年"关于历史剧理论批评的题旨。

一、"(反)历史主义"

时隔八年,1951 年 8 月杨绍萱的《新天河配》(又名《牛郎织女》)在全国上演,并在 11 个以"牛郎织女"为题材的戏曲中成为被关注的剧作。《新天河配》被关注的原因在于其争议性:"大半经过种种不同程度的改编,但其中也发现有不少的缺点或错误。"[①] 同年 8 月 31 日刊出的《人民日报》发表了艾青的文章《谈〈牛郎织女〉》,这篇文章事实上并非针对杨绍萱的《新天河配》而作,其中涉及几种改写与整理神话的倾向,杨绍萱的《新天河配》在艾青的文章中只是"重新构造新的情节,借神话影射现实"这种创作倾向的一个例子。艾青发现在《牛郎织女》的演出中,有一类"经过很大的修改,或是全部重写,增加许多情节,或是重新构造新的情节,借神话影射现实,结合目前国内外形势,土地改革,反恶霸斗争,镇压反革命,抗美援朝,保卫世界和平等等。这一类占数目最多。……这些剧本,把原来的神话传说一脚踢开,完全凭各人自己的构思能力来重新创造"。其中,"杨绍萱的剧本里,老黄牛竟唱了鲁迅的诗'横眉冷对千夫指,俯首甘为孺子牛';当村民赶走长老时说'你那老一套,现在用不着','你这个老迷信,现在要打倒'之类的话;剧情里,也贯穿了和平鸽和鸱枭之争,用以影射目前的国际关系,最后是以'牛郎放牛在山坡,织女手巧能穿梭,织就天罗和地网,捉住鸱枭得平和'为结尾"[②]。这种创作倾向的特征是"……杜撰许多情节,把这些情节生硬地掺和在里面,使原有神话的线索完全模糊了,他们喜欢借任何一个人物

<hr />

① 《本社组织〈天河配〉座谈会》,《人民戏剧》1951 年第 3 卷第 5 期。
② 艾青:《谈〈牛郎织女〉》,《人民日报》1951 年 8 月 31 日。

的嘴,来发表一些危言耸听的所谓'哲理'"。针对这种倾向,艾青指出,"我们不是一般地反对影射,我们反对完全不根据历史事实和原有传说的情节,随便加以牵强附会的许多所谓'暗喻'"①。

　　艾青可能没有意识到,自己的文章竟激怒了杨绍萱,并继续引发了一场关于历史剧的论争。杨绍萱在 11 月 3 日刊出的《人民日报》上发表文章《论"为文学而文学,为艺术而艺术"的危害性——评艾青的〈谈"牛郎织女"〉》,在文中杨对艾青批评道:"你看他标举出的我所写《新天河配》的'罪证',有这么四句,'牛郎放牛在山坡,织女手巧能穿梭,织就天罗和地网,捉住鸥枭得平和。'按照艾青的逻辑,这都属于'野蛮行为',因为他以为这'鸥枭'是影射了他文章里的那个'杜鲁门',……他为什么这样深恶痛绝地反对影射呢?艾青自己可以这样说他是为了保卫所谓'美丽的神话',另一方面却是坚决地不许动一动帝国主义'杜鲁门'。"针对艾青关于其扭曲原来故事情节的批评,杨绍萱愤激地反驳道:"历史与革命就是这样无情,它是不管你什么'为文学而文学,为神话而神话',文学家们愿意不愿意,它是一股劲儿在那里变,这我们有丰富的经验,就是这样变一定会引起封建主义的士大夫和资产阶级的文学家们的不满,他们以为'幼稚'、'简陋'而不堪入目,以至痛骂为'野蛮行为',只是他们没有办法来阻挠这个变,那么怎么办呢?那就只有由惋惜而痛骂了。"②杨绍萱的"反批评"文章充满了诸如"为文学而文学,为神话而神话"、"封建主义的士大夫"、"资产阶级的文学家"等攻击对手的标签。杨绍萱的文章作为一种攻击对手的策略,这种给对手贴标签的做法不失为奏效,直接把艾青划入与"人民"敌对的阵营中了。然而,真正值得注意的是,杨绍萱在反驳艾青时,有一个前提,即他的创作与"历史和革命"保持了一致的步伐,既然"历史和革命"发生了变化,那么,神话故事也应该变化,这正符合毛泽东在 1944 年对于戏曲颠覆历史"面目"的号召,因此他的改编是不容置疑的。从这个前提出发,那种试图保留神话/历史本来"面目"的批评者,无疑还停留在"为文学而文学"、"为艺术而艺术"、"为神话而神话"、"封建士

---

① 艾青:《谈〈牛郎织女〉》,《人民日报》1951 年 8 月 31 日。
② 杨绍萱:《论"为文学而文学,为艺术而艺术"的危害性——评艾青的〈谈"牛郎织女"〉》,《人民戏剧》1951 年第 3 卷第 6 期。

大夫"、"资产阶级文学家"的落后立场上。从这个意义看,杨绍萱为艾青贴的标签也不是刻意为之,从他自身的立场上看,艾青等人确实如此。

艾青对这些标签颇为敏感,迅速在 11 月 12 日刊出的《人民日报》上作出回应,"因为我在'谈《牛郎织女》'一文中,轻微地提到了杨绍萱同志的创作,杨绍萱同志封给我多少的称号啊:'为文学而文学'、'为艺术而艺术'、'为神话而神话'、'封建士大夫'、'资产阶级文学家'甚至'为杜鲁门服务'、'资敌',真是罪该万死了。这当然只是杨绍萱同志的逻辑,这种逻辑,在革命阵营里是不流行的。在革命阵营里,任何工作都一样需要以批评和自我批评来取得进步。即使批评的人再多么'低能无知',也不妨'倾听'一下。"① 意味深长的是,艾青同样借用了"革命阵营"中的"流行逻辑",即"任何工作都一样需要以批评和自我批评来取得进步",为自己身上被罗织的罪名开脱。艾青并不反对杨绍萱的改编、立论前提,他指出"杨绍萱同志借鸱枭与和平鸽之间的斗争,来影射帝国主义阵营与和平阵营之间的斗争。这里,无论鸱枭也好,王母娘娘也好,都没有任何可以表现帝国主义性质的凶恶的侵略和压迫,鸱枭不过是受长老的供以神位的条件,到牛郎家去扰乱,使'家宅不安'(这在舞台上也没有什么具体表现),王母娘娘不过是要织女不下凡嫁给牛郎,如此而已。而这场斗争,是由于长老没有被邀请去喝喜酒所引起的。这斗争不等于是儿戏么?难道帝国主义是这样的么?这个关系全人类命运的斗争,在杨绍萱同志看来,只要织女的一支'宝箭',一只'宝梭',也就解决了问题。这不是拿政治开玩笑么?杨绍萱同志提出了何等庄严的问题,但这个问题的回答却又是何等滑稽!"② 艾青对于杨绍萱的批评重点似乎在于杨的"影射"不够严肃,把复杂的政治问题简单化了。由此可以看出艾青与杨绍萱事实上分享着同一种戏剧观念,即戏曲应该反映"历史与革命",影射"帝国主义阵营与和平阵营之间的斗争",双方的分歧在于如何改编既有的题材以适应当前的需要。换句话说,二人对"推陈出新"中的"推"字有着不同的理解。

艾青也找到了一个批评术语来批评杨绍萱等人的创作倾向,即"反历史主义",关于这个术语,艾青这样界定:"就是当处理历史题材和古代民间传

① 艾青:《答杨绍萱同志——我们不是谈群众创作》,《人民日报》1951 年 11 月 12 日。

② 同上。

说的时候,把许多只能产生于一定的历史条件中的人物和事件,拉扯到现代来,加以牵强附会的比拟,或是把只能产生于今天的观念和感情,勉强安放到古代人物的身上去。因此,在我们的戏曲舞台上就出现了似古非古、似今非今的混乱现象。"① "反历史主义"与"历史主义"相对,艾青的提法是有参照背景的。早在 1950 年 12 月 1 日,田汉就在全国戏曲工作会议上做的报告里面指出,"我们对于历史人物应当采取历史主义的看法。……恢复历史的本来面目,找到历史舞台上真正的主人。用历史唯物主义的观点反映历史真实、传达历史教训,表扬历史上英雄人物在当时历史条件下所具有的进步性、人民性和高尚的人民品质,以教育和鼓舞后代儿女。但不应生硬地将历史人物现代化,更不应将历史上自发的农民战争的事迹与现代人民革命斗争的事迹作不适当的对比,因为过去历史上不可能有无产阶级、共产党、毛主席。"② 除了艾青,还有阿甲、何其芳也对杨绍萱的"反历史主义"创作方法进行批评。阿甲就杨的《新大名府》批评道:"《新大名府》的创作方法,是把古人当作现代人来写,不是用马克思列宁主义的观点来批判历史。它刻画着这样一套模型:开展统一战线;反对专制独裁;依靠无产阶级;打倒帝国主义。这显然是作者强加到历史上去的主观臆造的内容。"③ 何其芳指出,杨绍萱"是用他脑子里面的几个为数甚少的概念来简单地以至牵强附会地解释它们","无论写现实剧还是历史剧,都必须采用现实主义的创作方法(对于马克思主义的作家,更必须是社会主义的现实主义)。这就是说,写历史剧也应该按照历史事件、历史人物的本来面貌来描写,使读者和观众得到对于他们的正确认识,这就是历史剧为现实服务"。④1952 年 11 月 14 日,周扬在第一届全国戏曲观摩会闭幕会上公开批评道:"反历史主义者","以为为了主观的宣传革命的目的,可以不顾历史的客观真实而任意地杜撰和捏造历史"。⑤

---

① 艾青:《答杨绍萱同志——我们不是谈群众创作》,《人民日报》1951 年 11 月 12 日。
② 田汉:《为爱国主义的人民新戏曲而奋斗——1950 年 12 月 1 日在全国戏曲工作会议上的报告摘要》,《人民日报》1951 年 1 月 21 日。
③ 阿甲:《评〈新大名府〉的反历史主义观点》,《人民日报》1951 年 11 月 9 日。
④ 何其芳:《反对戏曲改革中的主观主义公式主义》,《人民日报》1951 年 11 月 16 日。
⑤ 周扬:《改革后发展民族戏曲艺术——十一月十四日在北京第一届全国戏曲观摩演出大会闭幕会上的总结报告》,《山西政报》1953 年第 1 期。

"反历史主义"作为一种批评话语,是"历史主义"的衍生概念,"历史主义"是其先在的假设,因此我们不能继续沿用"反历史主义"的评价去讨论杨绍萱的创作观念,相反,我们应该首先去检视批评杨绍萱的"历史主义"尺度。值得注意的是,持戏剧改编"历史主义"观点的人都以不同的方式提及"恢复历史的本来面目"或"历史的客观真实",那么我们不能不去追问什么是"历史的本来面目"和"历史的客观真实"?但是持"历史主义"观点的批评家们的文章都语焉不详。有趣的是,杨绍萱在其文章《论"为文学而文学,为艺术而艺术"的危害性——评艾青的〈谈"牛郎织女"〉》中,同样提到一种他眼中的"历史的本来面目":"历史与革命就是这样无情,它是不管你什么'为文学而文学,为神话而神话',文学家们愿意不愿意,它是一股劲儿在那里变,……"在杨绍萱看来,根本就不存在"历史的本来面目",或者说"一股劲儿在那里变"就是"历史的本来面目"。由此可见,论争双方的根本问题就在于历史(神话)剧创作中的改编是否符合"历史面目"。这一根本问题决定了这场论争的荒诞性,因为"历史面目"是什么样谁都说不清。在杨绍萱看来,"历史的本来面目"就是其当下性,是不断变换的;在"历史主义"者那里,"历史的本来面目"是其真实性,是固定不变的。从操作层面上看,"历史主义"者可能更容易陷入被动,因为"历史的本来面目"没有定论。

二、"历史的面目"?

杨绍萱的历史剧创作观念很大程度上来自毛泽东在 1944 年的鼓励。不同的是,毛泽东也在 1944 年的信件中提到了"历史的面目",但是,从表面上看,他的信件中存在一个自我解构的逻辑:既然旧戏舞台"由老爷太太少爷小姐们统治着"是一种"历史的颠倒",《逼上梁山》"再颠倒过来,恢复了历史的面目",那么这种被"恢复"的"历史面目"就谈不上是"恢复",因为正是《逼上梁山》这样的历史剧证明了"历史"是可以不断改写的。换句话说,正是毛泽东的信件暗示了不存在所谓的"历史的本来面目"这一事实。杨绍萱创作的《新大名府》、《新天河配》正是这种"历史观"在戏剧中的具体实践。而持"历史主义"戏剧观的批评者,如田汉、艾青、光未然、阿甲、何其芳、周扬等人所谓的"历史的本来面目"放置在"十七年""推陈出新"的论述语境中,亦可追踪到其中的本质性内容。毛泽东在1944年的信件中指出"人民"统治的舞台上搬演的"历史"才符合"历史的面目",田汉亦有过相近的表述:"恢复历史的本来面目,找到历史舞台上真正的主人。用历史唯物主义的观点反映历史真实、传达历史教训,表扬历史上英雄人物在当时历史条件下所具有的进步性、人民性和高尚的人民品质,以教育和鼓舞后代儿女。"如此,这次"历史主义"论争中的"历史面目"并非一种绝对纯净的"真实",其内涵的核心概念就是"人民"。然而,谁是"人民"? 按照毛泽东在1942年发表的《在延安文艺座谈会上的讲话》中的界定,就是"工人、农民、兵士和城市小资产阶级"。然而,从毛泽东信件的逻辑来看,"历史"不过是一种叙事,所谓的"人民历史"有赖于政治律令指导下的知识分子去书写,"人民"在"历史"中的面目依然是抽象、模糊的,是一个大而无当的匿名群体。因此,在"十七年"的冷战语境中,"人民(群体)"/无产阶级可以视为用于抵御"(个)人"/资产阶级的话语工具。正如杨绍萱对艾青的反批评那样,艾青的观点是"为文学而文学,为艺术而艺术"。把这一批评放置在40年代以后开启的反精英论述脉络中,可以明显看出其中的"西方主义"特质。"为文学而文学,为艺术而艺术"令人想起"五四"时期启蒙主义者(如"创造社")的"个人主义"话语,杨绍萱给艾青贴的艺术观念标签无疑等同于"资产阶级"的政治身份,这正是冷战政治在文学艺术中的铭写。我们如果把毛泽东信件中有待"恢复"的"历史面目"前面加个"人民"的定语,那么这封信件的意义就是圆满自足的,只是"历史主义"者没有意识到"人民"与"历史"的可改写性,一厢情愿地追寻某种本质化的"人民历史",这既是对毛泽东的历史观的绝对遵从,也是对其的极大误解。"历史主义"者所追求的"(人民)历史面目"同样来自毛泽东的一系列文艺思想论述,与他们所批评的"反历史主义"的做法所借用的资源没有本质的区别,只是前者吸纳了毛泽东的"人民的历史"思想,后者则借用了毛泽东"历史面目"可以"颠倒"的观念。双方在论争中都抓住毛泽东文艺思想中的一个方面攻击对方,却未能触及对方的逻辑前提,即"历史"的叙事性和"人民"的虚幻性,反而忽视了这些核心概念的建构特质。

"历史造就一个民族。"① 正如毛泽东本人在 1944 年对于郭沫若戏剧的褒扬,以及对于既往历史剧创作传统的主动承接所暗示的那样,关于历史剧中的"历史"的本真性与当下性的对抗或合作是现代民族国家戏剧理论中贯穿性的问题。其实早在晚清时期,历史剧的"真实"与"虚构"问题就已经为知识界觉察。陈独秀就曾主张"以吾侪中国昔时荆轲、聂政、张良、南霁云、岳飞、文天祥、陆秀夫、方孝孺、王阳明、史可法、袁崇焕、黄道周、李定国、瞿式耜等大英雄之事迹,排成新戏,做得忠孝义烈,唱得激昂慷慨,于世道人心极有益"②。到了 20 年代,郭沫若的"三个叛逆女性"(即《王昭君》、《聂嫈》和《卓文君》)以及欧阳予倩的《潘金莲》等借用历史故事或民间传说高扬其"五四"精神,顾仲彝对郭沫若等人剧作中"明显的道德和政治的目标"提出批评,建议在"不违背史实"的基础上进行创作,因为"历史剧所描写的是过去的事实:一时代有一时代的思潮,须用考据的功夫找出来"。③关于历史剧相关问题的讨论真正展开是在抗日战争时期,在上海、重庆等城市演剧中,以历史故事为题材的戏剧创作成为一个重要的现象,诸如抗战期间的三大题材系列,即战国史剧(如《屈原》、《卧薪尝胆》、《楚灵王》、《西施》等)、南明史剧(如《海国英雄》、《杨娥传》、《明末遗恨》等)和太平天国史剧(如《天国春秋》、《石达开的末路》、《金田村》、《李秀成之死》等)在此时期的城市戏剧舞台上相当活跃。创作的繁荣引发了理论的思考。郭沫若在 1941 年 12 月 14 日的《新华日报》上发文指出,"剧作家的任务是在把握历史的精神而不必为历史的事实所束缚"④。在另一篇文章中,郭沫若提出历史剧创作的"失事求似"⑤原则。1942 年 10 月,在《戏剧春秋》杂志社举办的"历史剧问题座谈会"上,胡风、邵荃麟和蔡楚生等人就主张

---

① 参见〔美〕乔伊斯·阿普尔比、林恩·亨特、玛格丽特·雅各布:《历史的真相》,刘北成、薛绚译,中央编译出版社 1999 年版,第 77—79 页。

② 陈独秀:《论戏曲》,载阿英编《晚清文学丛钞·小说戏曲研究卷》,中华书局 1960 年版,第 54 页。

③ 顾仲彝:《今后的历史剧》,《新月》第 1 卷第 2 号,1928 年。

④ 郭沫若:《我怎样写〈棠棣之花〉》,《新华日报》1941 年 12 月 4 日。

⑤ 郭沫若:《历史·史剧·现实》,《戏剧月刊》第 1 卷第 4 期,1943 年。这篇文章实际上写就于 1942 年 4 月。

历史剧中的历史要"真实"①,而茅盾、柳亚子等人则认为历史剧"不必完全依照史实,但将历史加倍发挥也是可能的"②。陈白尘在 1943 年指出"而所谓历史戏剧,依然是现实的戏剧了"③。从这一历史剧创作观念的梳理来看,50 年代初期的"(反)历史主义"论争与倡导中所提出的问题与观点毫不新鲜,"真实"与"虚构"、"历史"与"现实"、过去与当前始终是困扰中国戏剧创作的根本问题。或者说,50 年代初关于"(反)历史主义"的论争是对 40 年代的历史剧问题的承接和延续,其中持"历史真实"论者与"虚构"论者事实上都潜在地假设了同一种历史的虚构性,彼此在表象差异的掩饰下是更为深刻的一致。只是峻急的政治氛围遮蔽了"真实"背后的虚构,并且极其肤浅地支持了"反历史主义"式的虚构而已,因为一旦离开了虚构也就没有了"历史",这甚至连"历史真实"论者自身也未能察觉,多少有些掩耳盗铃地以为自己真的可能找到某种"本真性"。

三、时空的置换逻辑

到了 60 年代,历史剧创作的难题再度浮现。1960 年,历史学家吴晗在 12 月 25 日刊出的《文汇报》上发文指出,"历史剧必须有历史根据,人物、事实都要有根据"。"人物、事实都是虚构的,绝对不能算历史剧。""假如历史剧完全和历史一样,没有加以艺术处理,有所突出、集中,那只能算历史,不能算历史剧。……反之,历史剧的剧作家在不违反时代的真实性原则下,不去写这个时代所不可能发生的事情,而写的是这个历史人物所处的时代完全可能发生的事情,在这个原则下,剧作家有充分的虚构的自由,……"也正是依据这一原则,吴晗区分了故事剧、神话剧和历史剧。④1962 年,《戏剧报》第 2 期刊发李希凡的《"史实"和"虚构"》,这篇文章认为"在不违反历史生活、历史精神的本质真实的准则下,写戏应该有艺术虚构、艺术创造的

---

① 参见《历史剧问题座谈》以及邵荃麟的《两点意见——答戏剧春秋社》,均载《戏剧春秋》第 2 卷第 4 期,1942 年。

② 田汉、茅盾、胡风等:《历史剧问题座谈》,《戏剧春秋》第 2 卷第 4 期,1942 年。

③ 陈白尘:《历史与现实——〈大渡河〉代序》,《戏剧月报》第 1 卷第 4 期,1943 年。

④ 吴晗:《谈历史剧》,《文汇报》1960 年 12 月 25 日。

广阔天地，……"① 吴晗和李希凡的分歧在于前者强调"历史真实"，后者强调"艺术虚构"，按照李希凡的观点，吴晗的"故事剧"也应归入"历史剧"之列。吴晗和李希凡在"真实"与"虚构"统一的观点上没有区别，换句话说，二人的历史剧创作观念都是"历史主义"的。同年，茅盾在《文学评论》上发表长文《关于历史和历史剧》，该文以正在上演的"卧薪尝胆"的戏剧为例，指出"历史剧既应虚构，亦应遵守史实；虚构而外的事实，应尽量遵照历史，不宜随便改动"。"凡属重大历史事件基本上能保存其原来的真相，凡属历史上真有的人物，大都能在不改变其本来面目的条件下进行艺术的加工。"② 在茅盾的论述中，"史实"、"事实"、"真相"、"真有的"、"本来面目"等词汇，暗示了其观点与 50 年代的"历史主义"创作观的一致性。其所谓的"本来面目"可能正是"人民"的"历史面目"的代名词，但是论者对其"本真性"的神话确信不疑。这种内在的悖论为"历史主义"者未来的遭际埋下了伏笔。1959 年，吴晗秉持着"历史真实与艺术真实相结合"的信念，创作了京剧《海瑞罢官》，到了 1965 年，姚文元撰文批评该剧"歪曲历史真实"，它"并不是芬芳的香花，而是一株毒草，它虽然是头几年发表和演出的，但是歌颂的文章连篇累牍，类似的作品和文章大量流传，影响很大，流毒很广，不加以澄清，对人民的事业是十分有害的，需要加以讨论。在这种讨论中，只要用阶级分析观点认真地思考，一定可以得到现实的和历史的阶级斗争的深刻教训"③。看来"历史真实"与"人民的事业"在不同的阐释立场上有着不同的意义，其建构性本质在姚文元的文章中暴露无遗。值得注意的是，姚文元的文章提到了"现实的和历史的"这样一对范畴，它们共同用来修饰"阶级斗争"，如果说"阶级斗争"是一个当下的概念，那么，姚文元的"历史的阶级斗争"就是所谓的"反历史主义"了。历史剧中的历史无所谓"真实"，其根本问题在于"历史"的当下性。吴晗的遭遇表征着"（人民的）历史主义"者对于"（人民的）历史"的本质主义理解所付出的巨大代价。

---

① 李希凡：《"史实"和"虚构"——漫谈历史剧创作中的历史真实与艺术真实的统一》，《戏剧报》1962 年第 2 期。

② 茅盾：《关于历史和历史剧》，《文学评论》1962 年第 5 期。

③ 姚文元：《评新编历史剧〈海瑞罢官〉》，《文汇报》1965 年 11 月 10 日。

　　如果把"（反）历史主义"论争放在"推陈出新"划定的论述空间中去观察，就能够清晰地呈现出其悖论的文化根源。我们在这里似乎首先有必要回顾一下本奈迪克特·安德森（Benedict Anderson）对于民族主义思想的起源及其散播的经典论述，他说："民族所表达的是这样一种理念，它是一种沿着历史向下（或向上）进行稳定运动的坚实的共同体，可以被形象地比喻为一个按照历时的方式穿越同质、空洞的时间的社会有机体。"[1] "民族国家可以定义为一个想象的政治共同体——这种想象在本质上既是有限的也是自主的。"他进一步解释道，"之所以说它想象的，是因为即使在最小的民族国家里面，其大多数成员之间也不可能认识、相遇，甚至从未听说过对方，但是每个人都想象着他们同属一个共同体"，"而它被想象成为共同体，则是因为尽管在每个民族国家内部可能存在着不公平和剥削，但它总是被看成是复杂的关系缔结体。正是这种亲缘关系，在过去的两个多世纪里，使成千上万的人为了这种有限的想象做出杀戮或牺牲成为可能"。[2] 安德森在其著作里面，论证了民族国家借助印刷资本主义、小说和报纸，在某一被划定的领土之内的一群人阅读和想象的过程中，建构起一种抽象的共时性和空间感，以及共时性下的共同生活，从而形成了某种相同的归属感和身份感，这就是民族的想象共同体的胚胎。这一想象的民族共同体与宗教共同体和王朝的组构模式不同，它建构起来的时间感是线性的历时时间（而不是循环的），空间则是疆界明确的领土（而不是边界模糊的垂直秩序）。[3] 与纸质媒体相比较，戏剧的演出似乎更容易营造出想象的统一时空。戏剧的舞台呈现比纸质媒体（如小说、报纸）更为直接，而且不会受到文字符号区隔的限制，这对于偏远农村不识字的民众而言，是最为适宜的建构媒介。更为重要的是，剧场的观演是以集体而非个人的方式进行的，这一特殊的感知途径对于受众的凝聚力量非同小可。因为戏剧可以为共同的民族国家想象准备其必须的时空想象

---

[1] Benedict Anderson, *Imagined Communities*: *Reflections on the Origin and Spread of Nationalism*, London·New York: Verso, 1991, p.26.

[2] Benedict Anderson, *Imagined Communities*: *Reflections on the Origin and Spread of Nationalism*, London·New York: Verso, 1991, pp.6-7.

[3] 参见 Benedict Anderson, "2 Cultural Roots", *Imagined Communities*: *Reflections on the Origin and Spread of Nationalism*, London·New York: Verso, 1991, pp.9-36.

基础,而一个连续的民族身份所依托的对于"构成民族与众不同遗产的价值观、象征物、记忆、神话和传统模式的持续复制和重新解释,以及对带着那种模式和遗产及其文化成分的个人身份的持续复制和重新解释"①,因此中国古代的故事、神话、传说就被征用在文本之中,构建一种民族记忆,才能有效地将最大多数的民众纳入民族国家话语所极力建构的共同体中。"历史"在这里事实上已经被抽象为民族属性(nationness)的"象征物"和民众的"价值观"的具象依托,经由政治炼金术被整合在现代民族国家的集体合奏之中。

如果说"推陈出新"的"陈"指的是既有的故事、神话、传说,那么它作为一种民族记忆和历史素材出现的时候,其中的循环往复的时间观念(诸如前世今生、因果报应)显然与现代民族国家的线性历时时间观念相抵触,这一悖论决定了"历史剧"中的"陈"必须走向"新"(由"陈"到"新"本身就是一种线性时间观念的形象表述),如此才符合"国家"戏剧制造"同意"的意识形态目的。于是,麻烦就出现了,"真实"("陈")的"历史"必须改造,"虚构"("新")的"历史"不被认同。然而,真正的麻烦还在于,"历史主义"者误以为"虚构"("新")的"历史"就是"真实"("陈")的"历史",这种误解致使"十七年"期间的"历史剧"与"历史"之间关系非常复杂暧昧:"历史剧"的当下性需求是要以"人民大众"的名义书写"人民"的"历史",这必然要把自身涉及的"历史""非历史化"。那么,无论是"历史主义"者还是"反历史主义"者都将陷入一个逻辑怪圈,这个悖论决定了"历史剧"的难题阴魂不散,一再复活。

我们如果把现代革命题材的戏剧也视为"历史剧",就会发现这一类题材的剧作不会遭遇上述难题,因为现代革命的故事/"历史"可以轻易置换为"人民"的历史。"人民"的"历史"的当下性意味着它对于未来的开放性,因此就可以在剧作中随心所欲地植入现代民族国家的线性时间观念,比如新中国、共产主义、"金光大道"等论述方式,而以古代的"历史"作为题材的"历史剧"一旦出现此类现象,就很容易为人诟病,杨绍萱的作品就是一个例证。值得注意的是,"时间"虽然是"十七年"期间的"(反)历史主义"

_____

① 〔英〕安东尼·史密斯:《民族主义:理论,意识形态,历史》,叶江译,上海人民出版社2006年版,第18页。

论争的原初性因素,但"时间"介入"历史"叙述的意义并不仅止于此,它最终服务于一种空间的政治。"人民"的"历史"的当下性又可以置换为一种空间上的对抗性。因为"当下"与过去是一种否弃与被否弃的关系,根据我们在前文已有的论述,"十七年"的历史剧创作对于当下性 / 未来性的追寻,在叙事策略上需要依赖"虚构",那么被否弃的"过去"就会被误认为是"真实"。"过去"意味着落后(封建主义)、腐朽(资本主义),于是,谁占有了当下 / 未来,谁就拥有了先进、文明。在时间上把意识形态的对立面(西方、封建中国)推远,借以构建"冷战"格局中的空间(社会主义国家)的意识形态合法性,这是"十七年"(包括之前)的历史剧创作及其理论批评的根本命题,据此还可以解释负载着时空象征意义的"题材"何以会成为"十七年"文艺创作理论批评的焦点。如果"真实"就是"虚构","虚构"亦是"真实",那么所有争论都是真空中的呐喊。在这个意义上考察 1960 年的"三并举"[1] 戏剧政策,它并非真正的"百花齐放",根据题材划分出来的"传统戏"、"现代戏"与"新编历史剧"事实上都捆绑在同一根线性时间轴和意义链条上,"传统"、"现代"、"历史"均是当下 / 未来的别样表述。"三并举"其实是晚清到"五四"时期的知识分子遗留下的那个原初性的困扰,即戏曲(和话剧)形式本身所寄寓的民族文化属性与它们履行的构筑民族国家使命间的矛盾与纠葛的幽灵再现。同样,"(反)历史主义"论争中的"神话"、"故事"与"历史"之间也没有区根本别,都不过是一系列空洞且过剩的能指而已。

原载周宁主编:《人文国际》第 5 辑,厦门大学出版社 2012 年版

---

[1] "三并举"是"十七年"期间一个相当重要的戏剧政策,指的是在戏剧创作的题材上,"传统戏"、"现代戏"与"新编历史剧"要同时并举。这一政策最初由当时的文化部副部长齐燕铭提出,他在 1960 年 5 月 7 日刊发的《北京日报》上发表文章《现代题材的大跃进——祝现代题材戏曲剧目观摩演出的胜利》指出,"我们要大力发展现代剧目,积极地改编、整理和上演传统剧目,多多提倡编写和演出新观点的历史剧,使我们戏曲事业从各方面更加繁荣"。其"百花齐放"的"意义"则来自 1960 年 5 月 15 日《人民日报》社论的延伸:"我们在提倡现代剧目的司时,决不要忽视继续整理传统剧目的工作,我们应该坚持在为工农兵服务的共同方向下,做到戏曲题材、风格的多样化。应该大力提倡艺术上的自由竞赛,贯彻百花齐放的方针。……为了丰富人民的文化生活,我们要大力发展现代题材剧目,同时积极改编、整理和上演优秀的传统剧目,还要提倡以历史唯物主义观点创作新的历史剧目,三者并举。各剧种、剧团可以根据自己的条件和特点,妥善安排,以满足广大人民群众多种多样的欣赏需要。"

V 开放的心灵

西方的中国形象：源点还是盲点？

　　自 20 世纪 90 年代中后期以来，周宁先生在"跨文化形象学"领域连续发表了一系列著述①，并引起了学界的广泛关注。学术的意义在于它的未完成性，启发新的后续性思考。周宁先生的系列研究已经远远地超越了形象学领域，对从不同的专业途径思考中国百年思想问题，都有着深刻的启迪意义。但其中也存在着需要进一步探讨的问题，比如其研究对于西方的中国形象宰制意义的过分强调，对于本土批判立场的忽视等。过分强调西方的思想宰制意义，而忽视本土传统的创造性转化过程，就等于承认了西方对于思想能力的垄断；把批判的锋芒压倒性地集中于西方的文化霸权，而忽视本土的共谋因素，就为权力结构本身留下了莫大的滋长空间。这种研究现状距离我们"文化自觉"的命题和诉求似乎越来越远。上述问题在其他相关领域的研究中也大量地存在，具有一定的普遍性。本文拟从周宁先生系列研究的学理依据解析入手，就"跨文化形象学"研究的理论前提、研究对象和观念方法提出质疑，并在此基础上探讨跨文化研究的基本观念问题。

---

　　①　代表性的专著包括 8 卷本的《中国形象：西方的学说与传说》（学苑出版社 2004 年版）、两卷本的《天朝遥远：西方的中国形象研究》（北京大学出版社 2006 年版）以及《跨文化研究：以中国形象为方法》（商务印书馆 2011 年版）等。就笔者所知，周宁先生发表的最早的形象学研究论文是《跨文化的文本形象研究》（《江苏社会科学》1999 年第 1 期）。

一、推导式论述结构中的逻辑陷阱

周宁先生的系列研究为知识界提供了一个层次分明的思想历程。这一思想历程包含三个层次：首先是在西方现代性观念的纵深处研究西方的中国形象及其文化功能；然后是在现代化与全球化进程中，思考中国形象的"跨文化流动"及其世界观念体系；最后是对"跨文化形象学"观念与方法的清理、总结、深化，尝试构建其研究的理论方法与学科范型。

结构本身即意义。周宁先生的系列研究所呈现的三个层次是一个步步推进、逻辑严密的叙事链条。诚如周宁先生所言，西方的中国形象研究"是跨文化形象学中国问题的起点。在全球化进程中，世界范围内西方现代性文化霸权渗透到各个领域，其中西方的中国形象也随着西方现代性思想扩张，或多或少地控制着世界不同国家或文化区的中国叙事"①。在这个意义上，中国形象的谱系学是西方（欧美）中心论的。那么，"中国形象在全球化时代的跨文化流动中构成的中国形象网络"研究，就必然要导向"世界的中国形象如何成为西方的中国形象话语的再生产形式问题"。这种严谨的推导式结构提醒我们，不妨把周宁先生系列研究的结构中的链接点作为展开对话或继续思考的起点。

周宁先生在其系列研究中结构了一个中国形象的世界观念体系，其链接关系是这样的：西方的中国形象处于其观念体系的核心位置，非西方在进入对于中国形象的认知时，就已经开始偏执地捕捉西方既有的中国形象，借此界定自我的主体位置。显然，这个位置已经是为全球化意识形态所建构、赋予并内化了的，非西方在对中国形象的误识中，巩固了西方中心主义的世界秩序。这一论述有效地衔接了西方的中国形象与世界的中国形象之间的叙事链条，但同时又构建了一个以西方为中心的中国形象恣意辐射的平滑空间。

周宁先生的观点来自于西方与非西方国家或地区之间文化权力对比悬殊的前提预设：在西方文化占据着绝对优势的现代世界观念体系中，显影中

---

① 周宁：《跨文化研究：以中国形象为方法》，商务印书馆 2011 年版，第 5—6 页。

国形象的视觉结构呈金字塔形，在顶端是西方（欧美）的中国形象及其观看方式，然后是非西方国家或地区的中国形象及其观看方式；西方在这一视觉结构中居高临下，不仅向非西方国家或地区分配有关中国形象的知识，而且给后者指派观看中国的位置和方式。这一论述思路尤其体现在其系列研究的第二个层次，即对诸如俄罗斯、印度与日本等非西方国家的中国形象的跨文化探讨上。

关于俄罗斯的中国形象，周宁先生认为，"中国形象与西方形象始终构成俄罗斯现代性想象中的双重他者，离开了西方形象的对照，中国形象在俄罗斯思想中就失去了意义"①。因为"中国形象的表现并不取决于俄罗斯对中国的态度，而取决于俄罗斯对西方的态度。俄罗斯的中国形象不仅是俄罗斯的西方形象的对应物，也是西方的中国形象的派生物。俄罗斯的中国形象是西方的中国形象的折射，是中国映现在西方现代性精神结构中的他者形象"②。印度的中国形象与俄罗斯的近似，"印度现代'发现'中国的意义，必须'迂回'到西方。印度的中国形象的明暗冷热，往往取决于印度的西方形象与西方的中国形象。印度的西方形象处于否定状态时，印度不仅在西方的中国形象的反面想象中国，也刻意拒绝西方的中国形象的影响；反之，如果印度的西方形象处于肯定状态时，他们不仅复制西方的中国形象，而且将自我想象为中国形象的对立面。"③ 而日本的中国形象同样陷溺于这一视觉结构设定的观看位置："现代日本的中国形象，始终难以超越'脱亚入欧'的思想传统以及该传统中日本现代性身份认同的问题。日本要认同现代，就得认同西方；现代化越彻底，西化也就越彻底，于是，日本现代性身份本身就出现了危机。当时为了表现认同西方现代性的方向与决意，日本否定亚洲贬抑中国，将亚洲或东方以及代表亚洲或东方的中国，当作西方现代性否定的对立面，中国形象被不断'污名化'。"④

周宁先生通过对上述三个与中国邻近、关系密切的国家的中国形象的解

---

①　周宁：《跨文化研究：以中国形象为方法》，商务印书馆 2011 年版，第 5—6 页。
②　同上书，第 8 页。
③　同上书，第 9 页。
④　同上书，第 279 页。

析,提出了中国形象在现代性世界观念体系中的跨文化流动图式及其构成的稳固权力结构。中国形象在世界上散播的结构性联系,昭示着西方(的中国形象)的宰制性力量和跨文化霸权的过程与方式。因为西方与非西方间的文化权力对比悬殊的前提预设,周宁先生的跨文化形象学研究回避了中国形象在非西方世界中被重新组装利用、因地制"义"的可能,同时也排除了非西方国家或地区,特别是前现代时期与中国有频繁互动的临近国家、地区自身的中国想象传统与西方的中国形象之间的关系。

二、研究对象的错置

虽然"跨文化形象学"的研究对象是世界现代性想象中的中国形象,但任何一个国家或地区的现代性与自身的传统都有着不可忽略的亲缘关系。西方的现代思想也是西方的传统文化在与非西方的文化互动中形成的。现代性虽然源自西方,但这并不意味着非西方的现代性想象永远都是"西方"血统的。在从西方的中国形象研究转向世界的中国形象研究时,作为研究对象的中国形象的想象主体的也随之变化了。因此,虽然周宁先生的研究对象看上去仍然是"中国形象",但事实上它早已发生了实质性地转变,即从西方转向了非西方。

在现代性的世界观念体系中,观看中国的方式是从西方向非西方、由金字塔顶向底端无阻力地转移与宰制,这一预设使周宁先生的论述步伐似乎未能与研究对象的转变保持一致:当西方的中国形象进入非西方的视野并介入其文化结构时,周宁先生却没有随之紧紧跟进非西方的文化历史之中,而是对非西方世界进行了整体化地处理。周宁先生此时真正关注的是进入非西方的西方中国形象,而不是西方中国形象如何进入了非西方。换句话说,研究对象应该转变为非西方国家或地区时,周宁先生却无意识地仍在研究西方的中国形象(或西方),论述逻辑与研究对象之间发生了错位。于是,无重力的西方中国形象在非西方世界所向披靡,自由自在地飞了一圈之后仍然是西方的中国形象,似乎从未与本土接触,没有变异,也没有互动。借用周宁先生的说法,"西方的中国形象,似乎既是起点又是终点"。

　　周宁先生的系列研究所体现出来的环环相扣的论述结构本身就暗示了西方中国形象的跨文化传播线路图,在这条线路图中,既可以隐约看到黑格尔式的历史因果链,也能够感受到研究主体与研究客体/对象之间那种无意识的共谋。从这个意义上说,周宁先生的跨文化形象学研究的学理依据仍然是西方中心主义的,在方法论上则体现出一种民族主义式的历史地理学倾向。

　　这里以周宁先生的新著《跨文化研究:以中国形象为方法》的第四部分《"巨大的他者"——日本现代性自我想象中的"中国"》为例,对研究对象错置的问题加以讨论。在该文中,周宁先生关注的是"日本现代想象中的'中国'"。其中的"现代"很重要,正是这个"现代",周宁先生可以接着子安宣邦的论述把"西方"这个"巨大的他者"提出来讨论,同时,"脱亚入欧"也构成了该文讨论日本的中国形象的开端,因为这一思想中暗含着日本现代性身份认同的深层危机。鉴于日本与中国在历史地理政治上的亲缘性,讨论"脱亚入欧"思想中的中国形象,不仅要面对西方的中国形象,同时还必须留意此前的日本中国形象。

　　周宁先生对这个问题,特别是"脱华"与"脱亚"的关系也很敏感,在其论述中,我们可以清晰地看到从"脱华"到"脱亚"的过程描述:"适逢西方文化传入,日本终于落实了'脱华'之后的去处,那就是'入欧'。从伊比利亚扩张到鸦片战争,动摇了日本的中国中心主义的文化观念,从'兰学'到'西学',逐渐树立起西方中心主义的文化观念。现代日本在中西文化之间权衡,最终确立去中就西的文化取向。"① "脱亚"的意义在于为"脱华"提供了现代意义和暂时的去向,即现代化/西化和"入欧"。但这是一个结论,或者说是一个预设,而不是论证。因为在周宁先生所描述的日本对于西方的接纳过程中,带有"照单全收"的意味,那么在这个转变过程中,日本的中国形象将自然而然地"复制西方的中国形象"。沿着这一前提预设引导出的推论方向,"'脱亚'之后'入欧',现代日本选择放弃华夏中心的东亚文化圈,开始自觉地归附西方中心的现代世界体系。从此,日本不论看待自身,还是自身的他者——中华帝国,都自觉地以西方为尺度"②。

---

①　周宁:《跨文化研究:以中国形象为方法》,商务印书馆 2011 年版,第 229 页。

②　同上书,第 230 页。

由此,现代日本的中国形象完全可以与西方的中国形象进行等量代换。在接下去的研究中,我们看到的仍然是西方或西方的中国形象,而日本则一直是透明、沉默的。如果说"'脱亚'是明治时代的新提法,而'脱华'思想却由来已久,可以追溯到江户时代,"那么,"脱亚"与"脱华"遭遇的过程是怎样的呢? 如果说现代日本在"脱亚入欧"的思想中接受了西方的中国形象,那么"脱华"思想中的中国形象是如何与西方的中国形象发生关系的? 二者在日本的现代性自我认同过程中是如何对接的呢? 日本的现代性想象资源来自西方是毋庸置疑的,但是,它的传统是如何被转变为"现代"的? 我们甚至还可以进一步追问:是否存在着一个可以作整体化处理的"西方"与"日本(或非西方)"呢? 事实上,这些问题才是研究"日本现代的中国形象"的关键所在。

三、作为盲点的中国形象"源点"

周宁先生"跨文化形象学"的系列研究中暗含着一个缜密的推导式论述结构,它与西方中国形象进入非西方世界的无阻力方式相辅相成。在此基础上,笔者试图提出另一种不同的诠释脉络,把论述的侧重点放置在对中国形象的跨文化翻译上。这样既可以补充又可能深化跨文化形象学研究的相关的理论思考。

本雅明在讨论"翻译者的任务"时指出,在翻译过程中,翻译者将面临着"信"与"自由"的两难处境,"即忠实地再生产意义的自由,并在再生产的过程中忠实于原义",只有如此才能同时给予翻译者和原义发声的空间,因此,原文与译文的差异就成为必须,而原文也只有通过翻译才能被"更充足地照耀"。[1] 如果是西方的中国形象本身源自西方与中国文化的碰撞、混杂,如今已然构成了西方现代性思想的一个组成部分,那么我们也有理由相信,这部分具有混杂性的西方思想(中国形象)与非西方[2]文化传统的遭

---

① [德]瓦尔特·本雅明:《翻译者的任务》,陈永国译,陈永国、马海良编《本雅明文选》,中国社会科学出版社 1999 年版,第 286—289 页。

② 这里的"非西方"只是一种表述上的便利,在本文的立场上,不存在一个可以作整体化处理的"非西方"。

遇,必定会因为本土的引力而被因地制"义",导致其再混杂,这样的跨文化实践必定对西方的中国形象的"原文"及其附带的权力格局带来意义上的爆破,而不仅仅是西方中国形象的单向宰制(当虽然这是其中一个重要的方面)。

　　这里仍然以中国形象的世界性散播为例,就跨文化研究的观念与方法问题在两个层面上加以延伸和讨论。

　　首先,西方的中国形象在进入非西方世界时,它作为一种新的思想资源或理论观念,其中的跨文化翻译过程尤其重要。该过程需要调动翻译者/非西方世界既有的思想资源和文化传统,对西方的中国形象做出本土化的诠释,而不会是任其在既有的知识语境中自由驰骋。这个过程事实上带出了一个过渡性的、动态的、双向的跨文化对话空间,当西方的中国形象进入这一空间,再走出这一空间时,就已经不再是西方的中国形象,而是非西方的中国形象与西方的中国形象对话后的产物了。

　　西方的中国形象,无论是邪恶的、还是美好的,这"两种东方主义"① 话语在非西方国家或地区的不同历史情势下,都有可能被运用为一种具有积极意义的批判性资源。比如,在中国"五四"时期,新文化倡导者借用西方的中国论述建构本土"西方主义"话语,对抗具有压抑性的传统文化符码系统时,西方的中国形象作为一种批判性思想资源就暗含着解放性意义。其中对于中国形象的跨文化挪用和自我批判使中国与西方的关系既非完全的宰制与被宰制、亦非绝无关联。相反,这种西方中国形象的本土化带出了一个中西方文化的交叉地带,西方的中国形象在此间就失去了平滑散播的可能,所谓的"宰制/被宰制"关系也会失去其确定性,西方与非西方的二元论述框架也会随之松动,混杂、重叠、并置、关联与流动就成为文化间对话的基本风貌。按照这样的诠释脉络,西方的中国形象、非西方的中国形象(包括中国自身的现代性想象),或者说是中国形象的跨文化流动网络的论述就不应该是一个层层推进的推导式结构,而应该是一种充满了种种回旋犹疑、协商对话的松散场域。这一场域才真正构成了跨文化操作的空间和该项研究的对象。在这个场域中、在这个过渡性的混杂空间中,周宁先生的系列研究的三

---

　　① "两种东方主义"的讨论,详见周宁:《另一种东方主义:超越后殖民主义文化批判》,《厦门大学学报》(哲学社会科学版)2004年第6期。

个论述层次,完全可以不分先后、松散并置地加以论述。换句话说,在三个层次上分别讨论的问题事实上是同一个问题,可以在任何一个层次上开启并介入另一个层次的讨论。

　　周宁先生在其"跨文化形象学"的系列研究中所预设的中国形象及其生产方式跨文化流动的因果图式,使跨文化研究原本应该关注的混杂性空间被忽略了。接下来,本文将进一步讨论这个前提预设是如何得来的。

　　周宁先生在假设西方的中国形象无阻力地进入非西方世界,并构筑了非西方世界再生产中国形象的方式时,必定同时也假设了中国形象跨文化流动的线路的源点就是西方,然而这个假设是需要进行重新审视的。"西方的中国形象"这一概念本身就暗含着中国与西方现代性思想之间的混杂关系。西方的中国形象的形成经历了一个中国与西方思想碰撞融合、彼此滋养的过程,那么,西方的中国形象的跨文化流动的"西方"源点预设就站不住脚。西方的中国形象作为一种观念,它既承续了西方想象中国的传统,也隐喻般地回应了当下西方面临的问题。事实上,认为西方的中国形象的"源点"就是西方是一个不可靠的假设——漫长的中西方观念互动的历史就是西方想象中国的历史,彼此的想象互塑都离不开中西方观念的相互滋养、碰撞与协商。没有"中国"的参与,何来西方的中国形象?

　　与前一个问题密切相关,西方的中国形象的跨文化传播图式图式是线型的吗?"源点"不存在了,线型的观念跨文化传播图式就站不住脚。自中世纪晚期,西方世界"发现中国"以来,中国也同时发现了西方。[①] 自此,中西方都开始了注视对方的历史,同时也开启了利用对方注释自我的历史。因此,中西方都无法拥有任何关于对方的纯粹的知识和想象,彼此间的观念流通过程充满了混杂、中断、迂回、互补。与其说西方(或世界)的中国形象的跨文化传播图式是线型的,不如说是网状的。所以,西方的中国形象的散播

---

　　① 　根据中西方交往的历史,紧随 1250 年前后柏郎嘉宾和鲁布鲁克出使蒙古,在 1275 年前后,当马可·波罗一家人来到汗八里的时候,景教僧侣列班·扫马也带着他的徒弟列班·马古斯正准备前去耶路撒冷朝圣,他最终到达了巴黎。详见周宁:《世界是一座桥:中西文化的交流与建构》,广西师范大学出版社 2007 年版,第 1—10 页;Also see Donald F. Lach, *Asia in the Making of Europe Vol. I--The Century of Discovery*, Book One, Chicago and London:The University of Chicago Press, 1971, p.39.

根本不存在这样一个从西方到非西方的线性的清晰流动轨迹,其出发的源点当然不能简单地指认为"中国",但也绝对不是"西方"。西方的中国形象已然是西方现代性思想的组成部分,如果不加反思地假设西方的中国形象跨文化流动的源点就是"西方",这不但是一种学理上的简化,也是与全球主义意识形态的无意识共谋。可以说西方的中国形象不仅仅是西方的一个话语建构,而是包括中国在内的非西方世界与西方合作的结果。

　　西方的中国形象跨文化流动的源点定位本身就是一个伪问题。在跨文化研究的立场上,那个想象的"源点"从来就不存在。观念的源点一旦存在,必定构成研究的盲点。周宁先生跨文化形象学的系列研究中就暗隐着一个西方中国形象在全球散播的"西方"源点,这一未经反思的假设不但干扰了周宁先生对跨文化研究的核心问题的追踪,而且进一步诱导出了西方中国形象在非西方世界自由流通的因果图式。跨文化研究的核心问题拒绝对"源点"进行追问,它关注的是一个动态的互动性结构,它应该反过来思考这个被假设的源点是如何被西方和非西方的知识精英们共同协作、合力建构出来的。西方的中国形象在形成过程中,由于中国传统文化的介入与操作,而使其跨文化流动的源点充满了歧异和含混,西方的中国形象的跨文化流动不存在一个清晰简单的因果图式;在质疑该"源点"假设的基础上,非西方世界的文化传统与西方中国形象之间的互塑,构成了跨文化研究的另一重要问题。

四、祛魅 / 再魅:本土批判立场的缺失

　　周宁先生在其"跨文化形象学"系列研究中暗示出来的论述结构,很容易让人想起爱德华・W. 萨义德(Edward W. Said)在其著名的论文《旅行的理论》("Traveling Theory")中的观点。萨义德指出:"观念与理论从一种文化进入另一种文化时,存在着一些特别有意味的情形,正如东方所谓的先验观念在 19 世纪早期被移植到欧洲,或者是某些欧洲的社会观念在 19 世纪晚期传到东方的传统社会中去那样。但观念传播到一个新的语境中的路途从来都不是畅通无阻的。它必定包括一些与观念在源点处有所不同的表述和制度化程序。这一事实致使任何关于理论与观念的移植、迁移、传播和流通

的解释都变得复杂化了。"萨义德同样为这种理论与观念的"旅行"绘制了一种有规律可循的图式（pattern）："首先，存在着一个源点，或者近似源点的一系列初始情境，观念藉此可以生成或者进入话语程序。接着，存在着一个观念移植的距离，这就是观念从一个先前的起点到达另一个可以让自身获得新的意义光辉的时空中时，要经历的来自种种语境的压力的通道。然后，存在着一种情境——可以称之为接受语境，或者是作为接受不可避免的组成部分的抵制的语境——这种情境遭遇了被移植的理论或观念，使之引进或接受成为可能，无论彼此间是多么地不相容。最后，如今完全（或部分）被相容（或合并）的观念在一定程度上被其新的用法及其所在的新时空中的位置给转变了。"①

萨义德对于观念和理论在不同文化语境中"旅行"的程序与图式的论述，很有可能把非西方的跨文化研究导向两个误区和危险。第一，这种做法将大大简化观念在不同语境中流动的复杂性，把西方的某种观念单纯地视为一种所向披靡的权力话语，它将支配并型塑其他非西方世界的思想图式。如此，非西方世界就成为被西方的文化霸权主宰的沉默地带，非西方世界的自我表述传统与"能动性"（agency）则被屏蔽在批判的激情之外。以非西方代言人的身份致力于解构、批判西方的文化霸权，事实上颠倒地复制了"东方主义"式的霸权思维方式，并与其批判的对象达成了深刻的共谋。第二，这种做法将会在不自觉的状态下放弃对包括中国在内的非西方世界的自我批判立场，转而美化对西方的对抗。

在周宁先生"跨文化形象学"的知识立场上，如果说西方的中国形象是一个与中国现实无关的想象性表述，那么，作为表述主体的"西方"，包括"西方"的中国形象在内，在与非西方世界发生意义关联时，很可能也是一种缺席的在场。在假设"中国"是西方的文化他者的同时，忽视"西方（的中国形象）"对于非西方世界的自我认同的镜像意义，就无法把文化批判的知识立场在研究中一以贯之，在学理上就显得不够严谨。在笔者看来，反思抽象的"西方文化霸权"对于思考中国当下最迫切的问题有多大的有效性，要

---

① Edward W. Said, *The world, the text, and the critic*, Cambridge, MA：Harvard University Press, 1983, pp.226–227.

比解构西方的文化霸权本身有意义得多。事实上,这是一个后殖民主义文化批判理论"旅行"到中国本土后所面临的"合法性"问题。"主人只有当奴隶允许他作主人的时候,才是一个主人。"① 西方文化霸权往往与本土的权力话语同源同构,在更多的时候,所谓的"西方文化霸权"必须借助本土才能发挥效力,它不过是本土不同的话语集团争夺符号资本的一个意识形态中心而已,它在这一表述中显影的往往是本土自身的问题。因此,放弃对本土的"西方主义"话语的批判,要比所谓的"东方主义"或"西方文化霸权"危险得多。后殖民主义文化批判理论背后的问题不属于中国,它对中国语境而言也不完全具有适切性,这是我们在探讨西方的中国形象的跨文化传播时必须加以反思的。只有在一种本土批判的立场上,探讨西方的中国形象才能成为我们深入思考中国问题的有效媒介。

需要指出的是,周宁先生对于后殖民文化批判的局限性以及西方的中国形象研究中暗含的西方中心主义和"文化势利"也有清醒、自觉的认识与反思②,并在此基础上提出了"两种东方主义"③,以及跨文化的中国形象研究也要关注其他国家的中国形象问题的必要性。但在笔者看来,研究对象的增补而不是研究观念的更新,似乎无益于后殖民文化批判局限性以及西方中心主义(或"文化势力")的真正克服和超越:周宁先生虽然指出西方现代性精神中肯定的、乌托邦式的东方主义及其体现出来的现代理性深刻的怀疑、批判精神,但这种批判精神似乎未能在其研究中体现出来;另方面,由于周宁先生对非西方的中国形象的自我想象的知识传统的忽略,而过于强调,或仅谈西方的中国形象对于非西方的中国形象生产机制的宰制和影响,这本身就已经是一种更为深刻的"文化势利"。

乐钢先生曾在"祛魅—再魅"的框架中探讨周宁先生的思想转向④,如对该框架作出进一步的延伸,用于思考周宁先生的"跨文化形象学"系列研

---

① [德]贝·布莱希特:《戏剧小工具篇》,张黎译,《布莱希特论戏剧》,中国戏剧出版社1990年版,第30页。

② 周宁:《跨文化研究:以中国形象为方法》,商务印书馆2011年版,第289—339页。

③ 同上书,第373—389页。

④ 详见[美]乐钢:《神交南迦巴瓦:周宁的北人作南人之旅》,《跨文化对话》第27辑,生活·读书·新知三联书店2011年版,第304—308页。

究同样有效。当周宁先生在后现代的、批判的知识立场上质疑西方把"中国"作为主体之外的认识客体的"祛魅"做法时,他在两个层面上对西方的中国形象进行"再魅":首先是在"乌托邦与意识形态"的分析框架中指出了西方的中国知识的不确定性;其次是在不同的历史脉络中论证作为主体的西方的在场和作为客体的中国的缺席,因此,可以说西方的中国知识协调着权力,具有主体镜像的特征。然而,在周宁先生的系列研究中看不到他对自己的思考本身的"再魅",或者说是把自己的研究进行"对象化",进而反躬自问。因此,关于"跨文化形象学"的研究,需要进一步反思的问题还包括:作为一名中国学者,自我的思想进程如何能够避开被西方的中国形象型塑的陷阱? 如何在当下的中国现实语境中思考西方的中国形象,才能够避免使自己的研究与本土的某种权力结构达成无意识的共谋? 面对不在场的"西方",如何才能够真正走出一种对抗或臣服的非此即彼的思想困境,实现自我(本土)的"能动性"与文化自觉?

原载《学术月刊》2012 年第 6 期

中外文学关系研究的元地理想象：实践与反思

　　中外文学关系研究是中国文学（尤其是中国现当代文学）和比较文学学科同时关注的领域，但二者又有所不同：对于中国文学研究而言，中外文学关系往往是一种切入研究对象的视角 ①；而对比较文学而言，中外文学关系研究却是一个非常重要的学科领域。事实上，从比较文学学科发展史来看，几乎所有国家的比较文学学科都是从辨析不同国家或文明之间的文学（文化）关系开始的，中国也不例外。② 19 世纪末，中西文学的比较与交流构成了中国比较文学学科意识萌生的内因。③ 自 20 世纪 20 年代起始，有关中外文学关系研究的成果就不断涌现 ④，在此后百年的学科发展中，中外文学关系研究已渐次脱离了它最初的生成语境，演变并被确认为一个非历史性的学科范畴，被实践为林林总总的"中外文学关系（史）"研究著述。尤其是在

　　① 比如黄子平、陈平原、钱理群合著的《论"二十世纪中国文学"》（《文学评论》1985 年第 5 期）以及陈思和《20 世纪中外文学关系研究的一些想法》（《中国比较文学》1993 年第 1 期）中的表述。

　　② 详见曹顺庆主编的《比较文学学科史》（四川出版集团巴蜀书社 2010 年版）对于各国比较文学学科发展状况的清理与描述。

　　③ 徐尚扬：《中国比较文学源流》，中州古籍出版社 1998 年版，第 60 页。

　　④ 详见北京大学比较文学研究所编的《中国比较文学研究资料（1919—1949）》（北京大学出版社 1989 年版）中收入的相关学术论文。

"中国崛起"的理论背景下,中外文学关系研究似乎也谋得了前所未有的学
科合法性——它可以从文学的角度论证中国的世界性意义。因此我们有必
要追问,从晚清"以敌为师"的文化策略到当下"不证自明"①的学术门类,
中外文学关系研究在中国现代百年思想历程中究竟扮演着何种角色,承担着
怎样的意识形态功能? 对该问题的探讨将有助于中外文学关系研究走向理
论的自觉。

一、中外文学关系研究的时空层次预设

　　现代世界体系理论创始者沃勒斯坦(Immanuel Wallerstein)曾经区分
了"文化"的双重意义及用途:一方面,"文化是概括群体之间差异的方式。
它表述了群体内部共享的因素,同时还假设了不与群体之外共享(或不完全
共享)的内容";另方面,文化也用于指代"同一个群体内部的不同特征"。②
沃勒斯坦在历史体系的进程中,解析了"文化"的两种用途如何被刻意混
淆,发明"现实",以达成意识形态控制的目的。借助第一种意义,"文化"
可以区分出诸如中国文化、东方文化、西方文化等;借助第二种意义,"文化"
则可以在"中国"、"东方"或"西方"文化内部区分出低俗与高雅、落后
与进步、女性与男性等。沃勒斯坦指出,"'文化'作为资本主义世界经济的
观念系统,是我们集体努力与世界体系的矛盾、模糊和复杂的社会政治现实
相妥协的历史性产物。在一定程度上,我们通过创造第一种'文化'概念,
在一个事实上不断变化的世界中断言不变的事实。通过创造第二种'文化'
概念把世界体系的不公平合法化,并试图在一个为持续改变所威胁的世界中
使之保持不变。"③ 各种名目下的"文化"区隔或协作,在很大程度上正是资

---

　　①　本文的"不证自明"指的是学科合法性意义上的,而不是学科属性、理论与方法意义上的,
关于后者,学界已做出了卓越的成绩,这里不再赘述。

　　②　Immanuel Wallerstein, "Culture as the Ideological Battleground of the Modern World-
System", Mike Featherstone(ed.), *Global Culture: Nationalism, Globalization and Modernity*,
London·Thousand Oaks·New Delhi:SAGE Publications, 1990, pp.31-32。

　　③　Immanuel Wallerstein, "Culture as the Ideological Battleground of the Modern World-
System", Mike Featherstone(ed.), *Global Culture: Nationalism, Globalization and Modernity*,
London·Thousand Oaks·New Delhi:SAGE Publications, 1990, pp.38-39。

本主义世界体系在自身的演进与扩张中自我调整的策略,它们可以在普世主义和种族主义及性别歧视的共同运作中构建世界的秩序,在"西方"与"现代"之间悄然画上等号而不受质疑,从而为非西方国家设置发展主义的幻象和陷阱。沃勒斯坦的洞见提请我们反思自己所从事的学科领域的知识合法性问题:当下精细的学科划分的背后释放的正是某种意识形态信息,必须从其基本假设以及知识生产的层面对其加以历史性地批判。

　　中外文学关系研究同样混淆、综合了沃勒斯坦意义上的双重"文化"用途:首先,中外文学关系的描述就已经预设了国别文学间不共享的因素,这成为国别文学之间区分的尺度;其次,中外文学关系研究自身作为一个学科领域,它是中国(比较)文学研究内部的一个分类,在自我与其他学术门类之间高高筑起或隐或显的学科壁垒。在自设的学科壁垒之内,必定要划分、遴选出哪些文学创作群体可以代表中国或别国的文学,在该研究领域内进行国别"文化"间的协商与谈判。于是,文学就潜在地被赋予了国族属性和进化(发展主义)意义,在学术领域生产出一套"发展主义"的知识话语,尽管这在多数情形中是隐而不彰的。上述两个层面的互相借重的后果是,中外文学关系研究实践中意义含糊的"跨文化"面向往往不知所措,比如,根本(或暂时)找不到"关系"的文学创作群体将很可能被拒绝在该领域之外,封闭于时空(原初/本土)之中——该领域的很多研究依然高唱着本质主义的调子为全球化意识形态的构筑增砖添瓦。海德格尔在其名文《世界图像的时代》(*The Age of the World Picture*)中指出,"……世界图像,从本质上理解,它并不意味着一幅世界图像,而是指(世界)被构想或把握为图像","现代的基本要素就是对作为图像的世界的征服"。① 海德格尔的观察有助于我们思考现代"科学"对人文知识的控制问题,在一定意义上,沃勒斯坦描述的正是现代资本主义世界体系的基本"图像"的构图策略。他的"文化"观点与海德格尔的"世界图像"论述在本文讨论的问题上可以进行遥相对话。

　　中外文学关系研究所力图把握的是文学的"世界图像",其背后依托

---

　　① 　Martin Heidegger, *The Question Concerning Technology and Other Essays*, Translated and with an introduction by William Lovitt, New York & London: Garland Publishing, INC., 1977, p.129、p. 134.

的则是元地理学（Meta-geography）的构图原则。所谓元地理学,即一整套被视为理所当然的空间结构,在这些地理"常识"背后,往往潜藏着一个隐形的空间秩序,进而形塑人类的空间想象,并构建出人们关于世界的知识。以西方为中心的元地理学知识不但发挥着宏观层面的国际政治领域中的意识形态权力,在微观层面也调动了人类对自身事务的所有全球性关照。这套习以为常的无意识空间结构和地理学框架操控着包括文学、历史学、社会学、人类学、经济学、政治学,甚或是博物学在内的诸多人文社会科学研究。① 源自古希腊的元地理学观念,经由活跃于"发现的世纪"（the Century of Discovery）的西方冒险家们的东方经验"实证",测绘出一套极简易的秩序化世界图式,它不仅支持了殖民主义和帝国主义的意识形态构筑,而且形塑了几个世纪以来的人类空间想象。② 晚清中国留学生和西方传教士的西去东来,为中外文化和文学的关系图式的测绘提供了例证和可能。"五四"时期,现代启蒙意识高扬,在人的理性主体得以确立的同时,世界也被把握为"图像",于是在绝对时空框架中想象世界的实践也开始在不同层面实施。在文学研究领域,中国与西方（欧洲）文学的关系图式成为处于国族焦虑中的现代知识分子考量"世界之中国"（梁启超语）的重要参照之一。

值得注意的是,这个阶段的中外文学关系研究与当下的情形迥异:20世纪初的中外文学关系研究多为中西文学现象的类比,其根本意图在于引介西方文学思潮,或者用西方既有的文学现象论证中国文学运动的合理性;最重要的一点也许是,这个阶段的研究没有自觉的学科意识,更多的是一种视野和策略。③ 这些研究和论述具有一种明显的"西方主义"（occidentalism）倾向,这尤其表现在论者把西方文学设定为中国文学的未来前景的进化思路

① Martin W. Lewis, Karen E. Wigen, *The Myth of Continents: A Critique of Metageography*, Berkeley and Los Angeles: University of California Press, 1997, p. Ⅸ.

② See Donald F. Lach, *Asia in the Making of Europe (Vol. Ⅰ The Century of Discovery, Book One)*, Chicago and London: The University of Chicago Press, 1971, Chapter Ⅳ: The Printed World.

③ 比如沈雁冰《托尔斯泰与今日之俄罗斯（节选）》、周作人《文学上的俄国与中国》、何基《中西文艺复兴之异同》,均载北京大学比较文学研究所编:《中国比较文学研究资料（1919—1949）》,北京大学出版社1989年版,第1—21页。

上。元地理学知识的操演场域虽然是空间,但它最终的效力却来自于时间与空间的相互支撑。元地理学的基本构图原则是:依照与欧洲空间距离的远近把世界划分为等级不同的地理范畴,这里的等级包括现代与前现代,这一观念体系同样属于时间范畴,这种划分恰似沃勒斯坦对于"文化"的区分秘密的揭示。内在于 20 世纪初的中外文学关系研究的国族主义诉求正好需要这种时空结构:以"世界主义"的眼光来看,这种时间的构造是"空洞的"、非"匀质"的;然而以民族主义的眼光来看,这种时间的构造则是"空洞的"、由非"匀质的"到"匀质的"。① 指出 20 世纪初的中外文学关系研究中的时间构造很重要,因为该研究探讨的多为民族国家文学之间的关系,从非"匀质的"到"匀质的"时间构造,正是建构此项研究的民族主体想象的重要策略。这一策略协助了西方文学在中国实践其"地理传播主义"② 方案。作为尚无学科意识的学术实践,20 世纪初的中外文学关系研究从总体上看,采取了一种时空迂回的方式,即以元地理学知识构建"西方主义"话语,在与西方文学的非平行类比中勾画出一幅辐射性的文学图像:中国文学成为辐射或吸聚其他国家文学的中心。于是,中国文学的时间与世界文学的时间的关系就又是"匀质的"了,这似乎是一个悖论(对抗/臣服),其根本原因就在于,该研究背后基于文化身份(民族文学)与政治实体(国家)相一致的元地理学预设本身就是有问题的。从这个意义上说,中外文学关系研究在其起点处就具有主体镜像的特征。

　　然而,考虑到该研究的"西方主义"话语的"民族国家"诉求,也不能简单将之判定为与强势的西方文学话语的共谋,也不能认为这是民族文化主体意识的丧失。近代以来的中国知识分子的民族主义与世界主义往往是一体两面:通过民族主义/"西方主义"书写,构建对抗本土主流话语系统的

---

　　① "空洞的"、"匀质的"表述来自本雅明的《历史哲学论纲》([德] 本雅明:《本雅明文选》,陈永国、马海良编,中国社会科学出版社 1999 年版,第 403—415 页)。此处的论述受到 Benedict Anderson 的启发。See Benedict Anderson, *Imagined Communities: Reflections on the Origin and Spread of Nationalism*, London・New York:Verso, 1991, pp.22-26.

　　② J. M. 布劳特:《殖民者的世界模式:地理传播主义和欧洲中心主义史观》,谭荣根译,社会科学文献出版社 2002 年版,第一章"历史渊源"。

"反话语",进而实现本土文化与西方现代文化分庭抗礼的期望与想象。[①] 但这种文学关系"图像"的勾画方案事实上可能是一条不问收获的单程道,因为它借助了欧洲中心主义的元地理学的基本概念,如民族国家、大陆体系、东方西方等[②],依据地理决定论,即用与欧洲的地理距离和文化距离作为尺度划分文化等级,以"西方"文学单向审判"中国"文学。如果中国文学的未来前景只能是西方文学,那么这种把握文学关系"图像"的方式就意味着中国文学的未来除了接受西方现代性设计好的"世界文学"秩序外,别无选择。

与这种"西方主义"式的构图策略不同,20 世纪初还存在着另一种相反的实践,即从西方现代性危机和反思中汲取思想资源,证明中国文学(艺术)的优势,重绘中外文学关系的图像。[③] 在这幅图景中,表面看起来改变了"中国"文学的原初性时空处境,但实质上仍然依附了元地理学的基本知识框架,即"另一种东方主义"[④] 论述,"中国"或"东方"仍然是西方的知识客体,它与"西方"的地理距离再次被置换为文学上的等级(时间)差异。沃勒斯坦关于"文化"的观点似乎不经意间也描述了"文学"的现代世界体系。

中外文学关系研究在其原点处不但接受了元地理学的知识框架,也预设了该研究领域的空间构图原则,即以民族国家为基本分析单位,以西方文学为根本价值尺度。这种时空层次预设既为后来的学术实践提供了批判超越的起点,也为其划定了基本的论述空间。

---

① 研究例证可参见拙文《娜拉在现代中国:一项知识的考掘》(《戏剧艺术》2014 年第 4 期)。

② See Martin W. Lewis, Karen E. Wigen, *The Myth of Continents: A Critique of Metageography*, Berkeley and Los Angeles: University of California Press, 1997, pp.7–13.

③ 比如 1925 年闻一多、梁实秋和余上沅等人发起的"中华文化的国家主义(Cultural Nationalism)"文艺实践。具体论述参见拙文《中西戏剧交流的误区与困境:"国剧运动"及其文化民族主义悖论》(《中华艺术论丛》第 11 辑,复旦大学出版社 2012 年版)。

④ 周宁先生指出,后殖民主义文化批判意义上的东方主义构筑低劣、被动、邪恶的东方形象,这种东方形象参与了西方帝国主义意识形态的策划,但它同时也遮蔽了另一种东方主义,即一种肯定的、乌托邦式的东方主义,后者成为批判和超越西方不同时期的意识形态的乌托邦。周宁:《另一种东方主义:超越后殖民主义文化批判》,《厦门大学学报》(哲学社会科学版)2004 年第 6 期。

二、文学拼图游戏：元地理想象中的当下困境

20 世纪初期的中外文学关系研究基本与中国现代文学的生成与发展同步，所以学术实践可以与文学创作相互协调，中国现当代文学本身就能够作为辨析中外文学关系的最好例证。因此，一方面，当下的中外文学关系研究同时为两个学科领域中的研究者所关注；另方面，中外文学关系研究的时段重心一般都设定在晚清以降或"20 世纪"，即使涉及中国古典文学，也是"现代"（或"汉学"）意义上的古典文学。于是，多数情况下，中国现当代文学就被委派为"中国"文学的"代表"出面与西方文学进行跨文化"谈判"。

然而，如前所述，鉴于中外文学关系研究在起点处的时空层次结构悖论，中国现当代文学在当下的全球化语境中背负了沉重的思想负担，必须在中外文学关系研究中不断论证自身的文化主体性，从西方覆盖性的"影响"阴霾中走出。换句话说，就是要努力把中国文学与世界（西方）文学之间的时间鸿沟填平。这时候的中外文学关系研究重心从早期的"西方主义"式的国族主义书写转换为对于中国文学时间意义的重新论证和追认，这一学术实践与多元理论的兴起以及"中国崛起"的论述具有同步、同构性。中外文学关系研究作为学科领域的合法性正是在这种这种努力中，渐渐得到了学界的确认 ①，也可以说是忘却。而事实上，这一实践同样借重了元地理学的知识框架，这一努力本身就是全球化的衍生物，或者说是全球主义文化实践的组成部分。

本文将在这一学术背景中，以陈思和先生的名文《20 世纪中外文学关系研究中的"世界性因素"的几点思考》② 为个案，解析其在超越既往的研

---

① 因为"影响研究"的模式在观念上没能超越 20 世纪初期的研究，所以本文略去不论，事实上在学界对"影响研究"的反思之前，"中外文学关系研究"就已经成为一个独特的研究方向确定下来了。本文在这里所说的"努力"就是指对"影响研究"的反思。

② 该文自刊载于《中国比较文学》2001 年第 1 期（引文不再加注）后，反响很大，学界已有过很多讨论。笔者在参与钱林森先生主持的"中外文学交流史"丛书写作时，从该文获益颇多。虽然从该文发表至今已时隔十年，但笔者认为这篇文章仍可代表当下中外文学关系研究的最新理论动向，具有里程碑意义，因此笔者在这里选择该文，从新的角度对其理论建构进行探讨。

究的同时,又如何以倒置的方式延续了 20 世纪初期中外文学关系研究所借助的元地理学知识框架。

这篇长文结合大量的研究实例和理论辨析,从方法论上有力地质疑 20 世纪中外文学关系研究中的"影响研究"的方法和观念;与此同时,作者也提出了"世界性因素"的理论设想,这篇文章"偏重讨论的""世界性因素"是:"既然中国文学的发展已经被纳入世界格局,那它与世界的关系就不可能完全是被动接受,它已经成为世界体系的一个单元。在其自身的运动(其中也包含了世界的影响)中形成某些特有的审美意识,不管与外来文化的影响是否有直接关系,都是以自身的独特面貌加入世界文学行列,并丰富了世界文学的内容。"在这里,"世界 / 中国的二元对立结构不再重要,中国与其他国家的文学在对等的地位上共同建构起'世界'文学的复杂模式"。在对"世界性因素"的强调中,作者着重突出了其对"国别文学范畴"以及"世界 / 中国的二元对立结构"的摒弃。从这个意义上说,这篇文章思考的是 20 世纪中外文学关系研究的阐释立场问题,即"中国"与"其他国家"的文学在中外文学关系研究中的关系格局应该如何描述? 其问题意识则是"中国文学"的"世界"定位,用作者的话说就是要研究"全球化的背景下的民族文化发展与新生的道路"。

20 世纪中外文学关系研究中的"世界性因素"作为一种阐释立场,其中的"世界"是一个"地位对等"的世界,显然,这里的"世界"是一个乌托邦的所在。把作者的"世界"与 20 世纪初期的相关研究中的"世界"加以比较,会发现 20 世纪初的"世界"是一元的,西方文学代表着"世界文学"的最终走向,中国文学只是其低级阶段,其中的时间关系是"匀质"的(以"现代"西方文学为终极目标的"世界文学");而作者构想的"世界"是"多元"的,"中国等第三世界文化与西方强势文化""不分高低优劣",其中的时间是非"匀质的"("世界"文学共同体)、彼此存在差异的。作者认为只有在认识论上破除了一元世界的迷信,才可能"在平等层面上构成人类世界的丰富文化"。

因为文章作者的"世界"作为阐释立场的乌托邦性质,所以可以把"世界性因素"的表述视为一个批判性理论(而不是对一种文学关系现状的定性描述）。与其说"世界性因素"是一个学理性的思考，不如说是一种借以批判当下全球主义意识形态的文化策略。从这个角度看，这篇文章包含了两个层次上的理论努力：首先，作者摒弃了"国别文学范畴"以及"世界/中国的二元对立结构"，以"多元"颠覆"一元"，构建一种理想的"世界主义"文学图像，它超越了民族国家文学以及彼此在时间上的"匀质性"；接着，再回归"民族文化（文学）"的主体性建构，"在其与世界的关系中讨论中国文学的特质"。由此，在"中国（民族）文学"的讨论中，"匀质的"/"一元"的时间去而复返，20 世纪中外文学关系研究中的"世界性因素"的提法事实上并没能真正超越"世界/中国的二元对立结构"，它最终要服务于新的民族文学主体的构造，这在深层次上仍然复制了 20 世纪初期的相关研究及其批判的"影响研究"的逻辑。导致这一悖论的根本原因就在于"世界性因素"中暗含的元地理学知识框架———旦涉及民族文学主体性的构建，就无法避免"匀质的"/"一元"的时间的时空构造。我们不妨追问，一个"多元"、"对等"的"世界文学"图像是由何种单位构成的？如果说是文学"关系"，那么，是谁与谁的文学"关系"？根据文章所述，似乎是民族、国家或意义不甚明了的"文化区域"文学。接着我们还可以继续追问，什么是"中国"/民族文学？地理疆界、文化、语言以及作者的族裔能否规定文学的身份属性？那么这些建构出来的尺度最终由谁来确定？自然意义上的世界/地球被人为地划分为民族国家、大洲等单元，然后假设文化身份（文学）与政治实体（民族国家）可以互相叠合，在这个时空预设上讨论中外文学关系研究中的非"匀质的"时间/多元构造（"世界性"），自身就暗隐着一个自我解构的逻辑。所谓的多元平等的"世界文学"图像，很可能只是一个不慎坠入元地理学陷阱的文学"拼图游戏"，其中的批判的乌托邦意义也随之消解。

　　中外文学关系研究与弱势民族的文化实践策略、元地理学与欧洲中心主义在全球化意识形态中具有同构性。20 世纪中外文学关系研究中的"世界性因素"的理论构想在有力地解构西方（欧洲）中心主义的同时，也隐喻地表达了弱势民族的知识分子在压抑性的全球化意识形态中的文化理想与实践困境。这一理论构想作为一种"反写"（writing back）的对抗性话语，仍然借助了元地理学设定的时空层次结构,使之没能真正解构西方中心主义依附的二元对立的哲学前提,其批判的锋芒与主体性凸显与全球主义的"一元"时间构造最终还是达成了一致。中外文学关系研究的这一实践困境也昭示了卷入"现代世界体系"的学科领域是如何通过自身的知识生产协调权力关系的。

三、区域文学关系研究:进路与反思

杜克大学的马丁·W.刘易士(Martin W. Lewis)和卡伦·E.魏根(Karen E. Wigen)教授针对欧洲(非洲)中心主义的元地理学观念,曾提出一种另类的方案,即改进的世界区域(World Regions)。固然,该方案也不可避免地存在着下述缺陷:首先,在源头上世界区域体系仍然不可避免地带有自我中心的欧洲地理传统,因此它深受民族国家神话和地理决定论的双重不良影响;其次,世界区域体系和大陆体一样,暗示了世界上不同地理实体间可以轻易地作为可相互比较的单位;还有,世界区域方案最为根本的缺陷在于它继续漠视全球地理的复杂性。但世界区域方案对于思考元地理学颇为必要,改进的世界区域框架也是一种有益的另类选择,它比通常的大陆方案有着较少的欧洲中心主义倾向。① 这一论述对我们思考中外文学关系研究的理论困境有一定的启迪意义:我们能否从国别文学关系研究转向一种区域间的文学关系研究,进而打破民族国家作为中外文学关系研究的分析单位的限制?

需要明确的是,这里的区域(region)不同于另一种"区域"(area)。"区域研究"(Area Studies)中的"区域"是二战结束后,西方"自由世界"依据"冷战"的意识形态话语对世界的空间化分,是地缘政治斗争的直接产物。"严格地说,'区域研究'作为一种知识生产的方式,正如其名字所暗示的,它源自军事。虽然说对于(比如)'远东'地区的历史、语言和文学的研究在二战之前就开始了(爱德华·W.萨义德可能会说这是基于文献学的旧

---

① Martin W. Lewis, Karen E. Wigen, *The Myth of Continents: A Critique of Metageography*, Berkeley and Los Angeles: University of California Press, 1997, p.186.

东方学者的传统),但该研究在特殊的地缘政治的指导下的系统化,则主要是战后美国的一个现象。"① 本文在这里强调的"区域"与上述"区域研究"中的"区域"意义正好相反,它刻意打破人为的、具有欧洲中心主义倾向的元地理学空间单位,如大洲、民族国家、东方西方等。区域间的文学关系研究可能突破元地理学知识框架的束缚,这类研究可以是东南亚、南亚、中亚、西南亚、北非、伊比利亚美洲、北美、中欧等区域之间的文学关系探讨。

　　本文关于区域文学关系研究的提法并不新颖,这方面的理论或实践在中外文学关系研究领域早已存在。比如,何成洲先生关注的中国与北欧的文学关系,就部分地涉及了本文强调的"区域文学关系研究","北欧文学"的概念就暗含着超越民族国家和欧洲这样的元地理学概念的潜力。但学界对其研究的这一理论面向似乎重视不够,在笔者极有限的阅读视野中,尚没有看到对其研究的此类突破的理论概括,其研究仍处于理论上的不自觉状态。值得注意的是,葛桂录先生曾在《中外文学关系研究 30 年》一文中,敏锐地预感到了中外文学关系研究的未来趋向之一,就是"立足于区域文化视野里的中外文学关系研究"②。遗憾的是,可能限于篇幅与题旨,作者未能对这一问题展开,"文化区域"在其文章里面的界定有些不够清晰。比如,按照作者举的例子,福建区域文化(闽文化)事实上仍然建立在行政区划(人为)的地理前提上,这里的区域与本文的设想不甚相同。当然,该文的立意并不在此,其出发点是通过研究资料的区域性(地方性)达成研究成果的原创性,尽管如此,作者的提法的理论意义在本文看来已经超越了文章本身。

　　"区域文学关系研究"作为质疑中外文学关系研究的时空层次预设的替代性方案,其中也包含着诸多难题,比如"区域文学"与常见的"国别文学"、西方文学、欧洲文学,甚至是"地方文学"等称谓之间是什么关系?"区域"作为超越元地理学范畴的策略,它与建基于元地理学观念的文学划分必定有叠合的地方,甚至可以说,元地理学意义上的空间构想也有其合理的一

---

　　① 　Rey Chow, *The Age of the World Target: Self-Referentiality in War, Theory, and Comparative Work*, Durham and London: Duke University Press, 2006, p.39.

　　② 　葛桂录:《中外文学关系研究 30 年》,《烟台大学学报》2008 年第 4 期。

面,它们最初的产生很有可能也依据了"世界区域"的划分标准。接下来要回答的就是,在区域文学关系研究中,如何处理前一个问题? 显然,这在本文的论述框架内是无法完成的,笔者期待着与学界师友们一道,就上述问题共同思考、相互反驳!

初提交并宣读于"当代比较文学与方法论建构:中国比较文学学会第 10 届年会暨国际学术研讨会"(复旦大学中文系, 2011 年 8 月 9 日),后收入杨乃乔、刘耘华、宋炳辉主编:《当代比较文学与方法论建构》上册,复旦大学出版社 2014 年版;感谢钱林森教授、刘洪涛教授会议上的点评

开放的心灵：门多萨《大中华帝国史》的现代性世界观念体系

一、克娄巴特拉的鼻子

未能进入 16 世纪在华传教士名录，可能是奥古斯丁会修士胡安·冈萨雷斯·德·门多萨一生最大的遗憾。门多萨一生至少有两次与他热切向往的中华帝国失之交臂。

当欧洲其他地区尚面临着政治、经济诸方面的危机时，因应了地理洋流优势、远程贸易经验、境外资金支持，还有更重要的一点，即相对稳定的内部政局，葡萄牙在 15 世纪初就率先开始了其海外探险的事业。[①] 等到 16 世纪初期，葡萄牙人已捷足先登，涉足亚洲，以马六甲为据点开启了其在东印度的商业扩张，并努力探寻渗透中华帝国的各种可能途径。当葡萄牙人得知，马六甲的香料在中国市场可以赚取和在欧洲市场同样多的利润时，打开前往中国的海陆交通，实现和中国商人的直接贸易，就成为商人和冒险家们梦寐以求的事情。此时，明朝政府的大部分精力为北方的女真人所牵制，南部海防

---

① ［美］伊曼纽尔·沃勒斯坦：《现代世界体系·第 1 卷·十六世纪的资本主义农业与欧洲世界经济体的起源》，尤来寅等译，高等教育出版社 2004 年版，第 36—39 页；［美］斯塔夫里阿诺斯：《全球通史：从史前到 21 世纪》下册，吴象婴等译，北京大学出版社 2010 年版，第 407—409 页。

较为松懈,葡萄牙商人和传教士实现了对中国的有限渗透。但自从亨利王子时代直至 16 世纪中期,葡萄牙政府为了实现其在东方相对于欧洲竞争者的商业垄断地位,就通过严格的审查制度和强制手段,控制其在亚洲的航海、贸易、军事以及政治机构的相关资料。因此,尽管葡萄牙在亚洲的贸易网络中扮演的角色并不像往常所夸张的那样重要,但它的海外信息保密政策却有效地使中华帝国被屏蔽在欧洲其他地区的视线之外。①

同位于伊比利亚半岛的西班牙,因为 1493 年 5 月 4 日的亚历山大教皇那条著名的分界线,以及次年 6 月 7 日与葡萄牙达成的《托尔德西拉斯条约》,这时候主要忙于在哥伦布及其后继者陆续发现的“新世界”开掘银矿。与此同时,西班牙人也在积极寻找着介入远东香料贸易事务的任何机会。葡萄牙人麦哲伦在查理一世的支持下,率领其船队于 1519 年 9 月从塞维利亚扬帆出发,仅剩的“维多利亚号”满载香料在 1522 年 9 月返回,成功开辟了向西航向亚洲的通道。地球是圆的!伊比利亚半岛上的这两个国家虽然依据条约分头行动,但迟早要在某个点上相遇。果然,麦哲伦船队伟大的航海事件引起了若昂王三世的抗议,焦点集中在马鲁古群岛的拥有权问题——15 世纪对世界的模糊划分似乎无从解决这一争端。在拖延与葡萄牙达成协议期间,西班牙人再次于 1525 远航香料群岛。这场争端到 1529 年才以《萨拉戈萨条约》达成协议:西班牙以 35 万达克特为回报,承认葡萄圩对马鲁古群岛的拥有权。促成该协议的一个重要原因是,西班牙和法国正在发生战争,急需财力支持,而不是把大量金钱投资在极费资财的海外探险事业上。在麦哲伦船队开辟亚洲航路的同时,科尔斯特则征服了富裕的阿兹特克帝国。西印度丰富的金银矿藏看上去远比葡萄牙人已牢牢控制的香料群岛更有吸引力。事实上,西班牙人在东方的探险事业尚未形成规模的时候,伊比利亚国家在海外的势力角逐中就开始衰落了,它们一度试图扮演的角色逐渐已经为荷兰人所替代。

在 16 世纪的亚洲,西班牙人关注的焦点和征服的据点是菲律宾。1565 年,米格尔·洛佩斯·德·莱加斯比的远征队历尽艰辛,最终成功在菲律宾

---

①   Donald F. Lach, *Asia in the Making of Europe Vol. I--The Century of Discovery*, Book 2, Chicago and London: The University of Chicago Press, 1971, p.732.

构建了西班牙的东方基地,这一壮举画出了美洲和远东间的交通线。这一年,第一支由奥古斯丁会修士组成的传教团也在此地创立。西班牙人的宗教事务一开始就与海外地域征服始终捆绑在一起,而且从事传教工作的修士是清一色的西班牙出身,因此,和那些贸易探险者一样,修士们的宗教事务也沾染了海外拓殖的色彩。[①] 商业与政治分别构成了传教团体在海外生存的基础和发展的依托。[②] 此时,一名20岁的年轻人在墨西哥加入奥古斯丁会已经将近一年了,他就是门多萨。从时代情势及个人际遇来看,年轻的门多萨修士无疑是非常幸运的——在一个千载难逢的历史节点上,历史似乎向他洞开了一扇可能前往东方并收获灵魂的大门。

到16世纪中后期,葡萄牙在东方的香料贸易事务中的垄断地位逐步被其竞争对手和自身的危机所瓦解。特别是1522年麦哲伦船队中的"维多利亚号"成功完成环球航行,返回塞维尔的事件,既宣告了葡萄牙在东方海域霸权梦想的彻底破灭,也激活了欧洲其他地区在东方香料贸易中分一杯羹的强烈愿望。与此同时,来到东方的耶稣会士书简在欧洲的系统出版与传播,也致使葡萄牙的亚洲信息保密系统开始渐次崩溃。一度曾遮蔽了中华帝国的知识面纱在欧洲人面前被徐徐揭开。[③] 伴随着信息渠道的开放,知识的地图不断展开,欧洲人的心灵世界逐步得以开放。想象力有多大,世界就有多大。新的知识地图将引领着欧洲人进一步绘制出新的空间地图,现代世界的观念体系在这一过程中逐渐形成。1570年前后,香料在欧洲的价格开始大幅下跌,此时,欧洲人在印度和东南亚的挫败感越来越强,其在亚洲的关注重心逐渐开始转向中国和日本。当西班牙人在菲律宾与中国人接触的信息传到国内后,引起了宗教团体前往中国传教的普遍热情。此时,构建了菲律宾据点的莱加斯比在给墨西哥总督的信件中清楚地指出,菲律宾的意义就在于为长驱直入中国海岸作基地。[④] 作为试图征服远东并推进基督教传播事业

① Donald F. Lach, *Asia in the Making of Europe Vol. I--The Century of Discovery*, Book 1, Chicago and London: The University of Chicago Press, 1971, p.298.

② 周宁:《人间草木》,商务印书馆2009年版,第12页。

③ Donald F. Lach, *Asia in the Making of Europe Vol. I--The Century of Discovery*, Book 1, Chicago and London: The University of Chicago Press, 1971, p.154.

④ [英]C.R.博舍克编注:《十六世纪中国南部行纪》,何高济译,中华书局1998年版,第19页。

的头号强国,西班牙人这时候似乎已做好了充足的准备。门多萨的梦想似乎越来越变得现实。

1573 年,奥古斯丁会修士迭戈·德·埃雷拉带着来自东方的礼物,风尘仆仆地从马尼拉返回,急急前往菲利普二世的宫廷。人在墨西哥城的门多萨受命陪同。菲利普二世欣然接受了埃雷拉修士的礼物,及其提出的增加东方传教力量的请求。两年后,埃雷拉带着 40 名修士启程前往菲律宾。这一年,第一个前往中国的西班牙传教团由两名奥古斯丁会修士马丁·德·拉达和热罗尼莫·马林带领,前往中国福建,但门多萨却留在西班牙。度过了有些"漫长"的两年,1577 年,马林修士率领着一个从中国返回的奥古斯丁会传教团,带着拉达修士撰写的中国报告来到了菲利普二世的宫廷,并提出了和埃雷拉修士五年前一样的请求,即增派去中国传教的人手。又过了三年,门多萨的机会终于来了。

1580 年,菲利普二世授权马林、门多萨、弗朗西斯科·德·奥特加带领一支传教团前赴中国。这一年,菲利普二世的军队进入了葡萄牙,而菲利普二世的命运也达到了巅峰。1581 年,门多萨一行已经动身,到达了"新西班牙"。当然,此行最终未能成功,根据门多萨的记叙,主要原因是准备中国之行所需的事物时遇到了麻烦,菲利普二世同时也希望门多萨予以理解。① 与其说门多萨的事与愿违是来自属于物质方面的原因,不如说是时局方面的后果。于门多萨而言,也许有些不幸的是,同年的托马尔议会选举菲利普二世为葡萄牙国王。菲利普二世当时接受了托马尔联盟会议上提出的 25 项条款,他承诺葡萄牙固有的地方法权不受侵犯,所有重要的,包括教会高级官员除了王室人选都应是葡萄牙人,西葡两国政务各自分开,应存两种币制……② 尽管后来未能真正履约,但这些策略性的承诺似乎间接波及了门多萨一行的传教计划的顺利进展。除此之外,"尼德兰革命"代表宣布废除西班牙国王在诸省的统治权,此事得到了英国和法国的支持,这是西班牙衰落

---

① [西班牙]门多萨:《中华大帝国史》,何高济译,中华书局 2004 年版,第 152 页。
② [美]查·爱·诺埃尔:《葡萄牙史》下册,南京师范学院教育系翻译组译,江苏人民出版社 1974 年版,第 229—230 页。

的开始。①

　　神圣既为世俗所益，也必将为世俗所累。从一开始，奥古斯丁会在东方的传教事业的发展就分享了西班牙海外扩张的成果，那么，它最终也就不可避免地要面对后者带来的困境。尽管睿智自信、坚忍勤勉，但伊比利亚半岛的混乱局面还是让菲利普二世感到疲于应付，他不得不把主要精力从土耳其和远东收回，投注在欧洲北部。在容忍英国对他长达近三十年的挑衅后，高傲孤独、令人敬畏的菲利普二世此时清楚地意识到，要解决尼德兰纷争，与其支持者英国展开一场恶战就在所难免。此时，菲利普二世基本上已无暇再顾及往中国派遣传教团的事情了。基于这两个主要因素，雄心勃勃的门多萨一行 1581 年被搁浅在"新西班牙"。这一年，来自意大利的耶稣会士利玛窦已经在果阿打点行装，准备动身前往澳门，另一名耶稣会士罗明坚更在广州建造了一座天主教小教堂。而门多萨等人最终不得不重返西班牙，筹划已久的中国传教之旅在这一年成为泡影。

二、被延搁的欲望

　　个体命运在恢弘的历史巨轮下总是显得那么微不足道。然而，正是那个粉碎了门多萨修士梦想的"克娄巴特拉的鼻子"，竟又意外地成就了欧洲认识中国的另一段历史。

　　1583 年，门多萨到达罗马，受命于教皇格里高利十三世，负责编撰一部"关于中华帝国已知事物的历史"。根据芝加哥大学历史系现代史专业教授唐纳德·拉赫的研究整理，门多萨在撰写这部《中华大帝国史》时，至少使用了以下资料：克路士、拉达和洛阿卡的著述，赖麦锡编辑出版的《航海旅行记》中巴尔博萨的著述，拉达和马林关于中国的谈话，中国书籍和发自中国的耶稣会士书信，以及努力前往中国传教的西班牙修士们的记述等。除此之外，可能还使用了门多萨未加说明的材料，比如埃斯卡兰特、卡斯塔涅达和巴

---

　　①　［美］伊曼纽尔·沃勒斯坦：《现代世界体系·第 1 卷·十六世纪的资本主义农业与欧洲世界经济体的起源》，尤来寅等译，高等教育出版社 2004 年版，第 227—228 页。

罗斯的相关著述。① 门多萨以其高超的组织剪裁和叙述表达技巧,把这些源头纷杂、彼此龃龉的材料梳理得井井有条,中华帝国在其摇曳清新的语言风格中,显得光彩夺目,令人心往神驰。1585 年,该书由教皇特许,在罗马出了第一版。因其资料的丰富性,内容的可读性,以及版本的权威性,当然,更因为 16 世纪后半叶欧洲基督教会汲汲于远东传教事务的开拓,《中华大帝国史》甫一面世,就出现了"欧洲纸贵"的盛况。《中华大帝国史》迅速成为 18 世纪前欧洲人认识东亚的必备知识指南。门多萨修士 1618 年长眠于美洲时,他编撰的这部时代性著作已经被译作不少于 7 种的欧洲语言译本,出版近 50 次。这一贡献与成就也许多少可以平复门多萨修士在 1581 年的遗憾。

无法想象,如果门多萨修士能够踏上中国的土地,实现其对远东传教事业的抱负,《中华大帝国史》能否在这个历史节点上完成并传播。或许,历史仍会假另一个"门多萨"的手笔来完成这部著作,亦未可知。事实上,即使 1581 年西班牙的国内外局势允许门多萨成行,他进入中国开展传教工作的机会亦很渺茫。"由于海盗行为的长期威胁,以及当时的人对于 16 世纪中叶中国——日本的海盗(倭寇)的可怕入侵,尚记忆犹新,所以中国海岸受到了严密监视。具有好战本性的葡萄牙人和卡斯蒂利亚人(Castillans),在那里特别受人憎恶。"② 因此,除了耶稣会士罗明坚、利玛窦等少数传教士,"耶稣会、方济各会、奥古斯定会和多名我会等不同修会的多名传教士,于 16 世纪下半叶曾试图自澳门进入广东,但却未能在那里滞留数月以上"③。我们更不要忘记方济各会的佩德罗·德·阿尔法罗在 1580 年那个沮丧万分的言论:"无论有或是没有军队的帮助,想进入中国都不亚于想伸手去尽力触摸天空。"④ 但至少有一点是确定无疑的,如果 1581 年门多萨到了中国,他本人完

---

① Donald F. Lach, *Asia in the Making of Europe Vol. I--The Century of Discovery*, Book 2, Chicago and London: The University of Chicago Press, 1971, p.744, p.747.

② [法] 谢和耐:《中国与基督教——中西文化的首次撞击》,耿升译,商务印书馆 2013 年版,第 1 页。

③ 同上书,第 342 页。

④ Donald F. Lach, *Asia in the Making of Europe Vol. I--The Century of Discovery*, Book 1, Chicago and London: The University of Chicago Press, 1971, p.297.

成的中国记述必定不可能是《中华大帝国史》的面貌,因为,最有可能展现在门多萨眼前的一幕,将是菲利普二世那满载着美洲白银的大帆船,在马尼拉附近的海域上回还往返。① 事实上,就在门多萨所编撰并出版《中华大帝国史》的同一时期,因明王朝的木质宫殿毁于火灾,政府连年举朝野之力筹集巨额白银用于劳民伤财的皇宫再造工程,为各个省份留下了难以负荷的财政重担。此时,在遥远的中国,一位心性敏感的文人正在孜孜撰写一个山东药材商"妻妾成群"的日常生活故事,其中已经隐隐透出那个时代精神衰变的讯息。这个关于中国家庭生活的长篇故事就是《金瓶梅》,在其无边的风月中含蕴着时代的风云。

如果说语言源自匮乏,那么,成就了门多萨修士的可能正是其未竟的中国之行。想象的精神漫游远比真实的身体旅行迷人和美好。门多萨在罗马编撰《中华大帝国史》的历程,也正是他的思虑在"大中华帝国"自由穿越的过程,他依赖叙述所呈现的中国,正是他期望看到的中国。这本精彩的编著,其实是门多萨本人的欲望被延搁之后,一种更为强烈的自我心理补偿。

除此之外,知识与身体之间,还存在着另一个关键的意义链接点,即个体所处的时代。在西方人想象中国的谱系中考察《中华大帝国史》,这个意义链接点才能清晰地凸显出来。"西方的中国形象史上,虚构的因素往往比真实的更有影响力。……人们的社会文化期望不关注那些'真实的内容'。或者说,地理大发现与文艺复兴时代的欧洲文化,不需要这样一个过于庞杂、斑驳不清的中国形象,更不需要中国形象的阴影,他们期待一个明白、确定、优越的东方帝国;或者说,他们与其需要一个真实的中国,不如说需要一个理想的中国,一个真实但又遥远,很少有人能够自己去证实的乌托邦。"② 在作为文本的《中华大帝国史》里面,不仅投射并释放了大航海时代那些未能亲历中国的欧洲人对远东文明的欲望,而且,《中华大帝国史》的叙事还构成了联结个体历史与时代脉络之间想象关系的中介。在叙述者的立场上,

---

① 因为 1494 年的《托尔的斯利亚斯》条约:"在马尼拉设立基地以后,西班牙不能直接与亚洲贸易,但是它招募中国商人参与中国——马尼拉贸易,用白银来交换生丝。"[日]滨下武志:《中国、东亚与全球经济:区域与历史的视角》,王玉茹、赵劲松、张玮译,社会科学文献出版社 2009 年版,第 97—98 页。

② 周宁:《天朝遥远:西方的中国形象研究》上卷,北京大学出版社 2006 年版,第 62—63 页。

这个时代脉络的要点就在于,哈布斯堡王朝的帝国意志及其在欧洲利益格局中渐趋式微和边缘化的具体情势。总之,在《中华大帝国史》的编撰和虚构中,其实恰恰暗隐着 16 世纪末期"区域欧洲"想象世界的不同层次,或者说《中华大帝国史》的编撰本身就是一个凝结了 16 世纪末期欧洲的远东知识状况的核心意象。这一资本流通与知识侨易 ① 的脉络不仅对解释《中华大帝国史》的广泛传播和知识后果有效,对评论该书的叙述结构安排更是有益。

三、浪漫的观念旅行

《中华大帝国史》原名为《伟大而强盛的中华帝国历史及其情形》(*The History of the Great and Mighty Kingdom of China and the Situation Thereof*),全书共分两部分,第一部分是"中华大帝国的历史"。该部分包括3卷44章,分别涉及中国的自然地理、行政区划、人文景观、宗教信仰、仪式风俗、政治制度、手工农业等内容。

《中华大帝国史》开篇交代了全书资料的来源,即居住在距离中国 300 里格的菲律宾群岛上的西班牙人十年来提供的报道。这暗示并奠定了该书的言说位置和叙述基调,以及某种由自我期许出来的叙述可靠性。

视线从西班牙的东方基地穿过烟波飘渺的大海,眺望位于几千里外传说中的庞大帝国,首先关注或想象到的可能就是其广袤的幅员。"这个大帝国是在全部亚洲的极东部分,它西面的紧邻是交趾支那(Quachinchina)国,当地人全都遵守中国风俗习惯。这个帝国大部与大东洋海(Great Orientall Ocean Sea)相接,始自临近交趾支那的海南岛(Island Aynan),它在北

---

①　在方法论层面,侨易观念强调在考察思想变迁的过程中,要"观侨取象,察变寻异"。这个动态的过程又暗隐着两个层次:在"二元三维"的分析框架中思考思想观念在漫长的变迁、侨动、变易过程中讨论异质文化碰撞、互动关系中的"交易",其重心在于"变创";还有一个重要的意义向度,就是这个过程中的"不易"或"渐常"。"第三维"不再把资本与权力视为一种绝对的中心,而是以一种文化间沟通、转换、契合之后的见道之思将其包容。关于侨易观念的详细论述,可参阅叶隽先生的《变创与渐常:侨易学的观念》(北京大学出版社 2014 年版)及其富于启发性的长文《"理论旅行"抑或"观念侨易":以萨义德于卢卡奇为中心的讨论》(叶隽主编《侨易》第 1 辑,社会科学文献出版社 2014 年版,第 258—277 页)。

纬 19 度,并向南延伸,其路线是东北方向。而在交趾支那另一边的北面,有缅甸(Bragmanes)接境,……和该国相邻的是巴坦人(Patanes)和莫卧儿(Mogores),……在西南方面是担罗跋纳(Trapobana),即苏门答腊(Sumatra),一个盛产金子、宝石和珍珠的小王国;再向南是大小两爪哇(Iauas)及琉球(Lechios)国,而相等距离是日本(Japones),仍然对这个帝国更无情的是鞑靼人(Tartarians),他们也在同一陆地即大陆上,仅被一道墙分开来,……"①

在这片幅员辽阔且气候温和的疆域里,一切都充满了生机——该国满是青年,妇女每月都在分娩,大地上的作物一年可达三熟甚至四熟。这些自然优势,和这里勤劳的居民,使中华帝国成为全世界最富饶的国家。粮食、水果、牲畜、香料、草木、金属等在这片土地上应有尽有。关于这些财富,门多萨评论道:"而最早发现和居住在该国的人没有受骗,因为他们发现这里有一切人生所必需的东西,所以有正当理由说,这里的居民可以认为他们占有全世界最好最肥沃的国土。"② 对 15 世纪末期的欧洲人来说,瘟疫、饥馑、战争以及来自奥斯曼土耳其帝国的威胁,"适彼乐土"无疑已成为集体无意识。想象一个富足而和平、遥远且真实的国度就成为必须。门多萨的感慨中潜在地含有一个现实的欧洲在与中华帝国相比较的视野,由此,中华帝国成为超越欧洲的内在动力和欲望符号。

作为一种文化实现自身的超越的符号,在门多萨的叙述中,中华帝国的历史呈现出一种完成的、静态的、永恒的特征。"这个国家是很古老的,据认为最早居住在该国的是挪亚的孙子。但已知中国史上的启蒙时代,则始自黄帝(Vitey),他是他们的第一位国王,使他们的国家成为一个帝国,并且一直传到现在统治的国王,……"③ 从行政区划上看,中国有 15 个省,591 座城和 1539 个市镇。每座城都有完美的城墙、街道和房舍,雄伟宽敞,坚不可摧,秩序井然。房舍的建筑风格引发了门多萨修士的怀古幽思,让他想起了古罗

---

① 这里使用的是何高济先生的译文,见〔西班牙〕门多萨:《中华大帝国史》,何高济译,中华书局 2004 年版,第 2 页。下文仅注译者、出版时间和页码。

② 同上书,第 14 页。

③ 同上书,第 16 页。

马的装饰样式。这不仅意味着一种文化价值的潜在置换,还呼应了全书开篇设定的言说位置。

在门多萨眼里,中国人在生理上是健康、匀称而漂亮的。他细心地叙述了广东人和内陆人在肤色上的区别,前者像摩尔人一样是褐色,而内地人更像欧洲人,白而红。为了说明中国的气候温和,门多萨一厢情愿地认为中国人穿丝绸、亚麻类的衣服,就是最厚的。事实上这一说法已明显与中国人的肤色差别,以及广袤的疆域相龃龉。关于中国女性裹脚的习俗,门多萨委婉地评论道,这出自中国男人们的一种实用主义企图和发明:通过劝诱甚至是法律强制的手段,裹脚的女性被致残而不便行动,如此她们就无法外出,可以不停地工作。中华帝国充满了能工巧匠,其生产出来的布料丝绸、陶瓷草药等制品均物美价廉,广销亚欧市场。

与中华帝国广袤的疆域和耀眼的财富形成对照的是数量庞大的异教徒和愚氓荒谬的信仰。一旦谈及中华帝国的居民们的宗教活动和偶像崇拜,门多萨修士的口气就变得严厉起来。他毫不客气地指出,"这些偶像崇拜者和盲目的人,虽然在公共福利的管理方面精明聪慧,在各种技艺方面灵敏机巧,他们仍然对很多别的事物极端盲愚和无知,以致使得他们不明白那确实重要的东西。但这不足奇,因为他们缺乏基督教真理的明光,没有它就会丧失敏锐的智力"[1]。门多萨发现,除了崇拜神灵,中国人还向魔鬼献祭,但同时又不尊敬自己所拜的偶像,屈从于种种迷信和异端邪说;并且,在关于世界起源和人类的创生方面,中国人也有许多谬论。

如果说中国人在宗教信仰方面的愚盲和混乱,证明了在中国开展基督教归化工作的急迫性和必要性,那么,当门多萨发在中国人的宗教绘画和塑像中发觉了用于自我印证的方面时,在远东传教的合理性与可能性就出现了。门多萨在中国人祭拜的偶像中,发现"有一尊奇特神异的偶像,很受他们崇敬,他们把它画成一个身子三颗头,相互不断望着。并且他们说这意思是,三颗头都有一颗良心和本质,凡使一个头高兴的,也使其他头高兴,反之,凡冒犯和触怒一个头,也冒犯和触怒另两个头。用基督教义去解释,这可以理解

---

[1] [西班牙]门多萨:《中华大帝国史》,何高济译,中华书局 2004 年版,第 39 页。

为圣三位一体的神秘,那是我们基督徒礼拜的,而且是我们信仰的一部分。这件事,连带别的事,看来多少符合我们圣洁、神圣和基督的宗教,因此我们可以确实认为使徒圣多默在这个国家布道,……"① 门多萨还引用圣多明我会的葡萄牙修士克路士的中国南部见闻:在"铺着华丽布单的祭坛上看,发现其中有一尊极完美的妇女像,有一个孩子把手臂抱着她的脖子,前面点着一盏灯。……根据所说的这点,容易相信使徒圣多默曾在这个国家布道。因此可见那些百姓把这种风俗保持了许多年,并且还要保持下去,这是他们对真实上帝有所认识的迹象。"② 门多萨确信,他在中国民间信仰的个别符号与基督教的相似性中看到了中国人皈依上帝的认知基础和事业前景:"使徒圣多默在中国布道之事看来是真的,我们可以认为,我们所看到的东西,因他的教导已刻印在他们(中国人)的心上,和真理有类似的地方,符合我们天主教的事。"③ 但这个看法可能隐含着一种不为门多萨意识到的自我欺骗性——他在这种比较中,真正认同的与其说是中国民间信仰中的"使徒圣多默"痕迹,不如说是天主教,因为中国民间信仰的符号在门多萨修士这里是一个实现自我印证的他者。同时,门多萨的评价也泄露了他看待中国宗教的知识视野。

从门多萨修士对在中国传教的乐观态度,即可看出使徒圣多默的传说对欧洲大众的想象的型塑力量。自公元 1 世纪始,欧洲就流传着使徒圣多默在"基督复活"后就启程前往东方,后来在安息和印度布道的故事。据说,印度基督教会成立后,这位使徒就殉道了,其遗体被保存在东方一个信奉基督教的国度。圣多默在东方传教的故事在十字军东征的时代,又被长老约翰的帝国传说所强化,且为欧洲人所深信不疑。在 12 世纪到 14 世纪的欧洲,有种无稽之谈——在东方有一位信仰基督教的国王,统治者一个富有的国度(圣多默似乎就长眠于此),其帝国疆域包括从印度到远东的大块陆地,他曾大败穆斯林,而且将协助十字军征战撒拉森人——相当流行。④ 在这个故事

---

① [西班牙]门多萨:《中华大帝国史》,何高济译,中华书局 2004 年版,第 36 页。

② 同上书,第 37—38 页。

③ 同上书,第 54—55 页。

④ Donald F. Lach, *Asia in the Making of Europe Vol. I--The Century of Discovery*, Book 1, Chicago and London: The University of Chicago Press, 1971, pp.25-27.

传播和流转中,欧洲人的东方想象逐渐有了原型并被定型。其实,长老约翰的王国究竟如何定位,是个聚讼纷纭的问题。这个基督王国14世纪早期曾被定位在亚洲,但很快又转移到了非洲。这一微妙的知识状况当然与“东方”这个变动不居且暧昧含混的文化政治表述有关。在不同的欧洲脉络中,“东方”可以是某个基督教区域,如东罗马帝国或俄罗斯东正教区,也可以是“非欧洲”,如埃及、地中海以东,还可以是东亚、东南亚、中亚,甚至可以是二战时期的德国和冷战时期的“共产主义阵营”……① 门多萨修士在《中华大帝国史》的叙述清晰地承续了14世纪早期欧洲的亚洲论述传统,同时也延续了这一传统本身对亚洲事务的浪漫态度。

四、文化大发现,或知识地图的展开

早期伊比利亚人的海外宗教与世俗事务始终裹挟在一起。这一情形在现实层面,体现为海外传教士工作对政治和商业的倚重;在文本层面,则体现于叙述海外事物时对二者的错综交叉。门多萨在《中华大帝国史》第一部的第二卷似乎是专为中国宗教开辟的,但在临近结束时,还是不由自主地从宗教的讨论反弹到了世俗的制度描述。这似乎预示了关于中华帝国的社会治理制度将是第三卷甚至可以说是整部著作的核心内容。

衔接二者的篇章是中国人的婚丧仪式。仪式作为社会行为,本身就同时包含了具象与想象,处于世俗与宗教的阈限状态。在讨论中国人的婚丧仪式的两章中,已经包含了大量制度性的内容。比如,在谈及一夫多妻制、妻子与人通奸的处罚等内容时,就涉及了帝国的律法。因为中国的婚俗在平民百姓和王公贵族中各有不同,门多萨最后细述了皇帝为子女、亲人做婚嫁的情形。似乎对皇室义务的讨论意犹未尽,在第二卷最后一章,突兀地出现了“在这个大国怎样没有穷人在街上或庙里行乞,及皇帝为无力工作者的供养所颁发的诏令”。对这一不甚协调的内容组织方式,门多萨也不得不颇为饶舌地解释道:“有关大政府的许多事情,值得一谈的,已经和将要在本史书中叙述;但

① Lewis, Martin W.& Wigen, Kären E., *The Myth of Continents: A Critique of Metageography*, Berkeley and Los Angeles: University of California Press, 1997, pp.56—57.

按我的意思,这丝毫没有包含在本章内,本章记的是皇帝及其朝廷颁发的诏令,禁止穷人在街道上,并在祭拜偶像的庙宇里行乞。"[①] 解释的结果是这一章叙述的内容尤其令人瞩目。

门多萨指出,皇帝下禁令,穷人行乞或向乞者施舍,均将被施以重罚。每个城镇都有专司此职的官员"职掌",该官员第一天任职就要求:"……父母把所有天生肢体有残的孩子,或病残的,或有其他病害的,交给官员审视,他好按皇帝及其朝廷的命令和意思,供给所有必须的事物。这就是,有缺陷的男孩或女孩被领到他面前看过,如果还不影响从事某种职业,就给父母一个期限,教会官员给规定的那种工作。这样虽然有残疾,却不妨碍他们谋生;这照办无误,但如果伤残严重到不能学习或从事任何职业,这名管穷人的官员就命令其父亲在家里供养他一辈子,如果父亲有资财的话;如果父亲没有资财,或没有父亲,那么另一个富有的近亲必须供养他;如果他没有这些,那么他的所有亲属都捐助一份,或者资助他们家里有的东西。但如没有亲属,或者他们穷到不能捐助任何份子,那么皇帝就用自己的费用在医院里充分供养他。医院很气派,皇帝在全国每座城市都设有这样的医院。这些医院里还供养那些在战争中度过青春、无力自谋生路的老人和穷人;所以这个那个都得到所需的供应,而且认真周到。为了办好这件事,官员安排妥当,任命城镇的一名首脑为管理人,无他的许可,医院内的人不能走出界限,因为并不是任何人都可得到这种许可。他们也不要求它,原因是,只要他们活着,就供给一切所需的东西,诸如衣物和粮食。此外,医院内的老人穷人养母鸡小鸡和猪,作为自己的保养利益,以此自娱。……在全国内采取这些法子,尽管它很大,人口无数,仍然没有穷人在街头死亡和行乞,这是奥古斯丁赤足修士及跟他们一起进入该国的人所眼见的。"[②]

《中华大帝国史》谈及的管理方案和慈善制度,与其说是现实的描述,不如说是想象的表述。"中华帝国"这一整套治理社会的机构及其运作方式,正是16到17世纪逐渐遍及欧洲的一种被称为"总医院"的管理网络的思想雏形。自文艺复兴以来,欧洲很多国家为消灭失业、行乞,采取了诸如搜捕

①　[西班牙]门多萨:《中华大帝国史》,何高济译,中华书局2004年版,第36页。
②　同上书,第66—67页。

乞丐、驱逐农民、遣散的士兵、失业工人、穷苦学生和病人的措施,直至16世纪末期。[①]但17世纪初三十年战争再次破坏了经济复兴的成效,却再次复兴了行乞和游手好闲。到17世纪中期,捐税增加,生产停滞,失业人口暴增。最终,以1656年法国国王敕令下创立的"总医院"为标志的"大禁闭"制度在欧洲成形。这个过程中,教会和王室之间是微妙的、既竞争亦合作的关系。"大禁闭"是一种符合君主制和资产阶级联合秩序的社会形态,福柯对此评论道:"无论如何,这是一个新的解决办法。纯粹消极的排斥手段第一次被禁闭手段所取代;失业者不再被驱逐、被惩办;有人对他们负起责任了,国家承担了负担,但他们以付出个人自由为代价。"[②]门多萨对中华帝国的行乞者和残疾人收容制度的想象性描述,真正凸显的是他对16世纪"排斥手段"的忧思和某种理想管理方式的设计;更重要的是,门多萨修士对想象中的中华帝国制度的盛赞,暗示了宗教事务与世俗政治的深层共谋。

循着第二卷最后部分对中华帝国的世俗想象,第三卷顺理成章地讨论了中国历代皇帝,以及大明王朝的都城、赋税、军事、法律、治理方式、政治制度、教育、火药和印刷术、节日仪式、妇女、船只和捕鱼、皇室的礼仪,以及门多萨出使中国的背景和原因等。在谈及中华帝国的私人财产问题时,门多萨想象道:"在整个这个国家,没有一个人(像在土耳其那样)拥有臣属,也没有私人审判权,而他世袭的东西和动产,或者国王因他们有政绩所赏赐的,或其他某个方面的东西,随他之死而了结,再归还国王;除非国王把它赐给死者之子,作为世袭遗产而费尽义务,据说这是避免骚动和叛逆事件。如果有主子变得富有和拥有权力,那骚动和叛逆会增加,而并不是因贪心或别有意图。国王任命的官员,不管是总督、长官或将官,或其他任何官员,都给予大笔薪俸,足以维持他们的工作,丰富到超过他们所需;因为这样他们不致因需求去接受礼物或贿赂。——这种事蒙蔽了他们的眼睛,使他们不能公正执法,而任何受贿的人(哪怕贿赂很少),都要受到严惩。"[③]由这段文字,我们可以清

---

① 〔法〕米歇尔·福柯:《疯癫与文明》,刘北成、杨远婴译,生活·读书·新知三联书店2007年版,第40—43页;〔法〕米歇尔·波德:《资本主义的历史:从1500年至2010年》,郑方磊、任轶译,上海辞书出版社2014年版,第9页。

② 同上书,第38、44页。

③ 〔西班牙〕门多萨:《中华大帝国史》,何高济译,中华书局2004年版,第77—78页。

晰地看出,门多萨其实是托马斯·莫尔的信徒。莫尔在 1515 至 1516 年写作
的《乌托邦》中就曾勾画了一种没有私有财产的美好制度。中华帝国在门
多萨的想象中,正是一个世俗"乌托邦"般的存在。与其对照的是,伊比利
亚人对海外财富的觊觎企图。门多萨在此蕴含了一种委婉的批评。乌托邦
不仅意味着反思,更暗示了欲望。门多萨总结道:"而本史书在多处谈中国之
大时,可证实它是世界上已知的最强大的国家。愿上帝以他的怜悯使他们归
信主的律法,使他们从恶魔的蒙蔽下解脱出来。"① 对世俗的反思与布道的雄
心在此似乎并行不悖,这构成了整部著作的意义结构。

　　就在门多萨一行在"新西班牙"踯躅不前的时候,天分过人且雄心勃勃
的西班牙耶稣会士阿隆佐·桑切斯带着其他三名传教士在 1581 年到达马尼
拉。次年,桑切斯被派往澳门,并努力进入了中国。但 1494 年的签订的那份
一纸条约,使桑切斯等人在 1583 年被中国当局和葡萄牙人遣返回了马尼拉。
失望的桑切斯一回到马尼拉就和总督迭戈·奎隆罗商议派遣军队征服中国,
为西班牙的传教士扫清道路。但桑切斯的想法无论在澳门、罗马还是在西班
牙,均遭遇了来自宗教组织或世俗当局的大力反驳。1588 年,桑切斯亲自向
菲利普二世陈述了自己的想法,但菲利普二世的无敌舰队正准备攻打英格
兰,并最终失利。此事致使西班牙宫廷对派遣使团前往中国一事不再热心,
桑切斯的计划彻底落空。与此同时,利玛窦的和平进入中国的方案已取得初
步成效。②

　　与桑切斯的想法完全不同,门多萨评述了中国的军事力量后明示:"我在
这里不谈用甚么努力(靠上帝之助)去征服和战胜这支民族,因为这不是谈
它的地方;但我已对它作了应有的大量报道。再者,我的职业更是作为和平
的媒介,而不是去招惹任何战争;而若我的愿望可以实现,那就是靠上帝的命
令,那就是深入人心的利剑,我希望上帝去照顾它。"③ 门多萨与桑切斯的不
同态度,印证了门多萨对世俗当局海外军事征服政策的反对。关于中国的军

---

　　① 〔西班牙〕门多萨:《中华大帝国史》,何高济译,中华书局 2004 年版,第 79 页。

　　② 　Donald F. Lach, *Asia in the Making of Europe Vol. I——The Century of Discovery*, Book 1,
Chicago and London:The University of Chicago Press,1971,pp.299–302.

　　③ 〔西班牙〕门多萨:《中华大帝国史》,何高济译,中华书局 2004 年版,第 88 页。

力,利玛窦的实地考察结果是:"中国人都是不合格的战士,……总之,他们的威力完全是因为人数。"① 而门多萨在评估中国军力时,虽然没有对其绝对肯定,但仍然给予很多赞誉:"他们在每省的首镇或省会都有一个军事机构,有一个头目和四个助理;他们都是从青年时经过战争锻炼,熟习武器甲兵的使用,因此由他们守卫所在的省份。……这些人,如果论英勇,可以跟我们欧洲的民族相匹敌,他们足以征服全世界。"② 这种对中华帝国军事力量的想象式礼赞,无疑透露着门多萨对笼罩在西班牙帝国上无比璀璨绚丽的夕照的忧思——夕阳散去后可能就是沉沉暮霭。

　　门多萨第三卷对中华帝国世俗制度、习俗的不吝美词,事实上折射出他本人所属的欧洲文化的一种重要倾向:自我不是独一无二、完美无缺的,而是一个更大世界的某个组成部分;面对这个全新的世界,才发现欧洲人并不真正了解自己,从新世界的镜面中进行自我反思,应是在紧迫性上丝毫不亚于财富掠夺和地理征服的事情之一;否则,西班牙帝国将遭遇万劫不复的灾难。③ 门多萨写作《中华大帝国史》的时候,菲利普二世正以其"救世式的世界观"筹备"与伊丽莎白之间的史诗般的决斗"④,门多萨似乎已经在举国对战争的狂热态度中嗅出了不祥的味道。很快,菲利普二世的无敌舰队就在1588年的战事中为对手击溃。这场战事给西班牙带来了持久性的灾难:

① Donald F. Lach, *Asia in the Making of Europe Vol. I—The Century of Discovery*, Book 2, Chicago and London: The University of Chicago Press, 1971, p.802.
② [西班牙]门多萨:《中华大帝国史》,何高济译,中华书局2004年版,第86、88页。
③ 这里我借用了列维－斯特劳斯在其名著《忧郁的热带》中表述的观点。其原话是:"我当时就要重新体验早期旅行者的经验。透过这种经验,重新经历现代思想的一个关键性时刻;那时候,由于大发现时期的航行结果,一个相信自己是完整无缺并且是在最完美状态的社会突然发现,好像经历了一次180度的大转变(counterrevelation),它并非孤立的,发现自己原来只是一个更广大的整体的一部分,而且,为了自我了解,必须先在这面新发现的镜子上面思考自己那不易辨识的影像。……对于一片广大的无辜的人类来说,欧洲文明等于是一个庞大无比的,也是无法理解的大灾难。我们欧洲人如果忘记这件大灾难乃是我们文明的第二个面貌的话,将是一个大错误,我们文明的这一面和我们熟知的第一个面貌同样真实,同样无法否认。"([法]列维－斯特劳斯:《忧郁的热带》,王志明译,生活·读书·新知三联书店2000年版,第420—421页)笔者引用中译文时有一处做了改动。
④ [英]杰弗里·帕克:《腓力二世的大战略》,时殷弘、周桂银译,商务印书馆2010年版,第265、340页。

　　腓力二世 ① 本人估算这流产了的事业耗掉了 1000 万达克特,为弥补亏空而表决通过的税收在卡斯提尔的某些城镇激起骚乱,并且导致部分乡村地区人口锐减。其他方面的损失证明更不容易补救:西班牙的差不多所有经验丰富的海军指挥官要么战死,要么成为俘虏或蒙受耻辱(在 1588 年 5 月离开里斯本的 8 位分舰队司令官当中,到 12 月仅有马丁·德·贝尔腾多纳一人依然在职);这一年结束以前,至少有一半远航英国的士兵和水手命丧黄泉,其总数或许为 15000 人。甚至在医院里,幸存者们也接连不断死于航行期间染上的疾病,与此同时失踪者的家人悲惨无助地奔波于北方各港口之间打听消息。按照在埃斯科里亚尔的一名修道士的说法,“此乃 600 余年里西班牙横遭的最大灾难”,另一名修道士则认为它是一番厄运,“值得永远为之哭泣……因为它使我们丧失了我们惯常在尚武的人们中间享有的尊重和英明……它在西班牙全境引起的悲伤实属空前:举国上下人人哀悼……人们全不谈论别的事情。”对国王及其代价高昂的政策的批评自征服葡萄牙后已大体停止,现在却重新抬头。有人指责他选择了一种“永远无法奏效”的战略;另一些人甚至将失败归咎于他的个人罪过。“里斯本修女”开始怀有民族主义梦想,声称“葡萄牙国王不属于腓力二世而属于布拉甘扎家族”,直到宗教裁判所逮捕她(并且发现她的“圣痕”被肥皂水洗掉了)为止;与此同时在马德里,流传广泛的卢克蕾西娅·德·莱昂的梦想也转向了政治,批评腓力二世压迫穷人,将税收挥霍在埃斯科里亚尔宫,未能维护西班牙的伟大,直到宗教裁判所逮捕她为止。②

这段引文,清晰地映照出西班牙人在无敌舰队失败后表现出的浅薄、混乱和虚伪。他们的哀伤源自战败后尊严的丧失和一系列灾难性后果。然后,他们把这种挫败感带来的怨恨和懊恼情绪压倒性地发泄在菲利普二世失效的战略上,却从未意识到他们自己正是这一战略的共谋和同盟——“对国王及其

---

　　① 即菲利普二世。——引者注

　　② [英]杰弗里·帕克:《腓力二世的大战略》,时殷弘、周桂银译,商务印书馆 2010 年版,第 341—342 页。

代价高昂的政策的批评自征服葡萄牙后已大体停止,现在却重新抬头"。自我憎恨被毫无反省能力地投射到"自我的他者"菲利普二世那里而丝毫不觉得自疚,这种浅薄、混乱和虚伪不仅对失败的西班牙没有意义,它们其实是菲利普二世战略的变相延续;更重要的是,它们暗示的文化性格对刚刚走出危机的欧洲亦是危险的。因为,即使在对手那里,一种表面上和这种挫败感相反,但实质上根本没有二致的昂扬情绪同样伤害了获胜方英国:"英国又继续打了 15 年,将都铎国家打入债务深潭。"[①] 相对于肤浅的推诿和抱怨,门多萨无论是在时间的前瞻性,还是在思考的深刻性方面,均远远超越了其同胞。

门多萨的思考更值得珍视,他无比精准地抓住了欧洲文明和文化性格中的另一面。正如其西班牙同胞盲目喧器的姿态所暗示的那样,那个"另一面"不为人"熟知",但"同样真实"。这就是列维 – 斯特劳斯所说的那种自己远非完整无缺,自己的社会也不是最完美的状态,欧洲只是一个更广大的整体的一部分,欧洲人并不真正了解自己。与同胞的就事论事相比较,门多萨的深刻性正体现在他的思考触及了最难以察觉的文化性格层面,这种自我认识、自我反省的能力是欧洲"现代思想的一个关键性时刻"中的一个关键性品格,简言之,就是一种开放的心灵。而在门多萨身上之所以能够体现这一值得珍视的品质,其核心要素就在于他拥有一面可以自照的镜子,那就是他从来就未能踏上其土地的、想象中的"中华帝国"。换句话说,在资本流通和贸易网络的推动下,门多萨的《中华大帝国史》的叙述策略勾连起了一个现代性的世界观念体系。是关于中华帝国的知识系统赋予了门多萨,以及那个"关键性时刻"诸多像他一样的人所具备的那种超越性眼光和开放的心灵,这正是欧洲在近代走出自身危机的主要力量之一。

五、开放的心灵

与第一部分叙述中华帝国各种情形时,体现出的包容态度和反思意识相对应,第二部分展示了地理空间上的拓展与知识地图的累积。从意义关联层

---

① [英]杰弗里·帕克:《腓力二世的大战略》,时殷弘、周桂银译,商务印书馆 2010 年版,第341 页。

面看,第一部分是第二部分的前提与尺度,前者解释了后者何以是其所是,并保证后者有节有度地如其所是;第二部分是第一部分的后果与体现,后者彰显了前者作为文化观念和文明动力在知识与现实层面的效果。

《中华大帝国史》第二部分共分 3 卷,第一卷记述奥古斯丁会的两名修士拉达和马丁,以及若干西班牙军人 1577 年从菲律宾岛出发,到达福建的泉州和福州,在沿途种种见闻。其中,奥古斯丁会修士的传教热情,以及他们面对完全陌生的中国时,了解、汲取其知识的高度热忱和谦逊心态尤其令人印象深刻。这一叙述,在第一章就定下了基调:"……主教修士马丁·德·拉达,一个有大勇气和精通各种科学的人,他发现中国人在所有事上都比群岛的人更有才能或天赋,而特别表现在他们的英勇、聪明和智慧上,因此他马上产生极大的愿望和他的同伴前去,向那些有良好资质接受福音的人宣讲;抱着实现它的愿望,他开始认真努力地学习其语言,不久,他已学会了这种语言,并写了一部关于汉语的书。然后他们对来自中国的商人殷勤款待和馈赠,以求商人把他们带去,还做了很多其他的工作,这表现出他们的高尚热忱;确实,他们把自己奉献给商人当奴隶,认为可用这种方法前去布道;……"①面对一个面目模糊的庞大帝国,传教士们表现出的积极和谦逊的态度,以及勤勉和奉献的精神是惊人的。正是在这种态度和精神的引领和感召下,拉达修士一行可以在地理空间上逐步拓展:西班牙—马尼拉—中左所(厦门)—泉州—福州……—"世界"。循着这一物理空间的逐步展开,传教士们的知识空间也在不断扩大。传教士们以欧洲知识为参照视野,以中世纪的东方传说为期待视野,沿途观察了中华帝国的居民、礼仪、习俗、服饰、食物、地理、城市和物产等。虽然传教士们因行程受到限制,仅到福州就被遣返,而且所有的观察都因走马观花而流于肤浅表面,但这个旅行的过程的真正意义既不在于深度理解中华帝国——从一定意义,欧洲人不可能真正看到中华帝国,也不在于实现其布道的宏大计划,而在于既印证自我,更反思自我,而欧洲始终是旅行、观察的起点与归宿。或者说是传教士们在地理旅行中因知识旅行而形成的一种体现为反思意识的开放的心灵。

---

① 〔西班牙〕门多萨:《中华大帝国史》,何高济译,中华书局 2004 年版,第 158—159 页。

第二卷记述的旅行事件在时间上稍后于奥古斯丁会修士拉达和马丁，发生在 1578 年，领队者是圣方济各会的神父奥法罗修士。此次远航中国与 1577 年不同，具有一种"（半）民间"的性质——奥法罗修士在菲律宾总督不同意并不知情的情况下，与中国民间商人合作，进入中国境内。然而，这种具有"（半）民间"性质的亚欧／东西交通史事中，迸发出许多让人意想不到且意义丰赡的有趣细节。

圣方济各会的修士们之所以能够找到机会，从险象环生的惊涛骇浪中前往中国内陆，就在于当时的远东和欧洲贸易网络中的中介，即民间商人的力量，他们同时也构成了知识流通的中介。而这些民间中介的存在，又时时提醒我们当时的整个世界经济、观念体系格局的在场——欧洲在亚洲的利益分割（如葡萄牙和西班牙关于海外贸易的盟约）以及远东与欧洲的关系（比如中国的海防制度），为这些民间中介的活跃提供了基本的语境和依存的土壤。这些资本和知识的中介事实上构成了这一卷的主角。我们首先注意到奥法罗修士离开马尼拉，依靠的是一名在此地经商的中国船长。这名中国船长在距离马尼拉 20 里格 ① 的民都洛港改变了最初的主意，"把原先接受的定钱退还给他们，声称世上任何东西都不能让他去运送他们，因为他知道得很清楚，如果他这样做了，那将丧失他的生命和财产"②。这名中国船长态度转变的合理性，为奥法罗修士一行即将到达广州时遇到的一名中国盐商的表现所解释。这名中国盐商运载着盐从漳州前往广州售卖，尽管这名中国人愿意为西班牙人带路，但快到港口时就迅疾把船驶向大海，很快就不见踪影，因为他担心承担引入异邦人的罪名和惩罚。在中国船长前后态度的转变的细节中即暗含着整个现代性世界体系在个体那里身体化（embodied）的烙印，它折射出中国与欧洲、葡萄牙与西班牙、中国与日本、基督教会与世俗当局、官方与民间、商业与宗教等错综复杂、互为犄角的关系。

到达广州后，通过中间人介绍，有一名曾在澳门和葡萄牙人生活过且会讲葡萄牙语的中国人担任这些西班牙修士的翻译。在翻译的帮助下，奥法罗修士一行接受了官方的审询和接待。但在这个过程中，诞生了一个有趣的细

---

① 1 里格约合 3 海里。

② ［西班牙］门多萨：《中华大帝国史》，何高济译，中华书局 2004 年版，第 250 页。

节,即翻译者出于一己私利的考量,扮演了一个十足的"背叛者"角色。

因为误判了奥法罗修士一行的财力,这名庸俗的中国翻译首先想极力瞒过官方,留住这一行异域来客。在被问及来到中国的原因和过程时,西班牙修士们如实陈述了其传教的意图以及奇迹般地到达中国的过程。但这一切实情无疑会立即招致中国官方的驱逐,翻译极力编造了一个悲惨的海上历险故事以骗取官方的信任和同情:"他们是一些教士,共同过着苦行生活,很像该国教士的样子,他们从吕宋岛去伊罗戈群岛,遇上大风暴,他们乘的船被打沉,船上的人都落水,只有一些人尽力逃得性命,……于是经历了海上的很多危难和风暴,按照老天的意思,他们来到这个港口,迄今他们仍不知其名。"① 关于和修士们同行的中国人身份,以及为何修士们的行李没有落海的痕迹,这名中国翻译绞尽脑汁地编造种种谎言,应付了官方的审查,暂时留住了奥法罗一行。很快,中国翻译就开始向奥法罗一行索取财物,但后者贫穷的事实让翻译的盘算落空了。翻译很快地以传教团的名义向澳门的葡萄牙人请求施舍,以获得补偿,并擅自为奥法罗修士一行提交前去澳门的申请。但由于葡萄牙与西班牙在亚洲的利益竞争,使澳门的大首领决意图谋奥法罗一行。在澳门的一名葡萄牙人帮助下,奥法罗修士一行意识到自己面临的危险。此刻,翻译与奥法罗修士一行的利益冲突终于尖锐地彰显,他们重新提交了返回菲律宾群岛的申请,翻译的诡计败露。

上述颇令人感到尴尬的跨文化"翻译"事件除了其中折射的欧洲在远东的复杂利益格局,还提供了这一利益格局对文化、知识重新编码的案例。无疑,这一翻译事件同样由"原文"—"译者"—"译文"—"受众"的流通环节构成。但是"Traduttore, traditore",中国翻译的利益冲动改写了语言、文化、知识跨文化流动中的"真实性"问题。刘禾建议,可以用客方语言(guest language)和主方语言(host language)替换既往翻译学中的本源语(source language)和译体语(target language)概念,因为,本源语和译体语是以真实性为前提,它遮蔽了不同语言和文化之间的权力关系,但客方语言和主方语言的概念则有利于揭示原本隐而不彰的问题,"当概念从客方语言走

---

① ［西班牙］门多萨:《中华大帝国史》,何高济译,中华书局2004年版,第262页。

向主方语言时,意义与其说是发生了'改变',不如说是在主方语言的本土环境中发明创造出来的"①。这里的"本土环境"更确切地说,应是"全球—本土"环境,其中的权力结构控制、分配着知识体系的构造。"从一种语言向另一种的翻译是用一种语言中的信息替代另一种语言中的整个信息,而不是单个的符码单位。这种翻译是一种转述(reported speech):翻译者对从另一语源接收来的信息加以重新编码和转达。"②欧洲在远东的复杂利益格局型塑了翻译者的知识习性(habitus),反过来,这一知识习性又同时强化着这种权力格局。

唯利是图、龌龊自私的中国翻译同时也是门多萨的"文本",它真正暗示的是可能是门多萨在"自我族类"中看到的己所不欲的品质在"非我族类"中的外化。中国翻译的形象越糟糕,越清晰地暗示出门多萨强烈的自我恐惧和焦虑。这种焦虑和恐惧与门多萨对西班牙帝国的勃勃野心的忧思其实是一体两面的。

严格地说,《中华大帝国史》第二部分第三卷已经有些偏离全书的主题,但是在整本书的意义结构中,第三卷的存在是合理的,也是全书深层思想的一个完结。它需要被放置在与第二部分前两卷构成的意义集合中解释。从各卷涉及的物理空间看,相对于第一卷奥古斯丁会修士拉达和马丁的活动范围和知识空间仅限于福建,第二卷中的奥法罗修士一行的旅行地点更为阔大、复杂,他们从菲律宾群岛秘密出发,先后到达广州,再到梧州,又分道分别前往澳门和漳州,最终返回马尼拉。而第三卷则暗示了欧洲人现代性"世界观念"的形成。第三卷记述的旅行事件来自《中华大帝国史》出版前圣方济各会修士和赤足修士的旅行报告。第三卷有将近三分之一的篇幅用于记述西班牙人在西印度群岛和新墨西哥的旅行与发现,接着,物理和知识空间转移到东方,先是菲律宾群岛,再向中国南方推进,再到达日本、交趾支那,然后是东南亚的暹罗、马六甲城,再到南亚的、科罗曼德尔,最后是环球航行中

---

① 刘禾:《跨语际实践:文学、民族文化与被译介的现代性(中国1900—1937)》,宋伟杰等译,生活·读书·新知三联书店2002年版,第36页。

② 罗曼·雅各布森:《翻译的语言方面》,陈永国译,载陈永国主编《翻译与后现代性》,中国人民大学出版社2005年版,第142页。

的世界。把第二部分的三卷进行比较,可以看到"中华帝国"的意义并不在于某个真实的国度本身,而在于一种自我超越的世界主义知识动力,因此,第二部分中的"中华帝国"更多的是作为一个具有象征意义的意象而存在的。真实的中华帝国在第二部分显得无足轻重,虽然该著的标题是"中华大帝国史"。第二部分真正的主角是现代性的"世界(观念)体系"或"世界主义"视野。这种由地理空间和知识空间相辅相成的"世界整体/民族局部"视野,对近代西班牙(或欧洲)的自我认同和(融合了宗教信念的)世俗关怀的形成,具有重要意义:欧洲在发现世界、理解世界的同时,更重新发现、审视了自我。这个过程中,欧洲既看到世界,亦通过世界看到了自己。只有不断发现"新世界",欧洲才会觉得自我既与众不同,亦非茕茕孑立。这种自我确认与反思的能力正是欧洲迈向"现代"关键一步。

从认知顺序的角度,应该是先有地理空间的勘察,才有认知空间的扩充。但从整部著作的结构安排看,门多萨的叙述则刻意地把有关中华帝国的知识放在地理旅行的前面。搁置门多萨著作原题名《伟大而强盛的中华帝国历史及其情形》不论,如果门多萨把两个部分的内容加以调换,我们会看到整本书的意义结构将发生根本性的变化。

欧洲对远东的认识,源自远古的飘渺传说和近古的地理旅行,从传说到知识的转变,其内在动力有两个:一是傲慢的军事、经济征服,二是谦逊、开放的文化观念。这种转变发生始于中世纪晚期的欧亚大旅行,到大航海时代,直至启蒙运动前夜到达高潮。对欧洲自身而言,这个历史时段是其从精神危机中走出并实现自我更新的关键时刻,现代性原则也在这个时段得以形构和表达。从一种全球的视野来看,这个时段不仅诞生了现代世界的政治经济体系,还形成了现代世界的文化观念体系。总之,这个时段基本确立了未来的全球权力格局的走向,其中暗隐的属于观念形态的历史观和世界观也深刻地形塑了讲述、聆听这段历史的"欧洲中心主义"方式与视野。门多萨《大中华帝国史》如果按照这些方式和视野展开欧洲对中国的知识累积,那么,它将暗示出一种知识的掌控、累积、垄断与分配的过程。这个过程清晰地显示出知识与权力的共谋,因为地理的征服与知识的形成一体同构的局面。但门多萨把地理空间上的拓展放置在有关中华帝国知识描述的后面,似乎意味着欧洲人的地理旅行动力是源自对异域他者知识的仰慕。如此,门多萨的《中华大帝国史》便彰显出地理大发现时代欧洲文化的另一面特质:在文化上了解他者、并向他者学习的能力和一种进取精神和自我批判反思的意识。门多萨写作的年代作为"关键的时刻",是由那些为了到东方收获灵魂的耶稣会士们勤奋、克己、谦逊、劳碌,还有未能来到东方的欧洲读者们对于异域知识的渴望、学习、吸收、转化,更有为了到东方收获财富的商船、军队的进取、勇敢、强硬、蛮横……共同成就的,但这些表层因素的内核则是一颗开放的心灵。正是这种被遮蔽在可见的物质财富索取中的看不见的包容精神,帮助欧洲走出了自身的危机,并实现了富强和文明的双重崛起。因此,理解门多萨的《中华大帝国史》第二部分的地理旅行和观察书写,需要以第一部分的琐碎记述和高度礼赞为潜文本或前文本。那么,第二部分记述的地理拓展,在全书的意义结构中,就是一种精神空间的物质对应和隐喻性写照,而不是一种纯粹意义的扩张与征服。

本文系 2015 年度国家社科基金项目"地理大发现时代欧洲游记中的亚洲形象研究"(15BWW011)阶段性成果,初提交并宣读于"文学世界中与资本语境中的侨易现象"国际研讨会(中国社会科学院外国文学研究所,2015 年 8 月 21日),后发表于叶隽主编:《侨易》第 2 辑,社会科学文献出版社 2015 年版;感谢曾思艺教授会议上的点评和萧凤娴教授、刘春勇教授富于启发性的回应,以及叶隽、王涛研究员的稿约

责任编辑:詹素娟
封面设计:彭世兴

图书在版编目(CIP)数据

云上的日子/周云龙 著. -北京:人民出版社,2015.9
ISBN 978-7-01-015242-4

Ⅰ.①云… Ⅱ.①周… Ⅲ.①文化研究 Ⅳ.①G0

中国版本图书馆 CIP 数据核字(2015)第 224597 号

云上的日子

YUNSHANG DE RIZI

周云龙 著

人民出版社 出版发行
(100706 北京市东城区隆福寺街 99 号)

北京中科印刷有限公司印刷 新华书店经销

2015 年 9 月第 1 版 2015 年 9 月北京第 1 次印刷
开本:710 毫米×1000 毫米 1/16 印张:23
字数:360 千字

ISBN 978-7-01-015242-4 定价:58.00 元

邮购地址 100706 北京市东城区隆福寺街 99 号
人民东方图书销售中心 电话 (010)65250042 65289539